1
63 Prökuls
331 Heydekrug
Königsberg
60 Schirwindt
Ebenrode
52
Danzig
A Stablack
68 Suwalki
B Marienburg
I
56 Prostken
313
B
B Hohenstein
323
302
XX
U.d.S.S.R.
57
Thorn
A 312
Ostrolenka
B Thure
324 Ostrow-Masowieka
Posen
316 Siedlce
307 Biala-Podlaska
ollstein
XXI
Lublin
Schildberg A
319 Chelm
uhammer
lau
325 Zamosz
0 50 100 150 200 km
II
Lamsdorf
B 318
Generalgouvernement
327 Jaroslaw
D Teschen
Mannschaftsstammlager
Lager speziell für sowjetische Kriegsgefangene
mit Aussonderungen
ohne Aussonderungen
Hamburg Ortsnamen in Kursiv-Schrift: Sitz der Kommandeure der Kriegsgefangenen
Zentraler Stalag-Kommandanten-Lehrgang
Wehrkreisgrenzen
Grenzen des Deutschen Reiches 1937
Grenzstand 1941
Sonstige Grenzen 1937
ndorf
Slowakei
Ungarn
BENKELBERG

u

Das Stammlager 326 (VI K) Senne 1941–1945

Karl Hüser
Reinhard Otto

Das Stammlager 326 (VI K) Senne 1941–1945

Sowjetische Kriegsgefangene als Opfer des Nationalsozialistischen Weltanschauungskrieges

Verlag für Regionalgeschichte
Bielefeld 1992

Herausgegeben von der Gemeinde Schloß Holte-Stukenbrock

Die Deutsche Bibliothek – CIP-Einheitsaufnahme

Hüser, Karl:
Das Stammlager 326 (VI K) Senne : 1941–1945 ; sowjetische Kriegsgefangene als Opfer des Nationalsozialistischen Weltanschauungskrieges / Karl Hüser ; Reinhard Otto. –
Bielefeld : Verl. für Regionalgeschichte, 1991
ISBN 3-927085-50-2
NE: Otto, Reinhard

ISBN 3-927085-50-2

Karten: Paul-Gerhard Benkelberg, Lemgo
Layout: Reinhard Eusterwinter
Satzsystem: QuarkXPress auf Apple Macintosh
Schrift: Times und Helvetica light aus der Linotype Library
Einbandgestaltung: Rolf Bünermann
Gesamtherstellung: Mohndruck Graphische Betriebe GmbH, Gütersloh
Printed in Germany

Inhaltsverzeichnis

Für

WASILI KASULIN

10. Sept. 1919 – 18. Juli 1941

und

IWAN BILJURO

1905 – 18. Okt. 1941

„Daß unsere Kraft nicht ausreicht, um uns diese Millionen wirklich vorzustellen und um den ungeheuren Klagelärm, den die Summe der Abermillionen Todesschreie ergeben würde, wirklich zu hören, das wissen wir ja. Was können wir da tun, um ihrer dennoch zu gedenken? Mir scheint, uns bleibt nichts anderes übrig, als daß jeder von uns versuche, eines Toten zu gedenken, eines einzigen. Aber wenn möglich eines, der nicht zu seinen persönlichen Toten gehört."

Günther Anders

Geleitwort

In der Zeit von 1941 bis 1945 befand sich in der Senne ein Kriegsgefangenenlager mit der Bezeichnung „Stalag 326 (VI K)“.
Ein Großteil der damals genutzten Flächen liegt innerhalb der heutigen Gemeinde Schloß Holte-Stukenbrock.
Aufgrund dieser örtlichen Gegebenheiten sahen Rat und Verwaltung der Gemeinde Schloß Holte-Stukenbrock eine Verpflichtung, in jenes dunkle Kapitel des II. Weltkrieges, das auf ihrem Gebiet geschah, soviel Licht wie möglich zu bringen. Der zeitliche Abstand zu den Ereignissen jener Tage, das steigende Informationsbedürfnis der nachwachsenden Generationen und die Chance, vereinzelt noch die Aussagen einiger Zeitzeugen zu erhalten, waren weitere Gründe für eine systematische Aufarbeitung des Themas „Stalag 326 (VI K)“.
Ab 1980 wurden alle verfügbaren Materialien über das ehemalige Lager zusammengetragen. 1987 übernahmen Herr Prof. Dr. Karl Hüser (Universität-Gesamthochschule-Paderborn) und Herr Oberstudienrat Reinhard Otto die Aufgabe, eine umfassende Dokumentation unter wissenschaftlich historischen Gesichtspunkten zu erstellen.
Das Land NW förderte dieses Projekt, indem es Herrn Otto teilweise vom Schuldienst freistellte und darüber hinaus eine finanzielle Zuwendung gewährte.
Der Zeitraum von mehr als 4 Jahren läßt erkennen, wie mühevoll und schwierig sich, trotz intensiver Arbeit, die Nachforschungen und das Zusammentragen der Materialien gestalteten.
Es war eine wertvolle Hilfe, daß Menschen, die jene Zeit erlebt haben, bereit waren, ihre Erinnerungen zu schildern und zum Teil auch persönliche Fotos und Schriftstücke zur Verfügung stellten. Ihnen gilt es genauso zu danken wie den beiden wissenschaftlichen Bearbeitern, die aus all den vorliegenden Informationen diese Dokumentation erstellten.
Die nachfolgenden Texte und Bilder spiegeln trotz aller Eindringlichkeit nur einen kleinen Teil der Geschehnisse jenes grausamen II. Weltkrieges wider. Zahlen, Statistiken und notwendige sachliche Erläuterungen sollten nicht vergessen lassen, daß hinter all dem viele menschliche Einzelschicksale mit Qualen und Leid stehen.
Der noch heute in der Senne vorhandene Friedhof für sowjetische Kriegstote ist hierfür eine stummes, mahnendes Zeugnis.

Hermann Humann
Bürgermeister

Dr. Burghard Lehmann
Gemeindedirektor

Vorbemerkungen

Das „Stalag 326 (VI K)“ führte als einziges Kriegsgefangenenlager im Wehrkreis VI keinen Ortsnamen in seiner offiziellen Bezeichnung. In den monatlichen Bestandsübersichten des OKW erscheint es erstmals am 30. April 1941 als „Stalag 326 Senne“. Diese unbestimmte Ortsbezeichnung wird lediglich von Oktober 1942 bis einschließlich Januar 1943 durch „Forellkrug“ ersetzt. Von Februar 1943 bis Kriegsende bleibt es dann bei dem offiziellen Namen: Stalag 326 (VI K) Senne, und nur wenige Dokumente verwenden den Zusatz „über Paderborn“. Wegen des Zielbahnhofs für die Gefangenentransporte und der Zugehörigkeit zum Telefon-Ortsnetz Hövelhof stellte nicht einmal die einheimische Bevölkerung – einmal abgesehen von den unmittelbaren Anwohnern – einen Zusammenhang zwischen dem Kriegsgefangenenlager und der Gemeinde Stukenbrock her, auf deren Gebiet es lag.

Die enge Verknüpfung der Begriffe Sowjetischer Soldatenfriedhof, Stalag 326 und Stukenbrock erfolgte erst in der Nachkriegszeit für eine breite – zunächst regionale, dann auch überregionale – Öffentlichkeit insbesondere seit dem Ende der 60er Jahre durch die vielfältigen Aktivitäten des Arbeitskreises „Blumen für Stukenbrock“.

Die vorliegende Untersuchung stützt sich auf weit verstreute Quellen unterschiedlicher Provenienz. Die Erforschung der Quellenlage erwies sich als langwierig und beschwerlich, und oft waren wir auf die stets freundlich gewährte Hilfe der Leiter und Mitarbeiter der zahlreichen Archive angewiesen, in denen wir arbeiten konnten. Ihnen allen sei herzlich gedankt.

Unser Dank gilt ebenso den vielen Damen und Herren, die uns als Zeitzeugen bereitwillig Auskunft gegeben haben auf unsere nicht immer „bequemen“ Fragen und uns darüber hinaus Briefe, Bilder und Dokumente zur Verfügung gestellt haben.

Unentbehrliche Unterstützung erhielten wir auch im Regierungspräsidium Detmold, in den Kreisverwaltungen und in den Rathäusern der Städte und Gemeinden der Region sowie bei den angeschriebenen Leitenden Oberstaatsanwälten; ihnen allen danken wir.

Wegen besonderer Hilfeleistung gilt unser Dank den Herren Regierungsdirektor Wilfried Wiedemann und Rolf Keller von der niedersächsischen Landeszentrale für politische Bildung – Gedenkstätte Bergen-Belsen. Namentlich müssen auch folgende Herren genannt werden: Polizei-Hauptmeister Ulf Frielinghaus, Landespolizeischule „Erich Klausener,“ Lutz Grönert, Hövelhof, Rektor i. R. Rudolf Gürtler, Schloß Holte-Stukenbrock, Prof. Dr. Alwin Hanschmidt, Universität Osnabrück – Standort Vechta, Prof. Dr. Arno Klönne, Universität-Gesamthochschule-Paderborn, Günter Potthoff, Schloß Holte-

Stukenbrock, Jost W. Schneider, Privatarchiv Wuppertal, Dr. Bernd Walter, Provinzialinstitut für westf. Landes- und Volksforschung Münster, sowie Joachim Woock, Verden.
Nicht zuletzt haben wir Rat und Verwaltung der Gemeinde Schloß Holte-Stukenbrock zu danken für das Vertrauen, das sie uns geschenkt haben, und für die vorbehaltlose Unterstützung unserer Arbeit.
Im Rahmen der nun vorgelegten Monographie können wir der Öffentlichkeit nur einen kleinen Ausschnitt der von uns gesammelten und strukturierten Quellen vorlegen. Vielleicht können die übrigen doch noch einmal ihren Platz finden in einer historisch-politischen Dokumentation im Rahmen einer „arbeitenden Gedenkstätte“ für Frieden und Völkerversöhnung. Denn ungeschönte Erinnerung ist die unabdingbare Voraussetzung für eine dauerhafte Versöhnung.

Paderborn-Wewer und Lemgo, im November 1991

Karl Hüser Reinhard Otto

Zur Einführung

1. Der 13. Juni 1989
Zeichen der Versöhnung auf dem sowjetischen Soldatenfriedhof Stukenbrock-Senne

Das Goldene Buch der ostwestfälischen Gemeinde Schloß Holte-Stukenbrock hält die Erinnerung an den nicht nur für sie denkwürdigen Tag mit den folgenden Worten fest: „Am 13. Juni 1989 besuchte im Rahmen des Staatsbesuches des sowjetischen Staats- und Parteichefs Michail Gorbatschow seine Ehefrau Raissa Gorbatschowa den sowjetischen Ehrenfriedhof. Begleitet wurde sie hierbei von der Gattin des Bundeskanzlers Helmut Kohl, Frau Hannelore Kohl, und der Gattin des Ministerpräsidenten des Landes Nordrhein-Westfalen, Johannes Rau, Frau Christina Rau."

– Es folgen die drei Unterschriften –

Der hohe Besuch stellte – zumindest für einige Tage – den sowjetischen Soldatenfriedhof in der Senne, kaum tausend Meter entfernt von den Emsquellen und in unmittelbarer Nachbarschaft des heute unter britischer Verwaltung stehenden Truppenübungsplatzes, unversehens in das Scheinwerferlicht eines breiten öffentlichen Interesses weit über die Grenzen des noch nicht vereinten Deutschlands hinaus. Raissa Gorbatschowa ehrte die „Vergessenen von Stukenbrock"[1] durch eine Kranzniederlegung am Obelisken, den die Überlebenden des „Stalag 326 (VI K)" sofort nach ihrer Befreiung im April 1945 für ihre toten Kameraden errichtet hatten.

Einen knappen Überblick über Geschichte und Gestaltung des Ehrenfriedhofs bietet eine Informationstafel in der Nähe des Friedhofseinganges. Der Text kann auch uns ein erster Wegweiser sein; er lautet:[2] „Dieser Friedhof entstand in den Kriegsjahren 1941 bis 1945 unweit des ehemaligen Kriegsgefangenenlagers der Deutschen Wehrmacht Stalag 326 (VI K) am Lippstädter Weg. Sowjetische Kriegsgefangene, in den letzten Jahren auch Franzosen, Polen, Jugoslawen und Italiener, führte ihr Leidensweg durch dieses Lager. Von den Kriegsgefangenen starben Tausende insbesondere an Hunger und Fleckfieber. Während anfangs die Toten in Einzelgräbern beerdigt wurden, bestattete man sie später aufgrund der hohen Sterblichkeit in Sammelgräbern. Die genaue Zahl der Toten ist nicht bekannt. Die Angaben darüber schwanken zwischen 40000 und 65000. Die Gefangenen des Lagers errichteten nach ihrer Befreiung Ende März 1945 ihren toten Kameraden auf diesem Friedhof das Ehrenmal mit dem Obelisken. In

1 Vgl. den gleichnamigen Artikel von Karl-Heinz Janßen in: Zeit-Magazin vom 13. 11. 1981: Textauszüge als Dokument 53 abgedruckt in: Pieper/Siedenhans, Die Vergessenen von Stukenbrock, S. 184–186. Bibliographie Nr. 14/48. Künftig verweisen Zahlen in ( ) auf die laufende Nr. dieser Bibliographie… 1962–1990 im Anhang. S. 269 ff.

2 Der Wortlaut ist auch abgedruckt in: Pieper/Siedenhans (48) S. 150. Hingewiesen sei auf den gesamten instruktiven Beitrag von Volker Pieper, Der Umgang mit der Lagergeschichte nach 1945 – am Beispiel des sowjetischen Soldatenfriedhofs. Ebd. S. 130–186 mit wichtigen Dokumenten.

Kranzniederlegung durch Raissa Gorbatschowa am Obelisken des sowjetischen Ehrenfriedhofs am 13. 6. 1989

den Jahren 1960 bis 1964 wurde der Friedhof im Auftrag der Landesregierung von Nordrhein-Westfalen erweitert und neu gestaltet. Dabei fanden weitere 788 sowjetische Kriegstote aus verstreuten Gräbern in Ostwestfalen-Lippe hier nach Umbettung in Einzelgräber ihre letzte Ruhe. Die Kosten trug die Bundesrepublik Deutschland. Eine Kreuzgruppe, die der Paderborner Bildhauer Josef Rikus aus einem Ruhrsandsteinmonolithen schuf, steht über den Sammelgräbern in der Mitte des Friedhofs. Die von ihm geschaffene Toranlage weist in der Darstellung der Nägel auf die Gefangenschaft und die Leiden des Krieges hin. Das überdachte Ehrenmal mit der Gedenktafel in russischer und deutscher Schrift mahnt uns alle: sorget ihr, die ihr noch im Leben steht, daß Frieden bleibt, Frieden zwischen den Menschen, Frieden zwischen den Völkern."

Der Friedhof hatte schon lange vor dem 13. Juni 1989 eine überregionale Bedeutung gewonnen durch die beharrliche Öffentlichkeitsarbeit des im Jahre 1967 gegründeten Arbeitskreises Blumen für Stukenbrock[3]. Die von ihm seit 1967 alljährlich zum „Antikriegstag" am Sonnabend nach dem 1. September ausgerichtete Mahn- und Gedenkveranstaltung auf dem Friedhof führte allerdings immer wieder zu einander widerstreitenden Stellungnahmen in der regionalen und überregionalen Medienlandschaft. Den Stein des Anstoßes bildete die maßgebliche Mitarbeit von Kommunisten in dem Arbeitskreis, die sogar das Mißtrauen des Bundesamtes für Verfassungsschutz weckte.

3 Vgl. Selbstverständnis und selbstgewählte Aufgabenstellung des Arbeitskreises in dem von ihm herausgegebenen Protokoll Stukenbrock, Porta Westfalica 1975, [2]1981, [3]1985. Vgl. (10/12/34).

Der im Informationsdienst[4] dieses Bundesamtes geäußerte Zweifel an der Verfassungstreue des Arbeitskreises wiederum veranlaßte 24 SPD-Landtagsabgeordnete im Februar 1984 zu einer Kleinen Anfrage an die nordrhein-westfälische Landesregierung[5]. In seiner Antwort bestätigte der für den Verfassungsschutz zuständige Landesinnenminister[6], daß nach seinen eigenen Erkenntnissen „die DKP ab 1970 durch personelle und organisatorische Unterstützung ständig darum bemüht war, die Gedenkfeiern mit einer öffentlichen Propagierung ihrer aktuellen politischen Vorstellungen zu verknüpfen."

Er hielt jedoch „die gegenwärtigen Aktivitäten des Arbeitskreises" nicht für verfassungsfeindlich, „obwohl dem 15 Personen umfassenden Arbeitskreis sechs DKP-Mitglieder angehören und die organisatorische Vorbereitung der Kundgebungen des Arbeitskreises von dem stellvertretenden Vorsitzenden des DKP-Bezirks Ruhr-Westfalen mit getragen wird."

Schließlich wies der Minister auf „die offizielle Ehrung der Toten durch Kranzniederlegung" am Volkstrauertag hin und bemerkte in vorsichtig skeptischer Formulierung: „Die Landesregierung würde es begrüßen, wenn sich die verschiedenen gesellschaftlichen Gruppierungen an diesem Tage zu einem gemeinsamen Gedenken zusammenfinden könnten."

Doch die Berührungsängste erwiesen sich auch in den folgenden Jahren als so groß, daß „Parteien, Organisationen und Institutionen"[7] an jeweils verschiedenen Tagen den Friedhof in der Senne zur Totenehrung aufsuchten. Zu einer Auflockerung der verhärteten Fronten führte erst eine Einladung des Arbeitskreises Blumen für Stukenbrock an Michail Gorbatschow, im Rahmen seines bevorstehenden Staatsbesuches in Bonn, möglichst gemeinsam mit dem Bundeskanzler, den sowjetischen Ehrenfriedhof in der Senne zu besuchen. Die ursprünglich von Pastor Heinrich Albertz gegebene Anregung[8] wurde von der sowjetischen Botschaft aufgegriffen und führte schließlich zu dem bereits geschilderten Besuch vom 13. Juni 1989, den der Arbeitskreis, Staat und Gemeinde gemeinsam vorbereiteten und gestalteten.

Diese Zusammenarbeit darf durchaus als öffentliches Zeichen für einen neuen Anfang im Umgang mit dem sowjetischen Ehrenfriedhof und mit der Geschichte des Stalag 326 (VI K) gewertet werden. Volker Pieper hat zu Recht bereits 1988 auf eine „spürbare Entkrampfung" hingewiesen. Ebenso richtig ist seine Feststellung, der Arbeitskreis Blumen für Stukenbrock sei mitverantwortlich für den verkrampften Umgang mit der Lagergeschichte. Er habe sich nämlich „vor allem um die grundsätzliche Problematisierung der Lagergeschichte bemüht" und dabei „die konkrete Aufarbeitung der Geschichte vor Ort vernachlässigt"; andere hätten in den 80er Jahren ein „genaueres Geschichtsbild geliefert"[9].

4 Vgl. Innere Sicherheit, Nr. 68 vom 12. 8. 1983. Auszugsweiser Abdruck in Pieper/Siedenhans (48) S. 165 f. Vgl. (22).

5 Landtag Nordrhein-Westfalen, Drucksache 9/3209 vom 26. 3. 1984. Abdruck in Pieper/Siedenhans (48) S. 166 f. Vgl. (26).

6 Landtag Nordrhein-Westfalen, Drucksache 9/3228 vom 26. 3. 1984. Abdruck in Pieper/Siedenhans (48) S. 167 f. Vgl. (27). – Als Organ für eine derartige Propaganda diente besonders die DKP-Zeitung: „Unsere Zeit". Vgl. z. B. (6/20/49).

7 Vgl. die ausführliche Darstellung in Pieper/Siedenhans (48) S. 144 ff.

8 Vgl. (49).

9 Vgl. Pieper/Siedenhans (48) S. 158 f., 147.

Zum Grad der Genauigkeit dieses Geschichtsbildes äußert sich Pieper allerdings nicht, und in der 1990 erschienenen kritischen Untersuchung von Gudrun Schwarz über „Die nationalsozialistischen Lager" heißt es knapp und bestimmt:[10] „Es ist keine systematische deutschsprachige Untersuchung über Kriegsgefangenenlager in Deutschland (BRD/DDR) und in den besetzten und annektierten Ländern bekannt." Danach hat sich an der Festellung Ulrich Herberts aus dem Jahre 1985 kaum etwas geändert, in der es heißt:[11] „Die Situation in den Kriegsgefangenenlagern im Reichsgebiet ist weitgehend unerforscht; Streit[12] und Streim[13] beziehen sich darauf nur am Rande."
Bevor wir uns nun dem Stalag 326 (VI K) zuwenden, gilt es zunächst, den Forschungsstand zum Schicksal der sowjetischen Kriegsgefangenen insgesamt aufzuzeigen.

2. Die sowjetischen Kriegsgefangenen und ihr Massensterben in der zeitgeschichtlichen Forschung

In seiner 1978 veröffentlichten Heidelberger Dissertation hat Christian Streit die sowjetischen Kriegsgefangenen als „Opfer des nationalsozialistischen Vernichtungskrieges 1941–1945" dargestellt und mit besonderer Sorgfalt die Verantwortung der Wehrmacht für die menschenunwürdige Behandlung dieser Gefangenen herausgearbeitet. Er zeigt zunächst die verantwortliche Mitarbeit der Wehrmachts- und der Heeresführung bei der Vorbereitung des Komplexes der „verbrecherischen Befehle"[14] vor dem Überfall auf die Sowjetunion auf und weist im Gegensatz etwa zu Jacobsen[15] und Hillgruber[16] nachdrücklich darauf hin, daß Truppenführung und Soldaten diese rassenideologisch begründeten Mordbefehle – abgesehen von wenigen Ausnahmen – auch ohne Widerspruch ausgeführt haben. Ohne Streits überzeugende Argumentation zu beachten, hält Alfred Streim an der älteren Auffassung fest und spricht hinsichtlich der Durchführung des Kommissarbefehls nur von „Außenseiter (n – d. Vf.) der Wehrmacht als ‚Erfüllungsgehilfen' der SS"[17].
In bezug auf die völkerrechtswidrige unmenschliche Behandlung der sowjetischen Kriegsgefangenen stimmt Streims umfassende Dokumentation mit Streits Ergebnissen überein; darüber hinaus bietet sie aus juristischer Sicht wertvolle Ergänzungen. Ulrich Herbert weist in seiner bereits genannten Essener Dissertation auf die besonders schlimme Lage der sowjetischen Kriegsgefangenen im größeren Zusammenhang des „Fremdarbeiter-Einsatzes" zwar eher am Rande hin, seine Forschungsergebnisse erweitern und konkretisieren jedoch das

10 G. Schwarz, Die nationalsozialistischen Lager, S. 92.

11 U. Herbert, Fremdarbeiter, S. 416, Anm. 136.

12 Christian Streit, Keine Kameraden, [1]1978, [3]1991.

13 Alfred Streim, Die Behandlung der sowjetischen Kriegsgefangenen, 1981.

14 Zu nennen sind hier:
der sogenannte „Gerichtsbarkeitserlaß im Fall Barbarossa" vom 13. 5. 1941; der „Kommissarbefehl" vom 6. 6. 1941;
die Erlasse des OKW zur Behandlung der sowjetischen Kriegsgefangenen vom 16. 6., 8. 9. und 7. 10. 1941;
die Einsatzbefehle Nr. 8/9/14 des Chefs der Sicherheitspolizei und des SD zur „Aussonderung von Zivilpersonen und verdächtigen Kriegsgefangenen des Ostfeldzuges" vom 17. 7., 21. 7. und 29. 10. 1941.
Vgl. die Facsimile-Wiedergaben der angeführten Erlasse und Befehle in: A. Streim a. a. O. S. 315–372, ferner die Ausführungen Streits a. a. O. S. 28–61.

15 Vgl. H. A. Jacobsen, Kommissarbefehl. In: Anatomie des SS-Staates, Bd. 2 (dtv), S. 148–155.

16 Vgl. A. Hillgruber, Hitlers Strategie, S. 527 f.

17 Streim a. a. O. S. 129, vgl. auch S. 52 f. Der heutige Leiter der Zentralen Stelle der Landesjustizverwaltungen zur Aufklärung von NS-Verbrechen in Ludwigsburg beharrt damit auf seiner schon 1966 geäußerten Meinung, daß „der Kommissarbefehl nur von wenigen Truppenteilen befolgt wurde". – Vgl. StA MS Staatsanwaltschaft MS Nr. 497 = Js 145/68 Bd. 4, S. 6.

von Streit gezeichnete Bild vom Arbeitseinsatz der sowjetischen Kriegsgefangenen im Reichsgebiet und ihren fast durchweg menschenunwürdigen Lebensbedingungen. Beide haben in den letzten Jahren ihre Forschungsarbeit fortgesetzt, ohne sich durch neue Erkenntnisse zu wesentlichen Korrekturen veranlaßt zu sehen[18]. Für unsere Untersuchung ist es allerdings notwendig, die rechtliche und tatsächliche Sonderstellung insbesondere der sowjetischen Kriegsgefangenen unter den Fremdarbeitern „in der deutschen Kriegswirtschaft“[19] deutlicher herauszuarbeiten, als es bisher geschehen ist.

Gegen neuerliche Bemühungen nationalistischer und neofaschistischer Kreise, den rassistischen Vernichtungskrieg gegen die Sowjetunion als „Präventivschlag 1941“[20] zu verharmlosen, soll hier nachdrücklich der Charakter der „Operation Barbarossa“ als „Kreuzzug“[21] hervorgehoben werden, zu dessen politischen und militärischen Opfern nicht zuletzt 3,3 Millionen – von insgesamt rund 5,7 Millionen – sowjetischer Kriegsgefangener gehören, die in deutscher Gefangenschaft umgekommen sind; das entspricht einem Anteil von rund 57%.

Streit nennt fünf Hauptursachen, denen mehr als die Hälfte der sowjetischen Gefangenen zum Opfer fielen:[22] „Hunger; eine völlig unzureichende Unterbringung; die Art des Abtransports, vor allem 1941; eine unmenschliche Behandlung; schließlich die Ermordung bestimmter Gefangenengruppen.“

Zu Recht macht er die „weithin willige Mitarbeit großer Teile der traditionellen Führungsschichten des deutschen Volkes“[23] mitverantwortlich für das Funktionieren des NS-Herrschaftssystems, und Herbert bemerkt ergänzend[24], die Bevölkerung habe kaum Interesse gezeigt für das Schicksal der sowjetischen „Untermenschen“, weil ihr die „Praktizierung des Rassismus zur täglichen Gewohnheit, zum Alltag wurde, ohne daß sich der einzelne daran in Form aktiver Diskriminierung oder Unterdrückung beteiligen mußte.“

Es bedarf keiner besonderen Detailkenntnisse, um anzunehmen, daß die hier knapp umrissenen generellen Aussagen Streits und Herberts auch für die sowjetischen Kriegsgefangenen des Stalag 326 (VI K) gelten. Doch wie steht es nun um die „konkrete Aufarbeitung der Geschichte vor Ort“?[25]

18 Vgl. die neueren Publikationen Streits und Herberts im Literaturverzeichnis. – Hingewiesen sei hier auf die älteren Arbeiten von Szymon Datner, Crimes against POWs, Warschau 1964, Hans Pfahlmann, Fremdarbeiter und Kriegsgefangene, Darmstadt 1968, und Heinrich Uhlig, Der verbrecherische Befehl, Frankfurt 1965.

19 Obwohl die grundverschiedenen „Einsatzbedingungen“ ziviler Fremdarbeiter von denen der Kriegsgefangenen während des Krieges scharf herausgearbeitet worden sind, verschwimmen leider die Abgrenzungen zwischen den beiden Gruppen in der Nachkriegsforschung, da sie nicht hinreichend definiert werden. Das gilt nicht nur für H. Pfahlmann, Fremdarbeiter und Kriegsgefangene, 1968, sowie die Arbeiten U. Herberts, sondern auch für verschiedene regionale Studien wie z. B. G. Hoch/R. Schwarz, Hg., Verschleppt zur Sklavenarbeit, 1985, oder A. Billstein, Fremdarbeiter in unserer Stadt, 1980. – Vgl. dagegen: Fr. Kleeis, Arbeitsrecht und Arbeitsschutz der Kriegsgefangenen, 1941; H. Küppers/R. Bannier, Einsatzbedingungen der Ostarbeiter sowie der sowjetischen Kriegsgefangenen, 1942; M. Odenthal, Die Entwicklung des Arbeitseinsatzes in Rheinland und Westfalen, 1944.

20 Vgl. Max Klüver, Präventivschlag 1941, [2]1989; W. Schütz, Hg., Lexikon sowie Chronologie: Deutsche Geschichte im 20. Jahrhundert, 1990, besonders zum Stichwort Präventivkrieg, S. 343, sowie zum Datum: 22. 6. 1941, S. 230. Aufnahme und Weiterführung der Thesen des sowjetischen Überläufers Victor Suworow. Vgl. dazu: Wolfgang Malanowskis Spiegelartikel, Nr. 10, 1989, „Rücken an Rücken oder Brust an Brust“; ferner die fundierte Zurückweisung der Präventivkriegsthese von Bianka Pietrow, Deutschland im Juni 1941 – ein Opfer sowjetischer Aggression? In: Geschichte und Gesellschaft, 1988, S. 116–135.

21 Vgl. A. J. Mayer, Der Krieg als Kreuzzug, besonders S. 36, 38 sowie 357 ff., 517 f.; ferner: Klee/Dreßen, Hg., „Gott mit uns“ – Der deutsche Vernichtungskrieg im Osten, 1989, durchgehend.

3. Vom historisch-politischen Meinungsstreit um den sowjetischen Soldatenfriedhof zur Aufarbeitung der Geschichte des Stalag 326 (VI K) (1962–1990)

Zu Beginn der sechziger Jahre hatten die Deutschen in der wirtschaftlich aufblühenden Bundesrepublik die Erinnerung an die „NS-Zeit" weithin aus dem Bewußtsein verdrängt, und über diesen Sachverhalt zeigten sich insbesondere die Politische Linke sowie die christlichen Kirchen beunruhigt. Vor der Landessynode der Evangelischen Kirche in Westfalen ermahnte z. B. Präses Wilm 1962 die Gläubigen eindringlich, die „Last der Vergangenheit" mitzutragen und die Gräber der „Opfer aus der NS-Zeit" nicht zu vergessen. Er beließ es nicht bei diesem allgemeinen Hinweis, sondern nannte „solche Grabstätten" in Westfalen beim Namen, darunter auch Stukenbrock, „wo allein 65000 verhungerte Russen liegen".[26]

Über dieses Zitat im Evangelischen Sonntagsblatt für Westfalen erregte sich Wilhelm Beine, ein ehemaliger Zivilangestellter im Stalag 326 (VI K) so sehr, daß er dieser „Lüge" in einer emotionsgeladenen Entgegnung die folgenden Zahlen gegenüberstellte: Nach seiner Erinnerung seien seit dem 25. März 1942 rund 2 Millionen sowjetische Gefangene registriert worden, von denen etwa 36800 „gestorben" seien. Beide Zahlen korrigierte er noch etwas nach unten, so daß schließlich auf „1988000 Gefangene" des Stalag 326 (VI K) „um 36670" Todesfälle kommen, das entspricht einem Anteil von weniger als 2%.

Aufgrund einer Anfrage des Regierungspräsidenten in Detmold bestätigte 1973 der ehemalige Hauptmann Otto Suffert im wesentlichen Beines Angaben; nach seiner Erinnerung sei eine Aufstellung im Stalag aus dem Jahre 1944 auf insgesamt rund 40000 „im Lagerbereich" gestorbene Kriegsgefangene gekommen[27]. Die rechtsradikale „Deutsche Wochen-Zeitung" griff diese Zahlen begierig auf und prangerte die bisher „glatt verdoppelt (e – d. Vf.)" Totenzahl als „versteinerte Lüge von Stukenbrock" an[28]. Im Gegensatz dazu behauptet das 1975 erstmals erschienene „Protokoll Stukenbrock" ohne Angabe einer Belegstelle auch noch in der dritten Auflage von 1985:[29] „Im Lager herrschte ein Sonderregime, errichtet zur schnellen Vernichtung von Sowjetmenschen. Mehr als 100000 sowjetische Kriegsgefangene, die durch das Stammlager 326 gingen, fanden in unserem Lande den Tod. 65000 starben im Lager Stukenbrock."

Der Evangelische Pressedienst sprach 1986 in einem Bericht über eine Gedenkfeier auf dem sowjetischen Soldatenfriedhof von Opfern des „Straflagers"[30], nachdem vorher ein „Konkret"-Artikel sogar ein Hinweisschild mit der Aufschrift „KZ-Gedenkstätte"[31] gefordert hatte.

22 Vgl. Streit, Sowjetische Kriegsgefangene – Massendeportationen – Zwangsarbeiter. In: W. Michalka, Hg., Der Zweite Weltkrieg, S. 747. Vgl. auch die Anmerkungen S. 758–760, dort weitere Literaturhinweise, insbesondere eine überzeugende Widerlegung der abweichenden Zahlen bei Streim a. a. O. S. 224 und S. 246; ferner H. A. Jacobsen, Kommissarbefehl a. a. O., S. 137–232, besonders S. 232. Einige Vergleichszahlen nach Streit, Keine Kameraden, S. 246: Die Sterblichkeit der Franzosen, Engländer, Amerikaner in deutscher Kriegsgefangenschaft lag deutlich unter 4%. In der Sowjetunion starben von insgesamt rund 3155000 deutschen Gefangenen zwischen 1110000 und 1185000, das sind zwischen 35,1 und 37,4%.

23 Streit, Keine Kameraden, S. 300.

24 Herbert, Fremdarbeiter, S. 358.

25 Vgl. oben das Pieper-Zitat – Anm. 9.

26 Vgl. (1).

27 Vgl. (7). Ob es sich dabei um eine „der typisch beschönigenden Darstellungen zwecks eigener Exkulpierung aus dem Täterkreis" handelt, wie Schockenhoff meint, wird noch zu untersuchen sein. Vgl. (54) S. 289.

28 Vgl. (8). Bedenklich stimmt es, daß G. Gerke, Bielefeld, So wie es war, Bd. 2, S. 37 f., Beines und Sufferts Angaben kritiklos übernimmt und R. Müller-König, Geschichte der Gemeinde Augustdorf, S. 167, gar diese Zahlen so wichtig nimmt, daß sie sie „entgegen anderslautenden Gerüchten" sogar bekräftigt.

29 (34), S. 6, vgl. (10/12) S. 3.

30 Vgl. (39).

31 Vgl. (28).

Seitdem Heinrich Albertz, Pfarrer und ehemaliger Regierender Bürgermeister von Berlin, 1981 autobiographische Erinnerungen unter dem Titel: „Blumen für Stukenbrock" veröffentlicht hatte[32], stand Stukenbrock bundesweit immer wieder im Blickpunkt der Medien[33]. Als sehr öffentlichkeitswirksam erwies sich zwei Jahre später auch die erfolgreiche Teilnahme des damaligen Gymnasiasten Michael Siedenhans am Schülerwettbewerb Deutsche Geschichte um den Preis des Bundespräsidenten: Alltag im Nationalsozialismus. Die Kriegsjahre in Deutschland – mit dem Thema: „Das Kriegsgefangenen-Mannschafts-Stammlager 326 (VI K) in Stukenbrock-Senne"[34]. Fast ausschließlich auf das Arbeitsmittel der Zeitzeugen-Befragung angewiesen, gelang Siedenhans in wenigen Monaten eine bemerkenswerte Leistung zur Erhellung des tatsächlichen Geschehens im Stalag.[35]

Eine breitere Quellenbasis erarbeitete sich Detlef Brüggemann durch umfangreiche Archivstudien. In seiner 1986 vorgelegten Bielefelder Staatsarbeit vergleicht er seine Erkenntnisse über die Behandlung der sowjetischen Kriegsgefangenen im Stalag 326 mit den eher generalisierenden Aussagen von Streim, Streit und Herbert und kommt zu dem Ergebnis, daß das Stalag 326 „in seinem Aufbau und in der Behandlung seiner Insassen ein ganz normales Lager für die gefangenen Sowjetsoldaten war"[36]. Gerade deshalb bezeichnet er es als beispielhaft für „eines der dunkelsten Kapitel der Geschichte" des Zweiten Weltkrieges[37].

Um die Mitte der 80er Jahre erreichte Michael Siedenhans mit mehreren Beiträgen über das Stalag 326 in wichtigen regionalen Publikationen breite Bevölkerungsschichten[38]; und zusammen mit Volker Pieper legte er 1988 eine selbständige Monographie vor, in der auch die wechselvolle Nachkriegsgeschichte des Lagers in Stukenbrock-Senne bis zur Gegenwart dargestellt und dokumentiert wird. Im gleichen Jahr erschien ein lange angekündigtes Buch des Arbeitskreises Blumen für Stukenbrock mit zahlreichen Berichten ehemaliger sowjetischer Kriegsgefangener über ihren Leidensweg im Stalag 326 [39].

Von einem regen öffentlichen Interesse am Stalag 326 zeugen Notizen in verschiedenartigen heimatkundlichen Blättern[40]; wie rasch jedoch bis heute ein solches Interesse zu einer emotional aufgeladenen Kontroverse führen kann, zeigen das monatelange Ringen um einen Bürgerantrag im Gemeinderat von Hövelhof und ebenso emotionale Stellungnahmen und Leserbriefe in der lokalen Presse um die Jahreswende 1988/89. Der rational nicht nachvollziehbare Streit erwuchs aus einer Bitte „um materielle und ideelle Unterstützung der Gemeinde" für eine Gedenktafel mit folgendem Text:[41] „Das Geheimnis der Versöhnung heißt Erinnerung. Von 1941 bis 1945 wurden vom Bahnhof Hövelhof aus viele tausend russische Kriegsgefangene ins Kriegsgefangenenlager Stalag 326 getrieben."

32 Vgl. (13).

33 Vgl. (14/15/16/17/18).

34 Vgl. (19/23/29/35/36/43).

35 Siedenhans' damaliger Geschichtslehrer R. Otto urteilte: „Diese Untersuchung stellt eine beachtenswerte Leistung für einen Schüler der 13. Jahrgangsstufe dar, da der Bericht in seinen Detailangaben und an Informationsfülle über das hinausgeht, was bisher auf diesem Gebiet bekannt ist." – zitiert nach (23). Seither arbeitet Otto auch selbst an der weiteren Aufhellung der Geschichte des Stalag 326 (VI K). Vgl. (40).

36 (38) S. 110.

37 Ebd.

38 Vgl. (25/33/37).

39 Vgl. (47). Leider wird nicht offengelegt, wer die Berichte ins Deutsche übersetzt hat, ebenso wenig erfahren wir, wer für die – zu spärliche – Kommentierung verantwortlich ist.

40 Vgl. (24/31/44/45).

41 (50) S. 35.

Schließlich lehnte die CDU-Mehrheitsfraktion im Rat den Antrag ab. Statt einer eigenen Stellungnahme sei hier aus Michael Thamms Rundfunkkommentar zitiert:[42] „Blamabel genug, aber entscheidend ist die Grundhaltung. Da wurde tatsächlich aufgerechnet zwischen den Opfern hüben und drüben. So nach dem Motto: bevor wir hier eine Tafel installieren, sollen doch erst mal die Russen für unsere Gefallenen, für

Gedenktafel am Bahnhof Hövelhof

42 WDR III v. 24. 2. 1989, abgedruckt in (53).

Plünderei und Totschlag nach der Befreiung aus dem Lager ein Denkmal errichten. Das darf nicht wahr sein – eine kleine Gedenktafel wird zum brisanten Politikum, fünf Monate wird taktiert, polemisch diskutiert. Mich hat das erschüttert…"

Die Gedenktafel jedenfalls entstand – mit leicht geändertem Text – auch ohne die finanzielle Hilfe der Gemeinde und hält am Bahnhof Hövelhof die Erinnerung an ungezählte Elendszüge mit sowjetischen Kriegsgefangenen wach.

Gegen Ende der 70er Jahre mehrten sich im Rat der Gemeinde Schloß Holte-Stukenbrock die Stimmen, die nach einer umfassenden Dokumentation der Lagergeschichte verlangten, um die immer wieder aufflackernde erregte Auseinandersetzung in der Öffentlichkeit zu versachlichen, und im November 1980 beauftragte er einmütig den Ortsheimatpfleger mit der Erarbeitung einer solchen Dokumentation[43].

Dann vergingen sechs Jahre, bis die heimische SPD sich anläßlich einer Gedenkveranstaltung auf dem sowjetischen Soldatenfriedhof an diesen Beschluß erinnerte, der leider „in Vergessenheit geraten" sei; wie der Arbeitskreis Blumen für Stukenbrock forderte sie gleichzeitig die Errichtung einer „Dokumentationshalle"[44]. Mit der Eröffnung der Wanderausstellung der Körberstiftung: Zwangsarbeiter und Kriegsgefangene im „Dritten Reich" am 7. 3. 1987 im Rathaus Schloß Holte-Stukenbrock[45] gewann das Thema an Aktualität in der Öffentlichkeit, und wenige Monate darauf beauftragte der Gemeinderat die Verfasser dieser Studie mit der Erarbeitung einer „Stukenbrock-Dokumentation".[46]

43 Vgl. (11).

44 Vgl. (41).

45 Vgl. (43).

46 Vgl. Neue Westfälische Nr. 130 v. 6. 6. 1987; wiedergegeben in Pieper/Siedenhans (48) S. 174.

I. Kapitel

Das Kriegsgefangenenmannschafts-stammlager 326 (VI K): Aufstellung, Standort und innere Gliederung

1 G. Schwarz a.a.O. S. 70f.

2 Vgl. ebd. S. 8 und A. J. Kamiński, Konzentrationslager 1896 bis heute, S. 13.

3 Schwarz faßt in dieser Kategorie „Haftanstalten der Wehrmacht und Kriegsgefangenenlager“ zusammen. Die acht Wehrmachtsgefängnisse innerhalb der damaligen Reichsgrenzen seien hier kurz genannt. Besonders berüchtigt waren „Fort Zinna“ und „Brückenkopf“ in Torgau an der Elbe. Weitere gab es in Graudenz, Glatz, Anklam, Germersheim, Bruchsal und Freiburg i. Br. Vgl. dazu jetzt: Norbert Haase, Brigitte Oleschinski: Spuren des Unrechts. Eine Initiative zur Aufarbeitung der Militär- und Strafjustiz am historischen Ort der ehemaligen Wehrmachtsgefängnisse in Torgau und ihre stalinistischen Nachfolgeorganisationen. In: Aktion Sühnezeichen Friedensdienste e.V., Hg., Gedenkstätten-Rundbrief Nr. 43, Juli 1991, S. 5–11.

4 Verzeichnis der Kriegsgefangenenlager, Stand vom 15. Sept. 1941 BA/MA RH 49/21; veröffentlicht in: Kosthorst/Walter, Konzentrations- und Strafgefangenenlager – Teil D: Die Kriegsgefangenenlager im Emsland 1939–45. Bd. 3, Dokument D/1.01, S. 3315–3319. Vgl. auch S. 3310 sowie E. Suhr, Die Emslandlager, S. 76.

5 Vgl. die ausführliche Darstellung der „Organisation des Kriegsgefangenenwesens“ bei A. Streim, Die Behandlung sowjetischer Kriegsgefangener, S. 5–24, hier bes. S. 13.

6 Dulags hatten ihren eigentlichen Platz im rückwärtigen Operationsgebiet des Heeres, wo sie die Kriegsgefangenen von den Armee-Gefangenensammelstellen übernahmen, um sie in die Oflags und Stalags im Reichsgebiet abzuschieben. In den Heilags wurden schwerverwundete und schwerkranke Kriegsgefangene gemäß Art. 68 des Genfer Kr. Gef.-Abkommens vom 27. 7. 1929 noch während der Feindseligkeiten für die Rückführung in ihre Heimat vorbereitet. Die Ilags waren für solche Angehörige von Feindmächten bestimmt, die wie Kriegsgefangene zu behandeln waren, etwa Polizeibeamte des Feindstaates.

1. Die Stellung der Stammlager in der Organisationsstuktur des deutschen Kriegsgefangenenwesens

In ihrer vor kurzem erschienenen Studie: „Die nationalsozialistischen Lager“ listet Gudrun Schwarz sechzehn unterschiedliche Kategorien von Lagern auf[1] und spricht in der Nachfolge Kamińskis zu Recht von einer „Lagerisierung des gesamten Lebens“ im nationalsozialistischen Deutschland[2]. Nur für eine dieser Kategorien[3], die expandierende Lagerwelt des Kriegsgefangenenwesens, zeichnete die Wehrmacht verantwortlich. Innerhalb der damaligen Grenzen des Deutschen Reiches befanden sich im September 1941 nach der offiziellen Statistik 140 Kriegsgefangenenlager[4]. Abgesehen von wenigen luftwaffen- und marineeigenen Lagern, auf die im Rahmen dieser Untersuchung nicht eingegangen werden kann[5], sowie einigen Lagern mit besonderer Aufgabenstellung: nämlich
den Durchgangslagern – Dulags,
den Heimkehrerlagern – Heilags und
den Internierungslagern – Ilags[6],
gab es in den siebzehn Wehrkreisen[7] insgesamt 47 Kriegsgefangenen-Offizierslager (Oflags) und 80 Kriegsgefangenen-Mannschaftsstammlager (Stalags).

Die Normalbelegung sah für die Oflags nicht mehr als tausend Offiziere, für die Stalags eine Obergrenze von 10000 kriegsgefangenen Unteroffizieren und Mannschaften vor, Zahlen, die indes seit dem Beginn der Planungen für den Angriff auf die Sowjetunion beiseite geschoben und in der Folgezeit weit überschritten wurden[8].

Die Stalags waren für die Kriegswirtschaft von erheblicher Bedeutung, denn nach dem Genfer Kriegsgefangenenabkommen vom 27. Juli 1929[9], das die betreffenden Bestimmungen der „Haager Landkriegsordnung“ vom 18. Oktober 1907[10] weiter entwickelte, sie jedoch nicht außer Kraft setzte, hatte die „Gewahrsamsmacht“ das Recht, die Kriegsgefangenen mit Ausnahme der gefangenen Offiziere zu Arbeiten verschiedenster Art heranzuziehen. Verboten war allerdings der Einsatz in der Rüstungsindustrie; doch diese Vorschrift wurde im Verlauf des Krieges immer weniger beachtet. Als Zulieferer von dringend benötigten Arbeitskräften bildeten die Stalags die Basis des gesamten Kriegsgefangenenwesens im „Heimatkriegsgebiet“, die zentrale Führung oblag dem Allgemeinen Wehrmachtsamt (AWA) im Oberkommando der Wehrmacht (OKW)[11]. Den Stalags im OKW-Bereich entsprachen hinter der Front die sogenannten Frontstalags, die – wie das gesamte Kriegsgefangenenwesen im Operationsgebiet der Truppen – dem Oberkommando des Heeres (OKH) unterstellt waren und für Arbeiten aller Art in den besetzten Gebieten eingesetzt wurden. Im Un-

7 Nach dem Gesetz über die Vorläufige Reichswehr vom 6. 3. 1919 und dem Wehrgesetz vom 23. 3. 1921 traten an die Stelle der Generalkommandos, denen jeweils ein Armeekorps entsprach, zunächst folgende 7 Wehrkreise, denen jeweils eine Infanteriedivision zugeordnet war: – Vgl. dazu E. R. Huber, Verfassungsgeschichte, Bd. 6, S. 586, 622. – Wehrkreis I (Königsberg), Wehrkreis II (Stettin), Wehrkreis III (Berlin), Wehrkreis IV (Dresden), Wehrkreis V (Stuttgart), Wehrkreis VI (Münster) und Wehrkreis VII (München). Im Zuge der Wiederaufrüstung seit 1935 entstanden dann die Wehrkreise VIII (Breslau), IX (Kassel), X (Hamburg), XI (Hannover), XII (Wiesbaden) und XIII (Nürnberg). Schließlich erfolgte 1938–1940 die Errichtung von vier weiteren Wehrkreisen mit folgenden Nummern: XVII (Wien), XVIII (Salzburg) sowie XX (Danzig) und XXI (Posen).

8 Vgl. die Belegungsbeispiele bei Streim a. a. O., S. 11 f., ferner: W. Beer, Die Unterbringung der Kriegsgefangenen, durchgehend, sowie Fr. Berber, Lehrbuch des Völkerrechts, 2. Bd., Kriegsrecht, hier S. 148–154.

9 Beitritt der NS-Reichsregierung vom 21. 8. 1934. Wortlaut vgl. RGBl. 1934 II, S. 207 ff.

10 Abkommen, betreffend die Gesetze und Gebräuche des Landkrieges vom 18. 10. 1907; vgl. RGBl. 1910, S. 107 ff.

11 Das OKW wurde durch „Führererlaß“ vom 4. 2. 1938 errichtet. In seiner Doppelfunktion war es sowohl der Persönliche Stab des „Führers und Oberkommandierenden der Wehrmacht“ auf militärischem Gebiet als auch leitende Ministerialinstanz mit den Verwaltungsaufgaben des aufgelösten Reichskriegsministeriums. Vgl. M. Domarus, Hitler – Reden und Proklamationen, S. 782 f. Text: RGBl. 1938 I, S. 111. Zum Aufbau des OKW und zur Aufgabenverteilung vgl. Streim, a. a. O. S. 7 f.

terschied zu den Stalags, die mit der römischen Ziffer des zuständigen Wehrkreises und in der Reihenfolge der Aufstellung mit den Großbuchstaben A, B, C... bezeichnet wurden – z. B. Stalag VI A (Hemer bei Iserlohn) – führten die Frontstalags als Kennzeichnung dreistellige arabische Ziffern, z. B. Frontstalag 101, 202, oder für den Ostfeldzug Nummern aus der dreihunderter Reihe wie etwa Frontstalag 328. Der Verantwortungsbereich des OKH ist für unsere Arbeit nur insofern von Bedeutung, als es die sowjetischen Kriegsgefangenen über die im Generalgouvernement und im Wehrkreis I (Ostpreußen) neugeschaffene Kriegsgefangenen-Heimatorganisation in den OKW-Bereich „abschob“[12]. Für den OKW-Bereich bildete, wie schon gesagt, das Allgemeine Wehrmachtsamt die ministerielle Zentralinstanz der Kriegsgefangenen-Organisation. Der Chef AWA, General Hermann Reinecke (1888–1973), fertigte fast alle für die Behandlung der sowjetischen Kriegsgefangenen wichtigen Befehle aus, die im Widerspruch zum geltenden Völkerrecht standen, ganz unabhängig von der vorgeschobenen Begründung, man brauche die von der Sowjetunion nicht ratifizierte Genfer Konvention eben wegen dieser Tatsache auch nicht zu beachten.

Aus der zuständigen Abteilung im AWA entwickelte sich mit den wachsenden Gefangenenzahlen eine ganze Amtsgruppe, die seit Anfang 1942 die Bezeichnung „Chef des Kriegsgefangenenwesens“ führte. Ihr Leiter[13] besaß in seiner Eigenschaft als „Inspekteur für das Kriegsgefangenenwesen“ Recht und Pflicht zur Überwachung aller Kriegsgefangeneneinrichtungen und damit auch die Möglichkeit, bei Mißständen einzugreifen. Mit Wirkung vom 1. Juli 1943 stellte ein Führerbefehl neben diesen „Inspekteur“ einen „Generalinspekteur für das Kriegsgefangenenwesen“ mit der besonderen Aufgabe, die überhand nehmenden Gefangenen-Fluchten einzudämmen[14]. Die Dienststelle wurde aufgehoben, als Himmlers SS nach vielen vergeblichen Bemühungen am 1. Oktober 1944 der Zugriff auf die Organisation des Kriegsgefangenenwesens gelang. In seiner Eigenschaft als Befehlshaber des Ersatzheeres (BdE) erhielt die Reichsführer-SS durch eine „Führerweisung“ vom 25. 9. 1944 bis auf wenige Einschränkungen[15] die Kontrolle über die Kriegsgefangenenlager, und Himmler wiederum ernannte den SS-Obergruppenführer und General der Waffen-SS Gottlob Berger (1896–1975) zum Chef des Kriegsgefangenenwesens[16]. Berger löste zwar die bisher den jeweiligen Wehrkreisbefehlshabern unmittelbar verantwortlichen Kommandeure der Kriegsgefangenen mit ihren Behörden aus der Wehrkreisverwaltung heraus und unterstellte sie den zuständigen Höheren SS- und Polizeiführern, die er gleichzeitig zu Höheren Kommandeuren der Kriegsgefangenen in „ihren“ Wehrkreisen[17] ernannte; für die einzelnen Stammlager hatte jedoch in den letzten Kriegsmonaten diese Änderung der Zuständigkeit

12 Vgl. Erlaß des OKW/Abt. Kriegsgef. vom 16. 6. 1941 betr. Kriegsgefangenenwesen im Fall Barbarossa. BA/MA RW4/ v. 578; Darstellung mit Schema bei Streim a. a. O., S. 13 – 15. Schematische Darstellung der Zuständigkeiten im OKW-Bereich auch bei Streit, Keine Kameraden, S. 77.

13 Leiter der Dienststelle war vom 1. 1. 1942–31. 3. 1944 Generalleutnant Hans von Graevenitz (1894–1963), vom 1. 4. 1944 bis Kriegsende Generalmajor Adolf Westhoff (1889–1977).

14 Zur genauen Aufgabenstellung des Generalinspekteurs General Otto Roettig (1887–1966), vgl. Streim a. a. O., S. 8, Anm. 28. Vgl. auch IfZ NO 5522: Aff. O. Roettig.

15 Vgl. dazu im einzelnen die Ausführungen bei Streim a. a. O., S. 16 f.

16 Vgl. Anlagen 1 und 2, unten S. 196 ff.

kaum noch Bedeutung. Bestehen blieb aus der Sicht der Stalag-Kommandanten die doppelgleisige Organisationsstruktur des Kriegsgefangenenwesens mit der zentralen ministeriellen Ebene einerseits sowie der territorialen Ebene des zuständigen Wehrkreises andererseits. Die Veränderung der Zuständigkeiten wird in der nachfolgenden Graphik dargestellt.

Tabelle 1: Die Organisation des Kriegsgefangenenwesens im OKW-Bereich

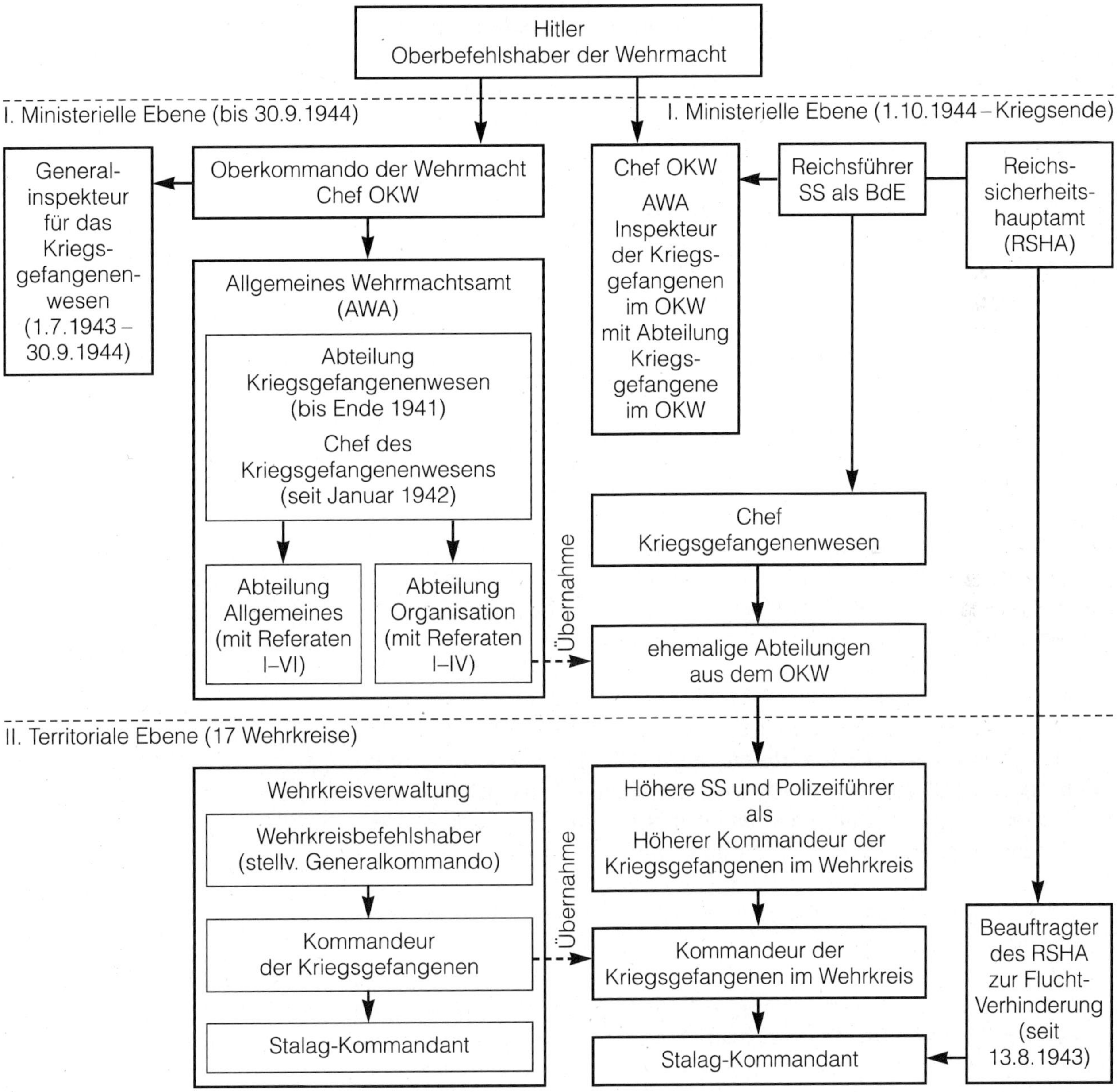

Neben den für das Kriegsgefangenenwesen unmittelbar zuständigen Wehrmachtsstellen nahmen freilich weitere Ministerien, Ämter und selbst Einzelpersonen mehr oder weniger verdeckt Einfluß auf das Schicksal der Kriegsgefangenen. Neben dem in der Graphik bereits aufgeführten Reichssicherheitshauptamt und seinen „Beauftragten" sind z. B. die Dienststellen der NSDAP zu nennen, deren Einfluß ständig zunahm[18]. Mitwirkungsrechte bei der Ernährung der Kriegsgefangenen hatte das Reichsernährungsministerium (REM); bei Fragen des Arbeitseinsatzes bestimmte nicht nur das Reichsarbeitsministerium (RAM) mit, sondern auch Reichsmarschall Göring als Beauftragter für den Vierjahresplan, der Generalbevollmächtigte für den Arbeitseinsatz, die Organisation Todt (OT), die Landes-, später die Gauarbeitsämter sowie starke Interessenverbände der Industrie wie z. B. die Reichsvereinigung Kohle (RVK) durch ihren einflußreichen Vorsitzenden Paul Pleiger. Mit dieser Aufzählung sind keineswegs alle Instanzen genannt, deren Interessen in bezug auf die Kriegsgefangenen sich vielfach überschnitten und dadurch gegenseitig hemmten.
Kurz darzustellen ist noch die recht komplizierte innere Befehls- und Verwaltungsstruktur eines Stalag mit seinem Stammpersonal, in dessen Zuständigkeit die gesamte Verwaltung des Stalags und der unmittelbare Umgang mit den Kriegsgefangenen fiel, und dem vom Wehrkreis gestellten Landesschützenbataillon, dem die Bewachung der Gefangenen oblag.
Das Stammpersonal gliederte sich in folgende sechs Gruppen:
a) Gruppe Kommandant,
b) Arbeitseinsatz,
c) Sanitätsoffizier,
d) Abwehr und Postüberwachung,
e) Verwaltung und
f) Fahrbereitschaft.
Die Kriegsstärkenachweisung (KStN) Nr. 7805[19] vom 1. September 1938 sah bei der vorgesehenen Belegung eines Stalags mit 10000 Kriegsgefangenen eine Personalstärke von 131 Mann vor; – 14 Offiziere, 23 Unteroffiziere, 61 Mannschaften sowie 33 Militärbeamte und -angestellte wie z. B. Zahlmeister, Werkstattleiter, Verwaltungsangestellte –. Weiterhin legte sie die Ausstattung mit Handwaffen und Fahrzeugen genau fest.
Obwohl das OKW im Frühjahr 1941 erheblich größere Stalags für sowjetische Kriegsgefangene mit einer Belegung bis zu 50000 Mann plante und sich die Gesamtbelegung in den Lagern des Reichsgebiets im Sommer 1942 zwischen 20000 und 30000 Gefangenen einpendelte, wurde die KStN Nr. 7805 erst mit Wirkung vom 1. August 1942 den veränderten Bedingungen angepaßt und für ein Stalag mit 30000 Gefangenen ausgelegt[20]. Danach stieg die Gesamtstärke des Stamm-

17 Vgl. Anlage 3, unten S. 201.

18 Ein Erlaß des OKW/AWA vom 13. 5. 1943 machte den im Kriegsgefangenenbereich eingesetzten Wehrmachtsangehörigen eine enge Zusammenarbeit mit den Parteidienststellen sogar förmlich zur Pflicht. Vgl. KA GT LR WD F 45/9/I.

19 BA/MA RHD 11; vgl. auch H. Dv. 38/5: Dienstanweisung für den Kommandanten eines Kriegsgefangenen-Mannschaftsstammlagers (In: IfZ DA 34.12).

20 Vgl. Anlage 4, S. 202.

personals auf insgesamt 314 Köpfe an; eine weitere Erhöhung dieser Zahl war möglich, wenn die Belegung über 30000 Gefangene hinausging[21].

Angesichts der umfassenden Befehlsgewalt des Kommandanten verwundert es nicht, daß das OKW die Anwärter, in der Regel ehemalige Weltkriegsoffiziere, die wegen ihres vorgerückten Alters und/oder Kriegsverletzungen[22] nicht mehr frontverwendungsfähig waren, zu zentralen Vorbereitungslehrgängen im Stalag II D Stargard in Pommern kommandierte und sich außerdem die Ernennung des Lagerkommandanten und seines Stellvertreters selbst vorbehielt, während im übrigen die Kommandeure der Kriegsgefangenen in den Wehrkreisen über die Personalhoheit verfügten.

Die Unterkünfte des Stammpersonals lagen außerhalb des mit Stacheldraht umzäunten eigentlichen Lagers. Jeglicher außerdienstliche Kontakt mit den Kriegsgefangenen war ebenso verboten wie das Betreten der Kriegsgefangenen-Baracken außerhalb des Dienstes.[23]

Nicht zu den Aufgaben der Einheit des Kriegsgefangenenwesens gehörte die Bewachung der Kriegsgefangenen. Diese oblag den von den einzelnen Wehrkreisen gestellten Landesschützen-Bataillonen bzw. -Kompanien[24], zu denen in der Regel ältere und nur bedingt verwendungsfähige Männer eingezogen wurden. Dennoch wurden sie mit zunehmender Kriegsdauer immer wieder „ausgekämmt“, um Ersatz für die ausgebluteten Fronttruppen zu erhalten. Gegen Kriegsende mußten fast ausschließlich „Volkssturm“-Männer[25] die Bewachung der Kriegsgefangenen übernehmen. Im ländlichen Bereich unterstützten oft Angehörige der „Landwacht“, die Anfang 1942 als Hilfswachmannschaft aus den noch anwesenden ortsansässigen Männern gebildet wurde, die Landesschützen. Aufgrund besonderer Befehle erhielten sie auch Verstärkung durch Gendarmerie, Polizei und die ihr für besondere Fälle – z. B. bei der Flucht von Kriegsgefangenen – unterstellten Gliederungen der NSDAP.

Damit sind die auch für das Stalag 326 (VI K) gültigen Rahmenbedingungen aufgezeigt.

2. Die Aufstellung des Frontstalag 326 in Lingen/Ems und seine Kommandierung zum Truppenübungsplatz Senne

Im Zuge der Vorbereitungen für das Unternehmen „Barbarossa“ erging am 26. März 1941 ein Geheimbefehl vom „Chef der Heeresrüstung und Befehlshaber des Ersatzheeres“[26] zur Aufstellung einer ganzen Serie von Frontstalags an fast alle Wehrkreiskommandos im

21 Vom Stalag VI A Hemer wurden z. B. 1944/45 fast 100000 Kriegsgefangene geführt. Zum Stalag VI A vgl. Bürgerinitiative …, Hg., STALAG VI A HEMER

22 Ähnliches galt für fast alle Offiziere im Kriegsgefangenendienst. Auch die meist jüngeren Mannschaftsdienstgrade wurden oft als nicht oder nicht mehr fronttauglich zum Dienst in den Stalags kommandiert. Viele wurden nach ihrer Genesung wieder an die Front versetzt. Insgesamt taten nur wenige Mitglieder des Stammpersonals während des Krieges in nur einem Lager Dienst, zumal es immer wieder Versetzungen in andere Kriegsgefangenenlager gab.

23 Vgl. H. Dv. 38/5, S. 8.

24 Vgl. Streim, Die Behandlung sowjet. Kriegsgefangener, S. 15 f., ferner Anlage 5: Kriegsstärkenachweisung einer Landesschützenkompanie. S. 203.

25 Zum Führererlaß zur „Bildung des deutschen Volkssturms“ vom 18. Oktober 1944, der „aus allen waffenfähigen Männern im Alter von 16–60 Jahren“ gebildet wurde, vgl. Franz W. Seidler, „Deutscher Volkssturm“ Das letzte Aufgebot 1944/45, bes. S. 311 ff.; ferner die knappe Übersicht in: Hüser/Stambolis, Unter dem Hakenkreuz, S. 76 f.

26 Zu seiner Stellung im OKW vgl. Siegler, Die höheren Dienststellen, S. 13. – Der Befehl selbst ist bisher nicht aufgefunden; sein Inhalt ergibt sich jedoch aus dem Aufstellungsbefehl des Wehrkreises VII v. 4. 4. 1941. Vgl. Anlage 6 unten S. 204 ff.

Reichsgebiet. Die bereits bestehenden Stalags hatten das erforderliche Personal für die neu aufzustellenden „Stabseinheiten“ zu stellen, die wiederum ihre Einsatzbereitschaft bis Ende April zu melden hatten. Dieser Termin galt zumindest für die als „1. Welle“ bezeichneten neuen Frontstalags; denn trotz einer deutlich herabgesetzten gültigen Kriegsstärke je Stalag galten „personelle und materielle Lücken (als – d.Vf.) unvermeidlich“[27]. Diese Lücken sollten für die verbleibende „2. Welle“ in den folgenden Wochen durch verschiedene Maßnahmen rasch aufgefüllt werden.[28]

Im Wehrkreis VI Münster bestanden im Frühjahr 1941 die Stalags[29]
VI A Hemer, Kreis Iserlohn,
VI B Neu Versen, Kreis Meppen,
VI C Bathorn, Kreis Grafschaft Bentheim[30],
VI D Dortmund – Westfalenhalle,
VI F Bocholt,
VI G Bonn-Duisdorf,
VI H Arnoldsweiler, Kreis Düren und
VI J Fichtenhain bei Krefeld.
Außerdem verfügte er über fünf Oflags[31].

Entsprechend der großen Zahl bereits bestehender Lager erhielt das Wehrkreiskommando den Befehl, im April 1941 acht Frontstalags aufzustellen mit den Bezeichnungen 306, 316, 326, 328, 336, 346, 356 und 358[32].

Am Gründonnerstag, dem 10. April, erhielt eine Anzahl von Offizieren des Stalags VI C Bathorn ihren Versetzungsbefehl zum Frontstalag 326 mit der Anweisung, sich am Osterdienstag zum Dienstantritt beim Wehrbezirkskommando Lingen/Ems zu melden[33]. Alle glaubten an einen Einsatz in Jugoslawien, als sie am 17. April ihr Quartier im Hotel Nave in Lingen bezogen, und rätselten über ihre weitere Verwendung, als sie noch am gleichen Tage von der Kapitulation der jugoslawischen Armee bei Sarajewo erfuhren[34]. Schon vier Tage darauf, am 21. April, meldete der Kommandant, Major Bomke, die förmliche Errichtung des Frontstalags 326 als „Stabseinheit“. Das Inf.Ers.Batl. 454 war als ersatzstellender Truppenteil vorgesehen[35].

Nach dem von Hitler mehrfach geäußerten und im Dritten Reich auch weithin durchgesetzten Grundsatz:[36] „Ich sage jedem nur soviel, als er wissen muß, und das auch nur dann, wenn er es wissen muß“, ahnten die Betroffenen in Lingen nichts davon, daß bereits die Entscheidung getroffen war, sie auf dem Truppenübungsplatz Senne zu verwenden. Weitaus besser informiert zeigte sich dagegen die Landesforstverwaltung Lippe. In einem Schreiben vom 23. 4. an „Herrn Major Bremer, z. Zt. Soest i. Westf.“, heißt es:[37] „Wie ich in Erfahrung brachte, wird z. Zt. im Sennelager ein Stalag für ca. 100000 serbische Kriegsgefangene eingerichtet, dessen Leitung Sie in Händen haben.“

27 Vgl. Anlage 6, Ziffer I 2/3.

28 Vgl. ebd. Ziffern II und III.

29 Zu den Aufstellungsdaten und zur Entwicklung, soweit jetzt bekannt, vgl. Mattiello/Vogt, Deutsche Kriegsgefangenen- und Internierteneinrichtungen, Bd. 1, S. 16–19.

30 Zur Entstehung und Entwicklung der Stalags VI B und VI C vgl. Kosthorst/Walter a. a. O. Zusatzteil Kriegsgefangenenlager, S. 3309–3314.

31 Vgl. Mattiello/Vogt a. a. O. Bd. 2, S. 9 f. Oflag VI A-VI E.

32 BA/MA Kartei AHA; vgl. auch Mattiello/Vogt a. a. O., Bd. 1, S. 35, 37, 41, 44, 47, 49 f.; Bd. 2, S. 92–94.

33 Darstellung nach mündlichen und schriftlichen Mitteilungen eines Zeitzeugen. Vgl. Anm. 46.

34 Zu den Ereignissen vom Militärputsch in Belgrad vom 16./17. 3. 41 bis zum 17. 4. vgl. z. B. Domarus, Hitler, S. 1676–1692.

35 BA/MA Kartei AHA, Stammtafel Stalag 326; Von Major Bomke ist bisher nur der Name bekannt; er wurde schon am 14. 5. 41 als Kommandant abberufen.

36 A. Bullock, Hitler, S. 363; dort zitiert nach K. Lüdecke, I knew Hitler, (ohne Seitenangabe); Vgl. auch Domarus a. a. O. S. 1446.

37 StA DT L 80 II C A Tit. I Abt. 3 Nr. 17 Bd. 1.

Gleichzeitig bat die Behörde, „für die vordringliche Aufarbeitung von Windbruchhölzern… 240–280 serbische Berufsholzhauer auszusuchen und demnächst nach Lippe zu entsenden.“ Die umgehende Antwort lautete:[38]

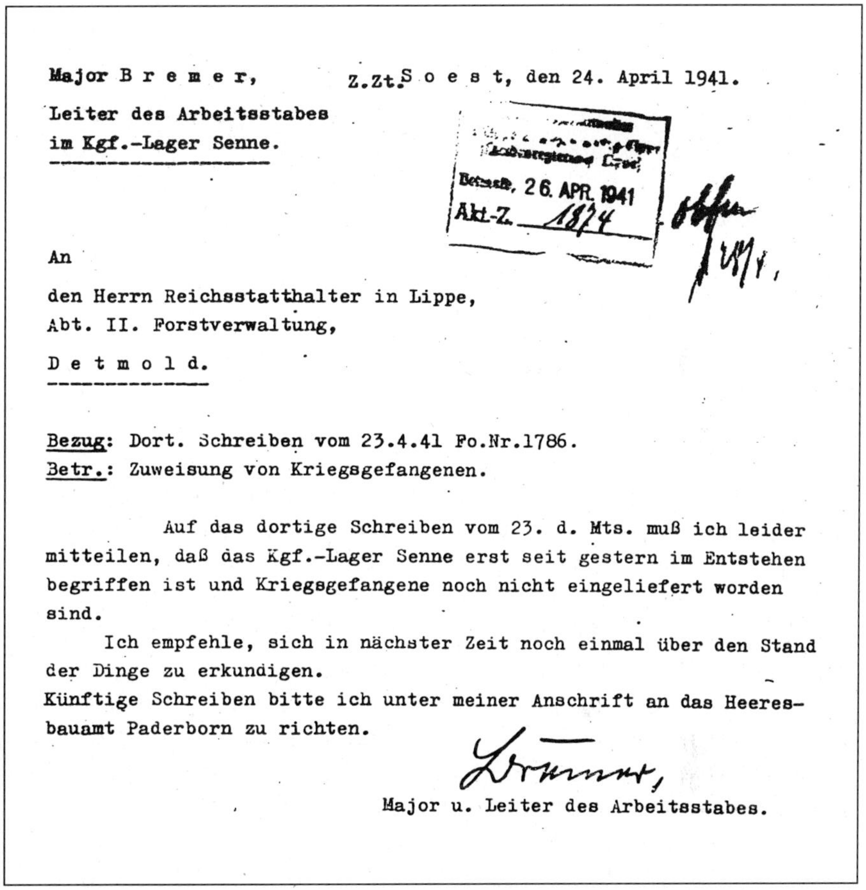

Major B r e m e r, Z.Zt. S o e s t, den 24. April 1941.

Leiter des Arbeitsstabes
im Kgf.-Lager Senne.

26. APR. 1941
Abt-Z. 1874

An

den Herrn Reichsstatthalter in Lippe,
Abt. II. Forstverwaltung,

D e t m o l d.

Bezug: Dort. Schreiben vom 23.4.41 Fo.Nr.1786.
Betr.: Zuweisung von Kriegsgefangenen.

Auf das dortige Schreiben vom 23. d. Mts. muß ich leider mitteilen, daß das Kgf.-Lager Senne erst seit gestern im Entstehen begriffen ist und Kriegsgefangene noch nicht eingeliefert worden sind.

Ich empfehle, sich in nächster Zeit noch einmal über den Stand der Dinge zu erkundigen.
Künftige Schreiben bitte ich unter meiner Anschrift an das Heeresbauamt Paderborn zu richten.

Bremer,
Major u. Leiter des Arbeitsstabes.

Im Sinne der Anfrage war das Schreiben zwar unbefriedigend, es beweist jedoch, daß das Heeresbauamt Paderborn spätestens am 23. April mit der Vorbereitung der erforderlichen Baumaßnahmen in der Senne begonnen hat. Geplant war von Anfang an nur ein „behelfsmäßiger“ Ausbau. In einem Brief an das Bundesarchiv/Militärarchiv aus dem Jahre 1963 heißt es dazu wörtlich:[39] „Im Sommer 1941, einige Monate vor Beginn des Angriffs auf Rußland, erhielten die Wehrkreiskommandos den Auftrag, für zu erwartende Kriegsgefangene, deren Nationalität streng geheim gehalten wurde, behelfsmäßige Lager einzurichten. Sie sollten lediglich eine sichere Stacheldraht-Umzäunung, Wasser und Latrinen, aber keinerlei Unterkünfte für die Kriegsgefangenen erhalten. Ich war damals Leiter der Abt. Kriegsgefange-

38 Ebd.

39 HStA H Nds. 120 Lbg Acc. 46/79 Nr. 19, S. 73 f. Der Autor, Th. Krafft, wurde Ende September 1941 zum OKW/Abt.Kgf. versetzt und hatte dort die Aufgabe, die „Russenlager“ in Schlesien, Sachsen, Niedersachsen und Westfalen, also auch in der Senne, zu besichtigen.

Wehrkreise	30.4.1941 [1]	16.6.1941 Gef.-Zahl [2]		26.6.1941 Gef.-Zahl [3]		21.7.1941 [4] Aussonderungsbefehl Sipo/SD
I Königsberg	—	—		—		—
II Stettin	302 Groß-Born 313 Hammerstein 315 Hammerstein 323 Groß-Born	313 Hammerstein 315 Hammerstein 302 Groß-Born 323 Groß-Born	30000 30000 50000 30000	313 Hammerstein 315 Hammerstein 302 Groß-Born 323 Groß-Born	30000 30000 50000 30000	1) Truppenübungsplatz Hammerstein Stapo: Schneidemühl
IV Dresden	314 Zeithain	329 Zeithain 304 Zeithain 303 Königsbrück	50000 50000 40000	329 Zeithain 304 Zeithain 303 Königsbrück	50000 50000 40000	2) Truppenübungsplatz Zeithain Stapo: Dresden
VI Münster	326 Senne	326 Senne 328 Senne	50000 50000	326 Senne 328 Senne	50000 50000	3) Truppenübungsplatz Senne Stapo: Münster
VIII Breslau	308 Neuhammer	318 Lamsdorf 308 Neuhammer Oflag 58 Neuh.	30000 50000 50000	318 Lamsdorf 308 Neuhammer Oflag 58 Neuh.	30000 50000 50000	4) Truppenübungsplatz Neuhammer Truppenübungsplatz Lamsdorf/OS Stapo: Breslau
X Hamburg	—	310 Munster	50000	310 Munster	50000	5) Munsterlager Stapo: Hamburg
XI Hannover	311 Bergen	311 Bergen 321 Bergen — Bergen 305 Altengrabow	20000 30000 50000 30000	311 Bergen 321 Bergen — Bergen 341 Altengrabow	20000 30000 50000 30000	6) Truppenübungsplatz Bergen Stapo: Hannover
XVIII Salzburg	306 (XVIII D) Raum um Marburg/Drau 317 (XVIII C) Markt Pongau	—		—		—
XX Danzig	312 Thorn	312 Thorn	50000	312 Thorn	50000	7) Truppenübungsplatz Thorn Stapo: Posen
XXI Posen	—	301 Sieradz	50000	301 Sieradz	50000	—
			790000		790000	

Tabelle 2: Übersicht über die Stalags für sowjetische Kriegsgefangene auf Truppenübungsplätzen im Reichsgebiet (1941/42) nach den Organisationsbefehlen des OKW

23.7.1941 [1] „Russenlager“	14.8.1941 [1]	15.9.1941 [5]	25.2.1942 [1]
331 Heydekrug	331 (I C) Heydekrug	Stalag I C, Heydekrug	331 (I C) Heydekrug
313 Hammerstein 323 Groß-Born-Rederitz	315 (II F) Hammerstein 323 (II G) Groß-Born-Rederitz 302 (II H) Barkenbrügge	Stalag II F, Hammerstein Stalag II G, Rederitz	315 (II F) Hammerstein 323 (II G) Groß-Born-Rederitz 302 (II H) Barkenbrügge
304 Zeithain	304 (IV H) Zeithain	Stalag IV H, Zeithain	304 (IV H) Zeithain
326 Senne	326 (VI K) Senne	Stalag VI K, Forellkrug über Paderborn	326 (VI K) Senne
308 Neuhammer/West 318 Lamsdorf	308 (VIII E) Neuhammer/West 318 (VIII F) Lamsdorf	Stalag VIII E, Neuhammer Stalag VIII F; Lamsdorf	308 (VIII E) Neuhammer/West 318 (VIII F) Lamsdorf
310 Munster	310 (X D) Munster	Stalag X D; Wietzendorf über Soltau (Hann.)	310 (X D) Munster
321 Bergen-Belsen 311 Bergen-Oerbke 341 Altengrabow	311 (XI C) Bergen-Belsen 321 (XI D) Bergen-Oerbke	Stalag XI C, Truppenübungsplatz Bergen/ (Krs. Celle), Lager Stalag XI D, Oerbke über Walsrode	311 (XI C) Bergen-Belsen 321 (XI D) Bergen-Oerbke
—	317 (XVIII C) Markt Pongau 306 (XVIII D) Marburg a.d. Drau	Stalag XVIII C, Markt Pongau Stalag XVIII D, Marburg/Drau	317 (XVIII C) Markt Pongau 306 (XVIII D) Marburg a.d. Drau
312 Thorn	312 (XX C) Thorn	Stalag XX C, Thorn	312 (XX C) Thorn
—	—	—	—

nenwesen bei dem Wehrkreiskommando VI – Münster und erfuhr dadurch von der Einrichtung des Stalags VI K (326) in der Senne, das zu den oben genannten Lagern gehörte."

Diese Aussage bestätigt eine schon von Christian Streit[40] gegen Schutzbehauptungen General Reineckes, des Chefs des Allgemeinen Wehrmachtamtes im OKW, herangezogene Eintragung im Kriegstagebuch der Rüstungsinspektion VI Münster. Es verzeichnet unter dem 30. Mai 1941, die Rüstungsinspektion habe in der zweiten Aprilhälfte vom Wehrwirtschafts- und Rüstungsamt im OKW[41] die Anweisung erhalten, „die Beschaffung der maschinellen Einrichtungen für zu errichtende Kriegsgefangenenlager wirksam zu unterstützen", und auch die Wehrkreisverwaltung VI habe „einige Holzverarbeitungsmaschinen" angefordert. Dann fährt der Schreiber fort:[42] „Aus den Äußerungen der Herren der Wehrkreisverwaltung VI war zu entnehmen, daß die für diese Lager in Frage kommenden Gefangenen sich Unterkunftsstätten selbst zu bauen hätten, daß die Gefangenen zunächst also lediglich in einem umzäunten, aber sonst unvorbereiteten Raum untergebracht werden sollten. Die Vermutung lag nahe, daß es sich um Gefangene handeln mußte, die nicht mit der sonst vor Kriegsgefangenen üblichen Achtung behandelt werden sollten. (Wie sich später herausstellte, Russen)."

Die hier sehr vorsichtig formulierte „Vermutung" war nur allzu berechtigt. Während der Planung und der organisatorischen Vorarbeiten für den ideologisch begründeten Ausbeutungs- und Vernichtungskrieg gegen die Sowjetunion galten die Unterbringung und Ernährung der erwarteten Massen von Kriegsgefangenen allenfalls als ein nebensächliches Problem.

Alle mit der Behandlung der Gefangenen Befaßten hatten davon auszugehen, „daß der Bolschewismus der Todfeind des nationalsozialistischen Deutschland sei"[43]. Deshalb sollte ein Abschub von sowjetischen Kriegsgefangenen in das Reich auch erst erfolgen, wenn die Lager in den besetzten Gebieten im Osten „bis an die äußerste Grenze der Aufnahmefähigkeit" belegt waren[44]. Gegenüber Försters Formulierung, „die Lager im Reich (seien – d. Vf.) nur für die Aufnahme von insgesamt 790000 Kriegsgefangenen vorbereitet" gewesen,[45] ist festzustellen, daß Ende Juli 1941 zwar zwölf „Russenlager" belegt waren, aber nicht ein einziges von ihnen war im Wortsinn wirklich für die Aufnahme von Menschen „vorbereitet".

Im Juni 1941 erscheint die Zahl 790000 tatsächlich in zwei Auflistungen des OKW, und es werden 19 Stalags mit den vorgesehenen Belegungsstärken genannt, auf die diese 790000 sowjetischen Kriegsgefangenen verteilt werden sollten. Aus Tabelle 2 sind jedoch auch verschiedene Umplanungen abzulesen. Sichtbar wird aber auf jeden Fall, daß alle vorgesehenen Standorte eine gemeinsame Eigenschaft

Quellen zu Tabelle 2:

1 BA/MA RW 48/v. 12, Bl. 129–133; 160; 161–163; 181 f; ebd. Bl. 137, Befehl vom 5. 6. 41 über „neu eingesetzte Lager"; 304 Zeithain, 329 Zeithain (WK IV). 328 Senne (WK VI); 318 Lamsdorf (WK VIII); 310 Munster (WK X); 321 Bergen (WK XI); außerdem Bl. 138: Nachtrag vom 21. 6. 41: „sofortige Einsetzung" von 301 Sieradsch (!) im Wehrkreis I (!); vgl. aber Rubriken vom 16. und 26. 6.; ein Zeichen von Hektik und Unkenntnis der Zuständigkeit (?); im Nachtrag weiter: 303 Königsbrück und Streichung von 314 Zeithain (WK IV) sowie 341 Altengrabow (WK XI).

2 BA/MA RW 4/v. 578

3 OKW-Befehl betr. Erfassung und Behandlung der russischen Kriegsgefangenen vom 26. 6. 1941. In: BA/ZNS S 22, Bl. 34 f. – Ein herzlicher Dank für den Hinweis und die Überlassung einer Ablichtung gilt Herrn Rolf Keller, Niedersächsische Landeszentrale für politische Bildung – Gedenkstätte Bergen-Belsen.

4 Einsatzbefehl Nr. 9 des Chefs der Sipo und des SD nach der Ablichtung bei A. Streim, Die Behandlung sowjetischer Kriegsgefangener, S. 323.

5 BA/MA RH49/21; publiziert als Dokument D/1.01 bei Kosthorst/Walter a.a.O. Teil D = Bd. 3, S. 3315–3318.

40 Vgl. Streit, Keine Kameraden, S. 72 f. und 330; ferner U. Herbert, Fremdarbeiter, S. 394 Anm. 31.

41 Zur Organisationsstruktur und Tätigkeit vgl. G. Thomas, Geschichte der deutschen Wehr- und Rüstungswirtschaft – durchgehend.

42 BA/MA RW 20-6/3, S. 103 f. (Nach dem Überfall auf die Sowjetunion angefertigte Reinschrift.) Vgl. auch unten Kap. II 5.

43 J. Förster, Das Unternehmen „Barbarossa", in: Boog u.a., Der Angriff auf die Sowjetunion, S. 417.

44 BA/MA RW4/v. 578, Bl. 94: Befehl des OKW betr. Kriegsgefangenenwesen im Fall Barbarossa vom 16. 6. 1941. Vgl. Förster a. a. O. S. 418.

haben: Sie liegen weit weg von den Ballungsgebieten auf großen Truppenübungsplätzen, die als militärisches Sperrgebiet von der Bevölkerung nicht betreten werden durften.
Am 30. April 1941 ist das „Stalag 326 Senne" erstmals in der offiziellen Liste der in Errichtung befindlichen Kriegsgefangenenlager aufgeführt. Erst drei Tage vorher war die Stabseinheit in Lingen informiert worden. Einer der betroffenen Offiziere schrieb am 28. April folgende Zeilen an seinen Bruder:[46] „Inzwischen hat mich die große Enttäuschung heimgesucht: gestern verwandelte sich unsere Feldverwendung Knall auf Fall in die mit Recht so beliebte Heimatverwendung. Uns wird die dankbare Aufgabe obliegen, auf dem nächsten großen Tr.Üb.Platz ein Gef.-Lager für ca. 50000 Gef. zu bauen und später zu betreuen. Das Lager soll mit Beginn des Winters bezugsfertig sein... Einstweilen bin ich von der Aussicht, bis zu Beginn des Winters im Sande des Tr.Üb.Pl. untätig herumzusitzen, wenig erfreut... In Bathorn läßt es sich dann doch besser leben und anständig arbeiten als in der grenzenlosen Primitivität eines noch nicht existierenden Lagers."
Am 1. Mai fuhr er in seinem Bericht fort: „Unsere Situation hat sich seit meinem letzten Brief nicht geändert. Ich hocke mit dem Rest unseres Vereins noch in L. Unser Vorkommando weilt seit gestern in der Senne, wir werden wohl in Kürze nachfolgen müssen... Benutze, wenn es auch länger dauert, meine – hach! – Feldpost Nr. 21006."
Eher als erwartet wurde dann der Briefschreiber am 6. Mai mit „ca. 700 Kr.Gef., die das neue Lager bauen sollen", selbst „in die Senne befohlen". In einem Brief vom gleichen Tage teilte er seine „neueste Anschrift" mit:
„Kdtr. Stalag 326
Post Forellkrug
bei Hövelhof
über Paderborn."
Gerade diese Anschrift fordert allerdings die Beantwortung der Frage nach dem genauen Standort geradezu heraus.

3. Die Topographie des Stalag 326 (VI K) Senne und die Funktion seiner Abteilungen

Der Forellkrug, ein heute noch bestehender Gasthof neben der St. Achatius Kirche im Ortsteil Stukenbrock-Senne, gab den Namen für die Postanschrift, denn auf der gegenüberliegenden Straßenseite stand ein leerstehendes Haus für die Aufnahme der Kommandantur bereit; der Saal des Landgasthofes diente später als Offiziers-Kasino.

46 Dieser und die weiteren herangezogenen Briefe und anderen Dokumente sind den Verfassern vom Schreiber und Eigentümer, der ungenannt bleiben möchte, freundlicherweise überlassen worden.

St. Achatius-Kirche und Gasthof Forellkrug in der Senne vor dem Krieg

Die Siedlung Stukenbrock-Senne lag im Erweiterungsbereich des im Jahre 1891 ursprünglich auf dem Gebiet der Gemeinde Neuhaus[47] angelegten Truppenübungsplatzes „Sennelager". Dieser Platz schob sich seit der Einführung der allgemeinen Wehrpflicht am 16. März 1935[48] immer weiter nach Norden vor und umschloß schon 1939 ein Areal von 12000 Hektar[49]. Auf der Grundlage des Gesetzes „über die Landbeschaffung für Zwecke der Wehrmacht" vom 29. 3. 1935 hatte die Reichsumsiedlungsgesellschaft m.b.H., Berlin, noch vor dem Angriff auf Polen das Dorf Haustenbeck geräumt, und Stukenbrock-Senne sollte das gleiche Schicksal erleiden wie die lippische Nachbargemeinde.

Eine ganze Anzahl von Grundstückseigentümern hatte im Frühjahr 1941 bereits ihren Besitz an den Heeres-Fiskus verkauft; – „Zur Abwendung der Enteignung" heißt es regelmäßig in den Grundstücksverträgen[50] –. Zusammen mit mehreren Nachbarn war auch der bisherige Eigentümer des nun als Stalag-Kommandantur genutzten Hauses auf ein von der Reichsumsiedlungsgesellschaft parzelliertes Gut in Mecklenburg umgezogen.

Die Kauf- und Umsiedlungsaktion in der „Forellsenne" im Bereich der Emsquellen – auch die alten Flurnamen „Moosheide" und „Eselsheide" werden öfters genannt –, waren zwar noch nicht abgeschlossen, aber leerstehende Häuser und brachliegende Höfe luden die Militärbehörden geradezu ein, sie für ihre Zwecke zu nutzen, ohne daß eine nennenswerte Unruhe bei der Bevölkerung befürchtet werden mußte. Die Wahl für den Standort des neuen Kriegsgefangenenlagers fiel auf

47 Die anläßlich ihrer 700-Jahrfeier am 4. 9. 1957 in „Schloß Neuhaus" umbenannte Gemeinde wurde am 1. 1. 1975 Stadtteil von Paderborn. Sie war auch Sitz der Verwaltung des gleichnamigen Amtes, zu dem u. a. auch Hövelhof und Stukenbrock gehörten. Stukenbrock schied schon am 1. 1. 1970 im Zuge der kommunalen Neuordnung aus dem Amtsverband und gleichzeitig aus dem Kreis Paderborn aus und bildete mit der Nachbargemeinde Schloß Holte die neue Gemeinde Schloß Holte-Stukenbrock.

48 Vgl. „Gesetz über den Aufbau der Wehrmacht" bei Domarus, Hitler, S. 495.

49 Vgl. L. Teichmann, Die Landschaft des Truppenübungsplatzes Senne, in: R. Gürtler, Mitten in der Senne, S. 186. Ebd. S. 231: „So verloren 42 Familien ihre Wohnungen und Höfe". – An einer Geschichte des Truppenübungsplatzes Senne wird z. Zt. gearbeitet.

50 Grundstücksverträge betr.: „Erweiterung des Truppenübungsplatzes" vgl. Amtsgericht Delbrück Grundbuch von Hövelhof Bd. 14, Bl. 681, Bde. III–VI; hier bes.: Bd. III, S. 88 ff.; Bd. IV S. 87 ff. und 214 ff., Bd. VI S. 68 ff. = Auflassung des Geländes für den späteren sowjetischen Soldatenfriedhof, verhandelt in Stukenbrock am 14. 1. 1941, Übergabe am 1. 3. 1941. – Auch Kirche und Pfarrhaus waren schon an den Fiskus verkauft, wurden jedoch weiter von der Kirchengemeinde benutzt und nach dem Kriege zurückübertragen. Andere Anwesen z. B. der Forellkrug waren noch – und blieben in Privatbesitz.

Das Kommandantur-Gebäude des Stalag 326 (VI K)

das „Gelände um den Krakenbörger-Hof"[51]. Die leerstehende Hofstelle lag in der Nähe der damaligen Reichsstraße 68 noch auf Stukenbrocker Gebiet aber nur wenige hundert Meter von der nördlichen Gemeindegrenze Hövelhofs entfernt. Entsprechend der „Dienstanweisung für den Kommandanten eines Kriegsgefangenen-Mannschaftsstammlagers"[51] betrug die Entfernung zur Kommandantur etwa 400 Meter. Der erhaltene Lageplan aus dem Jahre 1944 zeigt den typischen Grundriß eines auf dem Reißbrett entworfenen Kriegsgefangenenlagers.[53]

Das Lager erstreckte sich ungefähr in SO-NW-Richtung. Es hatte einen rechtwinkeligen Grundriß mit einer Seitenlänge von etwa 1000x400 m und wurde durch eine axial verlaufende Lagerstraße in zwei gleich große Hälften geteilt. Der Plan zeigt ferner einen kleinen Annex für „westliche Kriegsgefangene" im Südwesten. Sehen wir von diesem zunächst einmal ab, da es erst ab Herbst 1942 mit eigener Lagerführung und Wachmannschaft eingerichtet wurde,[54] so zeigt sich eine Gliederung in folgende vier deutlich gegeneinander abgegrenzte Abteilungen, die als

– Deutsches Lager,
– Vorlager,
– Hauptlager und
– Zeltlager gekennzeichnet sind.

Das außerhalb der Umzäunung liegende Deutsche Lager, das nach Augenzeugenberichten bis zum Eintreffen der ersten Gefangenentransporte weitgehend fertiggestellt war, umfaßte neben den Unterkünften

51 Vgl. R. Gürtler, Mitte der Senne, S. 232.

52 Vgl. H. Dv. 38/5, S. 9.

53 BA/MA RH 53-6/111, Bl. 63.

54 Vgl. unten V. Kapitel.

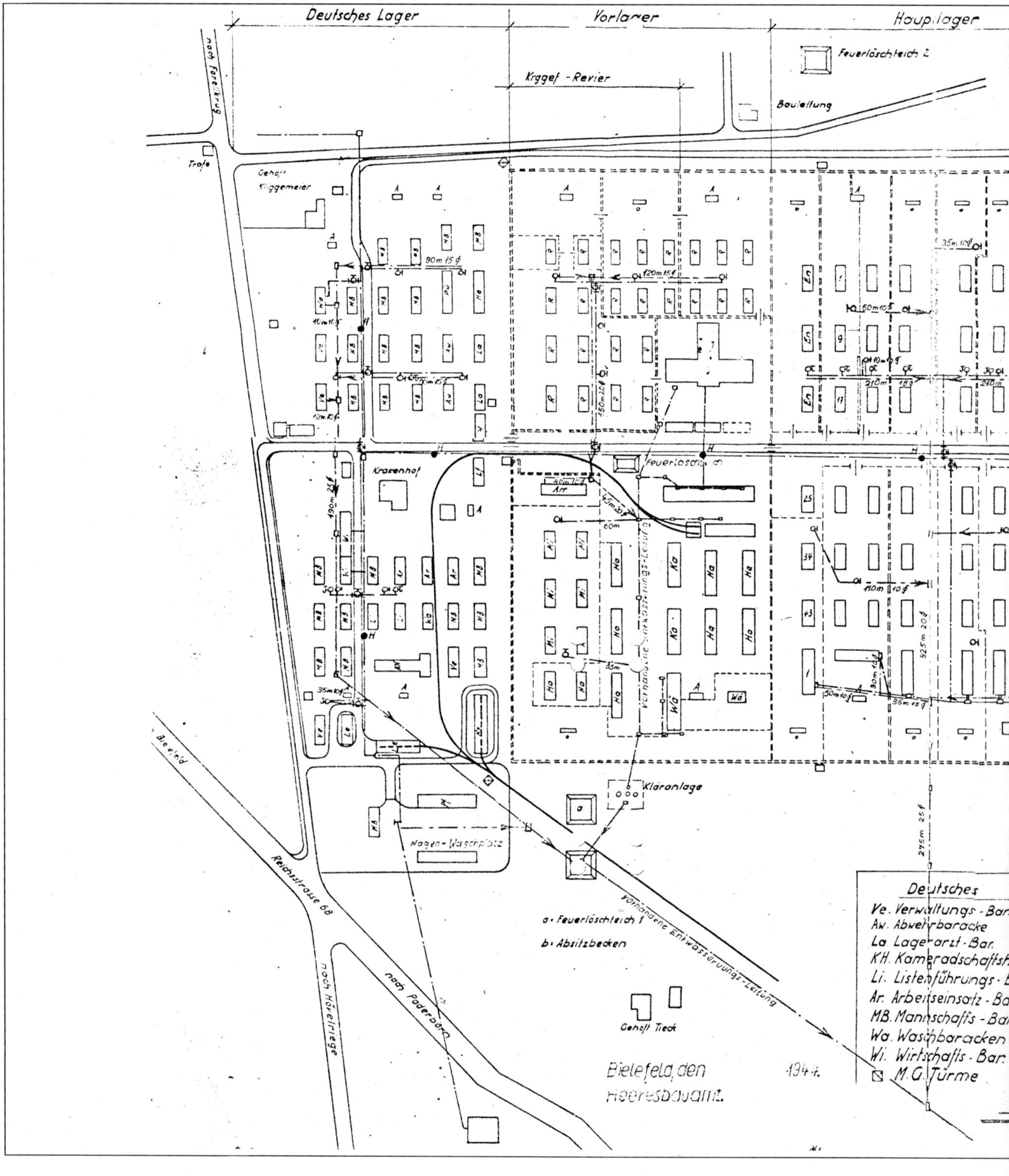
Deutsches Lager
Vorlager
Hauptlager
Krgef - Revier
Feuerlöschteich 2
Bauleitung
nach Forellkrug
Trafo
Gehöft Kliggemeier
Krasenhof
Kläranlage
Wagen-Waschplatz
Reichsstrasse 68
nach Paderborn
nach Hövelriege
Vorhandene Entwässerungs-Leitung
a: Feuerlöschteich 1
b: Absitzbecken
Gehöft Tieck
Bielefeld, den 1944.
Heeresbauamt.
Deutsches
Ve. Verwaltungs-Bar.
Aw. Abwehrbaracke
La. Lagerarzt-Bar.
KH. Kameradschaftsh
Li. Listenführungs-
Ar. Arbeitseinsatz-Ba
MB. Mannschafts-Bar
Wa. Waschbaracken
Wi. Wirtschafts-Bar.
M.G. Türme

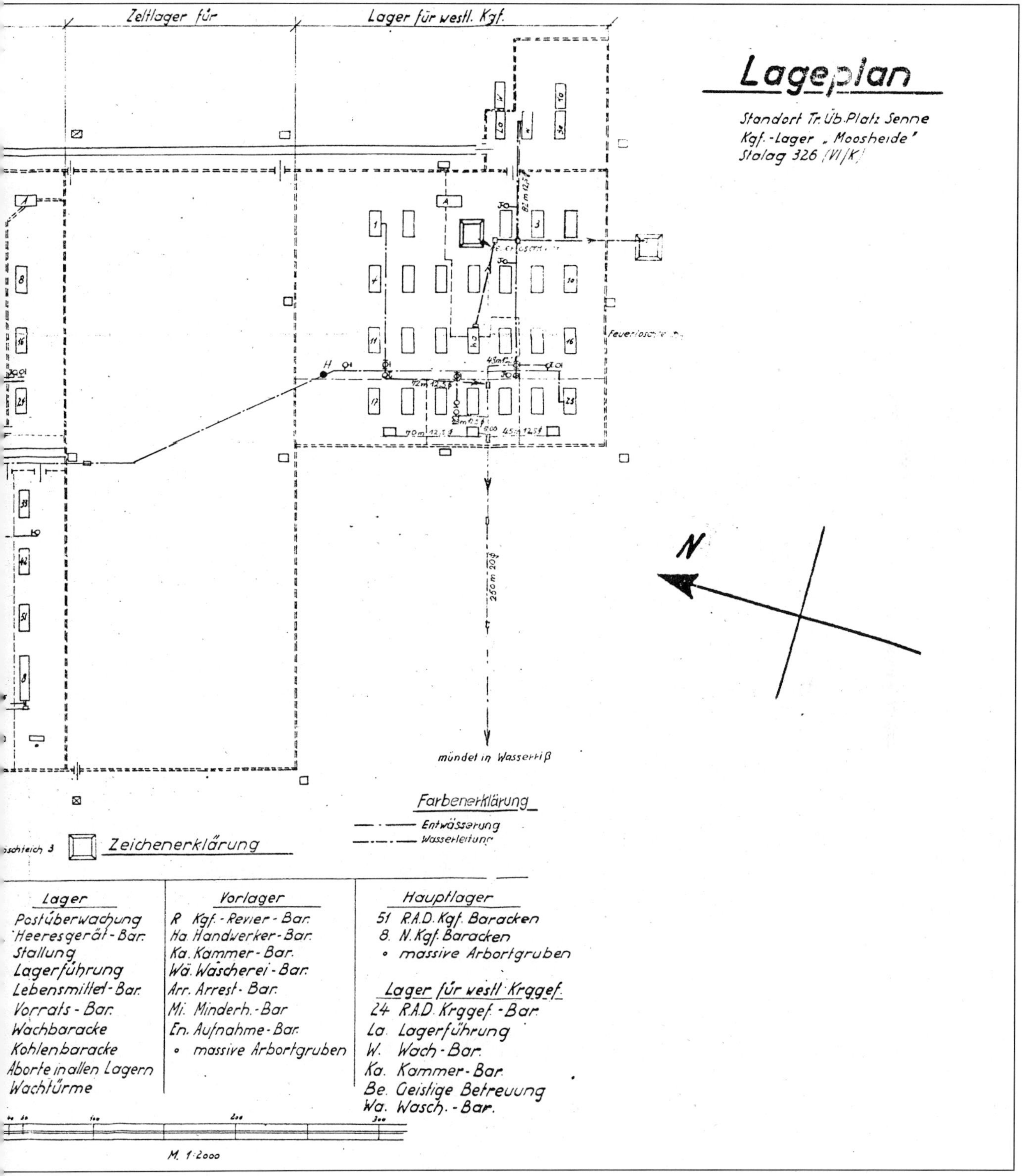
Zeltlager für
Lager für westl. Kgf.
Lageplan
Standort Tr. Üb.Platz Senne
Kgf.-Lager „Moosheide"
Stalag 326 (VI/K)
N
mündet in Wasserriß
Farbenerklärung
Entwässerung
Wasserleitung
Zeichenerklärung
Lager
Postüberwachung
Heeresgeräte-Bar.
Stallung
Lagerführung
Lebensmittel-Bar.
Vorrats-Bar.
Wachbaracke
Kohlenbaracke
Aborte in allen Lagern
Wachtürme
Vorlager
R Kgf.-Revier-Bar.
Ha. Handwerker-Bar.
Ka. Kammer-Bar.
Wä. Wäscherei-Bar.
Arr. Arrest-Bar.
Mi. Minderh.-Bar
En. Aufnahme-Bar.
massive Arbortgruben
Hauptlager
51 R.A.D. Kgf. Baracken
8. N.Kgf. Baracken
massive Arbortgruben
Lager für westl. Krggef.
24 R.A.D. Krggef.-Bar.
La. Lagerführung
W. Wach-Bar.
Ka. Kammer-Bar.
Be. Geistige Betreuung
Wa. Wasch.-Bar.
M. 1:2000

Lagerumzäunung Sommer 1941

für die Mannschaftsdienstgrade des Stammpersonals alle für Lagerführung, Ausstattung, Verpflegung und Arbeitseinsatz notwendigen Einrichtungen in besonders gekennzeichneten Baracken wie z.B. Abwehr, Listenführung usw.

Innerhalb der Umzäunung schloß sich das Vorlager an mit dem Krankenrevier, verschiedenen Handwerkerbaracken, Wäscherei, Entlausung und den übrigen für die Aufnahme und Erfassung nötigen Einrichtungen. Hinzu kamen Unterkunftsbaracken für die sogenannten „Minderheiten" – wie z.B. Litauer, Ukrainer –, die nach den geltenden Bestimmungen von der Masse der sowjetischen Kriegsgefangenen getrennt untergebracht werden sollten[55].

Der eigentliche „Lebensraum" für diese, wenn man den Ausdruck überhaupt verwenden darf, war das Hauptlager, soweit sie nicht in den zahlreichen Arbeitskommandos außerhalb des Stalags eingesetzt waren. Das Bild des Hauptlagers bestimmten im Jahre 1944 51 RAD-Baracken[56], daneben gab es acht andere durchweg größere Gebäude. In Gruppen zu wenigstens drei und höchstens acht waren die Baracken – zu sogenannten Boxen zusammengefaßt – noch einmal gesondert eingezäunt für die zur leichteren Überwachung in Kompanien und Bataillone eingeteilten Kriegsgefangenen[57].

55 Vgl. BA/MA RW 4/v. 578 (OKW-Befehl vom 16. 6.) und BA/ZNS S 22 (Befehl vom 26. 6.1941)

56 Die ursprünglich für den Reichsarbeitsdienst entwickelte Baracke vom Typ RL IV/3 mit den Außenmaßen von 8,14x19,95 m wurde im Kriege als Standardbaracke für alle möglichen Zwecke benutzt; in den Kriegsgefangenen- und Konzentrationslagern wurde sie allerdings maßlos überbelegt, so daß die Insassen z.B. in 3 Pritschenreihen übereinander schlafen mußten. Vgl. Anlage 7, S. 208 f.

57 Vgl. H. Dv. 38/4, S. 13. Die hier für Dulags geforderte Einteilung war auch in den Stalags üblich.

Folgende Doppelseite:

Links: Luftbild des Stalag 326 (VI K) vom 13. 5. 1944
Rechts: Luftbild des Stalag 326 (VI K) vom März 1945

Das als Zeltlager bezeichnete unbebaute Areal neben dem Hauptlager hatte eine Ausdehnung von etwa 400x100 m und diente zur vorübergehenden Unterbringung von Kriegsgefangenen, die nach Entlausung und Registrierung möglichst rasch für den Einsatz in der Industrie und vor allem im Bergbau des Ruhrgebiets in das Stalag VI A Hemer weitergeleitet wurden. Zumindest zeitweise war es dicht belegt. Allein für die Zeit vom 20. September bis zum 1. Oktober 1942 sollten 22000 sowjetische Kriegsgefangene zur Weiterleitung nach Hemer in der Senne eintreffen[58] und scheinen auch angekommen zu sein.[59]
Mit Ausnahme des deutschen Lagers war die gesamte Anlage nach ihrer Fertigstellung im Spätherbst 1941 von einem doppelten, bei Nacht beleuchteten Stacheldrahtzaun umgeben. Die Wachtürme waren mit Landesschützen besetzt, die des Haupt- und Vorlagers zudem mit Maschinengewehren ausgestattet.
Der abgebildete Lageplan gibt wohl den seit 1942 geltenden „normalen" Grundriß eines „Russenlagers" wieder und weist keineswegs das Stalag 326 (VI K) als besonders gesichertes „Straflager" aus, wie noch heute immer wieder behauptet wird.
Im Mai und Juni 1941 wurde zunächst nur ein einfacher Drahtzaun um ein Areal gezogen, das sich nach der Aussage von Augenzeuten bis zur Ems erstreckte. Der umzäunte Bereich war danach fast doppelt so groß, wie der Grundriß von 1944 zeigt. Für den Wahrheitsgehalt dieser Äußerungen sprechen Reste von Erdhöhlen und Unterständen im Wald südöstlich der heutigen Landespolizeischule Erich Klausener sowie Fundamente von zwei Steingebäuden, die auf den Luftbildern der Alliierten bis März 1945 als feste Häuser gut zu erkennen sind.
Nach einer im September 1941 im Rahmen eines Strafverfahrens „wegen unerlaubten Betretens des Truppenübungsplatzes" angefertigten offiziellen Skizze reichte das Stalag damals bis an die Reichsstraße 68 und wurde im Südwesten vom sogenannten Holzweg begrenzt. Dieser Bereich wurde jedoch wohl schon bei der Errichtung des Doppelzaunes aufgegeben.
An sämtlichen Zugängen waren Verbotsschilder aufgestellt mit der Warnung:[60]
„Grenze des Truppenübungsplatzes.
Unbefugtes Betreten des Platzes ist verboten
und wird strafrechtlich verfolgt.

Oberkommando der Wehrmacht"

Im Laufe des Jahres 1942 verlegten Kriegsgefangene die Schienen für eine Schmalspurbahn vom Bahnhof Hövelhof zum etwa 5 km entfernten Stalag, die vor allem Versorgungsgüter aller Art ins Lager bringen sollte; nur in Ausnahmefällen diente sie auch dem Transport schwerkranker Gefangener. Die Bahn verlief zunächst parallel zur

58 Vgl. BA R 10 VIII/52, Bl. 90; RVK-Aktennotiz für Paul Pleiger vom 28. 9. 42.

59 Ein Brief vom 29. 11. 1942 erwähnt zur Durchgangsleistung eine „kurzfristige Spitze des Oktobers". Vgl. Anm. I 46.

60 StdtA PB G 2495.

Reichsstraße 68, überquerte die Ems und lief dann in großem Bogen auf das Vorlager zu, um bei den Handwerker- und Kammerbaracken zu enden. Später wurden noch Stichgleise zu den Lebensmittel- und Kohlebaracken im Deutschen Lager gebaut. Diese Feldbahn bestand noch etliche Jahre nach dem Ende des Krieges; ein Teil der alten Trasse dient heute als Radweg und wird „Russenpatt" genannt. Seit Ende

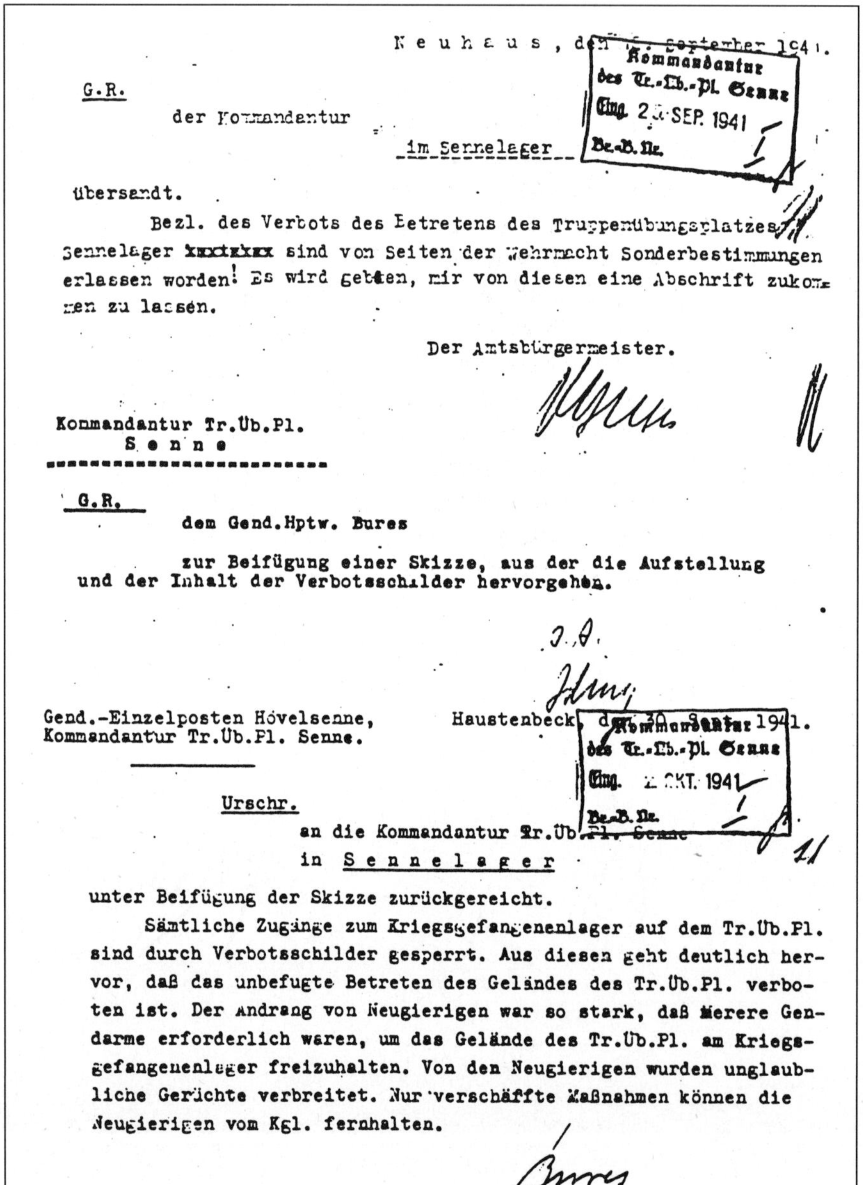

Neuhaus, den . September 1941.

Kommandantur des Tr.-Üb.-Pl. Senne
Eing. 23. SEP. 1941
Br.-B. Nr.

G.R.

der Kommandantur

im Sennelager

übersandt.

Bezl. des Verbots des Betretens des Truppenübungsplatzes Sennelager xxxxxxxx sind von Seiten der Wehrmacht Sonderbestimmungen erlassen worden! Es wird gebeten, mir von diesen eine Abschrift zukommen zu lassen.

Der Amtsbürgermeister.

Kommandantur Tr.Üb.Pl.
Senne

G.R.

dem Gend.Hptw. Bures

zur Beifügung einer Skizze, aus der die Aufstellung und der Inhalt der Verbotsschilder hervorgehen.

I.A.

Gend.-Einzelposten Hövelsenne,
Kommandantur Tr.Üb.Pl. Senne.

Haustenbeck, den 30. Sept. 1941.

Kommandantur des Tr.-Üb.-Pl. Senne
Eing. 2. OKT. 1941
Br.-B. Nr.

Urschr.

an die Kommandantur Tr.Üb.Pl. Senne
in Sennelager

unter Beifügung der Skizze zurückgereicht.

Sämtliche Zugänge zum Kriegsgefangenenlager auf dem Tr.Üb.Pl. sind durch Verbotsschilder gesperrt. Aus diesen geht deutlich hervor, daß das unbefugte Betreten des Geländes des Tr.Üb.Pl. verboten ist. Der Andrang von Neugierigen war so stark, daß merere Gendarme erforderlich waren, um das Gelände des Tr.Üb.Pl. am Kriegsgefangenenlager freizuhalten. Von den Neugierigen wurden unglaubliche Gerüchte verbreitet. Nur verschäffte Maßnahmen können die Neugierigen vom Kgl. fernhalten.

Bures

Hauptwachtmeister der Gendarmerie.

1943 bemühte sich der Kommandant mit mehreren Eingaben um den Bau eines „normalspurigen Eisenbahnanschlusses“. Seine Bemühungen blieben jedoch letzten Endes erfolglos.[61]
Als die Gefahr von Luftangriffen seit 1943 immer größer wurde, erhielt das Stalag vor allem entlang der Haupt-Lagerstraße Splitterschutzgräben, die auf dem Luftbild von 1944 gut als zick-zack-förmi-

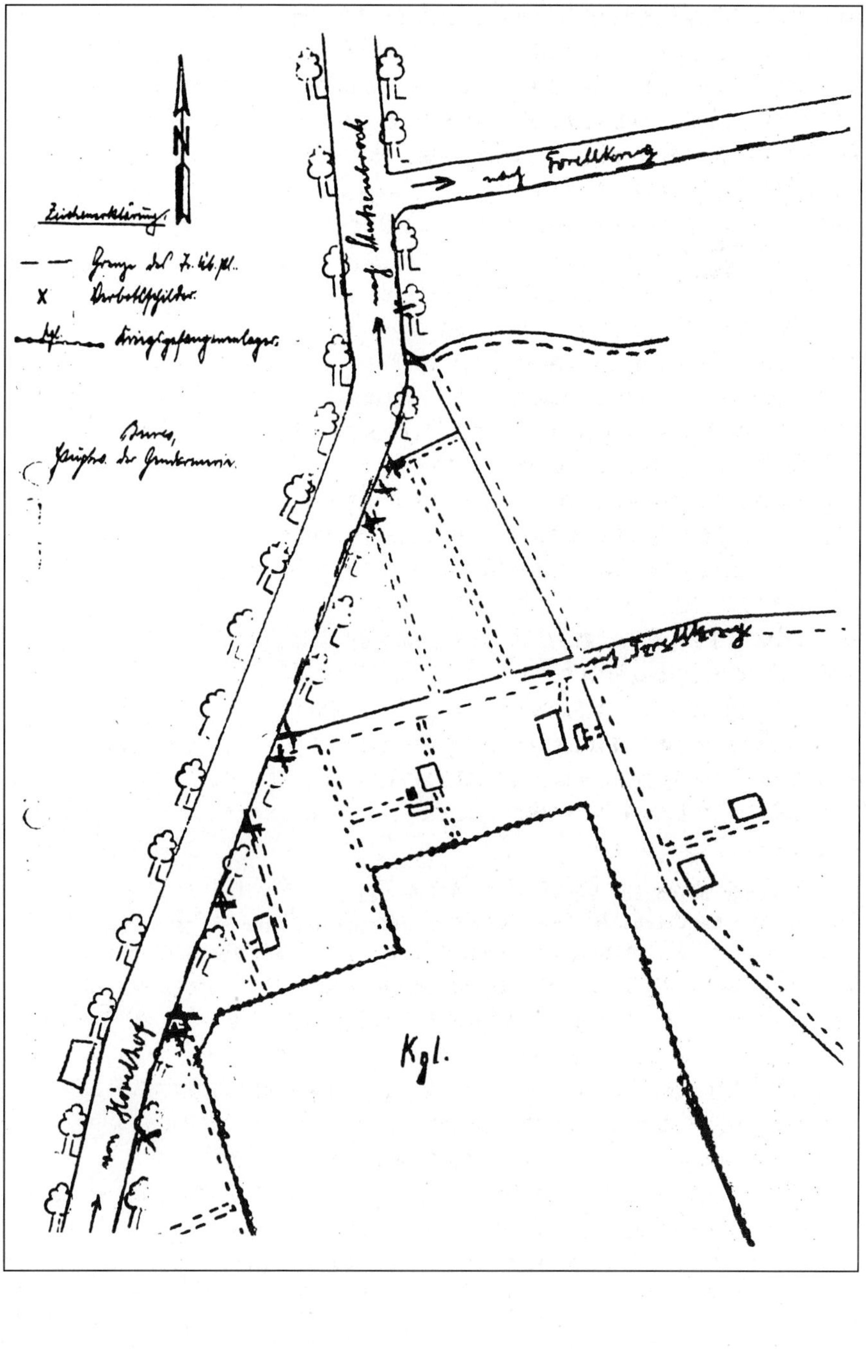

61 Vgl. STA DT M1 I D Nr. 452; s. auch unten Kap. II 1.

ge Bänder zu erkennen sind. In noch größerer Zahl sind sie auf dem Foto vom März 1945 auszumachen. Einige Barackendächer zeigen außerdem deutliche Rot-Kreuz-Markierungen.
Größere Veränderungen erfuhr der Bereich des Zeltlagers zwischen August 1944 und März 1945. Hier erscheinen 10 Baracken, die in ihrer Größe die normalen RAD-Baracken erheblich übertrafen. Sie dürften für die aus dem Westen zurückgeführten Gefangenen errichtet worden sein und sind immerhin ein Zeichen von Anstrengungen, deren Elend nicht ins Unermeßliche wachsen zu lassen und wenigstens eine Grundversorgung sicherzustellen. Doch dieser Komplex soll noch ausführlicher behandelt werden[62]; denn zunächst gilt es, die Verhältnisse im Juli 1941 genauer aufzuzeigen.

62 Vgl. unten Kap. VI.

II. Kapitel

Das Stalag 326 (VI K) und die Behandlung der sowjetischen Kriegsgefangenen

Der Zwiespalt zwischen
ideologisch begründeter Vernichtung und der
Ausbeutung ihrer Arbeitskraft

1. Die Gefangenentransporte in die Senne und ihre unmenschlichen Bedingungen

Die von ihnen oft gestellte „Rätselfrage“, für „wen eigentlich“ sie das große Lager in der Senne bauen sollten, löste sich nach glaubhaften Aussagen und Berichten von Offizieren des Stalag 326[1] erst, als sie am 22. Juni 1941 im Rundfunk Hitlers „Proklamation an das Deutsche Volk“ anhörten und damit vom deutschen Angriff auf die Sowjetunion erfuhren.[2] Rasch erkannten sie, daß die Unterbringung von „50000 Russen“ sie vor schwierige Probleme stellte, „da das gesamte Bauvorhaben naturgemäß mit der militärischen Entwicklung nicht Schritt halten konnte.“ In dem hier zitierten Brief vom 6. Juli heißt es dann weiter: „Über die Ausdehnung des Lagers, könntest Du es sehen, würdest Du staunen. Zwei Entlausungsanstalten... werden gebaut. Sonst ist außer dem Zaun und den Kochstellen nichts vorhanden. Alles andere müssen sich die Bolschewiki selbst bauen. Wir rechnen jeden Tag mit einer Belegung.“

Der Briefschreiber war kein Nationalsozialist, aber in diesem Zitat dürfte sich die massive antibolschewistische Propaganda des NS-Regimes widerspiegeln. Wortführer war in diesen Wochen der „Völkische Beobachter“ als offiziöses Regierungsorgan[3], ihm folgte die gesamte gleichgeschaltete deutsche Presse.

Am Donnerstag, dem 10. Juli 1941 veröffentlichte auch das in Paderborn erscheinende „Westfälische Volksblatt“ einen langen Artikel über „Bolschewistisches Untermenschentum in deutscher Gefangenschaft“[4]. Er schmähte die sowjetischen Kriegsgefangenen als „das Primitivste und Niedrigste, das zur weißen Rasse zählt“, und es fällt schwer, an einen Zufall zu glauben, daß dieser Artikel gerade an dem Tage erschien, als die ersten beiden Transporte mit Kriegsgefangenen von der Ostfront auf dem Bahnhof in Hövelhof entladen wurden[5].

Christian Streit hat den Leidensweg der sowjetischen Kriegsgefangenen von der Front bis in die Stalags im Reichsgebiet umfassend beschrieben, so daß hier einige Stichworte genügen mögen: Fußmärsche über Tage und Wochen hinweg von den Armee-Gefangenensammelstellen zu den Dulags, brutalstes Durchgreifen der Wachmannschaften, völlig überfüllte Durchgangslager sowie gänzlich unzureichende Ernährung und Unterbringung dezimierten die Zahl der ohnehin schon durch die schweren Kämpfe geschwächten Sowjets erheblich, bevor sie überhaupt bis zur Reichsgrenze kamen. Tagelange Zugfahrten in überfüllten, zum Teil sogar offenen Güterwagen taten ein Übriges, um den Gefangenen ein so abgerissenes und erbärmliches Aussehen zu geben, daß es genau dem von der NS-Propaganda entworfenen Bild vom „bolschewistischen Untermenschen“ entsprach.

Die drangvolle Enge in den Güterwagen der Reichsbahn mit mehr als

1 Zur Frage der Identität s. Anm. I 46; das nur kurzlebige „Frontstalag“ wurde am 4. 6. 41 in Stalag 326 umbenannt. Vgl. Mattiello/Vogt, Deutsche Kriegsgefangenen- und Interniertenenrichtungen, Bd. 1, S. 41. Zum Begriff und zur Bezeichnung der Frontstalags s. ebd. Bd. 2, S. 70.

2 Wortlaut der Proklamation bei Domarus, Hitler, S. 1726-1732.

3 Vgl. die Ausgaben des VB im 2. Halbjahr 1941; besonders gehässige Artikel über die sowjetischen Kriegsgefangenen z. B. im VB Nr. 216 und 217 v. 4./5. 8. 1941.

4 WV Nr. 159 v. 10. 7. 1941: Wortlaut in Anlage 8, S. 210.

5 Eintragung im Notizbuch; s. Anm. I 46. Der bisher durchweg genannte 7. Juli als Ankunftstag der ersten Transporte geht auf eine unbelegte Angabe im „Protokoll Stukenbrock“ (10) zurück. Auch die dort genannte Zahl von „mehr als 7000“ wird ebensowenig belegt wie die Behauptung, daß sich „viele Zivilpersonen“ unter den Gefangenen befunden hätten. Letzteres kann kaum zutreffen.

60 Gefangenen pro Waggon widersprach den primitivsten Anforderungen und bot einen idealen Nährboden für die Ausbreitung von Seuchen wie Fleckfieber, Cholera und Ruhr. Außerdem wurden die Kriegsgefangenen von Hunger und Durst gequält, da sie in jeder Hinsicht unzulänglich versorgt wurden. Nachdrücklich haben sich die unmenschlichen Zustände in den ankommenden Zügen in das Gedächtnis der Zeitgenossen eingeprägt und auch ihren Niederschlag im offiziellen Schriftverkehr gefunden. So gibt es ein Rundschreiben des Kommandeurs der Kriegsgefangenen im Wehrkreis VI vom 24. 10. 1941, in dem er „im Interesse der Sicherheit deutschen Lebens und deutschen Gutes" um Zusammenarbeit der „örtlichen Polizei- und Verwaltungsbehörden" mit den Stalag-Kommandanten bat, das folgende ungeschminkte Bild über den Zustand der neu ankommenden Gefangenen:[6] „Die sowj. Kr.Gef. treffen meist ausgehungert und unterernährt im Wehrkreis ein. Ihre Bekleidung ist zerlumpt und abgerissen. Die Disziplin ist schlecht. In diesem Zustand können sie nicht in Arbeit eingesetzt werden. Es ist daher zunächst vorgesehen, sie in den Lagern wieder etwas aufzupäppeln und erst dann in Arbeitseinsatz zu bringen. Der ausgehungerte Zustand der sowj. Kr.gef. bringt eine gewisse Unruhe in die Lager hinein und ist die Ursache zu den bisher vorgekommenen Fluchtfällen sowj. Kr.Gef. Da die Flucht sowjet. Kr.Gef. eine gewisse Gefahr für die Öffentlichkeit bildet, hat die Wehrmacht besonders scharfe Anweisungen an die Wacheinheiten gegeben, die bei Fluchtversuchen sowj. Kr.Gef. rücksichtslos anzuwenden sind."

Eine undatierte Nachkriegs-Notiz des für das Stalag 326 verantwortlichen Lagerarztes vermerkt:[7] „Zustand sehr unterschiedlich je Transport. Häufig schon Tote aus Transportzügen in Hövelhof ausgeladen. Fußmarsch Bahnhof-Lager, etwa 7 km, für die heruntergekommenen Kgf. offensichtlich sehr mühsam."

In der Erinnerung verschiedener Anwohner sind die Zustände wie folgt haften geblieben:[8] „Die Russen kamen zu Fuß vom Bahnhof Hövelhof. Sie waren kahlgeschoren und hatten hohle Augen wegen des Hungers… . Viele brachen zusammen und wurden dann mit den Kolben geprügelt und in den Straßengraben gestoßen, auch wenn sie noch nicht tot waren."

„Die Gefangenen wurden in Hövelhof ausgeladen und marschierten zum Lager am Tag. Die Kolonnen waren ca. 400 m lang; etwa alle 50 m ging ein Posten. Unterwegs fraßen die Russen das Laub von den Bäumen und, wenn möglich, Rüben von den Feldern. Dafür wurden sie von den Posten geprügelt. Es wurde auch geschossen. Hinter den Kolonnen fuhr ein Wagen, der die, die nicht mehr konnten, aufsammelte."

Eine wohl eher „geschönte" Aussage soll an dieser Stelle nicht unter-

6 KA GT LR WD F 45/9/I; Wortlaut s. Anlage 9, S. 211 f. – Abgedruckt bei Kosthorst/Walter a. a. O. S 3342 f.

7 Aufzeichnungen im Besitz der Vf. – Tätigkeit des Arztes im Stalag bis September 1942.

8 Protokolle von Augenzeugenbefragungen in Stukenbrock-Senne am 29. 12. 1982 –. Frau Bo., Frau Bu., Frau W. – sowie am 19. 1. – Herr A. – und 24. 1. 1983 – Herr St. –. Vgl. auch F. Schier a. a. O. (24).

Abtransport von Kriegsgefangenen, Oktober 1941

drückt werden: „Auf dem Weg von Hövelhof zum Lager wurde nicht geschlagen. Die Russen machten einen kaputten Eindruck; wer nicht mehr konnte, setzte sich an den Straßenrand und wurde von einem Wagen mitgenommen.“

Als wesentliche Merkmale der ankommenden Transporte blieben in der Erinnerung der Augenzeugen: unterernährte, ausgehungerte Gestalten in zerlumpter Kleidung, das rücksichtslose Durchgreifen der

Sowjetische Kriegsgefangene in einem Dulag im Osten, Sommer 1941

Begleitkommandos und immer wieder Tote, sei es auf dem Bahntransport oder auf dem Weg vom Bahnhof Hövelhof zum Stalag[9]. Aufnahmen von Ankömmlingen der ersten Transporte im Juli 1941 zeigen allerdings noch verhältnismäßig kräftige Männer, weil sie ohne längeren Aufenthalt in den Durchgangslagern hinter der Front noch nahe der Grenze und daher ohne die überlieferten berüchtigten Fuß- und Hungermärsche in die Senne gelangten. Vergleichbare Bilder von den ersten Transporten sind auch von den „Russenlagern" in der Lüneburger Heide erhalten.

Doch schon im Herbst 1941 änderte sich das Bild und von da an kamen fast ausschließlich die Elendsgestalten in der Senne an, an die sich selbst heute die noch lebenden Augenzeugen nur mit Schaudern erinnern. Sie sahen, daß immer wieder Tote ausgeladen wurden und sprachen von mehreren Leichen pro Waggon, ehemalige Kriegsgefangene gar von bis zu zehn.[11] Und wie viele mochten schon vorher bei irgendwelchen Aufenthalten auf der Strecke einfach aus dem Zug „geworfen" und dann neben den Gleisen liegen geblieben oder auch einfach verscharrt worden sein. Erst nach heftigen Protesten der zuständigen Behörden[12] verpflichtete ein Erlaß des Reichsinnenministers vom 27. 10. 1941 die Gemeindeverwaltungen, Leichen sowjetischer Gefangener unverzüglich zu bestatten, „sofern von Wehrmachtsdienststellen das Ansinnen gestellt wird."[13]

Erste Hinweise auf „Transporttote" dieser Art in Ostwestfalen geben die Sterbebücher des Standesamtes Paderborn. Dort sind für die Zeit vom 17. bis 30. Juli 1941 aufgrund von Kriegssterbefallanzeigen der Wehrmachtauskunftstelle (WASt), Berlin, insgesamt 14 Todesfälle sowjetischer Kriegsgefangener beurkundet[14]. Als Todesursache sind in den meisten Fällen Schußverletzungen angegeben, die jedoch zumin-

9 Zu Anfang wurden auch einige Transporte am näher gelegenen Bahnhof Hövelriege entladen; doch dieser kleine Haltepunkt erwies sich rasch als völlig ungeeignet für diese Massentransporte.

10 Zu der ideologisch begründeten menschenverachtenden Behandlung der sowjetischen Kriegsgefangenen im rückwärtigen deutschen Heeresgebiet vgl. z. B. E. G. Schenck, Das menschliche Elend, S. 471 f.; Streit, Keine Kameraden, S. 162 ff.; H. Umbreit, Auf dem Wege zur Kontinentalherrschaft, in: Kroener u. a., Das Deutsche Reich und der Zweite Weltkrieg Bd. 5, S. 277 ff.; J. Förster, Das Unternehmen „Barbarossa", in Boog u. a., Das Deutsche Reich und der Zweite Weltkrieg, Bd. 4, S. 417 ff.

11 Vgl., Das Lager 326 (47), S. 29; Protokoll einer Befragung vom 28. 6. 1983 – Herr B., Schloß Holte –. Zu den Ursachen vgl. Streit a. a. O. S. 128-180.

12 Vgl. z. B. Eingabe des Landrats von Gifhorn vom 27. 9. 41 an den RP Lüneburg und dessen Schreiben an den Reichsverteidigungskommissar für den Wehrkreis XI vom 21. 10. 41: HStA H Hann 122 a Nr. 7061.

13 StA DT D1 Dez. 24 Nr. 225; teilweise abgedruckt bei Pieper/Siedenhans (48), S. 64 f.

14 Dank der Genehmigung der Kreisverwaltung Paderborn konnten die Zweitbücher eingesehen werden. Die Eintragungen erfolgten erst ab Oktober 1941, Nr. 614-630. Zu den Bestimmungen über derartige Beurkundungen vgl. Schockenhoff, Schätzen oder „Errechnen", a. a. O. (54) S. 291 ff.

Dulag Wjasma, November 1941

dest dann nicht auf im Kampf erlittene Verwundungen zurückgeführt werden können, wenn Kopfschuß, Herzschuß und ähnliche sofort tödliche Verletzungen angegeben sind; ein Indiz dafür, daß sie etwa bei Fluchtversuchen oder dem Bemühen, sich Wasser und Nahrungsmittel zu beschaffen, entweder in Paderborn selbst oder vorher auf der Fahrt erschossen worden sein müssen.

Die meisten dieser in Paderborn beurkundeten Todesfälle lassen sich den Daten der für Juli 1941 überlieferten Gefangenentransporte nach Hövelhof zuordnen[15]. Doch sowohl hier als auch für die Folgezeit ist die Quellenbasis zu schmal, um Häufigkeit und Umfang der Transporte genauer zu bestimmen. Nach einem Bericht der SD-Außenstelle Bielefeld vom 30. Juli 1941 befanden sich zu diesem Zeitpunkt etwa „12000 Russen" im Stalag 326[16]. Bis Mitte Oktober 1941 trafen rund 48000 sowjetische Kriegsgefangene im Wehrkreis VI ein[17], von denen wenigstens der größte Teil durch das eigens dafür errichtete Stalag in der Senne „geschleust" wurde. Nach der Aufnahme und Registrierung wurden dort neue Transporte zusammengestellt und in andere Stalags der Wehrkreise, zunächst vor allem ins Emsland, weitergeleitet[18]. In den Stalags VI B Neu Versen und VI C Bathorn etwa befanden sich am 1. September schon 22641 sowjetische Gefangene[19]. Die Zahl der aus der Senne abtransportierten übertraf bald die Zahl der ankommenden Rotarmisten; der angestrebte Bestand von 50000 wurde nie erreicht, im Gegenteil: bereits am 12. August vermerkt ein Brief aus dem Stalag 326[20]: „Unser Lager wird Zug um Zug bis auf 4000 Mann reduziert und bleibt dann bei diesem Bestand."

Vom November 1941 bis Anfang März 1942 wurden nach einer Mit-

15 Vermerke im Notizbuch; vgl. Anm. I 46.

16 StA DT M18 Nr. 14 Bl. 24 f.; teilweise abgedruckt bei Pieper/Siedenhans (48), S. 55.

17 Vgl. Anlage 9, S. 211 f.

18 Vgl. unten V. Kapitel – Einige Transporte scheinen unmittelbar ins Emsland gegangen zu sein, oder aber die Registrierung der Kriegsgefangenen hat dort erst stattgefunden. Vgl. dazu die Aufschrift auf Erkennungsmarken in StA OS Rep. 630 Asch. Nr. 422. – Meldung über Fleckfieberfälle.

19 BA/MA RW6/v. 450, Bl. 5. Vgl. StA OS Rep. 630 Asch. Nr. 422: Meldung über Fleckfieberfälle.

20 Vgl. Anm. I 46. Zu den Ursachen s. unten Kap. V.

Erste Gefangene Sommer 1941

teilung des Wehrkreiskommandos VI an den Regierungspräsidenten in Aachen „dem Wehrkreis keine sowj. Kr.Gef. mehr zugeführt“[21]. Zum einen standen nach den Rückschlägen der deutschen Armee vor Moskau und infolge des Massensterbens der Kriegsgefangenen in deutschem Gewahrsam keine Gefangenen mehr zur Verfügung, zum andern standen die Stalags wegen einer weitverbreiteten Fleckfieberepidemie unter Quarantäne. Während dieser Zeit erhielt das Stalag in der Senne, das seit seiner „endgültigen Verwendung im Heimatkriegsgebiet“ zeitweise die übliche Bezeichnung Stalag VI K geführt hatte, endgültig die Doppelbezeichnung Stalag 326 (VI K)[22].

Erst ab Mai 1942 sind wieder größere Gefangenen-Transporte in die Senne nachweisbar. Von Juni bis August stieg der Bestand des Stalag 326 (VI K) von etwa 3000 auf rund 21000 Insassen an, so daß man für diesen Zeitraum mindestens zwei Züge pro Woche annehmen muß. Dabei erhöhte sich auch die Zahl der Gefangenen: Kann man im Sommer und Herbst 1941 von ca. 1000 Mann pro Transport ausgehen, so stieg diese Zahl bis Ende 1942 auf durchschnittlich 2500[23]. Auf Befehl des OKW, das damit dem Drängen der Reichsvereinigung Kohle (RVK) nachkam, erhielt es Anfang November 1942 die Funktion eines zentralen Aufnahmelagers für sowjetische Kriegsgefangene, die im Ruhrbergbau eingesetzt werden sollten. Das Stalag 326 (VI K) erhielt also in dieser Hinsicht zusätzlich den Charakter eines Durchgangslagers. Die für den Bergbau einsatzfähigen Männer sandte es nach Registrierung, Entlausung und ärztlicher Untersuchung weiter in das Stalag VI A Hemer, das sie auf die einzelnen Zechen verteilte.

21 Schreiben vom 4. 3. 1942 in: HStA D Reg. AC 23492, Bl. 105. Vgl. BA/MA RW 20-6/4 = KTB Rüln VI MS 7-12/41, Bl. 98.

22 OKW Az.: 2 f 24. 12c. Kriegsgef. Org. (Ic) Nr. 1122/42. Wir danken Herrn Rolf Keller, Gedenkstätte Bergen-Belsen, für diesen Hinweis. – Von dem für 50000 sowjet. Gefangene vorgesehenen Frontstalag 328 findet sich in der Senne keine Spur.- Seit dem 3. 8. 1941 ist es in Lemberg nachgewiesen als Stalag 328. Vgl. BA/MA Kartei AHA sowie Mattiello/Vogt, Deutsche Kriegsgefangenen- und Internierteneinrichtungen, Bd. 1, S. 41 f. und Bd. 2, S. 93.

23 Zu den Zahlen vgl. BA/MA RW 41/13, Bl. 270; BA R 41/172, und R 41/173, Bl. 324; ferner viele mündliche Mitteilungen. Zur neuen Funktion s. unten Kap. III 2.

Ankunft eines Transports Spätsommer 1941

Ein Schlaglicht auf den Umfang dieser Transporte liefert eine Aktennotiz für den Vorsitzenden der RVK, Paul Pleiger, vom 29. 9. 1942, in der für die Senne mit Fernziel Ruhrbergbau vom 20. 9. – 1. 10. neun Transporte mit insgesamt 22000 Mann avisiert werden[24]. Schon 6 Wochen zuvor, am 14. 8., waren 2000 sowjetische Soldaten im Sennelager eingetroffen, wo sich bereits 13000 in Quarantäne befanden.[25] Am 29. 5. 1943 standen etwa 10000 Mann zum Abtransport ins Ruhrgebiet bereit[26], und am 1. 7. 1943 trafen in den Stalags Senne und Lamsdorf/OS im Rahmen einer sogenannten Bergbauaktion zusammen 13939 sowjetische Kriegsgefangene ein, die meisten von ihnen in beklagenswertem Zustand[27]. Alle diese Gefangenen mußten binnen kurzem antransportiert, im Lager, soweit nötig, registriert und versorgt und dann weitergeleitet werden, ein beträchtliches logistisches Problem sowohl für die Militärbehörden als auch für die Reichsbahn.

Im Winter 1942/43 begannen die Rücktransporte arbeitsunfähiger Kriegsgefangener aus dem Ruhrgebiet, die in der Senne wieder gekräftigt und dann der Arbeit zugeführt werden sollten, meist aber starben. Ihr Bestimmungsort war freilich das Kriegsgefangenenlazarett Staumühle[28], doch müssen auch diese Transporte nach Hövelhof gegangen sein. Von jenen Rücktransporten haben zwar die meisten Bewohner der Region Kenntnis, in der schriftlichen Überlieferung gibt es jedoch unseres Wissens keinen einzigen Hinweis auf derar-

24 BA R10 VIII 52, Bl. 90; s. Anlage 10. S. 213.

25 BA R41/172, Bl. 279.

26 Ebd. Bl. 113 (= NI 2838) Aktennotiz über eine Besprechung beim Chef AHA.

27 BA R10 VIII/54, Bl. 49, s. Anlage 11, S. 214.

28 Vgl. II. Kapitel, Exkurs Staumühle.

tige Züge, obwohl sie in erheblicher Zahl dort angekommen sein müssen[29].
Mit dem Zurückweichen der Ostfront in Richtung Reichsgebiet wurden zahlreiche Lager vor dem Eintreffen der Roten Armee aufgelöst und die Gefangenen auf die noch sicher erscheinenden Lager verteilt. So wurden mit der Auflösung von Stalag 367 Tschenstochau „875 sowjetische Mannschaften nach Senne-Hövelhof" verlegt[30]. Auf die vielen Transporte schließlich gegen Ende des Krieges soll am Ende der Arbeit eingegangen werden.
Neben dieser Sonderaufgabe für den Bergbau hatte das Stalag 326 (VI K) weiterhin mit sehr kurzer Fristsetzung Transporte für andere Wehrkreise zusammenzustellen, wie das folgende Beispiel zeigt: Auf Anforderung des OKW vom 8. 12. 43 sollten zum 13. Dezember 600 nicht bergbaufähige sowjetische Kriegsgefangene aus der Senne zum Stalag XVII A Wilfleinsdorf in Österreich und 1400 weitere in den Wehrkreis XII Wiesbaden zum Arbeitseinsatz gebracht werden[31]. Zwar gibt es keinen Beleg dafür, daß die Transporte befehlsgemäß ausgeführt worden sind; sowjetische Kriegsgefangene mit Erkennungsmarken des Stalag 326 (VI K) lassen sich jedenfalls im Wehrkeis XVII Wien nachweisen.
An den Zahlen wird deutlich, wie viele Gefangene durch die Senne geschleust worden sind. Allein die Zahl der hier mit einer Erkennungsmarke versehenen und damit registrierten sowjetischen Soldaten liegt bei etwa 200000, zu denen eine nicht unbeträchtliche, größenmäßig jedoch nicht bestimmbare Zahl von aus anderen Lagern für den Bergbau „ausgesiebten" Gefangenen kommt. Die Daten der Transporte zeigen aber auch die Unregelmäßigkeit, mit der Gefangene in sehr großer Anzahl im Stalag 326 eintrafen und dort versorgt, eventuell noch registriert werden mußten, eine Aufgabe, die die Lagerleitung aber, koste es, was es wolle, bewältigt hat. Neben die dem Lager selbst zugeordneten Kriegsgefangenen trat dadurch kurzfristig eine oft sogar viel größere Zahl von weiterzuleitenden Gefangenen, so daß man für die Senne im Gegensatz zu den anderen Lagern des Wehrkreises ein dauerndes Kommen und Gehen von sowjetischen Kriegsgefangenen annehmen muß.
Man kann demnach davon ausgehen, daß das Zugaufkommen auf der Reichsbahnstrecke Paderborn-Bielefeld durch die Kriegsgefangenentransporte und obendrein durch Züge, die der Versorgung des Lagers dienten, nicht unerheblich gestiegen ist, wobei sich als besonderes Problem die fehlende Ver- und Entladekapazität des Bahnhofs Hövelhof herausstellte, wo zusätzlich noch die Güter auf die Feldbahn Richtung Lager umgeladen werden mußten. Insofern erstaunt es eigentlich, daß erst am 15. 12. 1943 der Wehrkreisverwaltung in Münster ein Antrag des Lagerkommandanten auf einen normalspurigen

29 U. Herbert, Fremdarbeiter, S. 198, 224 und 284 spricht von den Vernichtungs- und Sterbelagern VI A und VI K. Für VI A trifft letzteres wohl zu; für VI K werden keinerlei Belege angeführt. – die in einem Entschädigungsverfahren vor dem Landgericht Köln zu VI K gemachten Aussagen des ehemaligen Kr. Gef. G. H. sind widersprüchlich. LG Köln AZ. 56 0 (Entsch) 1/69.

30 BA/MA RW 67/167, Bl. 17; s. Anlage 12, S. 215.

31 BA/MA RH 53-17/183, s. Anlage 13, S. 216.

Kommandantur
des Kgf.-M.-Stammlagers 326(VI/K).
Abt. IVa.
Az. 43 s.

Forellkrug, den 23.2.1944.
über Paderborn.
Tel. Hövelhof Nr. [illegible],83,88.

Betr. Bau eines normalspurigen Eisenbahnanschlußes vom Bahnhof Hövelhof zum Kgf.M.-Stammlager 326(VI/K)
Bezug: Besprechung des Herrn Regierungs-Präsidenten und des Herrn Oberst Chalons am 19.2.44.

An den
Herrn Regierungs-Präsidenten Graf S t o s c h
M i n d e n .

Durch den ungewöhnlich hohen Umschlag an Personen und Gütern für das Kgf.M.-Stammlager 326(VI/K) wird der Bahnhof Hövelhof, Reichsbahndirektion Münster, stark belastet. In den Monaten Juli – November 1943 betrug die durchschnittliche Wagengestellung 19,7 Waggon täglich, davon für Güter täglich 3,78.

Von Hövelhof erfolgte der Weitertransport durch LKW, lagereigenen Schmalspuranschluß (600 mm) und in geringerem Maße durch bespannte Fahrzeuge.

Im Interesse einer rationelleren Ausnutzung der G-Wagen, einer sparsameren Bewirtschaftung von verknapptem Rohmaterial und eines zweckmäßigeren Einsatzes von Soldaten und Kriegsgefangenen wurde am 15.12.43 bei der Wehrkreisverwaltung VI, Münster, ein normalspuriger Anschluß beantragt.

Am 17.2.44 wurde der Antrag dem OKW vorgelegt.
Am 24.2.44 trifft der Reichsbahndirektor Boetzkes aus Münster zur Besprechung hier ein, an der voraussichtlich auch ein Vertreter der W.V. VI teilnehmen wird.

Die kürzeste Entfernung zwischen Eisenbahnstrecke und Lager beträgt in der Luftlinie ca 2 km und überquert eine Hauptverkehrsstraße und eine gepflasterte Landstraße. Der Schmalspurschienenstrang ist ca 5 km lang und überbrückt einen kleinen Bachlauf und die Ems.

Im Anschluß an unsere Besprechung bitte ich um Unterstützung des Bauvorhabens.

Châlons.

Anschluß des Lagers zuging, belief sich doch „durch den ungewöhnlich hohen Umschlag an Personen und Gütern" für das Stalag 326 (VI K) die durchschnittliche Wagengestellung für den Bahnhof Hövelhof von Juli bis November 1943 auf 19,7 Waggons täglich, davon für Güter 3,78 Waggons, d. h., daß etwa 16 Waggons pro Tag für Kriegsgefangenentransporte zur Verfügung gestellt werden mußten. Das Projekt war noch bis mindestens Oktober 1944 im Gespräch, ist dann aber nicht mehr zur Ausführung gekommen.[32] Die angegebenen Zahlen werden belegt durch das in Ablichtung beigefügte Schreiben des Stalag-Kommandanten Châlons an den Regierungspräsidenten in Minden. Für die Bevölkerung der Senne gehörten die Kriegsgefangenenzüge sehr bald zum Alltag und wurden kaum mehr registriert, da sie mit ihren Sorgen genug zu schaffen hatte. In der Erinnerung haftengeblieben sind nur noch die über das „normale" Elend hinausgehenden Transporte der Jahre 1941/42 und dann wieder vom Kriegsende 1944/45.

2. Aufnahme und Registrierung der Kriegsgefangenen im Stalag

Bis zum Überfall auf die Sowjetunion wurden Kriegsgefangene erstmals in den Durchgangslagern hinter der Front durch die Eintragung in Aufnahmelisten namentlich erfaßt. Diese Listen gaben „ein Gesamtbild der Tageseingänge"[33] und boten darüber hinaus den zur Aufnahme bestimmten Stalags einen ersten Überblick über den jeweils ankommenden Transport. Dort erfolgte im Vorlager die eigentliche Aufnahme und Registrierung nach eingehender ärztlicher Untersuchung, verschiedenen Impfungen und der obligatorischen Entlausung.[34]

In der Reihenfolge der Aufnahme erhielt der Kriegsgefangene eine Erkennungsmarke mit der darin eingestanzten Bezeichnung des Stalags und „seiner" Nummer. Die Numerierung begann in jedem Lager mit der Ziffer 1 und lief dann in der Reihenfolge der erstmals zu registrierenden Gefangenen weiter ohne Rücksicht auf ihre Nationalität. – So löste z. B. eine Fluchtmeldung vom 1. Juli 1942 eine Fahndung aus nach dem französischen Kriegsgefangenen A. V. mit der Erkennungsmarke VI A 34882[35]. Bei diesem A. V. handelte es sich um den Gefangenen, der unter der Nr. 34882 im Stalag VI A Hemer registriert war. Der Betreffende behielt diese ihm zugeteilte Nummer während der gesamten Dauer seiner Gefangenschaft, auch bei Versetzungen in ein anderes Stalag selbst über die Wehrkreisgrenzen hinweg.

Außerdem hatte die Lagerverwaltung für jeden Insassen des Stalags zwei Karteikarten anzulegen. Nach den Vorschriften[36] enthielt die nach der Nummer der Erkennungsmarke eingeordnete Karteikarte I „alle persönlichen Angaben einschl. Lichtbild, Fingerabdruck und Strafen aus der Zeit der Kriegsgefangenschaft". Dagegen wurden in der nach dem Anfangsbuchstaben des Namens des Inhabers einzuordnenden Karteikarte II alle „wirtschaftlichen Eintragungen gemacht, die für die

32 Vgl. StA DT M1 ID Nr. 452.

33 Vgl. H. Dv. 38/4, S. 11. – Die Dienstanweisungen liegen vor im IfZ Da. 34.12.

34 Vgl. H. Dv. 38/5, S. 11.

35 Stdt A PB G 2653.

36 H. Dv. 38/5, S. 13.

Zeit der Gefangenschaft wichtig“ waren. Ebenso wie die Erkennungsmarke begleiteten beide Karten den Kriegsgefangenen bei allen Versetzungen.

Alle Zu- und Abgänge, auch Entlassungen, Flucht oder Tod von Kriegsgefangenen waren im Abstand von zehn Tagen mit den dazugehörenden Nummern der Erkennungsmarken der WASt in Berlin zu melden. Nur diese Dienststelle des OKW war berechtigt, den Feindstaaten Auskunft über das Schicksal der Gefangenen zu geben.[37] Aufgrund ihrer Informationen konnten dann deren Angehörige über das Internationale Rote Kreuz Kontakt mit den Kriegsgefangenen aufnehmen sowie Päckchen und andere Liebesgaben senden. Die zuständige neutrale „Schutzmacht“ konnte darüber hinaus beim Deutschen Reich auf Einhaltung der Genfer Konvention drängen und den Gefangenen dadurch eine gewisse Rechtssicherheit verschaffen.

Die hier aufgeführten Regeln, die den internationalen Gepflogenheiten entsprachen, sollten jedoch für die sowjetischen Kriegsgefangenen nur mit erheblichen diskriminierenden Einschränkungen gelten. Der Erlaß des OKW vom 16. Juni 1941 zum „Kriegsgefangenenwesen im Fall Barbarossa“ führt unter Punkt „III. Behandlung der Kriegsgefangenen“ folgende Ausnahmen von den bisher gültigen Bestimmungen an[38]: „4. Meldungen der Kgf. an die Wehrmachtsauskunftsstelle sind nicht erforderlich. 5. Die Karteikarten I und II nach H.Dv. 38/5 sind nicht zu benutzen. Über die Führung von besonderen Karteikarten als Ersatz für Listenführung ergeht Sonderbefehl.“

Zu Recht urteilt Christian Streit[39], „daß man im OKW bereits zu diesem Zeitpunkt mit einer überdurchschnittlichen Sterblichkeit der Gefangenen rechnete: nicht registrierte Gefangene waren ‚offiziell‘ gar nicht vorhanden.“

Zwei weitere Erlasse in rascher Folge nahmen bezüglich der Erfassung „in den Stalags des Reiches“ einige Änderungen wieder zurück, noch bevor die ersten sowjetischen Kriegsgefangenen im Reichsgebiet selbst eintrafen. Der erste vom 26. Juni befahl[40]: „Im Stalag ist außer den Aufnahme- und Weiterleitungslisten nur die Karteikarte I zu führen. Die Karteikarte II kommt in Fortfall, solange Arbeitseinsatz in der Wirtschaft nicht beabsichtigt ist.“

Der zweite vom 2. Juli verfügte dann auch die „Meldung der russischen Kriegsgefangenen an die WASt“. Sie sollte „in gleicher Weise wie für die jugoslawischen Kr.Gef. auf einer vierteiligen Karteikarte in grüner Farbe nach anliegendem Muster“ erfolgen.

Abweichend vom bisherigen Verfahren sollten die Gefangenen diese neu eingeführte Karte selbst – und zwar erst nach ihrer Ankunft im Reichsgebiet – ausfüllen. Wörtlich heißt es weiter[41]: „Bei Verlegungen in ein anderes Lager ist die Ausfüllung dieser Karteikarten im neuen Lager zu wiederholen; damit tritt die Kartenmeldung des Kriegsge-

37 Ebd.

38 BA/MA RW4/v. 578, Bl. 96.

39 Keine Kameraden, S. 74. Wichtig sind Streits gesamte Ausführungen über „rassische Vorurteile“ gegenüber den sowjetischen Gefangenen; ebd. Bl. 73–75.

40 BA/ZNS Ordner S 22, S. 33–38.

41 BA/MA RW48/v. 12, Bl. 142; Karteikarte ebd. Bl. 148 f.

Gefangene bei der Registrierung, 1941

fangenen selbst an die Stelle der listenmäßigen Verlegungsmeldungen der Lager.“

Todesfälle sollten dagegen entsprechend den gängigen Vorschriften der WASt mitgeteilt werden. Am 2. 8. schließlich legte das OKW für die zur Arbeit eingesetzten Sowjets dieselbe „karteimäßige Erfassung“ wie für die Kriegsgefangenen anderer Nationalitäten fest, wobei die Karteikarten von den Stalags auszufüllen waren[42]. Bei diesem Verfahren – genaue Erfassung in den Lagern, Mitteilung über die grüne vierteilige Karte an die WASt – ist es dann geblieben[43], jedoch mit der Einschränkung, daß nur diejenigen sowjetischen Kriegsgefangenen registriert und der WASt gemeldet werden sollten, die nach der Aussonderung endgültig im Lager verblieben oder zur Arbeit eingesetzt wurden.

Die vierteilige Karteikarte in verschiedenen Farben war zur raschen Unterscheidung der Kriegsgefangenen verschiedener Nationalität bei der Ausweitung des Krieges auf den Balkanraum im April 1941 eingeführt worden und wurde dann für die sowjetischen Gefangenen übernommen, um die herkömmlichen Aufnahme- und Weiterleitungslisten abzulösen und, wie man hoffte, das ganze Aufnahmeverfahren durch die Einschaltung der Gefangenen selbst zu beschleunigen. Weitaus bedeutsamer war freilich der Zeitpunkt der Erfassung der Gefangenen. Da in den Dulags anfänglich höchstens die Zahl der zu Transportierenden vermerkt werden sollte, lebten die Kriegsgefangenen von der Gefangennahme bis zur Registrierung in den Stalags in einem rechtlosen Raum; für bis dahin Umgekommene war man keinerlei Rechenschaft schuldig. Zudem konnte man mit beliebigen Gruppen nach eigenem Gutdünken verfahren, wie sich dann deutlich

42 BA/MA RW19/2109 betr. Arbeitseinsatz sowjet. Kr. Gef.

43 Vgl. BA/MA RH49/66 Begleitschreiben des Sowj. Krgf.Bau- u. Arb.Btl. 106, Staumühle vom 9. 8. 1944 zu einer Überführung von Gefangenen in ein anderes Stalag. Als mitübergebene „Karteimittel“ sind ausdrücklich genannt: Personalkarte 1 und 2 und vierteilige grüne Karten.

Trennung in Registrierte und Nicht-Registrierte; wohl 1941

bei den Aussonderungen zeigen sollte. Sonst für die Behandlung von Gefangenen gängige Normen hatten für einen längeren Zeitraum ihre Geltung verloren. Der Umsetzung der „verbrecherischen Befehle" standen keinerlei bürokratische Hemmnisse mehr im Wege, was den Tod Hunderttausender namenloser Rotarmisten zur Folge hatte.
Zur Registrierung mußten die Gefangenen in einem besonders abgezäunten Bereich des Vorlagers in großen Blöcken antreten, um dann der Reihe nach zum Empfang ihrer Erkennungsmarke vorzutreten. Anschließend wurde die Karteikarte I angelegt, während sie sich selbst bemühten, die grüne Karteikarte auszufüllen. Schließlich kamen sie in einen anderen umzäunten Abschnitt des Vorlagers, so daß sie deutlich von den noch nicht Registrierten getrennt waren.[44]
In dem eigens für sowjetische Kriegsgefangene neu errichteten Lager erhielt der erste zu registrierende Soldat die Erkennungsmarke Nr. 1 des Stalags 326[45].
Die höchsten bisher nachweisbaren Erkennungsmarken-Nummern liegen bei 200000. Demnach sind etwa 200000 sowjetische Kriegsgefangene hier registriert worden; bisher wenigstens ist keine Erkennungsmarke des Stalag 326 (VI K) bei einem Gefangenen anderer Nationalität nachweisbar. Bei den später dem Lager zugewiesenen „westlichen" Kriegsgefangenen handelt es sich in keinem Fall um „Erstaufnahmen". Die erstmals von Wilhelm Beine[46] genannte und seither oft wiederholte Zahl von 2 Millionen sowjetischen Kriegsgefangenen in der Senne ist viel zu hoch. Die oben genannte Zahl 200000 ist allerdings insofern zu niedrig, als darüber hinaus sicherlich 100000 schon in anderen Lagern registrierte „Russen" im Zuge der verschiedenen Bergbauaktionen durch die Senne geschleust worden sind. Er-

44 Mündliche Mitteilungen an d. Vf.

45 Die Bezeichnungen auf den überlieferten Erkennungsmarken wechseln ebenso wie ihre Form. Sie lauten: Stalag 326, Stalag VI K oder Stalag 326 (VI K).

46 Vgl. (2).

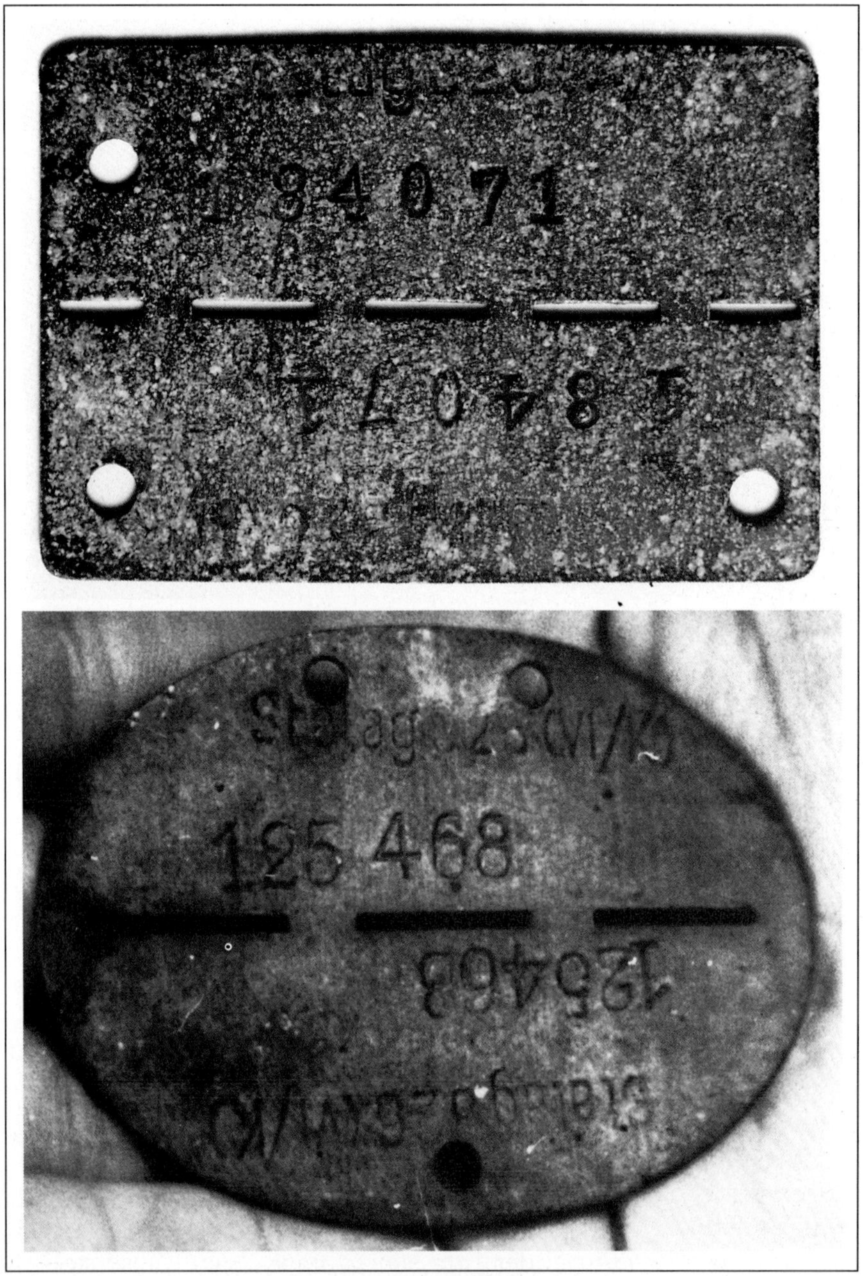

Erkennungsmarken, gefunden auf dem Gelände der Landespolizeischule (Stalag 326 (VI K) 184071 und Stalag 326 (VI K) 125468)

haltene Karteikarten, Verlustmeldungen und Sterbefallanzeigen zeugen von einer in aller Regel sehr gründlichen Erfassung. Ehemalige sowjetische Kriegsgefangene erinnern sich noch daran, wenn sie schreiben[47]: „Jeder Gefangene hatte eine Ordnungsnummer und war genau registriert. Die Lagerinsassen wurden täglich auf das Genaueste gezählt…“

47 Vgl. Das Lager 326 (47), S. 30.

Block 15 tritt zum Appell an

Die Lagerleitung besaß also einen genauen Überblick über die Insassen des Stalag, von denen auch viele persönliche Daten bekannt waren. Unklar ist allerdings, in welchem Umfang diese Informationen dem Wehrkreiskommando übermittelt wurden; zumindest über Todesfälle erhielt der Wehrkreis indes immer eine Mitteilung.
Wegen der kyrillischen Schrift und der zahlreichen Analphabeten unter den Gefangenen hatte der Erlaß des OKW vom 2. Juli 1941[48] bereits Schwierigkeiten bei der Erfassung vorausgesagt; diese stellten sich in der Senne vom ersten Tag an ein. Es gab immer wieder Fehler bei der Übertragung der fremdartigen Schriftzeichen, Hörfehler kamen hinzu, „und es waren immer zu wenige Dolmetscher im Lager", die Irrtümer hätten berichtigen können. Für die meist stoßweise eintreffenden Gefangenenmassen standen außerdem nicht genug Sachbearbeiter zur Verfügung, so daß einmal schriftlich fixierte Irrtümer sich kaum aus den Karteien entfernen ließen.[49] Offenbar hatte der Kom-

48 Vgl. BA/MA RW 48/v. 12, Bl. 142 ff.

49 Schriftliche Erinnerungen und mehrere Befragungsprotokolle liegen den Verfassern vor. – Vgl. Anm. I 46.

mandant, Major von Padberg, der von Mai bis Oktober 1941 das Stalag 326 (VI K) leitete, zudem Probleme, den Erfassungsvorgang organisatorisch in den Griff zu bekommen, was anscheinend neben anderen Querelen mit und in der Stabseinheit zu seiner Ablösung durch den Major Dr. Fehr beitrug.
Es gab allerdings auch Kriegsgefangene, die die Schwächen des Erfassungsverfahrens zu gezielten Falschinformationen nutzten. So konnten insbesondere diejenigen von ihnen, die wegen ihrer Sprachkenntnisse in der Karteiführung beschäftigt waren, falsche Eintragungen vornehmen, um ihren Leidensgenossen zu helfen. D. B. Starikow schreibt darüber ausführlich:[50] „Im Rahmen meiner Arbeit hatte ich die Möglichkeit, unseren Leuten durch Änderung des Stempels bei der Angabe des Gesundheitszustandes zu helfen, damit sie leichtere Arbeit erhielten. So meldete ich dem Chef, bei der Überprüfung einiger Karteikarten sei festgestellt worden, daß die Angaben zur Person nicht mit denen auf den Stammkarten übereinstimmten und ich sie deshalb neu schreiben müsse. Ich erhielt die Stempel und stempelte dann anstelle der Gruppe 1 die Gruppe 2 oder 3 (nur für leichtere Arbeiten geeignet; d. Vf.), so daß die Leute anstatt in den Bergbau in Bauernwirtschaften kamen…"
Sogar eine neue Identität konnten einzelne Gefangene auf diese Weise erhalten. Damit wird deutlich, daß selbst eine formal korrekt geführte Kartei inhaltlich Fehler aufweisen konnte, die von deutscher Seite aus kaum zu beheben waren.
Hervorgehoben werden muß an dieser Stelle jedoch noch einmal, daß die namentliche Erfassung der sowjetischen Kriegsgefangenen erst im Reichsgebiet erfolgte. Ausdrücklich davon ausgeschlossen waren wenigstens im Sommer und Herbst 1941 die von der „Aussonderung" betroffenen Kriegsgefangenen. In der Regel wurden auch die Transportopfer nicht erfaßt; sie wurden lediglich in den Belegungslisten des Lagerfriedhofes vermerkt – wenn sie dort begraben wurden.

3. Die Aussonderung und Ermordung bestimmter Gruppen von Kriegsgefangenen

Bei der Aufarbeitung der Geschichte des Schicksals der sowjetischen Kriegsgefangenen hinter der deutschen Front und auch noch im Reichsgebiet bilden die sogenannten „Aussonderungen" eines der dunkelsten Kapitel.
Schon im Frühjahr 1941 hatten sich das Oberkommando der Wehrmacht und des Heeres mit dem Reichssicherheitshauptamt der SS darauf verständigt, die politischen Offiziere der Roten Armee nicht als

50 Vgl. die Augenzeugenberichte in Das Lager 326 (47), hier S. 66.

Soldaten anzuerkennen und damit nach der Gefangennahme als Kriegsgefangene zu behandeln, sondern sie als „Träger der bolschewistischen Ideologie auszusondern und zu vernichten“. In dem berüchtigten Kommissarbefehl vom 6. Juni 1941 wurden diese als die eigentlichen Träger des sowjetischen Widerstandes bezeichnet, die noch auf dem Gefechtsfeld zu „erledigen“ seien.[51] Gelang es indes den gefangenen Kommissaren, dieser ersten „Aussonderung“ zu entgehen und in die Kriegsgefangenenlager zu gelangen, so galt für sie zunächst noch der schon herangezogene Erlaß vom 16. Juni 1941[52]. Danach waren sie wie alle anderen sowjetischen Gefangenen zu behandeln, so daß insbesondere das Reichssicherheitshauptamt der SS fürchtete, sie könnten dort ungestört ihre antinationalsozialistische Propaganda betreiben. Es verhandelte deshalb mit den zuständigen Stellen im OKW, und als Ergebnis dieser Verhandlungen ergingen am 17. und 21. Juli 1941 die Einsatzbefehle Nr. 8 und Nr. 9 des Chefs der Sicherheitspolizei und des SD mit ihren verhängnisvollen Folgen für eine große, bis heute nicht feststellbare Zahl von sowjetischen Kriegsgefangenen.

Dem Chef der Sipo und des SD unmittelbar unterstellte Kommandos „in Stärke von einem SS-Führer und 4-6 Mann“ sollten zunächst in den Dulags und Stalags der besetzten Gebiete und des Wehrkreises I Königsberg entsprechend den „beigefügten Richtlinien“ alle verdächtigen Elemente aussondern, „die als bolschewistische Triebkräfte anzusehen sind“. Denn über „ausschließlich militärische Überlegungen“ hinaus müsse[53] „nunmehr der politische Zweck erreicht werden, das Deutsche Volk vor bolschewistischen Hetzern zu schützen und das besetzte Gebiet alsbald fest in die Hand zu nehmen“.

Ausfindig gemacht werden sollten[54] „alle bedeutenden Funktionäre des Staates und der Partei, insbesondere Berufsrevolutionäre, die Funktionäre der Komintern, alle maßgebenden Parteifunktionäre der KPdSU und ihrer Nebenorganisationen in den Zentralkomitees, den Gau- und Gebietskomitees, alle Volkskommissare und ihre Stellvertreter, alle ehemaligen Polit-Kommissare in der Roten Armee, die leitenden Persönlichkeiten der Zentral- und Mittelinstanzen bei den staatlichen Behörden, die führenden Persönlichkeiten des Wirtschaftslebens, die sowjetrussischen Intelligenzler, alle Juden, alle Personen, die als Aufwiegler oder fanatische Kommunisten festgestellt werden“. Jede Woche hatte der Führer des Einsatzkommandos dem Reichssicherheitshauptamt einen Bericht über die ausgesonderten Gefangenen zu erstatten. Es folgte in aller Regel der Befehl zur Exekution, die jedoch „nicht im Lager oder in unmittelbarer Umgebung durchgeführt werden“ durfte.[55] Ohne Kommentar soll der unseres Erachtens an Zynismus kaum noch zu überbietende Schlußsatz des Erlasses wiedergegeben werden:[56] „Hervorragendes Auftreten in und außer Dienst, bestes Einvernehmen mit den Lagerkommandanten, sorgfältige Über-

51 Vgl. Jacobsen, Kommissarbefehl a. a. O. S. 137 ff. – Abdruck des Erlasses vom 6. 6. 41: S. 188-191. Zur Genese s. Uhlig, Der verbrecherische Befehl, a. a. O. S. 287-410; ferner Streit, Keine Kameraden, S. 44-49; Streim, Die Behandlung, S. 48-52.

52 Vgl. BA/MA RW4/v. 578, Bl. 91-98. Teilabdruck bei Jacobsen, Kommissarbefehl a. a. O. S. 198-200.

53 Einsatzbefehl Nr. 8 – Facsimile-Text bei Streim, Die Behandlung, S. 315-321, hier besonders: S. 318. – Erste Richtlinien liegen bereits vom 28. 6. 1941 vor. Vgl. BA R58/272.

54 Streim a. a. O. S. 320.

55 Vgl. ebd. S. 321.

56 Ebd.

prüfungsarbeit wird den Leitern der EK's und allen Angehörigen zur besonderen Pflicht gemacht. Die Angehörigen des EK's haben sich der besonderen Bedeutung der ihnen gestellten Aufgaben stets bewußt zu sein."

Der Einsatzbefehl Nr. 9[57] dehnte die Überprüfung und Aussonderung auf die inzwischen neu eingerichteten „Russenlager" des Reichsgebietes aus, denn dort waren inzwischen die ersten Transporte mit noch nicht überprüften Gefangenen eingetroffen. Sieben allerdings nur global umschriebene Standorte sind namentlich aufgeführt; für den Wehrkreis VI lautet die Angabe:[58]

„Truppenübungsplatz Senne
Staatspolizeileitstelle: Münster".

Offensichtlich um die Geheimhaltung der Aussonderungen zu gewährleisten, wurden die Anweisungen für die Durchführung von Exekutionen genauer bestimmt. Sie lauten:[59] „Die Exekutionen sind nicht öffentlich und müssen unauffällig im nächstgelegenen Konzentrationslager durchgeführt werden."

In der Folgezeit ergänzten neue Durchführungsbestimmungen die beiden Einsatzbefehle und erweiterten die Befugnisse der Einsatzkommandos oder schränkten sie wieder ein. So erhielten sie am 27. August 1941 weithin freie Hand in allen Stalags und bei allen Arbeitskommandos mit sowjetischen Kriegsgefangenen.[60] Eine Anweisung vom 12. September[61] versuchte den Begriff „Intelligenzler" zu präzisieren, um diese nicht wahllos „auszurotten". Sie stellte daher fest, nicht alle Gefangenen mit akademischer Ausbildung seien ohne weiteres als „Träger bolschewistischen Gedankenguts" anzusehen. Außerdem dürften nicht alle Beschnittenen von vornherein als Juden angesehen werden, da z. B. die Angehörigen der Turkvölker durchaus ein „jüdisches Aussehen" haben und auch beschnitten sein könnten.

Spätestens mit seinen „Anordnungen für die Behandlung sowjetischer Kr.Gef. in allen Kriegsgefangenenlagern" vom 8. September 1941[62] informierte das OKW alle damit befaßten militärischen Dienststellen offiziell über die Tätigkeit der Einsatzkommandos, zum Teil sogar durch die Übernahme von Formulierungen aus dem Einsatzbefehl Nr. 8 in den Text. Die Lagerkommandanten wurden nachdrücklich angewiesen, dem Auslieferungsersuchen der Kommandos stattzugeben; als „politisch unerwünscht" und damit als „besonders aussonderungswürdig" galten grundsätzlich die kriegsgefangenen sowjetischen Offiziere. Für die Durchführung der Bestimmungen in den Wehrkreisen waren die Kommandeure der Kriegsgefangenen persönlich verantwortlich.

Mit dem Zusammenbruch der deutschen Offensive vor Moskau schwanden im OKW die Blitzkriegs-Illusionen, und mit ihrem hohen Bedarf an Arbeitskräften sah sich die deutsche Kriegswirtschaft auf

57 Ebd. S. 322 f.

58 Streim a. a. O. S. 323.

59 Ebd.

60 Vgl. BA R58/272, Bl. 89-94.

61 Ebd. Bl. 99-104.

62 Abdruck bei Streim, Die Behandlung, S. 368-371; z.T. auch bei Jacobsen, Kommissarbefehl a. a. O. S. 218-220.

die sowjetischen Kriegsgefangenen angewiesen. Deshalb bat das OKW schon am 5. Dezember 1941 beim Reichssicherheitshauptamt um eine Reduzierung der Aussonderungen; Facharbeiter in Mangelberufen sollten ganz von ihnen ausgenommen werden.[63] Im Sommer 1942 führten grundsätzliche Überlegungen zum Arbeitseinsatz sogar zur Einstellung der Aussonderungsmaßnahmen im Reichsgebiet, und die Stalag-Kommandanten konnten nach eigenem Ermessen entscheiden, ob sie z. B. aufsässige Gefangene selbst disziplinarisch bestrafen oder aber der Gestapo übergeben wollten.[64] Gleichwohl wies das OKW die Kommandanten mit Erlaß vom 10. 4. 1943 an, kriegsgefangene Offiziere, die sich „hetzerisch“ hervortäten, sofort der nächstgelegenen Gestapostelle zu übergeben. Dadurch sollte jeder Widerstand in den Stalags schon im Ansatz gebrochen werden; gleichzeitig wurde der Einfluß der Gestapo in den Gefangenenlagern erneut gestärkt und blieb bis zum Kriegsende erhalten, zumal das OKW die Stalags am 27. September 1943 anwies, sich bei allen neu eintreffenden Transporten zwecks Überprüfung mit dem SD in Verbindung zu setzen, bevor sie die Gefangenen dem Arbeitseinsatz zuführten.[65]

Versucht man nach diesem allgemeinen Überblick die Frage nach Aussonderungen im Stalag 326 (VI K) zu beantworten, so ist zunächst festzuhalten, daß aus der Zeit selbst kaum diesbezügliche Quellen erhalten sind. In einem umfangreichen Verfahren, das die Zentralstelle zur Verfolgung von NS-Verbrechen in Ludwigsburg 1965 wegen des Verdachts der Aussonderungen auf dem Truppenübungsplatz Senne einleitete und bald an die zuständige Staatsanwaltschaft Münster abgab, ermittelte und befragte man dann eine Reihe ehemaliger Angehöriger des Lagerpersonals und der Dienststelle des Kommandeurs der Kriegsgefangenen in Münster.[66] Das Verfahren ist zwar 1970 trotz Tatverdachts gegen einen Beschuldigten mangels Beweises eingestellt worden, gleichwohl stellt es eigentlich den ersten Versuch dar, etwas über das Schicksal der sowjetischen Kriegsgefangenen im Wehrkreis VI in Erfahrung zu bringen.

Aufgrund der verschiedenen Vernehmungsprotokolle und der wenigen erhaltenen zeitgenössischen Quellen ergibt sich folgendes Bild: Mit dem Einsatzbefehl Nr. 9 vom 21. 7. 1941 war das Terrain für die Arbeit der Einsatzkommandos der SS in den Stalags des Reiches vorbereitet. Das Stalag 326 (VI K) gehörte zwar zum Zuständigkeitsbereich der Stapoleitstelle Münster bzw. zu deren Außenstelle in Bielefeld, doch stellte merkwürdigerweise die Stapoleitstelle Köln die erforderlichen Beamten für den Einsatz ab. Nach der Aussage des damaligen Leiters dieser Dienststelle, Oberregierungsrat Dr. S., erhielt er im Herbst 1941 den Befehl, einen Kriminalkommissar abzuordnen und im Kriegsgefangenenlager Senne zwecks Überprüfung der Gefangenen einzusetzen.[67] Dies geschah über die eigentlich zuständige Stelle

63 Vgl. BA R41/168, Bl. 203 oder STA N NOKW 147. Bereits am 15. 11. 1941 hatte der RFSS befohlen, schon Ausgesonderte noch vor der Exekution bei Steinbrucharbeiten einzusetzen; – vgl. IMT Bd. XXXV, S. 163 f. (= 569-D, 1. Schreiben).

64 Vgl. BA R41/172, Bl. 5: Chef Sipo u. SD an GBA vom 15. 5. 1942; ferner BA RD 19/3, Bl. 42: OKW Juni 1942 Verhalten gegenüber Kommissaren... sowie ebd. Bl. 43 f. Chef Sipo u. SD betr. Auflösung der Arbeitskommandos im Reich vom 31. 7. 1942; dazu auch Streim a. a. O. S. 144 f.

65 Vgl. Chef Sipo u. SD v. 6. 5. 1943 in: ZSt LB Ordner 325, Bild 6.3, Nr. 153; vgl. auch HStA D RB53, Bl. 291 f.: Staatspolizeiliche Maßnahmen gegen sowjetrussische Kgf. vom 30. 3. 1943. Ähnliches ebd. Bl. 288-290; – Erlaß vom 12. 12. 1942.

66 StA MS Staatsanwaltschaft MS AZ: 30 Js 145/68 Nr. 494-505. Im folgenden zitiert als Verf.MS.

67 StA MS Verf.MS Nr. 495, Bl. 103 f.

in Münster hinweg; das Kommando wurde dort auch personalmäßig nicht geführt, was zu erheblichen Verstimmungen zwischen Münster und Köln führte. Der damalige Lagerkommandant, Major Dr. Fehr, nannte 1966 ebenfalls den Herbst 1941 als den Termin, an dem das Einsatzkommando im Lager eintraf und seine Tätigkeit aufnahm, doch dürfte der Zeitpunkt der ersten Aussonderungen schon früher anzusetzen sein. Mit ziemlicher Sicherheit war das Einsatzkommando bereits kurz nach dem 21. 7. in der Senne; denn die Zeit drängte, da immer mehr Gefangene gemacht und trotz aller Bedenken auch ins Reich abtransportiert wurden. Für das Stalag X D (310) Wietzendorf in der Lüneburger Heide ist beispielsweise der erste Transport von ausgesonderten sowjetischen Gefangenen in das KZ Sachsenhausen für den 2. 9. bezeugt,[68] d. h., daß die diesbezüglichen Maßnahmen sicherlich schon Mitte August einsetzten. Ähnliches wird für das Lager Senne gelten. Hermann Pister, der ehemalige Kommandant des KZ Buchenwald, in das die in der Senne Ausgesonderten transportiert wurden, sagte 1945 aus, in den ersten Tagen, nachdem er dort die Kommandantenstelle übernommen habe, d. h. im September 1941, sei ein Transport mit russischen Kriegsgefangenen eingetroffen, aus welchem Lager, wisse er nicht mehr. Diese Gefangenen seien nach bestimmten Richtlinien auf einen Befehl des RFSS hin in den Kriegsgefangenenlagern ausgemustert worden. Wenig später erinnerte er sich jedoch, die Gefangenen seien aus den Stalags Bielefeld und Umgebung gekommen; hier kann es sich nur um das Stalg 326 (VI K) handeln. Die „einweisende Stelle“ sei Münster gewesen.[69]
Auf einen ähnlichen Zeitpunkt weist eine Äußerung der Rüstungsinspektion VI Münster hin. Diese schreibt in ihrem Schlußbericht für den Monat Oktober 1941: „Die Ablösung französischer Kriegsgefangener durch russische Kriegsgefangene hat bisher im Inspektionsbereich nur geringe Erfolge gezeitigt. Nach Aussonderung politisch unzuverlässiger Elemente sind die Erfahrungen bei dem Einsatz von russischen Gefangenen bislang gut.“[70]
Bevor derartige „Erfahrungen“ aber ihren Niederschlag in einem solchen Schlußbericht fanden, dürften sicherlich 5 bis 6 Wochen vergangen sein. Interessant an der Bemerkung der Rüstungsinspektion VI ist die Selbstverständlichkeit, mit der sie von der Aussonderung spricht, wobei man voraussetzen kann, daß der Begriff in seiner Bedeutung zumindest in Umrissen bekannt gewesen ist. Wenn aber die Rüstungsinspektion davon wußte, muß die unmittelbar damit befaßte Dienststelle des Kommandeurs der Kriegsgefangenen entgegen den Beteuerungen einiger der nach dem Krieg Befragten weitaus besser informiert gewesen sein.[71] Insofern kann als gesichert gelten, daß noch im Spätsommer 1941 ein Einsatzkommando der Sipo und des SD in der Senne eintraf. Es bestand aus dem SS-Obersturmführer F. und zwei SS-

68 Bericht Emil Büge; HStA H Nds 721 Lbg Acc. 63/87 Nr. 1/6 Bl. 15. Es handelt sich um 254 Soldaten, doch war dies nicht der 1. Transport nach Sachsenhausen. Dieser traf lt. B. dort am 31. 8. aus Stalag 315 Hammerstein ein. Im WK VII München begannen die Aussonderungen Mitte September, doch kamen die Sowjets aus dem WK IV Dresden, wo Aussonderungen offenbar schon früher begonnen hatten; IMT Bd. XXXVIII S. 419-423 (178-R).

69 Aff. H. Pister vom 16. 7. 1945, IfZ NO-255, S. 8.

70 BA/MA RW 20-6/4 Bl. 77.

71 Vgl. StA MS Verf. MS Nr. 494, Bl. 60 ff.

Oberscharführern und bezog Quartier in Hövelhof. Dort wohnten die SS-Männer zunächst im Gasthof „Deutsches Haus“, dessen Inhaberin sich erinnerte, das Kommando habe die Aufgabe gehabt, „besondere Gefangene und Juden“ auszusortieren und abtransportieren zu lassen. – Bevor sie sich private Unterkünfte in Hövelhof suchten, nahmen die drei Männer ihre Mahlzeiten zumindest zeitweise im Gasthof Epping ein.

Der Kommandeur der Kriegsgefangenen im Wehrkreis VI informierte den Stalag-Kommandanten von der Ankunft des Einsatzkommandos, dieser wiederum unterrichtete seine Offiziere über dessen Aufgaben: Um bestimmte Gruppen von Kriegsgefangenen auszusondern, dürfe es sich im gesamten Lagerbereich ungehindert bewegen. Das OKW habe befohlen, ihm jegliche geforderte Hilfe zu gewähren. Ein engerer Kontakt zwischen den Offizieren und dem Kommando scheint aber – zumindest nach den Aussagen der 1968 noch lebenden Offiziere – nicht hergestellt worden zu sein, das Mißtrauen sei zu groß gewesen. Auch das Auftreten des Obersturmführers F., der als arrogant und provozierend geschildert wird, war offensichtlich nicht dazu angetan, persönliche Beziehungen herzustellen.[73]

Bei der Ankunft eines Gefangenentransports stand immer einer der SS-Männer am Lagereingang, um zunächst nach bloßem Augenschein die Kriegsgefangenen mit „jüdischem Aussehen“ herauszusuchen. Nach einer Zeugenaussage erfolgten die Aussonderungen oft sogar völlig willkürlich, lediglich um eine bestimmte anscheinend vorgegebene Zahl zu erreichen.[74] Zeugenaussagen sprechen zudem von grausamen Folterungen in der dem SS-Kommando zur Verfügung gestellten Baracke im „Deutschen Lager“, um die Namen weiterer „Juden“ und anderer „verdächtiger Elemente“ aus den Opfern herauszupressen.[75]

Bis zum Abtransport wurden die Ausgesonderten im sogenannten „Pferch“ eingesperrt, einem durch Stacheldraht abgetrennten Abschnitt des Hauptlagers, zu dem Soldaten der Wehrmacht keinen Zutritt hatten.[76]

Nicht eindeutig klären läßt sich, ob im Stalag 326 (VI K) Exekutionen stattgefunden haben. Der ehemalige Kommandant Dr. Fehr sagte aus, er habe dem Einsatzkommando sofort nach dessen Eintreffen verboten, einen Galgen im Lager aufzustellen, wohingegen der frühere SS-Obersturmführer F. bestritt, daß er überhaupt die Absicht gehabt habe, einen Galgen zu errichten. Andererseits behaupten ehemalige sowjetische Kriegsgefangene, im Herbst 1941 sei ein Kommissar erhängt worden, weil er gegen die Deutschen agitiert habe. Wörtlich heißt es in dem Bericht weiter:[77] „Die Proteste der Gefangenen gegen seine Hinrichtung wurden unterdrückt, indem man die neben ihm Stehenden erschoß. Etwas später hörten mehr als 20 sowjetische Kommandeure auf, für die Deutschen zu arbeiten. Alle wurden sie im Lager er-

72 Ebd. – zahlreiche Aussagen.

73 Nachkriegsniederschriften und Befragungsprotokolle im Besitz d. Vf. – Vgl. Anm. I 46.

74 STA MS Verf. MS Nr. 499, Bl. 15 – Aussage K. K. – Vgl. auch IMT Bd. XXXVIII, S. 423-427 für den WK VII (= 178-R). Dort auch eine Beschreibung des Aussonderungsvorgangs; s. auch Protokoll Stukenbrock (34), S. 30.

75 Vgl. Anm. 73; ferner die Aussagen J. A. Sapurew in: Protokoll Stukenbrock (34), S. 30 f. – Folterungen noch im Jahre 1943 sind allerdings sonst nicht belegt.

76 Vom Pferch im Stalag 321 (XI D), Bergen-Oerbke, sind Fotos überliefert; s. Gedenkstätte Bergen-Belsen, Archiv, Bild 4288.

77 Das Lager 326 (47) S. 33; vgl. auch S. 75.

schossen." Die Zeugenaussagen der ehemaligen Lageroffiziere wiederum lauten übereinstimmend, im Stalag habe es keine Hinrichtungen gegeben. Mit der Erlaßlage zumindest befinden sie sich im Einklang, denn danach hatten Exekutionen ausschließlich im KZ stattzufinden. In den chaotischen ersten Wochen im Juli/August 1941 können tatsächlich einzelne Gefangene im Stalag exekutiert worden sein mit der Begründung, nur so könne die Lagerdisziplin erhalten werden; doch wird man weitergehende Berichte wie die Erschießung ganzer Gruppen mit Skepsis aufnehmen müssen.

Wie bereits ausgeführt, erfolgte die „Aussonderung", bevor die Kriegsgefangenen vom Stalag karteimäßig erfaßt waren. Doch auch in diesen Fällen enthielten die Transportbegleitpapiere Angaben zur Person.[78] Die bereits Erfaßten wurden mit ihren Karteikarten dem KZ übergeben, nachdem sie aus formalen Gründen aus der Kriegsgefangenschaft entlassen worden waren.[79] SS-Obersturmführer F. informierte das Reichssicherheitshauptamt in Berlin regelmäßig mittels Fernschreiben über die SD-Außenstelle Bielefeld.[80]

Die Transporte in das KZ Buchenwald bei Weimar liefen in der Regel über die Reichsbahn. Über ihre Größe lassen sich allerdings nur Vermutungen anstellen. Zeugenaussagen sprechen von Transporten mit etwa 20-30 ausgesonderten Gefangenen.[81] Das ist eine durchaus glaubhafte Zahlenangabe, wie Unterlagen aus dem KZ Groß-Rosen beweisen, wo im Dezember 1941 26 sowjetische Kriegsgefangene aus dem Stalag XXI C Wollstein eingeliefert worden sind.[82]

Eine Eintragung im Polizeitagebuch Detmold berichtet am 14. Juli 1942 sogar von nur zwei sowjetischen Kriegsgefangenen, die sich auf dem Transport in das KZ Buchenwald befanden. Es heißt dort:[83]

„Gegen 18.00 erschien der Krim.Ass. W… und bat um die Unterbringung zwei russ. Kriegsgefangener, weil er keinen Anschluß nach Weimar (Straflager) hat."

Eine Randnotiz vermerkt dazu: „Um 6.15 wurden die Gefangenen wieder abgeholt." Es ist indes fraglich, ob diese Gefangenen zur Exekution nach Buchenwald transportiert werden sollten, denn seit dem 4. Oktober 1941 erfolgten sogenannte „Überstellungen" in ein KZ ebenfalls zu Arbeitszwecken, und die WASt erhielt entsprechende Meldungen.[84] Auch „kriminelle Handlungen" konnten zur Einweisung in ein KZ führen; aber sie bedeutete nicht von vornherein Exekution für die Betroffenen, zumal die SS immer stärker an der Ausbeutung der Arbeitskraft der Häftlinge interessiert war, wie etwa die abgebildete Veränderungsmeldung des KZ Buchenwald vom 14. Mai 1942 andeutet:[85] 17 der 21 Nummern auf den Erkennungsmarken tragen die Bezeichnung VI K, wobei die niedrige Nummer „VI K 24" wohl auf einen Gefangenen des ersten Transports hinweist, der am 10. Juli 1941 in der Senne ankam. Der Generalstaatsanwalt beim Kammergericht Berlin

78 Vgl. BA/MA RW48/v. 12., Bl. 169: OKW am 30. 9. 1941 betr. Erfassung der sowjet. Kgf.

79 Zum gesamten Verfahren der „Aussonderungen" vgl. Streit, Keine Kameraden, S. 94.

80 Mehrere Zeugenaussagen; vgl. STA MS Verf.MS Nr. 494.

81 Aufzeichnungen im Besitz d. Vf.; vgl. Anm. I 46. – Der Zeuge K. K. nannte eine Zahl von 2% pro Transport. Vgl. StA MS Verf.MS Nr. 499, Bl. 15. Nach den Personalunterlagen im BA/ZNS wurde er am 2. 7. 1942 zum Stalag 326 versetzt, nicht erst 1943, wie er angibt. Ob aber Mitte 1942, das gilt für 1943 noch viel mehr, die Zahl der „Ausgesonderten" noch so hoch war, darf bezweifelt werden.

82 Vgl. StA MS Verf.MS Nr. 494, Bl. 93-99; ebenso Streim, Die Behandlung, S. 329-333. Dort für April 1942.

83 StA DT D 2 C DT Nr. 113. Aus den Zeugenaussagen im Verfahren Münster ergibt sich, daß die Offiziere und Mannschaften aus dem ehemaligen Stalag 326 (VI K) von Buchenwald als Transportziel für die „Ausgesonderten" wußten. Nur einmal wird Oranienburg genannt. Auch aus den Wehrkreisen VII und XII sind Transporte nach Buchenwald überliefert. Vgl. IMT Bd. XXXVIII, S. 495 (= 178-R); ferner IfZ NO 5648, S. 4: Aff. R. v. Westrem vom 25. 11. 1947.

84 Vgl. BA/MA RW48/v.12: OKW betr. Versetzung von 25000 sowjet. Kgf. in SS-Betriebe; ferner StA N NO1239: RFSS/Inspekteur der KL vom 23. 10. 1941.

85 ITS-Arolsen Ordner Nr. 494, S. 188. Vgl. den Auswertungsbericht des Landeskriminalamtes in Düsseldorf v. 19. 9. 1966: in: STA MS Verf.MS Nr. 495 S. 74–79 und Anlagen.

80

K. L. Buchenwald, den 14. Mai 1942

188

Veränderungsmeldung

Es wurden heute von Paderborn (Sennelager) hier eingeliefert:

1.	VI A	51845	Salimulin, Jusuf	geb.	15. 5.15
2.	VI C	43887	Schkoro, Ignatij	geb.	21. 6.12
3.	VI C	43646	Boldajewskij, Iwan	geb.	22. 4.17
4.	VI C	43695	Kurejew, Abedul	geb.	28. 8.08
5.	VI K	9836	Fedotow, Wiktor	geb.	21.11.20
6.	VI K	17320	Suchanow, Alexander	geb.	22. 2.19
7.	VI K	11359	Schariga, Pjotr	geb.	22.11.06
8.	VI K	15991	Ilen, Semjon	geb.	25. 8.11
9.	VI K	13586	Plaksim, Alexander	geb.	4. 3.17
10.	VI K	6601	Tschewatjerew, Jurij	geb.	29.10.21
11.	VI K	11524	Karpenko, Kiril	geb.	14. 5.19
12.	VI K	15860	Padorin, Iwan	geb.	7. 1.09
13.	VI K	5766	Andrukewitsch, Nikolaj	geb.	20. 8.22
14.	VI K	24	Komorowskij, Walentin	geb.	20. 7.22
15.	VI K	15531	Gorschenin, Iwan	geb.	08
16.	VI K	17467	Beljakow, Wladimir	geb.	1. 8.21
17.	VI K	16742	Nikolajew, Fjodor	geb.	3.12.13
18.	VI K	10044	Keska, Ostap	geb.	1.10.15
19.	VI K	17496	Halaktionow, Boris	geb.	10.10.18
20.	VI K	5348	Suschko, Grigorij	geb.	11. 3.18
21.	VI K	11278	Gluschenko, Karp	geb.	19

SS – Hauptscharführer

sandte die Liste im Jahre 1970 mit der Bemerkung an die Staatsanwaltschaft Münster, eine Überprüfung beim Internationalen Suchdienst in Arolsen habe ergeben, diese Gefangenen seien nicht im KZ Buchenwald registriert worden, woraus mit hoher Wahrscheinlichkeit auf ihre Exekution zu schließen sei. Das Landeskriminalamt Düsseldorf stellte dagegen schon 1966 fest, laut Häftlingskartei des KZ Neuengamme sei der Kriegsgefangene Karp Gluschenko, der als Nr. 21 die Liste abschließt, dort noch 1945 aufgeführt und könne demnach nicht 1942 in Buchenwald ermordet worden sein. Daraus schloß das Landeskriminalamt, diese Gefangenen seien wahrscheinlich für die Aktion „Zeppelin" vorgesehen gewesen[86], um vor ihrem Einsatz auf deutscher Seite in einem Sonderlager in Buchenwald geschult zu werden.

In vier weiteren Transportlisten nach Buchenwald aus dem Jahre 1943 werden insgesamt 209 Kriegsgefangene mit Erkennungsmarken des Stalag 326 (VI K) genannt, wobei allerdings offen bleibt, ob sie unmittelbar aus der Senne eingeliefert worden sind oder bereits vorher in Arbeitskommandos oder andere Lager „überstellt" waren. Diese Männer wurden jedoch nach den Erkenntnissen des 1966 beim Internationalen Suchdienst des IRK in Arolsen ermittelnden Beamten zum Arbeitseinsatz kommandiert. Wörtlich vermerkt er:[87] „Bei diesen SU-Kgf. handelt es sich aber um solche, die im Lager als sog. „Politische Russen" geführt wurden, also Gefangene, die wegen irgendwelcher Verstöße als politische KZ-Häftlinge geführt wurden und als solche auch eine Lagernummer erhielten. Vermerken auf den Häftlingskartei-Karten zufolge wurden diese SU-Kgf. in verschiedenen Arbeitskommandos eingesetzt und auch in andere KL überführt."

Die „Aussonderungs"-Maßnahmen des Reichssicherheitshauptamtes lassen zeitlich und inhaltlich zwei deutlich voneinander geschiedene Phasen erkennen: Aufgrund pauschaler Urteile nach den Vorschriften der Einsatzbefehle 8 und 9 wurde von 1941 bis zum Sommer 1942 eine in die Zehntausende gehende Zahl von sowjetischen Kriegsgefangenen in den Stalags selbst „ausgesondert" und dann in den Konzentrationslagern exekutiert.[88]

In der zweiten Phase, vom Sommer 1942 bis zum Kriegsende, setzte sich immer mehr ein eher auf den Einzelfall eingehendes Verfahren durch, wobei vielfach Gesichtspunkte des Arbeitseinsatzes wichtiger waren als ideologische Vorbehalte. Dementsprechend griff die Gestapo häufiger an den Arbeitsstellen als in den Stalags selbst zu.

Aus dem Stalag 326 (VI K) gingen in dieser zweiten Phase nach wie vor Transporte nach Buchenwald: Ein Feldwebel im Stab der Kommandantur schrieb z. B. am 16. November 1942[89]: „Morgen werde ich sehen, ob ich einen Transport nach Buchenwald mitmachen kann." Er erhielt jedoch die Genehmigung nicht, von der er sich einen Tag Sonderurlaub erhofft hatte. Ferner berichtet der ehemalige Kriegsgefangene Sapurew, er sei am 10. April 1943 aus dem Block 9 des Stalag nach Buchenwald verlegt worden.[90]

Obwohl die Einsatzkommandos Mitte 1942 aus den Stalags im Reichsgebiet abgezogen werden sollten, wurde zwar der SS-Obersturmfüh-

86 In der Aktion „Zeppelin" wurden Kriegsgefangene, die zur Zusammenarbeit mit den Deutschen bereit waren, aus den Stalags herausgezogen, um für deutsche Propagandazwecke eingesetzt zu werden. Dieses Unternehmen lief am 10. März 1942 an. Vgl. StA MS Verf.MS Nr. 495, Beiheft I, S. 51-54; s. auch unten Kap. IV 1.

87 StA MS Verf. MS Nr. 495, S. 78, vgl. auch Nr. 494, S. 130-133.

88 Zu den Exekutionen im KZ Buchenwald s. Anlage 14, S. 218 f.

89 Brief im Besitz d. Vf.; s. Anm. I 46; ebenso der Brief vom 20. 11. 42.

90 Vgl. Protokoll Stukenbrock (34) S. 31.

rer F. wegen „Unregelmäßigkeiten" versetzt, doch waren weiterhin drei Gestapo-Beamte im Stalag 326 (VI K) tätig. Einer von ihnen sagte 1965 aus, innerhalb des Stalags habe es ein Sperrlager gegeben, das durch eine besondere Umzäunung vom übrigen Lager abgetrennt gewesen sei. In ihm hätten sich ehemalige Kriegsgefangene befunden, sog. Hiwis, die wegen irgendwelcher Verfehlungen bestraft worden seien. Mitte 1944 hätten sich dort etwa 100 Gefangene aufgehalten, indes sei ihre Zahl wegen der Auflösung anderer Lager zum Kriegsende hin auf 1500–1600 angestiegen. – Wirtschaftlich unterstand sein Bereich dem Stalag, das auch die Bewachung übernommen hatte. Die Dienstaufsicht hatte der Leiter der Stapoaußenstelle Bielefeld.[91]

Ein abgesondertes SS-Lager ist zwar im Lageplan von 1944 nicht ausgewiesen; es spricht jedoch für diese Äußerung, daß das Stalag 326 (VI K) als Lager für sogenannte „ehemalige Legionäre" vorgesehen war. Hierbei handelt es sich um sowjetische Kriegsgefangene, die die Seiten gewechselt und in landeseigenen Verbänden in der deutschen Wehrmacht gedient hatten. Aus dieser waren sie dann wieder wegen irgendwelcher Verfehlungen militärgerichtlich ausgeschlossen worden. Da Gefangene nach schweren Vergehen der SS übergeben werden sollten, man andererseits aber nicht auf ihre Arbeitskraft verzichten wollte, kann es durchaus zu Übereinkünften der geschilderten Art – Aufsicht der SS bei gleichzeitiger Ausnutzung der Arbeitskraft durch die Wehrmacht – gekommen sein, zumal die Zahl derartig betroffener Legionäre recht hoch gewesen zu sein scheint.

Zu klären bleibt noch die Frage nach der Zahl der Opfer in der Genickschußanlage des KZ Buchenwald. Nach einer Schätzung Eugen Kogons[92] betrug sie „mindestens 7000, wahrscheinlich aber mehr." Sie stimmte überein mit den Angaben des Internationalen Buchenwald-Komitees, das nach Streim[93] „die Anzahl der ermordeten Rotarmisten mit 7200 bezifferte." Nicht bestimmen dagegen läßt sich die Zahl der im Stalag 326 (VI K) „ausgesonderten" und in Buchenwald ermordeten Gefangenen. Nach einer Schätzung des ehemaligen 1. Abwehroffiziers [94] sind aus der Senne 5000-6000 sowjetische Soldaten im Lager „ausgesondert" und abtransportiert worden. Viele von ihnen scheinen allerdings zum Arbeitseinsatz in das KZ eingeliefert worden zu sein. Nach der Erinnerung des KZ-Kommandanten Pister jedoch war das Stalag 326 (VI K) in der Anfangsphase der „Hauptlieferant" für die Genickschußanlage. Deshalb muß sicherlich von einer erheblich über 1000 liegenden Zahl von Todesopfern aus der Senne ausgegangen werden.

Über die Gesamtzahl „der auf diese Weise umgebrachten sowjetischen Kriegsgefangenen" lassen sich nach Christian Streit[95] „keine annähernd genauen Angaben machen." Er nennt schließlich „eine Zahl in der Größenordnung von 50000" als „unterste Grenze".

91 Vgl. Anlage 15, S. 220.; Vgl. StA MS Verf. MS Nr. 494, S. 42-44. Zu den ehemaligen Legionären s. unten Kap IV 1 und Anlage 13.

92 Der SS-Staat, S. 237. Vgl. auch Anlage 15.

93 Die Behandlung, S. 227.

94 Aussage F. W. vom 12. 4. 1966 in: STA MS Verf.MS, Nr. 494, S. 72 f.

95 Keine Kameraden, S. 94. Vgl. auch die Zahlenangaben S. 339, Anm. 63.

4. Der Umgang des Stammpersonals und der Wachmannschaften mit den sowjetischen Kriegsgefangenen

Von Anfang an sahen die Befehle der Wehrmachts- und Heeresführung zur Behandlung der sowjetischen Kriegsgefangenen in jedem Soldaten der Roten Armee einen „Träger des Bolschewismus".[96] Deshalb sprachen sie ihnen „jeden Anspruch auf Behandlung als ehrenhafter Soldat und nach dem Genfer Abkommen" ab.[97] Generalleutnant Reinecke leitete als Chef AWA seinen zusammenfassenden Befehl vom 8. September 1941 mit der programmatischen Feststellung ein:[98] „Der Bolschewismus ist der Todfeind des nationalsozialistischen Deutschland."

Gleichzeitig fügte er diesem Geheimbefehl unter der gleichen Überschrift ein „Merkblatt für die Bewachung sowjet. Kriegsgefangener" bei, das „offen zu behandeln" war.[99] Offensichtlich wurde es umgehend in den Stalags und Arbeitskommandos entweder im Original oder – wie im Stalag 326 (VI K) – in wörtlicher Abschrift an die Soldaten der Stabseinheit und der Wachmannschaften verteilt, um von ihnen „äußerste Wachsamkeit, größte Vorsicht und schärfstes Mißtrauen" zu fordern; denn, so behauptete Reinecke: „Auch der in Gefangenschaft geratene Sowjetsoldat, mag er auch noch so harmlos scheinen, wird jede Gelegenheit benutzen, um seinen Haß gegen alles Deutsche zu betätigen."

Rücksichtsloses Durchgreifen und schonungsloser Waffengebrauch wurden den Soldaten geradezu als einzige wirksame Gegenmittel gegen die ständige Gefahr „eingehämmert", die von den Gefangenen drohte. Demgegenüber mußte ihnen das mit „der Würde des deutschen Soldaten als Waffenträger" begründete Verbot jeder „Willkür oder Mißhandlung, vor allem die Verwendung von Knüppeln, Peitschen usw." als bloße Floskel erscheinen. Ohne Zweifel trug auch die fortwährende offizielle Propaganda über die rassische Minderwertigkeit der sowjetischen Gefangenen zur Brutalisierung des Umgangs mit den Gefangenen bei. Ihre Wirkung zeigte sich ebenfalls bei den Wachmannschaften des Stalag 326 (VI K) und veranlaßte einen zu den Landesschützen eingezogenen evangelischen Pfarrer zu dem verzweifelten Ausspruch:[100] „Alle reden den Quatsch nach: Der Russe ist kein Mensch."

Wegen seiner grundsätzlichen Bedeutung soll das Merkblatt als Faksimile wiedergegeben werden.

Nach den Aussagen nahezu aller befragten Zeitzeugen spielten trotz des formalen Verbots „Knute, Stock und Peitsche" bei der Behandlung der sowjetischen Kriegsgefangenen in der Senne die gleiche „große Rolle", wie sie Hans Fritzsche, der Leiter der Abteilung Deutsche Pres-

96 Vgl. die Ausführungen Streits, Keine Kameraden, S. 180 ff., Übersicht über die Befehle ebd. S. 379, Anm. 360-362; ferner BA ZNS S 22 Bl. 51 – Befehl vom 24. 3. 1942: „Der sowjetische Soldat hat grundsätzlich als Träger des Bolschewismus zu gelten."

97 OKW/Kgf., Nr. 3058/41 geh. v. 8. 9. 41; IMT XXVII, S. 274-283; Teilabdruck bei Streit a. a. O., S. 181 f. sowie bei Jacobsen, Kommissarbefehl a. a. O., s. 218–220.

98 Ebd.

99 Original in: KA Stadt HF I 4; Abschrift der Kommandantur Stalag 326 (VI K), Forellkrug, den 16. 9. 41: in BA/MA N 25/25.

100 Vgl. Bericht Bangen (9) Tonbandnachschrift, S. 3.

Anlage zur Verfügung OKW/AWA Abt. Kriegsgef. Nr. 3058/41 geh. vom 8. 9. 1941 (offen zu behandeln!)

Merkblatt

für die Bewachung sowjet. Kriegsgefangener.

Der Bolschewismus ist der Todfeind des nationalsozialistischen Deutschland.

Zum ersten Male in diesem Kriege steht dem deutschen Soldaten ein nicht nur soldatisch, sondern auch politisch geschulter Gegner gegenüber, der im Kommunismus sein Ideal, im Nationalsozialismus seinen ärgsten Feind sieht. Im Kampf gegen den Nationalsozialismus ist ihm jedes Mittel recht: Heckenschützenkrieg, Bandentum, Sabotage, Brandstiftung, Zersetzungspropaganda, Mord. Auch der in Gefangenschaft geratene Sowjetsoldat, mag er auch äußerlich noch so harmlos erscheinen, wird jede Gelegenheit benutzen, um seinen Haß gegen alles Deutsche zu betätigen. Es ist damit zu rechnen, daß die Kr.Gef. entsprechende Anweisungen für ihre Betätigung in der Gefangenschaft erhalten haben. **Ihnen gegenüber ist also äußerste Wachsamkeit, größe Vorsicht und schärfstes Mißtrauen dringendes Gebot.**

Für die Bewachungsmannschaften gelten **folgende Richtlinien:**

1. **Rücksichtsloses Durchgreifen** bei den geringsten Anzeichen von Widersetzlichkeit und Ungehorsam!
   Zur Brechung von Widerstand ist von der Waffe schonungslos Gebrauch zu machen.
   Auf fliehende Kr.Gef. ist **sofort** (ohne Anruf) zu schießen mit der festen Absicht zu treffen.

2. Jede **Unterhaltung** mit den Kr.Gef. — auch auf dem Marsch von und zur Arbeitsstelle — soweit sie sich nicht auf unbedingt notwendige dienstliche Anweisung bezieht, ist **streng verboten.**
   Es gilt unbedingtes Rauchverbot auf Märschen zu und von Arbeitsplätzen, sowie während der Arbeit.
   Jede **Unterhaltung** der Kr.Gef. mit **Zivilpersonen** ist in gleicher Weise, notfalls unter Anwendung von Waffengewalt — auch gegen die Zivilpersonen — zu verhindern.

3. Auch auf der **Arbeitsstelle** ist **ständige scharfe Aufsicht** durch deutsche Bewachungsmannschaften erforderlich. Jeder Wachmann hat sich von den Kr.Gef. immer in **solcher Entfernung zu halten,** daß er jederzeit **sofort** von seiner Waffe Gebrauch machen kann. Nie einen Kr.Gef. den Rücken kehren!

4. Auch gegen den **arbeitswilligen und gehorsamen Kr.Gef.** ist Weichheit nicht am Platz. Er legt sie als Schwäche aus und zieht daraus seine Folgerungen.

5. Bei aller Strenge und Härte bei der rücksichtslosen Durchsetzung gegebener Befehle ist deutschen Soldaten jede **Willkür** oder **Mißhandlung,** vor allem die Verwendung von Knüppeln, Peitschen usw. verboten. Dies würde der Würde des deutschen Soldaten als Waffenträger widersprechen.

6. Niemals darf eine bei den bolschewistischen Kr.Gef. in Erscheinung tretende scheinbare Harmlosigkeit dazu führen, daß von vorstehenden Anordnungen abgewichen wird.

se in Goebbels' Propagandaministerium am 7. Januar 1942 vor der Berliner Pressekonferenz offen eingestand[101]. In der Erinnerung nannten sie allerdings ziemlich undifferenziert nebeneinander die Wachmannschaften, die Männer des bereits behandelten SS-Einsatzkommandos und schließlich die vorwiegend aus Ukrainern gebildete Gefangenen-Hilfspolizei als „die Schläger".
Pfarrer Bangen nannte dagegen ausdrücklich die deutschen Wachsoldaten; er erinnerte sich noch 1975 daran,[102] „wie die Landser alle einen Knüppel in der Hand hatten und auf die Russen schlugen, wie man nicht auf ein Stück Vieh schlägt. Es wurde willkürlich zwischen die Gefangenen geschossen und am Abend rühmten sich dann manche, so viele wieder umgelegt."
Ein anderer Zeuge berichtet von einem jungen Gefangenen, der völlig verwirrt in den elektrisch geladenen Stacheldrahtzaun gelaufen sei. Ungerührt habe ihn ein Wachmann in den Zaun laufen lassen, wo er umkam. Den Abtransport der Leiche habe er mit der Bemerkung kommentiert: „Aus dem sollte man Schmierseife machen."[103]
Siedenhans[104] überliefert eine besonders makabre „Freizeitbeschäftigung" des Wachpersonals, das sogenannte „Keilerspiel". Dabei mußte ein Kriegsgefangener als „laufender Keiler" wegrennen, während die deutschen Soldaten auf das bewegliche Ziel schossen, bis das Opfer tödlich getroffen war. Die Sterbeurkunde vermerkte in diesen Fällen: „Auf der Flucht erschossen."
Ohne jeden Zweifel ist es in der Anfangsphase im Stalag 326 (VI K) zu grausamen Exzessen gekommen. Sie dürfen jedoch nicht verallgemeinert werden. Bei genauer Betrachtung mahnt uns schon der Abschlußsatz der Notiz über das „Keilerspiel" zu besonderer Vorsicht. Es heißt dort:[105] „Ein anderer Kriegsgefangener mußte seinen Kameraden begraben und danach den ‚laufenden Keiler' spielen."
Folgende Fragen drängen sich auf: Wie konnte der als nächstes Opfer vorgesehene Gefangene den Toten zum Friedhof schleppen, der ca. 1 km vom Stalag entfernt lag? Wurde der Totenschein erst nach der „Beerdigung" ausgestellt? Wie konnte das „Spiel" nach der ganzen „Prozedur" fortgesetzt werden?
Unbestritten ist die Verwendung scharfer Wachhunde im Stalag, um jegliche aufkommende Unruhe im Keim zu ersticken; und schließlich erwiesen sich die „ganz normalen", oft Stunden dauernden Zählappelle als eine besonders unmenschliche Art von Folterung. Unauslöschlich blieb den überlebenden Gefangenen das „stundenlange Stehen auf dem Appellplatz " mit seinen Folgen im Gedächtnis haften. „Wir mußten antreten", heißt es[106], „ganz gleich bei welchem Wetter, 3, 4, 5 Stunden, oft halb nackt, wie wir waren. Wer umfiel, wurde unmenschlich geschlagen. Nach solchen Appellen blieben meist 10–15 Kameraden auf dem Appellplatz liegen."

101 Vgl. W. A. Boelcke, Wollt ihr den totalen Krieg? S. 303; Streit: Keine Kameraden, S. 380, Anm. 367.

102 Vgl. Anm. 100.

103 Vgl. Siedenhans (25), S. 216.

104 Ebd.

105 Ebd. S. 217. Übergriffe der Wachmannschaften bis hin zu offensichtlichem Mord werden aus den Stalags der Lüneburger Heide berichtet: HStA H Nds. 120 Lbg. Acc. 46/79 Nr. 19.

106 Protokoll Stukenbrock (34), S. 29.

Ehemaliges Arresthaus, Sommer 1991

Ihr zusammenfassendes Urteil lautet:[107] „Stalag 326 wurde auf unseren Knochen gebaut. Jedes seiner Ziegel, jede Baracke, jeder Meter Stacheldrahtzaun ist begossen mit russischem Blut. Sie brachten uns durch Hunger, Kälte, erschöpfende Arbeiten, Krankheiten und Folter um. Sie hetzten uns mit Hunden, erschossen unsere Kameraden."

Zur Erhaltung der Disziplin unter den Kriegsgefangenen verfügte das Stalag schließlich über Arrestzellen, die Anfang 1943 in einem Arresthaus aus Ziegelmauerwerk mit 30 Zellen zusammengefaßt wurden. Noch am 9. August 1944 beantragte der Kommandant, Oberst Dr. Dr. Châlons, wegen fortwährender Überbelegung eine Erweiterung der „Arrestanstalt um 20 Zellen und einen größeren Raum von etwa 4x5 m". Nach seiner Begründung trug diese Vergrößerung „insofern zum Endsieg bei, als sie der Aufrechterhaltung der Disziplin der Kgf. und damit der Stärkung des Kriegspotentials dient."

Die örtliche Bauleitung des Heeresbauamtes Bielefeld bezifferte die erforderlichen Kosten für diese Erweiterung auf 18000 RM.[108] Nachdem der Kommandant eine Rückfrage der Wehrkreisverwaltung VI, „warum im 6. Kriegsjahr diese Erweiterung unerläßlich" sei, ausführlich beantwortet hatte, genehmigte der Kommandeur der Kriegsgefangenen zwar Ende Oktober die Baumaßnahme, sie wurde jedoch nicht mehr ausgeführt.

107 Ebd. S. 25.

108 BA/MA RH 53-6/112, Bl. 108-112. Vgl. Anlagen 16 und 17, S. 221 f.

Pfarrer Bangen spricht mit folgenden Worten von einer deutlichen Änderung im Verhalten der deutschen Soldaten gegenüber den Gefangenen:[109] „Eines Tages kam dann hierher ein neuer Major. Der machte mir einen Besuch, und dem habe ich ganz offen meine Meinung gesagt. Da stand er auf und sagte zu mir, ich bedanke mich, ich verspreche Ihnen, in acht Tagen ist das hier anders, und da war hier Ordnung... Dieser Major hat für Ordnung gesorgt, und seitdem geschah nichts mehr, was man irgendwie beanstanden mußte."
Leider läßt sich nicht nachprüfen, ob Pfarrer Bangen sich hier auf den Dienstantritt des dritten Kommandanten, Major Dr. Fehr, im Oktober 1941 oder seines Nachfolgers, Oberst Euler, im September 1942 bezieht.[110] Auf jeden Fall zeichnet diese Rückschau nach dreißig Jahren ein viel zu rosiges Bild. Zwar wissen wir auch von anderen Zeugen, daß die erste nur als wahrhaft chaotisch zu bezeichnende Phase des Stalag 326 (VI K) mit dem Dienstantritt des Majors Fehr endete,[111] aber es herrschten niemals sogenannte „normale" Verhältnisse, wie sie aus den Stalags für „westliche" Kriegsgefangene überliefert sind, die nach den Vorschriften des Genfer Abkommens geführt wurden. Zwar konnte ein energischer Stalag-Kommandant die individuelle Willkür seiner Leute bekämpfen, aber das bedeutete wenig angesichts der von Regierung und OKW niemals grundsätzlich revidierten Vernichtungspolitik gegenüber den Kriegsgefangenen, wenn sie wegen des wachsenden Mangels an Menschen in der Kriegswirtschaft auch in der Praxis Zugeständnisse machen mußten zur Ausbeutung ihrer Arbeitskraft.
Inwieweit die im Stalag 326 (VI K) eingesetzten deutschen Soldaten nicht nur Mittäter, sondern auch selbst Opfer waren, läßt sich allenfalls in Einzelfalluntersuchungen feststellen.

5. Das Stalag 326 (VI K) im Sommer und Herbst 1941 und das Problem der Unterbringung der Kriegsgefangenen

Klar und eindeutig verlangt der Artikel 10 der Genfer Konvention: „Die Kriegsgefangenen sind in Häusern oder Baracken unterzubringen, die jede mögliche Gewähr für Reinlichkeit und Zuträglichkeit bieten.
Die Räume müssen vollständig vor Feuchtigkeit geschützt, genügend beheizt und beleuchtet sein."
Dagegen bot das Stalag 326 (VI K) wie nahezu alle Dulags und Stalags für sowjetische Kriegsgefangene im Sommer 1941 ein Bild, das den Überlebenden unauslöschlich in Erinnerung blieb.

109 Vgl. Anm. 100.

110 Vgl. Anlage 18, Übersicht über die Kommandanten des Stalag 326 (VI K).

111 Vgl. Anm. I 46.

„Unterbringung" der ersten Gefangenen, Sommer 1941

Das Lager im Herbst 1941

Der ehemalige Gefangene M. A. Krischnow schreibt:[112] „Die ersten Gefangenen fanden nur leeres Feld vor mit wenig jungen Tannen, eingezäunt mit Stacheldraht und mit Wachttürmen an den Ecken und in der Mitte. Gebäude waren in dem Lager nicht. Am Eingang zum Lager standen einige barackenähnliche Häuschen. In diesen war die Verwaltung der Deutschen untergebracht."
Eine ausführliche Beschreibung finden wir bei W. J. Schimanskij:[113] „Bei unserem Eintreffen war das Lager innen, wenn man die zwei oder drei Baracken der Lagerleitung nicht zählte, völlig ohne Ausrüstung. Wir mußten uns unter freiem Himmel auf der Erde einrichten. Ein auf dem Territorium gewachsenes junges Kiefernwäldchen wurde von uns

112 Das Lager 326 (47), S. 75.

113 Ebd. S. 96 f. Vgl. auch die Schilderung Bangens (9), S. 5.

Oben: Sowjetischer Gefangener in seiner Erdhöhle

Links: Erdhöhlen als Unterkunft

sofort als Baumaterial genutzt für den Bau von Laub- und Erdhütten für je zwei bis drei Personen. Aber diese Kiefernzweige reichten nicht für alle, und viele Gefangene begannen, richtige Höhlen in die Erde zu graben, um wenigstens einen geringen Schutz vor dem Regen zu haben. Das Graben solcher Höhlen endete für viele tragisch, als nämlich der Sandboden während des Schlafens in der Nacht auf die Unglücklichen herabstürzte und sie unter sich begrub. Auf diese Weise kamen viele ums Leben."

In der Darstellung der Fakten stimmen die Nachkriegsaufzeichnungen eines ehemaligen Offiziers des Stammpersonals mit den Erinnerungen der beiden Sowjetbürger überein. Doch „relativ problemlos" wurden die Gefangenen mit diesen trostlosen Verhältnissen wohl nicht fertig, wie die nachfolgende Niederschrift behauptet:[114] „Bei der Übernahme des Areals, auf dem bald ein Kgf.-Lager für 60000 Mann betriebsbereit stehen sollte, fand das Vorauskommando nichts vor, was man als zweckdienlich hätte ansehen können.

Es begann mit der Errichtung eines primitiven Stacheldrahtzaunes (einreihig). Es folgten Behelfsküche, Unterkünfte für die Lagerleitung, Handpumpen wurden angelegt und Behelfslatrinen. Feste Unterkünfte für Kgf. (sog. RAD-Baracken) waren zugesagt, jedoch noch nicht am Orte, als die ersten Kgf.-Transporte Mitte Juli '41 eintrafen. Man wies die Kgf. an, sich behelfsmäßige Erdunterkünfte zu bauen, stellte ihnen einfaches Baumaterial (Bretter, Pfähle u. ä.) und Geräte (Spaten) zur Verfügung. Dem Geschick der Russen und der günstigen Wit-

114 Vgl. Anm. I 46.

Erdhöhlen und erste Baracken, wohl Spätherbst 1941

Behelfsmäßige Zelte, Herbst 1941

terung des Sommers '41 war es zuzuschreiben, daß diese primitive Form der Unterbringung relativ problemlos überstanden wurde. Sehr bald dann standen genügend RAD-Baracken für die Aufnahme aller Kgf. bereit. Zwischendurch hatte man zur Überbrückung großräumige Zelte zusätzlich aufgestellt. Mit Anbruch der kalten Jahreszeit '41/'42 lag kein Kgf. mehr im Freien oder in Zelten. Die Baracken konnten mit Kohleöfen beheizt werden, die Kgf. auf zwei- bis dreigeschossigen Pritschen nächtigen, auf Stroh oder Spreu, mit einer Decke versehen. Wenngleich es technisch möglich war, die Baracken auch bei sehr kaltem Wetter ausreichend zu erwärmen, sind später Todesfälle vorgekommen, die eindeutig auf Erfrierung zurückzuführen waren."

Erschöpfte Kriegsgefangene, wohl Sommer 1941

Sicherlich bemühte sich die Lagerleitung, den Gefangenen „einfaches Baumaterial“ und Werkzeug zum Bau primitiver Hütten zu geben; aber ihre Zahl war viel zu groß, um sie auch nur halbwegs ausreichend zu versorgen. Um so mehr Bewunderung verdient die Geschicklichkeit der Gefangenen. Abgesehen von ihren bloßen Händen gruben sie sich mit Hilfe von Löffeln, Kochgeschirrdeckeln und Blechteilen verschiedenster Art und Herkunft förmlich in den Sandboden ein, ein gefundenes Stück Draht verwandelte sich unter ihren geschickten Händen in eine Säge, so daß es ihnen gelang, sogar armdicke Bäume zu fällen. Die Lagerleitung versuchte wenigstens in Ansätzen, das Los der Kriegsgefangenen zu erleichtern, indem sie große Zelte herbeischaffen und aufstellen ließ. Dann trafen auf dem Bahnhof Hövelhof auch die Fertigteile der RAD-Baracken ein, doch die Gefangenen selbst mußten die Teile den 5 km weiten Weg zum Lager schleppen. Die geschwächten und von dauerndem Hunger geplagten Kriegsgefangenen fürchteten, „das Hinüberschleppen der großen Platten von der Bahnstation zum Montageplatz der Standardbaracken“ als „die schwerste Arbeit im Lager“.[115] Mehrere Monate lang bestanden somit im Stalag Erdhöhlen, Zelte und Baracken nebeneinander; langgezogene Grashütten als Zwischenstufe, wie sie etwa auf Photos des Stalag 321 (XI D) Oerbke abgebildet sind, hat es in der Senne dagegen nicht gegeben.[116]

Mit dem „Umzug“ in die Baracken hatten die Gefangenen zwar ein festes Dach über dem Kopf, gleichwohl hatte sich ihre Situation nur unwesentlich verbessert. Die Unterkünfte waren in der Normalausfer-

115 Vgl. Das Lager 326 (47), S. 97.

116 Die Verf. danken Herrn Hinrich Baumann, Bezirksvorsteher des Gemeindefreien Bezirks Osterheide für den Hinweis. Vgl. auch Baumanns Bericht über die Oerbker Kriegsgefangenenlager in: Information über die Kriegsgräberstätte Oerbke, S. 5 f.; ferner: Beschreibungen im Archiv Bergen-Belsen; dazu auch Streit, Keine Kameraden, S. 172 f. Konstruktionsentwürfe für 3 verschiedene Typen von Grashütten in: BA/MA RH 49/123.

Stalag 326 (VI K) im Endausbau, wohl Frühjahr 1942

tigung für etwa 80 Personen vorgesehen, doch mußten sie vor allem im Winter 1941/42 eine weitaus größere Zahl von sowjetischen Gefangenen aufnehmen. Nach einer Besprechung vom 19. 9. 1941 legte ein Befehl des Chefs der Heeresrüstung und BdE am 17. 10.(!) Höchstbelegungswerte für Baracken in sowjetischen Kriegsgefangenenlagern fest.[117] Danach konnte durch Herausnehmen von Bettstellen oder auch der Zwischenwände die Kapazität der RAD-Baracken auf 150, im Notfall sogar auf 300 Gefangene gesteigert werden. Eigens für sowjetische Kriegsgefangene konstruierte, im Stalag 326 (VI K) aber wohl nicht gebaute Massivbaracken waren dementsprechend mit 840 bzw. 1200 Gefangenen zu belegen. Über die Verhältnisse in der Senne schreibt W. S. Siltschenko:[118] „Jede Baracke war für 140 Gefangene berechnet. Untergebracht wurden jedoch 400 bis 500 Menschen. Bettzeug gab es nicht, und so mußten die Menschen auf den harten Holzpritschen in drei Etagen und auf dem Erdboden liegen."
Wasser mußte von einigen zentralen Zapfstellen herbeigeschafft werden; Abortanlagen waren in den Baracken nicht vorhanden.
Da wegen der weitverbreiteten Fleckfieber-Epidemie in fast allen „Russenlagern" im OKW-Bereich im Winter und Frühjahr 1941/42 weder Neuzugänge zu verzeichnen waren noch Versetzungen erfolgten, ist aus den Belegungszahlen von 5428 im Dezember gegenüber 1182 im Mai eine erschreckend hohe Sterberate in diesem Zeitraum abzulesen. Wegen dieser Todesfälle ließ die drangvolle Enge nach; und von diesem Zeitpunkt an dürften, abgesehen von der wiederum chaotischen Endphase 1945, die Baracken nicht mehr überbelegt gewesen

117 Vgl. Anlage 19, S. 224 f.

118 Das Lager 326 (47), S. 30.

Noch erhaltene Baracke in der Landespolizeischule, Sommer 1991

sein. Denn lediglich die in der Umgebung des Lagers arbeitenden Gefangenen kehrten zur Übernachtung in das Stalag zurück, während die meisten in kleinen „Arbeitslagern" am Arbeitsort untergebracht waren. Im Stalag selbst hielten sich in der Regel kaum mehr als 2000 sowjetische Kriegsgefangene auf, die zu einem Teil krank im Revier lagen, zum anderen zu Arbeiten innerhalb des Lagers gebraucht wurden. Eine drangvolle Enge ganz anderer Art stellte sich vom Sommer 1942 an ein, als das Stalag 326 (VI K) zum Aufnahme- und Durchgangslager für den Ruhrbergbau bestimmt wurde. Dann galt es mehrere Male, kurzfristig mehr als 20000 Gefangene unterzubringen. Für diese konnte die Lagerleitung entweder nichtbelegte Barackenplätze verwenden, ober sie mußte erneut auf große Zelte im danach benannten „Zeltlager" zurückgreifen. Die Verhältnisse lassen sich zwar nur schwer mit denen der Anfangsphase vergleichen, doch muß diese Art der – wenn auch nur kurzfristig gedachten – Unterbringung als mitverantwortlich für die sehr hohen Todeszahlen im Herbst 1942 angesehen werden. Die Verantwortlichen müssen jedoch in erster Linie auf der Führungsebene des Kriegsgefangenenwesens gesucht werden, weniger bei der Lagerverwaltung und dem Lagerarzt des Stalag 326 (VI K).

6. Exkurs: Das überregionale Kriegsgefangenenlazarett Staumühle

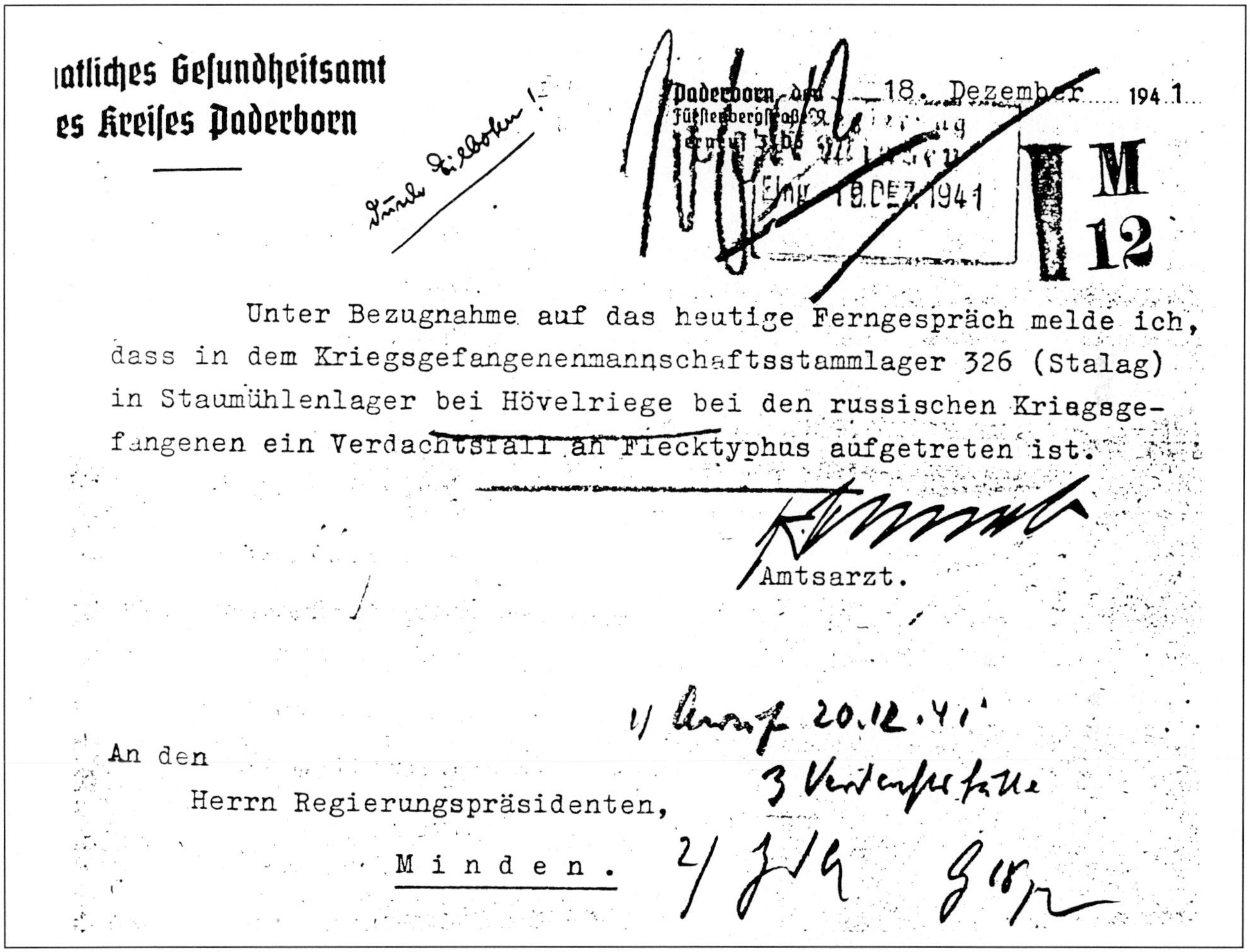
atliches Gesundheitsamt
es Kreises Paderborn

Paderborn, den 18. Dezember 1941

M 12

Unter Bezugnahme auf das heutige Ferngespräch melde ich, dass in dem Kriegsgefangenenmannschaftsstammlager 326 (Stalag) in Staumühlenlager bei Hövelriege bei den russischen Kriegsgefangenen ein Verdachtsfall an Flecktyphus aufgetreten ist.

Amtsarzt.

An den
Herrn Regierungspräsidenten,
Minden.

Der abgebildete Eilbrief des Paderborner Amtsarztes vom 18. Dezember 1941 an den Regierungspräsidenten in Minden ist hier nicht wegen seines Inhalts wiedergegeben, sondern wegen der verwirrenden Adressangabe für das Stalag 326, in dem ein „Verdachtsfall an Flecktyphus aufgetreten“ war.[119] Die Ortsangabe „Staumühlenlager bei Hövelriege“ lautet für eine staatliche Dienststelle zumindest etwas befremdlich, denn die beiden Hövelhofer Ortsteile Hövelriege und Staumühle liegen etwa 10 km voneinander entfernt, der eine rund 5 km nördlich, der andere 5 km südöstlich vom Dorfzentrum Hövelhof. Es handelt sich hier um eine Vermengung zweier Ortsangaben, wie aus einem ausführlichen zweiten Bericht vom 2. Januar 1942 hervorgeht.

119 StA DT D1 Bd. 10, Nr. 121.

Rechte Seite:
Luftbild von Staumühle, 13. 5. 1944

Dort heißt es nämlich:[120] „Inzwischen sind sieben Russen erkrankt (einer im Lager Staumühle, sechs im Lager Hövelriege, Stammlager 326)."

Zwar wird auch hier noch der Standort des Stalag einfach der nächstgelegenen Bahnstation Hövelriege zugeordnet, aber der Begriff „Lager Staumühle" meint ohne Zweifel das dort inzwischen eingerichtete Kriegsgefangenenlazarett. Dieses wiederum wird wie in dem amtlichen Schreiben sowohl in der Erinnerung der ortsansässigen Bevölkerung als auch der ehemaligen Kriegsgefangenen irrtümlich dem Stalag 326 (VI K) zugeordnet; vielleicht gibt es deshalb in den Quellen kaum mehr als einige Spuren über das Lazarett Staumühle. Ihnen müssen wir nachgehen, bevor wir uns mit der Hygiene und der ärztlichen Versorgung im Stalag auseinandersetzen.

Da eine strenge Isolierung seuchenkranker Gefangener in den Stalags kaum möglich war, richteten die Wehrkreise überregionale Kriegsgefangenenlazarette ein. Die medizinische Betreuung der deutschen Soldaten wie der Kriegsgefangenen oblag im Wehrkreis VI den vier Sanitätsabteilungen in Köln, Düsseldorf, Münster und Bielefeld, und offenbar verfügte jede Abteilung über zwei Kriegsgefangenenlazarette, allerdings mit einer sehr unterschiedlichen Zahl von Betten, wie die folgende Übersicht zeigt:[121]

Die Kriegsgefangenenlazarette im Wehrkreis VI, Münster

Sanitätsabteilung	Kgf.-Lazarett	Bettenzahl
Köln	Düren	800
	Hoffnungstal	500
Düsseldorf	Gerresheim	1190
	Dorsten	1000
Münster	Hemer	200
	Wanne-Eickel	500
Bielefeld	Lingen	630
	Staumühle	2368

Tabelle 3
Quelle: BA/MA H20/565; KStN vom 18. 2. 1944.

Das mit Abstand größte dieser Kriegsgefangenenlazarette, Staumühle, wurde anscheinend im Herbst 1941 wohl eigens für sowjetische Kriegsgefangene eingerichtet. Der ehemalige Gefangene M. A. Krischnow schildert die Entstehung des Lazaretts folgendermaßen:[122] „Durch die aufgetretene Ruhrepidemie waren die Faschisten gezwungen, in dem kleinen Ort Staumühle, 15 km vom zentralen Lager 326 entfernt, ein Lazarett einzurichten. Ende Oktober 1941 beim Appell

120 Ebd.

121 BA/MA H 20/565 – KStN der betr. Sanitätsabteilungen vom 18. 2. 1944; Stand: Mitte bis Ende 1943.

122 Meine Erlebnisse im Seuchenlazarett Staumühle, in: Das Lager 326 (47), S. 75-91; Hier S. 77 f. Später gab es dort wenigstens 34 Baracken. Ebd. S. 80.

Überreste in Staumühle, Sommer 1988

befahlen sie den Gefangenen, die Mitarbeiter des Gesundheitswesens oder Sanitäter waren, vorzutreten. Ich trat ebenfalls vor... Wir gingen etwa vier Stunden. Dann kamen wir zu einem Militärobjekt (Sennelager), das links von uns lag. In diesem Objekt befanden sich SS-Truppen. Auf der rechten Seite waren Baracken zu sehen, die mit Stacheldraht eingezäunt waren und mit ausgerüsteten Wachtürmen für die Wachmannschaften. Der deutsche Sanitätsgefreite sagte: ‚Wir sind angekommen in Staumühle, hier wird das Lazarett sein.'...In jeder Baracke waren fünf Räume. Die Betten waren hölzerne Pritschen in zwei Etagen. Anfangs arbeitete ich als Sanitäter in der Baracke Nr. 29."

Nach diesem Bericht entstand das Lazarett in einem bereits bestehenden größeren Barackenkomplex mit wenigstens 29 Baracken. Welchem Zweck er bis zu diesem Zeitpunkt diente, ließ sich bisher nicht feststellen; doch wird der von Krischnow angegebene Zeitpunkt, Ende Oktober 1941, ungefähr zutreffen.

Die Ruhr wütete ab August 1941 unter den sowjetischen Kriegsgefangenen und scheint ihren Höhepunkt im September erreicht zu haben; daß man sich auf Wehrkreisebene Gedanken hinsichtlich einer Eindämmung der Seuche durch eine bessere Isolierung der Erkrankten machte, ist sicher; und vom Entschluß über den Aufstellungsbefehl bis zur „Inbetriebnahme" dürften sicher vier Wochen vergangen sein.

Das neue Seuchenlazarett lag zwar für die Bevölkerung nicht zugänglich auf dem Truppenübungsplatz, seine Toten aber, die von Anfang an in großer Zahl zu erwarten waren, wurden mitten durch Hövelhof zu dem wenigstens 8 km entfernten „Russenfriedhof" im wahren Wort-

Überreste in Staumühle, Sommer 1988

sinn „gekarrt" und dort in der Nähe des Stalag 326 (VI K) begraben. Doch mit dieser Frage wird sich das Schlußkapitel befassen.

Bald schon hatte man in Staumühle nicht nur gegen die Ruhr zu kämpfen, wie Krischnow weiter berichtet:[123] „Obwohl wir das Lazarett voll Ruhrkranker hatten, kamen zu Beginn des Jahres 1942 auch noch die Typhuskranken hinzu. Mit jedem Tag vergrößerte sich der Zustrom nach Staumühle."

Als „Typhus" wird hier wohl das Fleckfieber bezeichnet, von dem ja auch der Paderborner Amtsarzt als „Flecktyphus" spricht. Seit Mitte 1942 entwickelte sich Staumühle schließlich zum zentralen TBC-Lazarett für erkrankte sowjetische Kriegsgefangene vermutlich aus dem ganzen Wehrkreis VI, hauptsächlich jedoch aus dem Ruhrgebiet; denn von der Lungentuberkulose wurden insbesondere die im Bergbau eingesetzten Gefangenen betroffen.

Die extrem hohe Zahl von 2368 Betten, die fast ein Drittel der den Kriegsgefangenen im Wehrkreis VI zur Verfügung stehenden Lazarettplätze ausmachte, weist ebenfalls auf die überregionale Bedeutung des Seuchenlazaretts hin.

Die eigentliche ärztliche Versorgung der Kranken lag in der Hand sowjetischer Ärzte, außerdem war ein polnischer Arzt im Lazarett tätig[124], während die deutschen Sanitätsoffiziere[125] hauptsächlich Kontrollfunktionen ausübten, diese allerdings mit zweifelhaftem Erfolg, wie Krischnows glaubwürdige Schilderung zeigt.[126]

Organisatorisch war das Kriegsgefangenenlazarett Staumühle nicht dem Kommandanten des Stalag 326 (VI K) unterstellt, sondern dem Standortkommandanten des Truppenübungsplatzes. Die Sanitätsab-

123 Das Lager 326 (47) S. 82.

124 Vgl. ebd. S. 78 f.

125 Vgl. Anm. 121; Die KStN weist 8 Sanitätsoffiziere, 1 Sanitätsoberfeldwebel und 61 weitere Sanitätsdienstgrade aus; für das Stalag 326 (VI K) lauten die Vergleichszahlen 3/ 1/ 16.

126 Vgl. dazu die Ausführungen über Fluchtversuche und Widerstand im IV. Kapitel.

teilungen standen nebeneinander und erhielten in fachlicher Hinsicht ihre Befehle von der Sanitätsabteilung Bielefeld oder unmittelbar vom Korpsarzt in Münster. Sieht man von der wechselseitigen Überweisung der kranken bzw. wieder genesenen Kriegsgefangenen ab, wie es der Dienstverkehr verlangte, so gab es allem Anschein nach keinerlei engere Kontakte zwischen dem Stalag und dem Seuchenlazarett. Heute befindet sich in Staumühle eine Klinik für TBC-kranke jugendliche Strafgefangene.

7. Hygienische Verhältnisse und ärztliche Versorgung im Stalag 326 (VI K)

Die menschenunwürdigen hygienischen Verhältnisse in der Aufbauphase des Stalag sind in den vorausgehenden Abschnitten schon mehrfach angesprochen worden; aber selbst nach dem Endausbau entsprachen sie nie den Erfordernissen. Zwar wurde in den Jahren 1942/43 eine zentralgesteuerte Wasserleitung im Lager verlegt, doch bis zum Kriegsende kam es nicht mehr zum Bau einer Abwasserleitung, und der Grundriß des Lagers aus dem Jahre 1944 weist für die 51 Gefangenenbaracken nur 10 allerdings massiv gebaute Abortgruben auf. Noch nicht einmal diese waren 1941 vorhanden. Statt dessen hatte der Lagerarzt Behelfslatrinen im Freien errichten lassen und über seinen Entwurf am 6. Juli mit Selbstironie geschrieben: „Meine Latrinen lasse ich patentieren."

Anscheinend hat der Stalag-Kommandant erst am 8. August 1944 erstmals eine „Entwässerung im Lager" beantragt mit der Begründung:[127] „Bisher wurde das verbrauchte Wasser den Sickergruben zugeführt. Die dadurch entstehenden unhygienischen Zustände erweisen sich als unerträglich."

Das zuständige Heeresbauamt Bielefeld hielt „die Arbeiten ebenfalls für unbedingt notwendig";[128] allerdings wurden sie nicht mehr ausgeführt.

Zusammenfassend urteilt ein Zeitzeuge:[129] „Die allgemein bekannten und anerkannten Ursachen für das Auftreten ansteckender Krankheiten trafen auch für dieses Lager zu, im wesentlichen also die Massierung nicht voll widerstandsfähiger Menschen und unzulängliche hygienische Verhältnisse."

Als Folge der mangelhaften sanitären Verhältnisse breitete sich bereits Anfang August 1941 eine Ruhrepidemie unter den Kriegsgefangenen aus, und ein Brief vom 12. September meldet „35 neue Ruhrfälle heute morgen", und das in dem ohnehin überfüllten „Ruhrlazarett", in dem „500 Betten belegt" seien.[130] Die durch Hunger geschwächten Gefan-

127 BA/MA RH 53-6/111 Bl. 60. Die Rohre zu den Sickergruben waren des öfteren verstopft. Vgl. Anm. I 46.

128 Ebd. Bl. 59; Eingabe an die Wehrkreisverwaltung VI vom 16. 9. 1944; s. Anlage 20 S. 226.

129 Nachkriegsniederschrift – vgl. Anm. I 46. Die Aussage selbst bezieht sich auf den Zeitraum von 1941-Herbst 1942. Sie gilt jedoch auch für die folgenden Kriegsjahre, wie unsere Ausführungen zeigen.

130 Briefe aus dem Stalag 326 vom 7. 8. und 12. 9. 1941; s. Anm. I 46.

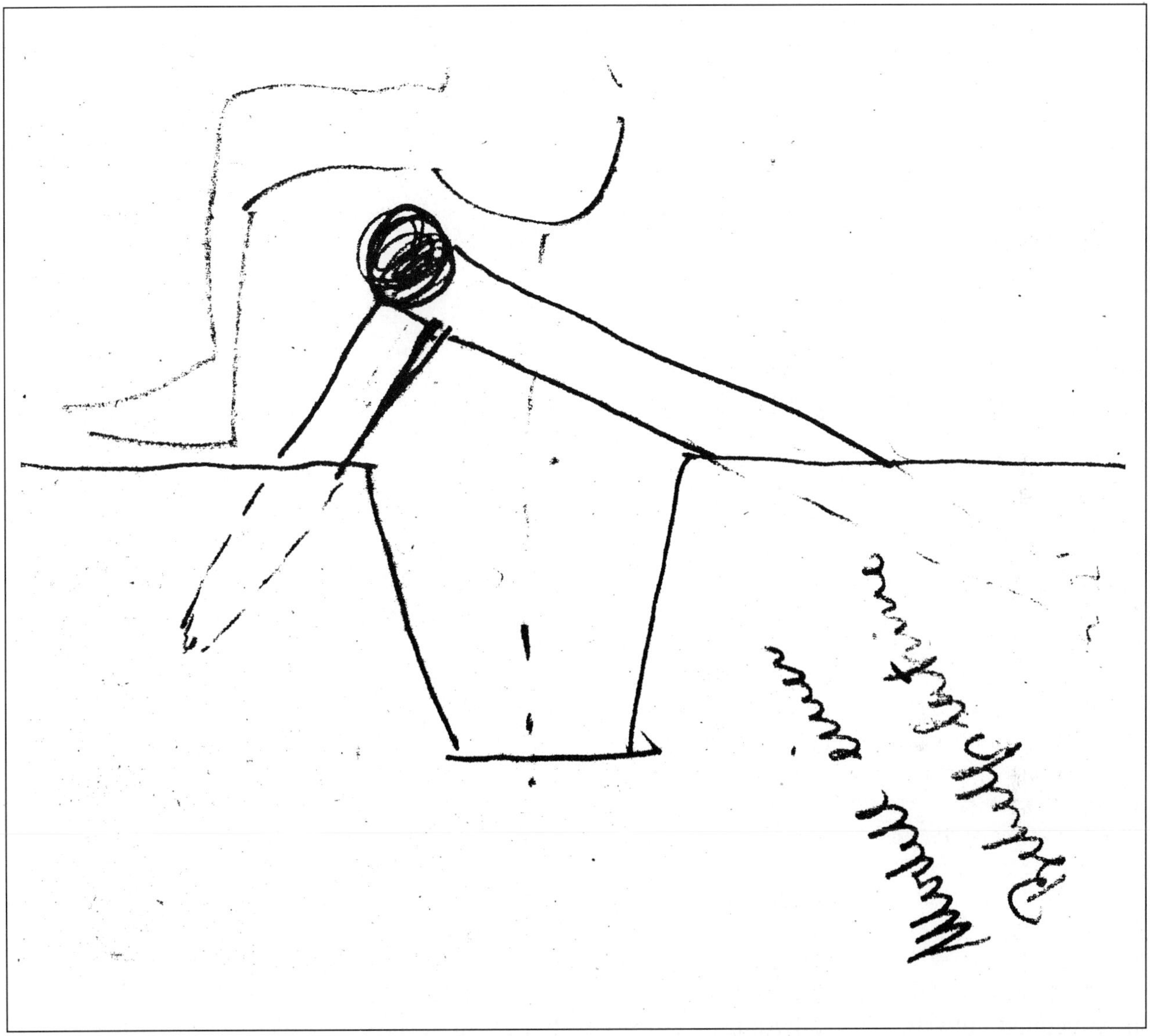

Modell einer Behelfslatrine (s. Anm. I 46); 1941

genen starben reihenweise wegen Austrocknung und Kreislaufschwäche, so daß bis Ende November – bis dahin sind Sterbefallanzeigen überliefert – immer wieder „Ruhr“ als Todesursache angegeben ist.[131] Zur gleichen Zeit grassierte die Ruhr in den Stalags im Emsland und in der Lüneburger Heide.

Kaum ebbte sie ab, da traten die ersten Fleckfieberfälle auf. Diese durch Läuse übertragene Seuche wurde vor dem Hintergrund der Erfahrungen im ersten Weltkrieg am meisten gefürchtet.[132] Im Gegensatz zu fast allen anderen „Russenlagern“ im Reichsgebiet gelang es der Sanitätsabteilung des Stalag 326 (VI K) jedoch, durch eine frühzeiti-

131 Vgl. Beurkundungen in den Standesämtern von Stukenbrock und Hövelhof. Letztere beurkundete Sterbefälle in Staumühle. Vgl. auch Das Lager 326 (47), S. 77-79.

132 Vgl. Anlage 21, S. 227.

Behelfslatrinen, Spätsommer 1941

ge Entlausung den Ausbruch einer Massenerkrankung zu verhindern, bzw. auf einige wenige Fälle zu beschränken. In der schon herangezogenen Niederschrift[133], die übrigens weitgehend mit den Aufzeichnungen des ehemaligen Gefangenen W. J. Schimanskij[134] übereinstimmt, heißt es dazu: „Mit der Belegung des Lagers etwa im Juli/August 41 wurden die ersten behelfsmäßigen Entlausungswagen aus tschechischen Beutebeständen angeliefert und in Betrieb genommen. Da diese Geräte für…alle Entlausungen nicht ausreichen würden, begann man bald schon mit der Errichtung einer massiven, modernen Entlausungsanlage, die eine einwandfreie Entlausung von rund 2000 Mann in 24 Stunden schaffen konnte. Russische Fachleute unter deutscher Aufsicht bedienten die Anlage. Die Bekleidung wurde in Heißluftkammern behandelt, die Männer total enthaart und gründlich geduscht. Je zwei Mann erhielten ein Stück (Kriegs)Seife und ein Handtuch."

Bilder vom Einsatz dieser Entlausungswagen weisen aber auch auf die Problematik der Prozedur hin: Sie zeigen nackt herumstehende Männer, die auf ihre Kleidung warten, so daß bei kühlem und feuchtem Wetter angesichts der ohnehin geschwächten Widerstandskraft Krankheiten fast zwangsläufig folgen mußten. Andere Bilder, auf denen Kriegsgefangene ihre Kleidung nach Läusen durchsuchen, belegen, daß diese Wagen der Masseneinlieferung von Gefangenen bald nicht mehr gewachsen waren, selbst wenn das Lager die vorgesehenen Belegungszahlen nicht erreichte.

Noch im Winter 1941/42 konnte jedoch die oben genannte moderne Entlausungsanlage mit ihrer Arbeit beginnen; der genaue Zeitpunkt läßt sich leider nicht mehr bestimmen.

133 Vgl. Anm. 129.

134 Vgl. Das Lager 326 (47), S. 98.

Provisorische Entlausung mit tschechischen Beutegeräten, Spätsommer 1941

Das Gebäude der ehemaligen Entlausungsanlage steht heute noch an seinem Platz auf dem Gelände der Landespolizeischule Erich Klausener. Oberhalb der Eingangstür ist die von zwei sowjetischen Kriegsgefangenen modellierte und in Beton gegossene überdimensionale Laus deutlich zu erkennen.

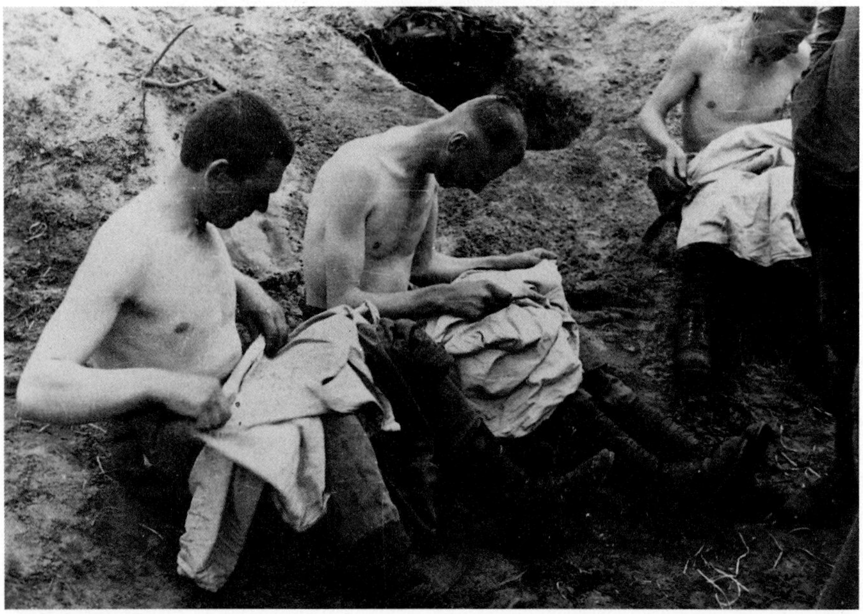

Kriegsgefangene durchsuchen ihre Kleidung nach Läusen, Spätsommer 1941

Sowjetische Kriegsgefangene bedienten die Anlage „geschickt und zuverlässig"; sie versorgten auch die Kranken in den Revierbaracken, deren Zahl mit dem Endausbau des Stalag auf 24 anwuchs. Noch vor einigen Monaten erfuhren wir auf Anfrage[135]: „Das deutsche San.-Personal konnte sich nur mit organisatorischen und überwachenden Aufgaben beschäftigen; die Betreuung der Kgf. oblag zwangsläufig den sowjetischen und anderen Ärzten (bis zu 12). Das Kgf. San.-Unter-

135 Schriftliche Mitteilung vom 21. 1. 1991; s. Anm. I 46.

Die ehemalige Entlausungsanlage, Sommer 1991

personal, aus erwiesenen Fachkräften sich rekrutierend, erreichte die Stärke von 30-50. Diese Kgf. waren allesamt gut ausgebildet, arbeitswillig und durch Zusatzverpflegung gut motiviert."

Seit Mitte 1942 raffte dann die Tuberkulose als dritte große Seuche die sowjetischen Kriegsgefangenen zu Tausenden dahin. Insbesondere die in aller Regel schlecht versorgten Gefangenen in den Großbetrieben und Bergwerken der Ballungsgebiete fielen ihr zum Opfer. Unterernährung, schlechte Unterbringung und rücksichtslose Ausbeutung ihrer Arbeitskraft waren die wichtigsten Ursachen für den weit verbreiteten Kräfteverfall, und wegen der Ansteckungsgefahr auch für die deutschen Arbeiter wurden die TBC-kranken Kriegsgefangenen dann zur Isolierung in großer Zahl in das Seuchenlazarett Staumühle verlegt, wo allzu viele der Seuche erlagen.

Wenn Herbert ohne Beleg behauptet[136], die nicht mehr einsatzfähigen sowjetischen Kriegsgefangenen seien „in die zuständigen Stalags – vor allem VI A, Hemer, und VI K, Senne – zurückgeschickt" worden, so ist die Angabe in dieser Form irrig. Anscheinend ist auch für ihn das Seuchenlazarett Staumühle, das namentlich gar nicht erwähnt wird, eine Abteilung des Stalag 326 (VI K). Im Unterschied zum Seuchenlazarett Staumühle, wo bei erhaltenen 1114 Sterbefallanzeigen rund 95% als Todesursache Tuberkulose angeben, sind es im Stalag Senne bei 281 überlieferten Anzeigen etwa 14%.[137]

136 Herbert, Fremdarbeiter, S. 198; die zugehörige Anm. 46, S. 412 bezieht sich nur auf VI A. Vgl. auch S. 284, wo er undifferenziert von den „Sterbelager (n, d. Vf.) Hemer oder Senne" spricht.

137 Eintragungen der zuständigen Standesämter Hövelhof und Stukenbrock. In den Sterbefallanzeigen aus dem Ruhrgebiet kommt dagegen TBC als Todesursache so gut wie gar nicht vor, ebenfalls ein Zeichen dafür, daß man die Kranken vorher – wohl nach Staumühle – abgeschoben hat. Vgl. BA/MA RH 53-6/64-68.

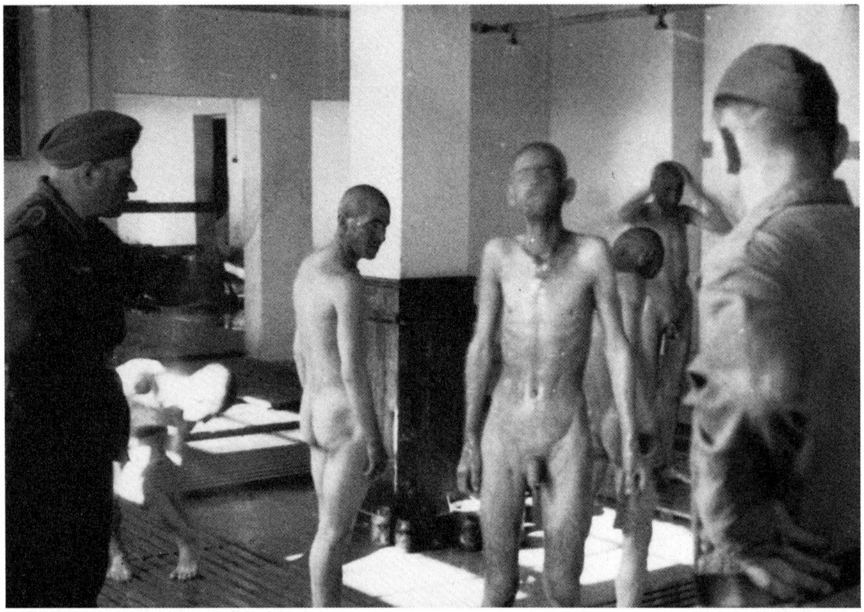

Links: Kriegsgefangene bei der Entlausung, Frühjahr oder Sommer 1942

Rechts: Laus über dem Eingang der ehemaligen Entlausungsanlage, Sommer 1991

Viel mehr ins Gewicht fallen im Stalag 326 (VI K) die eindeutig auf Unterernährung zurückzuführenden Todesfälle, die in den Sterbefallanzeigen immer wieder unter den Begriffen: „Entkräftung", „Herzschwäche", „Erschöpfung" oder auch unter dem medizinischen Fachbegriff „Dystrophie" erscheinen.

8. Zur Ernährungslage der sowjetischen Gefangenen

„Bei der Verpflegung der bolschewistischen Gefangenen sind wir im Gegensatz zur Verpflegung anderer Gefangener an keine internationalen Verpflichtungen gebunden. Ihre Verpflegung kann sich daher nur nach den Arbeitsleistungen für uns richten."[138]

In seiner Eigenschaft als „Beauftragter für den Vierjahresplan"[139] bekräftigte Hermann Göring in einer Besprechung vom 16. September 1941 die in der Reichsregierung und Wehrmachtsführung unstrittige Vorgabe, daß die Verpflegung der sowjetischen Kriegsgefangenen auf keinen Fall zu einer Senkung der Rationen für die deutsche Bevölkerung und die Truppe führen dürfe. Zu Recht bezeichnet allerdings Ulrich Herbert[140] die ins Feld geführte „Priorität der Versorgung der Truppe und die Rücksichtnahme auf die Stimmung der deutschen Bevölkerung" nur als „Rationalisierungen eines politischen Vernichtungswillens in der deutschen Führung". Er kommt zu dem vernich-

138 Zitat aus einer Aufzeichnung des Gen. Maj. Nagel, IMT XXXVI, S. 107, Dok 003 EC,

139 Vgl. W. Paul, Wer war Göring, S. 208 f., ferner Zentner/Bedürftig, Lexikon 3. Reich, S. 605 f.

140 Fremdarbeiter, S. 135.

tenden Urteil[141]: „Hätte sich in der deutschen Führung die Überzeugung, daß die Kriegsgefangenen als Arbeitskräfte gebraucht würden, durchgesetzt, hätte vermutlich ein großer Teil der über zwei Millionen sowjetischen Gefangenen, die bis zum 1. Februar 1942 an Unterernährung und Fleckfieber starben oder von den Einsatzkommandos umgebracht wurden, gerettet werden können. So aber kamen 60% der 3350000 sowjetischen Gefangenen des Jahres 1941 um; 1,4 Millionen von ihnen bereits vor Anfang Dezember."

Erst die Niederlage vor Moskau Anfang Dezember 1941 erzwang ein Abrücken von dem Grundsatz: „Vernichtungskrieg statt Arbeitseinsatz"[142]; denn die deutsche Kriegswirtschaft sah sich in dem nun beginnenden Zermürbungskrieg gezwungen, immer stärker auch die sowjetischen Kriegsgefangenen zur Arbeit heranzuziehen. Die Erlasse über die den Gefangenen zugebilligten Verpflegungssätze[143] spiegeln dieses Umdenken zwar wider, doch bis zum Kriegsende blieben die Rationen unzulänglich. Sie galten außerdem nie den betroffenen Menschen, sondern zielten allein auf die Ausbeutung ihrer Arbeitskraft. Als Beweis für die Aussage soll beispielhaft ein Rundschreiben des Wehrkreiskommandos VI vom 10. Mai 1943 herangezogen werden.[144]

Es beklagt den schlechten Gesundheitszustand der sowjetischen Kriegsgefangenen und verlangt, „bestmöglichst für die Unterbringung, Verpflegung und gute Behandlung" zu sorgen; gleichzeitig weist es aber ausdrücklich darauf hin, „daß diese Forderung nicht aus Gründen unangebrachter Sentimentalität oder Weichheit erhoben wird, sondern ausschließlich in der Absicht, eine größtmögliche Arbeitsleistung des Kr. Gef. zu erzielen."

Das Wehrkreiskommando wußte sich durchaus in Übereinstimmung mit dem OKW, das schon in einem Merkblatt für „Maßnahmen zur Wiederherstellung der vollen Arbeitskraft" vom 18. Dezember 1941 nachdrücklich hervorgehoben hatte:[145] „Die vorstehenden Maßnahmen zur körperlichen Kräftigung von sowjet. Kr. Gef. sind zweckbedingt und berühren nicht die geistige und politisch-weltanschauliche Einstellung zu den Sowjets an sich."

Es ist kein Schriftstück der Lagerverwaltung des Stalag 326 (VI K) überliefert, an dem sich überprüfen ließe, wie die Befehle der vorgesetzten Dienststellen zur Ernährung der Gefangenen in die Praxis umgesetzt worden sind. Übereinstimmende Berichte ehemaliger Kriegsgefangener und Aussagen der befragten Zeitzeugen ergeben jedoch ein ziemlich eindeutiges Gesamtbild. Es herrschte danach fast durchweg schier grenzenloser Hunger unter der Masse der Gefangenen im Lager, und diese Aussage bezieht sich auf die ganze Zeit von 1941-1945, wobei allerdings der Winter 1941/42 und die Endphase des Stalag im Frühjahr 1945 als schreckliche Höhepunkte eigens genannt werden. Diese Feststellung gilt auch für viele Arbeitskommandos.

141 Ebd.

142 Ebd. S. 132.

143 Vgl. StdtA BO 127/42 – Diese Akte bietet eine fast lückenlose Zusammenstellung aller einschlägigen Erlasse zur Ernährung der Kgf.

144 KA GT WD 45/9/I. Abschriften in zahlreichen anderen Archiven zeigen die weite Verbreitung dieses Schreibens. Vgl. Anlage 22, S. 228 f. Im übrigen sei auf die übereinstimmenden Darstellungen bei Streit, Keine Kameraden, S. 79 f., 137 ff. – Tabellen der Wochenrationen –, R.-D. Müller, Das Scheitern der wirtschaftlichen Blitzkriegsstrategie, a. a. O. S. 998-1022; U. Herbert, Fremdarbeiter, S. 132-148 verwiesen; vgl. auch: H.-H. Wilhelm, Mobilisierung von Kriegsgefangenen, in: Krausnick/Wilhelm a. a. O. S. 400 f.; H. Pfahlmann, Fremdarbeiter und Kriegsgefangene, S. 93 f.

145 StA DT L 80 Ic XX 72 Nr. 32.

Zustand der ersten Gefangenen bei der Ankunft

Bilder aus dem Sommer zeigen noch Rotarmisten, die zwar von Strapazen, nicht aber vom Hunger gezeichnet sind; mit Einschränkungen könnte ähnliches für die rasch nach der Gefangennahme Abgeschobenen im Sommer 1942 gelten. Doch selbst für diese reichte nach Angaben eines Stalag-Offiziers[146] die Verpflegung nur aus, „solange sie nicht schwer arbeiten mußten".

146 Aufzeichnungen; vgl. Anm. I 46.

Gefangene vor dem Lagerlazarett, meist genesende Hungerkranke, wohl Frühjahr 1942

Der Bericht fährt fort: „Deutlich unterernährt eingelieferte Kgf. konnten mit der normalen Verpflegung nicht gebessert oder zur vollen Arbeitsfähigkeit gebracht werden. Hatte die Unterernährung das Stadium der Dystrophie erreicht, dann wurde eine Behandlung im Lagerlazarett versucht, das in ärgsten Zeiten mit über 1000 Kranken belegt war."

Die glaubwürdigen Aufzeichnungen sprechen schließlich von einem erfolgversprechenden Versuch der Lagerverwaltung, den vom Hungertod bedrohten Gefangenen zu helfen, indem sie für „ein Mehr an Kalorien" sorgte. Wörtlich heißt es dazu: „Nach ersten vagen Erfahrungen nahm man nun an, daß die hochdosierte Verabreichung von Vi-

Kriegsgefangene bereiten sich ihr Essen selbst zu, wohl Spätsommer 1941

taminen der B-Gruppe erfolgreich sein könnte. Das relativ viel Vitamin B enthaltende Kommißbrot, das zudem einen hohen Brennwert hatte, bot sich als therapeutischer Ausweg an, nachdem die Belieferung mit Vitamin B in reiner Form abgelehnt worden war.
Tatsächlich gelang es der Gruppe Lagerverwaltung (IVa), den an Dystrophie Erkrankten zusätzlich etwa ein bis eineinhalb kg Kommißbrot je Tag über drei bis vier Wochen im Durchschnitt zu geben.
Die Erfolge verblüfften alle Beteiligten. Gemessen an Zahl und Schwere der Erkrankungen gesundeten durch diese Behandlung relativ viele Dystrophiker. Eine kleinere Zahl blieb unbeeinflußt, nicht wenige starben. Beratender Hygieniker und beratender Internist ließen sich schließlich von den Ergebnissen überzeugen und drängten auf Fortsetzung dieser Behandlungsart, doch beendeten bald übergeordnete Dienststellen der Verwaltung die Eigenmächtigkeit der Verpflegungszahlmeister des Lagers."
Im Jahre 1973 teilte der ehemalige Hauptmann Suffert[147] dem Regierungspräsidenten in Detmold auf Anfrage mit, während seiner Dienstzeit im Stalag 326 (VI K) – d. h. von März 1943 bis Kriegsende – seien nach seiner Erinnerung keine Kriegsgefangenen verhungert, vor allem, weil sich der Kommandant persönlich um die Qualität des Essens gekümmert habe. Auf Menge und Art der Zuteilung habe dieser kaum Einfluß gehabt, sich aber um zusätzliche Rationen bemüht. Darüber hinaus hätten Kommandos um das Lager herum Wildgemüse sammeln müssen, dem nach Möglichkeit Frischgemüse aus eigenem Anbau zugefügt wurde, um dem Vitaminmangel entgegenzuwirken. Letzteres ist allerdings kein Verdienst des Kommandanten, sondern

147 StA DT D 72 Nachlaß Suffert; Vgl. (7); Abgedruckt bei Pieper/Siedenhans (48), S. 52-55.

Kriegsgefangene bereiten sich ihr Essen selbst zu, wohl Spätsommer 1941

basiert auf Befehlen des OKW, mit denen man der chronischen Unterernährung entgegenwirken wollte. Schon aus der Existenz dieser Kommandos kann auf Lebensmittelmangel geschlossen werden.[148] Entgegen der Behauptung Sufferts sind auch 1944 und 1945 Gefangene an den Folgen des Hungers im Lager gestorben, wie die Sterbefallmeldungen belegen.[149]

Im Sommer 1941 reichten die wenigen Feldküchen des Lagers nicht einmal aus, für die Gefangenenmassen wenigstens die ihnen zustehenden kümmerlichen Rationen zu kochen. Sie mußten deshalb selbst für eine warme Mahlzeit sorgen, wie etliche Fotos zeigen.

Eßgeschirr und Besteck war nach den grundlegenden Befehlen von 1941 für die Sowjets nicht vorgesehen, so daß derartige Geräte sehr schnell zum wertvollsten Besitz eines Gefangenen wurden, deren Verlust tödliche Folgen nach sich ziehen konnte. Deshalb steckte z. B. der Löffel in der Brusttasche, und sein Stiel wurde zur Sicherheit noch durch das Knopfloch geführt.

Die Notlage zwang die Männer dazu, sich mit den primitivsten Mitteln zu behelfen.

Bei Erdarbeiten auf dem Gelände der heutigen Landespolizeischule kommen immer wieder Gegenstände zum Vorschein, die in irgendeiner Weise mit dem Essen zu tun haben, oft sogar dazu „umgearbeitet" worden sind, wie ein als Kochtopf dienender Helm; aber auch Löffel und Messer, die zum Teil selbst angefertigt worden sind, sowie Eßgeschirr mit kyrillischen Buchstaben und anderes mehr.

Einige Auszüge aus den Erinnerungen ehemaliger Kriegsgefangener sollen noch wiedergegeben werden, weil sie das bereits gewonnene

148 StdtA BO 127/42 Bl. 283 und 287 – OKW-Befehl vom 4. 2. 1943.

149 Im September 1944 allein sind in 15 Sterbefällen als Todesursache (Hunger – d. Vf.) Ödeme angegeben.

Kriegsgefangene bereiten sich ihr Essen selbst zu, wohl Spätsommer 1941

Bild noch deutlicher ausmalen. Es heißt dort z. B.:[150] „Die erste Zeit erhielten die Gefangenen keine warme Mahlzeit: 200 g Brot mit großen Stücken Sägemehl und feuchte Kohlrüben waren die Tagesration für Menschen, die schwere, aufreibende Arbeiten verrichten mußten. Das führte zu einer sehr hohen Sterblichkeit unter den Gefangenen im Lager."

Mit Ekel sprechen sie noch nach Jahrzehnten von einer Wassersuppe, der „Balanda", über die sie berichten:[151] „Sie wurde zubereitet aus eingesäuerter, verfaulter Steckrüben- und Futterrübenmasse. Der Mensch ist ein vernunftbegabtes Wesen, das während einer Hungersnot um seine Existenz fürchtet und sich zwingen kann, das zu essen, was kein Tier zu sich nehmen würde. Aber diese Balanda konnte niemand essen. Nur das ‚Brot' wurde aufgegessen. Es war aus getrockneten Zuckerrübenschnitzeln unter Zusatz von Holzspänen gebacken worden."

Ein dritter Bericht lautet:[152] „Nachdem ein Monat in diesem Lager vergangen war, versorgten sie uns zweimal am Tag mit Balanda und einmal mit Ersatz-Kaffee. Die Brotration blieb die gleiche, aber die Qualität des Brotes wurde noch schlechter. Manchmal gaben sie uns zum Brot auch zehn Gramm Margarine oder ein bis zwei Teelöffel Marmelade. Die Suppe bestand im wesentlichen nur aus Rüben und Kartoffeln oder nur aus Rüben. Manchmal wurden die Rüben ausgetauscht

150 Das Lager 326 (47), S. 29.

151 Ebd. S. 61.

152 Ebd. S. 98. Vgl dazu den Erlaß des OKH vom 28. 2. 1942: Backanweisung zur Herstellung von Brot für sowj. Kgf. unter Zusatz von vollwertigen Zuckerschnitzeln. StdtA BO 127/42.

Sowjetischer Gefangener; der Löffel steckt zur Sicherheit im Knopfloch der Brusttasche

gegen Kohl oder Mohrrüben. Wer diese Suppe gegessen hat, der weiß sehr gut, was das für eine ‚Herrlichkeit' ist. Dabei wurden die Rüben und die Kartoffeln nur flüchtig in einem Wasser abgewaschen, in Trögen mit Beilen zerhackt wie für das Vieh und in der gleichen Form in die Kessel geworfen."

Bei Grabungsarbeiten in der Landespolizeischule gefundene, selbstgefertigte Gegenstände: Eßnapf, Reibe (S. 94), Messer (S. 95), Helm als Kochtopf (S. 97)

Zahlreiche Polizeiberichte aus den ländlichen Gemeinden in der Nähe des Stalag 326 (VI K) befassen sich mit in der Regel vergeblichen Fluchtversuchen sowjetischer Gefangener; und der immer wieder beklagte Diebstahl von Nahrungsmitteln zeigt, daß sie einfach der unerträgliche Hunger zum Ausbruch aus der Gefangenschaft trieb.[153]
Ein Rundschreiben des Stalag VI D Dortmund vom 22. 8. 1942 schließt mit den bezeichnenden Sätzen:[154] „Die Flucht der Sowjetrussen hat in den letzten Wochen in erheblichem Maße zugenommen,

153 Vgl. GA Verl E 36 – dort zahlreiche Vorgänge dieser Art; ebenso StdtA PB G 2696 und G 2580; ferner: BA/MA RH 53-6/64 Bl. 117 – dort eine Sterbefallmeldung des sowjet. Kgf. Nr . 21089 – 326 (VI K), der beim Kartoffelstehlen erschossen wurde.

154 StdtA BO 127/42 Bl. 261.

trotz strengster Bewachung. Eine wirkliche Bekämpfung ist nur von der Seite der Ernährung her möglich. Bei den Russen drehen sich auch heute in der Gefangenschaft die Gedanken fast ausschließlich um das Essen. Auch hier gilt das Sprichwort ‚Eine gute Weide ist der beste Zaun'."

Natürlich war jeder Umgang mit den Kriegsgefangenen auch in der Senne streng verboten, doch gelang es immer wieder vor allem den Frauen und Kindern, den „Jammergestalten etwas Eßbares zuzustecken", wie sich Augenzeugen erinnern. Ohne Zweifel sah die überwiegend katholisch-kirchlich gesinnte Zivilbevölkerung in den Gefangenen immer mehr den notleidenden Mitmenschen, und sie verhielt sich vielfach danach. Von einer offen bekundeten Dankbarkeit der ehemaligen Kriegsgefangenen nach der Befreiung gibt es zahlreiche Beweise. Als Gegenbeispiel aber soll eine Beschwerde des NS-Amtsbürgermeisters in Neuhaus an das Stalag 326 (VI K) aus dem Jahre 1943 wiedergegeben werden:[155]

155 StdtA PB G 2695.

A m t   N e u h a u s   Neuhaus, den 14.April 1943

Abt. II P

1.

An das

Kriegsgefangenen-Stammlager

in Stukenbrock

Forellkrug

Anliegend übersende ich eine Anzeige über die Festnahme eines in Neuhaus,Mastbruch beim Betteln angetroffenen russ. Kriegsgefangenen mit der Bitte um weitere Veranlassung.

In letzter Zeit ist von den Bewohnern des Randgebietes des Truppenübungsplatzes hierselbst wiederholt darüber Klage geführt worden, dass die russ. Kriegsgefangenen, welche im Sennelager untergebracht sind, derartig schlecht beaufsichtigt würden, dass diese die Arbeitsstellen auf dem Truppenübungsplatz verliessen und bei den Bewohnern des Randgebietes bettelten. Ich bitte veranlassen zu wollen, dass eine stärkere Bewachung durchgeführt wird.

2. Wvl. 20.4.43

Der Amtsbg

Der Bürgermeister fragt nicht einmal nach dem Grund für diesen „Mundraub“, um ein anderes Delikt handelt es sich ja nicht, sondern fordert in scharfem Ton lediglich eine „sorgfältigere Bewachung“. Ein solches Verhalten stellt keineswegs einen Einzelfall dar, denn eine geschickte öffentliche Propaganda verstand es, Regungen des Mitleids bei vielen Menschen zu ersticken. Davon zeugt z. B. ein Stimmungsbericht der SD-Hauptaußenstelle Bielefeld vom 14. März 1942 über die Haltung der Bevölkerung gegenüber den sowjetischen Gefangenen im Stalag 326. Dort seien am Anfang „verschiedentlich Äußerungen laut“ geworden mit dem Verlangen, „daß man die Sowjets besser behandeln solle“; doch dann fährt er fort:[156] „Diese Stimmen nahmen aber zusehends mit Bekanntwerden der sowjetischen Greuel ab, so daß man fast einheitlich in der letzten Zeit…der Meinung war, die Russen stellten für uns weiter nichts als eine Belastung auf dem Nahrungsmittelsektor dar.“

Im folgenden soll das unterschiedliche Verhalten der Bevölkerung gegenüber den sowjetischen Gefangenen eingehender behandelt werden.

156 StA DT M 18 Nr. 19, Bl. 50.

9. Das Verhalten der Zivilbevölkerung gegenüber den sowjetischen Kriegsgefangenen

In ihrem Weltanschauungskrieg gegen die Sowjetunion beobachtete die NS-Führung von Anfang an sorgfältig die innere Einstellung der deutschen Zivilbevölkerung zu dem propagierten Ausrottungskampf gegen das „slawische Untermenschentum". Gleichzeitig nutzte sie ihre Verfügungsgewalt über Funk, Film und Presse rücksichtslos aus, um alle „Volksgenossen" mit einer förmlichen Propagandaflut zu überschütten. Dabei knüpfte sie recht geschickt an eine in der Bevölkerung weit verbreiteten antibolschewistischen Stimmung an, die auch von den Kirchen geteilt wurde. Um keine Vergleichsmöglichkeiten zwischen dem Propagandabild und der Wirklichkeit zu bieten, lehnte Hitler persönlich bis in den Spätherbst 1941 hinein strikt jeden Arbeitseinsatz sowjetischer Kriegsgefangener im Deutschen Reich ab, während der „Völkische Beobachter" in immer neuen Wendungen die Gefangenen als „ein Völkergemisch ohne gleichen", als eine „Sammlung niedrigen und niedrigsten Menschentums, richtigen Untermenschentums" verächtlich machte.[157] Wie schon erwähnt, erschien zeitgleich mit der Ankunft der ersten Gefangenentransporte im „Westfälischen Volksblatt" ein Artikel des Kriegsberichterstatters L. Bersch[158], dessen Schmähungen kaum noch zu überbieten sind. Die Wirkung dieses Artikels auf die Bevölkerung darf nicht unterschätzt werden, denn die erschöpften, vor Hunger und Durst abgestumpften Ankömmlinge schienen in ihren verdreckten und zerrissenen Uniformen dem hier gezeichneten Bild genau zu entsprechen. Mit einer Mischung aus Abscheu und Neugier „pilgerten" an den folgenden Wochenenden ganze Völkerscharen aus den umliegenden Dörfern, aber auch aus Bielefeld und Paderborn in die Senne, um die Gefangenen wie Tiere im Zoo zu bestaunen.

Unter dem Datum vom 30. Juli 1941 schreibt dazu die SD-Außenstelle Bielefeld:[159] „Während der größte Teil der Bevölkerung es als unbedingt gerecht ansieht, daß die Gefangenen noch immer keine Baracken haben und auf freiem Feld nächtigen müssen…, glaubt ein kleiner Teil vornehmlich konfessionell gebundener Menschen aus einer gewissen Humanitätsduselei heraus, diese Behandlung als barbarisch ablehnen zu müssen."

Schon nach wenigen Wochen häuften sich die Fluchtfälle aus dem Stalag in solcher Weise, daß der Kommandant sich hilfesuchend an die Polizeibehörden der Umgebung wandte, mit der Bitte, die nachfolgend wiedergegebene „Bekanntmachung" in der Tagespresse zu veröffentlichen:[160]

Es konnte nicht festgestellt werden, ob der Aufruf tatsächlich in der Tagespresse erschienen ist, befolgt worden sind seine Ermahnungen

157 VB Nr. 217 v. 5. 8. 1941.

158 WV Nr. 159 v. 10. 7. 1941; Vgl. oben Kap. II 1 und Anlage 8, S. 210.

159 StA DT M 18 Nr. 14, Bl. 24 f.; Teilabdruck bei Pieper/Siedenhans (48), S. 55.

160 StA DT L 80 Ic IX 1 Nr. 12 a: Dort auch Ablehnung der Veröffentlichung durch die Landesregierung Lippe vom 1. 9. 1941; Vgl. KA GT WD 45/9/I und GA Verl E 36: Dort Abschrift mit Bitte des Landrats von Wiedenbrück um Veröffentlichung an „die 3 Zeitungen des Kreises".

Kommandantur Stalag 326 (VI/K), Forellkrug über Paderborn, .8.1941.
Gruppe Abwehr. Tgb.Nr. 81/41.

Reichsstatthalter ... Schaumburg-Lippe ... Landesregierung Lippe
Detmold, 10 AUG. 1947
Az.: Z. III IX 1.1

An die Lippische Landesregierung

D e t m o l d

Aus gegebener Veranlassung wird gebeten, die Militärbehörden in der Wiederergreifung geflüchteter russischer Kgf. dadurch zu unterstützen, daß seitens der dortigen Behörde eine öffentliche Bekanntmachung etwa des nachfolgenden Inhalts in der Tagespresse wiederholt bekanntgegeben wird.

„B e k a n n t m a c h u n g

Die Zivilbevölkerung wird ersucht, bei der Wiederergreifung von geflüchteten russischen Kriegsgefangenen die Behörden dadurch zu unterstützen, daß sofort der nächsterreichbare Polizei- oder Gendarmeriebeamte herangezogen wird oder die nächstgelegene Polizei- oder Gendarmeriestation telefonisch von dem Auftreten von russischen Kriegsgefangenen unter genauer Angabe der näheren Umstände angerufen wird.

Die zuständige Polizei- (Gendarmerie-)Station ist unter Telefon ... erreichbar. Die Kommandantur des Stalags 326 (VI/K) ist zu erreichen unter Hövelhof 82.

Es wird darauf aufmerksam gemacht, daß jede Unterstützung oder Hilfeleistung an Kriegsgefangene strafbar ist. Sie verträgt sich auch nicht mit der Würde eines deutschen Menschen und bedeutet außerdem eine große Gefahr, besonders für die Landbevölkerung, da es sich bei den Kriegsgefangenen meist um Elemente handelt, die in ihrer bedrängten Lage auch vor dem Äußersten nicht zurückschrecken werden.

D a r u m s c h ü t z t e u c h s e l b s t u n d m e l d e t s o f o r t j e d e n F l u c h t f a l l e i n e s K r i e g s g e f a n g e n e n, v o n d e m i h r K e n n t n i s e r h a l t e t !"

[signature]

Major und Kommandant.

Abschrift.

Wehrkreiskommando VI
Abt.Kr.Gef. Az K 18
Nr. 0202/42
Nebenanschluss 446

Münster, den 14.1.1942

Bezug: ohne.
Betr. Hergabe von Lebensmitteln an geflohene sowjetische Kr.Gef. durch die Zivilbevölkerung.

Die Vernehmungen wiederergriffener, flüchtiger sowjet.Kr.Gef. haben ergeben, dass den Flüchtigen des öfteren bei Vorsprache auf Bauernhöfen Lebensmittel ausgehändigt worden sind.

Eine Häufung derartiger Fälle ist sehr bedenklich und führt zu einer Förderung der Fluchtversuche, da bei Rückkunft der wiederergriffenen Kr.Gef. ins Lager die Verproviantierungsmöglichkeit in den Bauernhöfen etc. auf dem Fluchtweg sich unter den Mitgefangenen schnell herumspricht und andere zur Flucht reizt.

Um den Anreiz zur Flucht der Kr.Gef. zu mindern, bittet das Wehrkreiskommando, die nachgeordneten Dienststellen anzuweisen, die Zivilbevölkerung durch Hinweis auf die grossen Gefahren der Fluchtversuche von Kr.Gef. – namentlich der sowj. Kr.Gef. – aufzuklären und sie nachdrücklich darüber zu belehren, dass eine Verproviantierung flüchtiger Kr.Gef. als Fluchtbegünstigung mit schweren Strafen bedroht ist.

Im Auftrage des ~~Wehrkreisbefehlshabers~~
Der Kommandeur der Kr.Gef.
gez. Unterschrift.

An pp. den Herrn Regierungspräsidenten in Minden pp.

Der Regierungspräsident.
I S.

Nr. 832 L.

Minden, den 24. Januar 1942

Abdruck übersende ich zur gefl. Kenntnisnahme und geeigneten Veranlassung.

Im Auftrage:
gez. Agricola.

An
die Herren Landräte und
Oberbürgermeister
des Bezirks.

Beglaubigt:
Meyer
Reg.- Sekretär
~~Kanzl.Ang.~~

jedenfalls weithin nicht, wie das ebenfalls wiedergegebene Schreiben des Wehrkreiskommandos VI vom 14. Januar 1942 beweist:[161]
Inzwischen war die Entscheidung für einen umfassenden Arbeitseinsatz der sowjetischen Kriegsgefangenen gefallen, und besonders auf dem Lande entwickelte sich oft ein fast familiäres Verhältnis zwischen der Familie des Bauern und „ihrem oder ihren Russen"[162] trotz anderslautender Vorschriften. Bezeichnenderweise liegen kaum Fluchtmeldungen von Gefangenen vor, die auf Bauernhöfen arbeiteten. Sie häufen sich proportional mit der Größe der Betriebe, wo die Kriegsgefangenen bei meist miserabler Unterbringung und Verpflegung nur ein anonymes Rädchen im Getriebe darstellten.
Die Behandlung der Kriegsgefangenen in der mittelständisch strukturierten Industrie im Umfeld des Stalag 326 (VI K) war sehr unterschiedlich und hing in aller Regel von der persönlichen Einstellung des Unternehmers zu den Gefangenen ab. Im Staatsarchiv Detmold sind eine Anzahl von Akten über Ermittlungsverfahren „wegen des Verdachts des Verbrechens gegen die Menschlichkeit" überliefert. Obwohl viele Aussagen und zahlreiche Parallelen zwischen den Verfahren den Schluß zulassen, daß die unterstellten Verbrechen und Vergehen von den Beschuldigten tatsächlich begangen worden sind, wurden alle diese Verfahren mangels Beweises oder Tatverdachts eingestellt.[163]
Außerhalb der Arbeitsstelle bildeten meist Mitleid oder Neugier den Anknüpfungspunkt für persönliche Begegnungen und Beziehungen. Als erste überwanden Kinder die Scheu vor den Hungerstalten der Gefangenen. Häufig von den Eltern zu ihrem Vorhaben ermuntert und von den Wachtposten kaum behelligt, warfen sie den „Russen" ihr Brot über den Lagerzaun oder steckten ihnen auf dem Wege zur Arbeit etwas Eßbares zu. Diese revanchierten sich mit selbstgebasteltem Spielzeug, das die Kinder faszinierte. Helmut Niemeyer[164] beschreibt es als „noch nie gesehene Stücke fremdartiger Kunstfertigkeit, verfertigt in Lagerbaracken mit Hilfe von Eßbesteck und Taschenmesser aus Verschalungsabfällen und Kistendeckeln, bemalt mit Ölfarben und Mennigeresten, angeleckten Rotstiften, Kopierstummeln, tätowiert mit glühenden Drahtenden."
Auch Erwachsene tauschten gern Nahrungsmittel gegen die oft mit bemerkenswertem Geschick gebastelten Strohpantoffeln, Schmuckkästchen oder für andere Schmuck- und Gebrauchsgegenstände ein. Zahlreiche Gegenstände dieser Art finden sich noch heute in Stukenbrock und Hövelhof und werden gern gezeigt.
Das Rohmaterial für die Bastelarbeiten entwendeten die sowjetischen Kriegsgefangenen oft an ihren Arbeitsstellen; deshalb versuchten Polizei und Wehrmacht immer wieder, dieses sogenannte „Pfuschertum"[165] zu unterbinden, so daß der ganze Tauschhandel für beide Seiten mit einem erheblichen Risiko verbunden war. Trotz aller Strafan-

161 GA Verl E 36. s. S. 110.

162 Verschiedene Aussagen von Zeitzeugen.

163 Vgl. StA DT D 21 A BI Nr. 2170; ebd. Nr. 2176, Nr. 2136, Nr. 2210; ebd. D 21 C PB Nr. 25.

164 Brot und Spielzeug, in: Westfalen-Spiegel H. 7 1982, S. 30 f.

165 Vgl. z. B. IfZ NI 5245 und 5248; Berichte über das „Pfuschertum" durch die Fella-Werke in Feucht, Wehrkreis XIII Nürnberg; ferner StdtA Blomberg, Blomberg IV 210-01/0 Rundschreiben des Höheren SS- und Polizeiführers West vom August 1944 an die Polizeidienststellen zur Unterbindung dieses Tauschhandels, da er „vom volkstumpolitischen Standpunkt höchst unerwünscht" sei und „Gefahren für die Staatssicherheit" mit sich bringe.

drohungen gingen jedoch viele dieses Risiko ein, und häufig entwickelten sich persönliche Beziehungen zwischen den „Tauschpartnern“. Dabei erwies sich die NS-Propaganda vom „slawischen Untermenschentum“ rasch als bewußte Falschinformation. Wegen der Gefahr einer solchen Entlarvung wurde der sogenannte „Umgang mit Kriegsgefangenen“ mit hohen Strafen bedroht bis hin zur Einweisung in ein KZ.[166]

Zusammenfassend läßt sich für das engere und weitere Umfeld des Stalag 326 (VI K) feststellen, daß, wie ein Zeitzeuge „aus eigenen Erfahrungen“ bekräftigt[167], „die NS-weltanschauliche Vorstellung vom ‚russischen Untermenschen‘ bei der einheimischen Bevölkerung überwiegend nicht durchgedrungen war – und auch in alltäglichen Verhaltensweisen (Arbeit in der Landwirtschaft etwa) nicht praktiziert wurde.“

Nachdrücklich weist er aber darauf hin, „daß die ‚Untermenschen‘-Idee, bezogen auf sowjetische Gefangene, im katholisch-ländlichen Milieu selbst bei regimetreuen Leuten kaum wirklich übernommen war – und dennoch funktionierte das *System* der unmenschlichen Behandlung dieser Gefangenen, und zwar eben insoweit, als das Handeln der einzelnen Deutschen auf der ‚Systemebene‘ und nicht auf der individuellen Ebene geschah.“

166 Vgl. z.B. StA DT D 21 B DT Nr. 199 und 200; ferner HStA D Bestand RW 58: Dort verschiedene Fälle von Verurteilungen. Mit Zuchthaus oder KZ für die deutsche Frau und mit der Todesstrafe für den sowjetischen Gefangenen wurde jeder nachgewiesene Geschlechtsverkehr hart bestraft. Vgl. dazu: HStA D RB 53 Bl. 153; BA R 58/176, Bl. 94; StA DT D 21 A BI Nr. 1701.

167 Professor Arno Klönne, Paderborn, sei herzlich für sein Schreiben vom 20. 1. 1990 gedankt. – Hervorhebung im Original.

III. Kapitel

Die Funktionen des Stalag 326 (VI K) für den Arbeitseinsatz der sowjetischen Kriegsgefangenen

1. Zur Entwicklung vom reinen „Russenlager" bis zur Gleichstellung mit den übrigen Stammlagern des Wehrkreises VI am 1. September 1942

Es ist weder ein geschlossener Aktenbestand des Wehrkreiskommandos VI noch der Kommandantur des Stalag 326 (VI K) überliefert, sondern es sind nur einzelne Befehle und Veränderungsmeldungen in weit verstreuten Archivbeständen erhalten, so daß nur Umrisse der Entwicklung des Lagers aufgezeigt oder indirekt erschlossen werden können. Über die Anfänge des Arbeitseinsatzes sowjetischer Kriegsgefangener im Wehrkreis VI berichtet die zuständige Rüstungsinspektion in Münster:[1] „Im September 1941 erfolgte erstmalig der Einsatz sowjetischer Kriegsgefangener. Er war jedoch nur unbedeutend. Es konnte nur ein geringer Teil westlicher Kriegsgefangener hierdurch in erster Linie der (für die; d. Vf.) Luftfahrtindustrie freigemacht werden. Gegen Jahresende steigerte sich die Nachfrage nach russischen Kriegsgefangenen immer mehr. Ihr schlechter Ernährungs- und Gesundheitszustand ließ ihren Einsatz noch nicht zu und unterband somit an vielen Stellen den angeordneten Austausch gegen westliche Kriegsgefangene. Wo Russen eingesetzt wurden, hat sich gezeigt, daß durch entsprechende Maßnahmen zufriedenstellende Leistungen zu erzielen waren."

Der hier verwendete Begriff „Arbeitseinsatz" bezieht sich nur auf die Gefangenen, die das Stalag in der Regel nach Einschaltung des zuständigen Landesarbeitsamtes Dritten zur Arbeit überließ, er schließt also nicht die Aufbauarbeiten ein, die z. B. von den in der Senne verbleibenden sowjetischen Kriegsgefangenen für die Errichtung des neuen Stalag geleistet wurden. Einen eigenen Arbeitseinsatzbezirk erhielt das Stalag 326 (VI K) erst mit Wirkung vom 1. September 1942 zugewiesen. Dieser umfaßte den Regierungsbezirk Minden und das Land Lippe, einen Bereich, den das Landesarbeitsamt Westfalen bis zu diesem Zeitpunkt zur „Versorgung" mit Kriegsgefangenen unter den Stammlagern VI A Hemer, VI C Bathorn und VI D Dortmund aufgeteilt hatte. Gleichzeitig übernahm es die weit über das Land verstreuten Arbeitskommandos in seinem Bezirk mit rund 12000 Kriegsgefangenen verschiedener Nationalität.[2] Mit dem in Ablichtung beigefügten Rundschreiben[3] vom 4. September 1942 gab der Kommandant Major Dr. Fehr diese wichtige Veränderung bekannt. Es dürfte eine seiner letzten Amtshandlungen gewesen sein, denn noch im gleichen Monat wurde er wegen seines fortgeschrittenen Alters aus der Wehrmacht entlassen, und sein Amt als Kommandant des Stalag 326 (VI K) übernahm Oberst Euler.

Vor dieser Gleichstellung mit den übrigen Stammlagern des Wehrkreises VI hatten Kriegsgefangene aus dem Stalag 326 (VI K) oft kräf-

1 BA/MA RW 20-6/15 – Zusammenfassender Überblick der RüIn VI über die Zeit vom 1. 4.-31. 12. 1941, S. 58; s. auch RW 20-6/22 – Lageberichte der RüIn VI vom 14. 10. 41, Bl. 66; sowie vom 14. 11. 41, Bl. 76.

2 Vgl. BA/MA RW 6/v. 450 Bl. 96: Bestandsmeldung des OKW vom 1. 10. 1942. Dort sind für das Stalag 326 (VI K) neben 14662 Sowjets erstmals ausgewiesen: 10514 Franzosen, 37 Belgier, 114 Polen und 1400 „Südostgefangene", d. h. fast ausschließlich Serben. Gesamtbestand: 26736 Kr. Gef.; s. auch unten V. Kapitel.

3 StA DT D 4 B DT, Nr. 140; auch in anderen Archiven z. B. KA GT LR WD F 45/9/1; s. auch Anlage 18, S. 223.

Kgf. M. Stammlager 326 (VI/K)
Kommandantur
Az. K 16

Forellkrug über Paderborn,
den 4. September 1942

Bezug: ohne

Betr.: Einrichtung eines Arbeitseinsatzbezirkes M. Stammlager 326 (VI/K).

An den
Herrn Reichsstatthalter in Lippe pp.

Mit Wirkung vom 1. September 1942 ist dem Kgf. M. Stammlager 326 (VI/K) ein Arbeitseinsatzbezirk zugewiesen worden, der sich mit den Grenzen des Regierungsbezirkes Minden und des Landes Lippe deckt. Die Betreuungsaufgaben für die in diesem Bezirk gelegenen Arbeitskommandos gehen von den Kgf. M. Stammlagern VI/A, VI/C und VI/D auf das Kgf. M. Stammlager 326 (VI/K) über.

Grundlegende organisatorische Änderungen, insbesondere Austausch von Wachmannschaften und Versetzungen von Kr. Gef. in grösserem Umfange, sind nicht beabsichtigt.

Das Kgf. M. Stammlager 326 (VI/K) ist an der Reichsstrasse Paderborn - Bielefeld zwischen den Ortschaften Stukenbrok und Hövelhof (Tr.Üb.Pl. Senne) gelegen. Postanschrift: Post Forellkrug über Paderborn, Fernsprechanschluss: Hövelhof 82 und 83. Bahnstation für Personenbeförderung ist Hövelriege, für Frachtgutsendungen und grössere Kr. Gef.-Transporte in Waggons Hövelhof an der Bahnlinie Bielefeld-Paderborn.

Zivile Besucher werden mit Rücksicht auf das grundsätzliche Verbot, den Tr.Üb.Pl. Senne zu betreten, gebeten, sich vor Erledigung von Dienstgeschäften im Kr.Gef.-Lager auf der Kommandantur des M. Stammlagers 326 (VI/K) anzumelden. Richtungsschilder zur Kommandantur stehen an der Reichsstrasse Paderborn-Bielefeld.

M. Stammlager 326 (VI/K) bittet um vertrauensvolle Mitarbeit in allen Fragen des Kr.Gef.-Einsatzes und sichert tatkräftige Unterstützung der militärischen und zivilen Dienststellen und der Unternehmerschaft zu.

F.d.R.
gez. Unterschrift
Hauptmann u. 1. Ordonnanzoffz.

Im Entwurf gezeichnet:
Dr. F e h r
Major und Kommandant

Der Reichsstatthalter
in Lippe und Schaumburg-Lippe
(Landesregierung Lippe)
Abt. I
IV.XV.1.18.

Detmold, 11. September 1942

Lippisches Hochbauamt
Detmold
Eing. 12 SEP 1942
Aktz. XXVI. 14

Abschrift erhalten
das Hochbauamt
das Landesbauamt
die Aussenstelle des Wasserwirtschaftsamts M i n d e n
die Landesforstverwaltung
die Domänenverwaltung
in Detmold
die Badeverwaltungen
in Bad Salzuflen und Bad Meinberg

zur Kenntnisnahme.

Im Auftrage gez. Becker
Beglaubigt:
Büroangestellte.

teverzehrende Umwege zu machen, um an ihren vorgesehenen Einsatzort zu gelangen, wie das folgende Beispiel zeigt: Am 15. Juli 1942[4] bat der Oberbürgermeister der keine 40 km von der Bahnstation Hövelhof entfernten Stadt Herford um die „Zuweisung von 30 russischen Kriegsgefangenen" zur Beschleunigung der Güterabfertigung. Nach einem umfangreichen weiteren Schriftwechsel konnte er am 30. Juli dem Arbeitsamt in Herford mitteilen, das vorgesehene Lager sei inzwischen fertiggestellt und „von dem zuständigen Offizier des Stalag 326 in Forellkrug über Paderborn ohne Beanstandung am 29. 7. 1942 abgenommen" worden. Am 11. August erhielt er auf eine telephonische Anfrage hin vom Stalag 326 die Auskunft, es habe schon am 9. August 29 Gefangene „zum Einsatzlager Bathorn bei Nordhorn in Marsch gesetzt".

Noch zahlreiche weitere Rücksprachen des Oberbürgermeisters mit verschiedenen Dienststellen waren nötig, bis der Lagerarzt in Bathorn am 25. August bescheinigte, die 29 sowjetischen Kriegsgefangenen seien „ordnungsgemäß entlaust" und „frei von ansteckenden Krankheiten". In Begleitung dreier Landesschützen kam dann das Arbeitskommando nach einer Bahnfahrt über 171 km in fahrplanmäßigen Zügen am gleichen Abend endlich in Herford an. Die Fahrtkosten in Höhe von 200,10 RM stellte das Stalag VI C der Stadt Herford in Rechnung.

Da das Stalag 326 (VI K) bis September 1942 über keinen Arbeitseinsatz verfügte, verwundert es kaum, daß das erste erhaltene Rundschreiben zum Einsatz von russischen Gefangenen im Raum Ostwestfalen-Lippe vom Kommandanten des Stalag VI A Hemer ausgefertigt worden ist. Das Schreiben vom 28. August 1941 ist „an alle Unternehmer" gerichtet und macht darauf aufmerksam[5], ...daß russische Kgf... nur an Stellen eingesetzt werden dürfen, an denen keine Sabotagemöglichkeit besteht. Geeignete Arbeitsstellen sind:
Straßenbau, Reichsautobahnen, Kanalbau, Flußregulierungen, Steinbrüche, einschl. Dolomit- und Kalksteinbrüche, Meliorationen, soweit geschlossener Einsatz möglich, Torfstecherei, militärische Stellen bei streng geschlossenem Einsatz."

Es folgt eine Reihe strenger Verbote und die Mahnung, „die oben genannten Bedingungen strengstens einzuhalten". Die Verbote bezeichnen Arbeitsstellen, die der Stalag-Kommandant auf jeden Fall gegen befürchtete Sabotageakte der Gefangenen gesichert wissen wollte; außerdem verlangte er einen Arbeitseinsatz ausschließlich in „streng geschlossenen Kolonnen". Diese Maßnahme hatte das OKW verfügt, um die Zivilbevölkerung abzuschirmen gegenüber den Kriegsgefangenen und dadurch gleichzeitig eine Verbreitung „bolschewistischer Ideen" zu verhindern. Ohne ausdrückliche Bezugnahme darauf richtet sich das Rundschreiben nach dem zutiefst inhumanen sogenannten

4 Vgl. KAH Stadt HF I 4; Eingaben und Aktenvermerke des Oberbürgermeisters und Antworten einschließlich eines Beförderungsscheines der Deutschen Reichsbahn für 29 Kr. Gef. je 6,90 RM für 171 km: Groß-Ringe – Bentheim – Osnabrück – Bünde – Herford; s. auch Anlage 23, S. 230 f.

5 StA DT L 80 II C A Tit. I Abt. 3, Nr. 17 Bd. 1.

„obersten Grundsatz“, den das OKW für den Arbeitseinsatz der sowjetischen Kriegsgefangenen formuliert hatte, und der nachher immer wieder von den nachgeordneten Dienststellen zitiert oder paraphrasiert wurde. Hier soll er nach dem schon angeführten Rundschreiben des Wehrkreiskommandos VI vom 24. Oktober 1941 zitiert werden:[6]
„Oberster Grundsatz für den Arbeitseinsatz sowjet. Kr. Gef. im Reichsgebiet ist die unbedingte Sicherheit deutschen Lebens und deutschen Gutes.“
Die konsequente Befolgung dieses Grundsatzes bedeutete nichts anderes als die rücksichtslose Ausbeutung der Arbeitskraft der Gefangenen; ihr „Wert“ bestimmte sich danach ausschließlich nach ihrer Arbeitsleistung für die deutsche Kriegswirtschaft.
Das Stalag 326 (VI K) hatte während seiner Aufbauphase anscheinend genug mit sich selbst zu tun. Es nahm die eigentlichen Aufgaben eines Stammlagers nur in Ausnahmefällen wahr und diente eher als Durchgangslager für die Aufnahme, Registrierung und „Aussonderung“ der dem Wehrkreis VI zugewiesenen sowjetischen Gefangenen. Nach einer ersten Entlausung wurden diese dann zum Arbeitseinsatz in die übrigen Stalags des Wehrkreises weitergeleitet. Ein erster Ausnahmefall ergab sich Ende Oktober 1941, als Frost und Schneefall im lippischen Bergland die Bergung der „Kartoffel-, Zuckerrüben-, Steckrüben- und Kohlrabiernte“ fast unmöglich machten. Es gelang jedoch, „durch Bereitstellung von Fahrzeugen, den Großeinsatz von russischen Kriegsgefangenen und den Einsatz von Soldaten die Aufgabe zu lösen“, wie das Arbeitsamt Detmold berichtet.[7] Zur Durchführung der Ernteaktion stellte das „Stalag in Hövelhof etwa 600 Mann täglich zur Verfügung“, dazu traten rund 250 deutsche Soldaten aus Lemgo und Detmold. Wörtlich fährt der Bericht fort: „Bis zum 26. November waren die Hauptarbeiten bewältigt. Für die restlichen Arbeiten wurden noch 150 russische Kriegsgefangene im Pendelverkehr in den Betrieben eingesetzt, bei denen aus wirtschaftlichen Gründen eine Bergung der Ernte nicht möglich war.... Der Einsatz vollzog sich im täglichen Pendelverkehr, in fast täglich anderen Betrieben.“
Weiter heißt es zur Arbeitsleistung der Gefangenen: „Die russischen Kriegsgefangenen haben, wenn man ihren augenblicklichen Gesundheitszustand, in dem sie sich befinden, berücksichtigt, gut und fleißig gearbeitet. Die Verpflegung der Russen während des Arbeitseinsatzes war insofern kompliziert, als diese die nach bäuerlicher Art gekochten Speisen in ihrer Güte nicht vertragen konnten.“
Die vorsichtige Formulierung weist auf einen solchen Grad an Unterernährung hin, daß den Kriegsgefangenen die kräftige bäuerliche Kost nicht bekam; sie mußten sich erst langsam daran gewöhnen. Es handelt sich hier – sicherlich noch unbeabsichtigt – um den ersten Fall von „Aufpäppelung“ in der Landwirtschaft, eine besondere Aufgabe, die

6 KA GT LR WD F 45/9/I; s. Anlage 9, S. 211 f.; Vgl.: BA R 41/168, Bl. 31 RAM am 15. 9. zum OKW-Befehl vom 8. 9. 1941.

7 StA DT L 113 Nr. 964: Bericht an den Präsidenten des Landesarbeitsamtes Westfalen; s. Anlage 24, S. 232 f.

das Stalag 326 (VI K) später für ausgemergelte sowjetische Gefangene aus dem Ruhrbergbau zusammen mit dem Stalag VI A übernehmen mußte.

Etwa im September oder Oktober 1941 stellte das Stalag auch der „Heeresstandortverwaltung Senne“ in Sennelager ein Arbeitskommando zur Verfügung, über dessen Größe jedoch keine Angaben überliefert sind. Anscheinend durch die Vermittlung der Standortverwaltung[8] erhielt schließlich am 1. Dezember 1941 die Gemeinde Neuhaus zehn sowjetische Kriegsgefangene für Wegebau- und andere Meliorationsmaßnahmen zugewiesen. Untergebracht wurden sie wie die auf dem Truppenübungsplatz beschäftigten Gefangenen im sogenannten „Waldlager“ bei Sennelager.[9] Für die Abrechnung zeichnete ohne Zwischenschaltung des eigentlich zuständigen Stalag VI A das Stammlager 326 verantwortlich.[10]

Nach der Fertigstellung einer wirklich funktionstüchtigen Entlausungsanlage erhielt das Stalag etwa ab April eine neue Aufgabe zugewiesen: die Entlausung und ärztliche Untersuchung von Tausenden von sowjetischen Gefangenen sowie die Weiterleitung aller Bergbautauglichen in das Ruhrgebiet.[11]

2. Die Bereitstellung von Kriegsgefangenen für den Ruhrbergbau

Anfang November 1942 bestimmte das Wehrkreiskommando VI[12] das Stalag VI A in Hemer zum „Sonder-Mannschaftslager für den Bergbau“. Diese Maßnahme, die „auf Anordnung des Oberkommandos der Wehrmacht ... auf Wunsch der Reichsvereinigung Kohle“ erfolgte, war mit einer weitgehenden Änderung der Zuständigkeiten für die den einzelnen Stalags zugewiesenen Arbeitseinsatzbezirke verbunden. Das Stalag 326 (VI K) wurde von diesen Änderungen allerdings nicht betroffen, denn ihm war ja erst wenige Wochen vorher ein eigener Einsatzbezirk zugewiesen worden. Die Verfügung erwähnt es eher beiläufig in folgender Weise im letzten Satz: „Vor der Überführung in den Arbeitseinsatz sollen sowj. Kr. Gef. nach Wunsch der Reichsvereinigung Kohle aus dem Aufnahmelager 326 (VI K) Senne zunächst in die Unterkunft des Kr. Gef. Mannschaftsstammlagers VI A Hemer überführt ... werden.“

Für das Stalag 326 (VI K) ergab sich danach auch in dieser Hinsicht praktisch keine Veränderung. Wie wir bereits dargestellt haben[13], hatte es die Aufgaben eines Aufnahmelagers für den Ruhrbergbau schon im Frühjahr 1942 übernommen. Es hatte sich aber bisher diese Aufgabe mit dem Stalag VI C geteilt. Wegen der „Revierferne“ Bathorns

8 Vgl. StdtA PB G 2653: Schriftwechsel zwischen der Amtsverwaltung Neuhaus und der Standortverwaltung Senne vom 3./11. Dezember 1941.

9 Ebd.: Vermerk des Bürgermeisters; ein weiterer Vermerk berichtet von der Unterbringung der russischen Kr. Gef. „im Lager der Bentelerwerke (Kriegerhalle hierselbst)“ vom 23. 10. 1942.

10 Ebd.: Rechnung des Stalag 326 an die Gemeinde Neuhaus v. 9. 4. 42.

11 Schriftliche und mündliche Mitteilung an die Verfasser; s. Anm. I 46.

12 KA GT LR WD F 45/9/I: Verfügung vom 7. 11. 1942; Vgl. auch StAN NIK 12172 RVK vom 4. 11. 1942; beides s. Anlage 25, S. 235.

13 Vgl. oben Kapitel II 1 sowie Anm. 11.

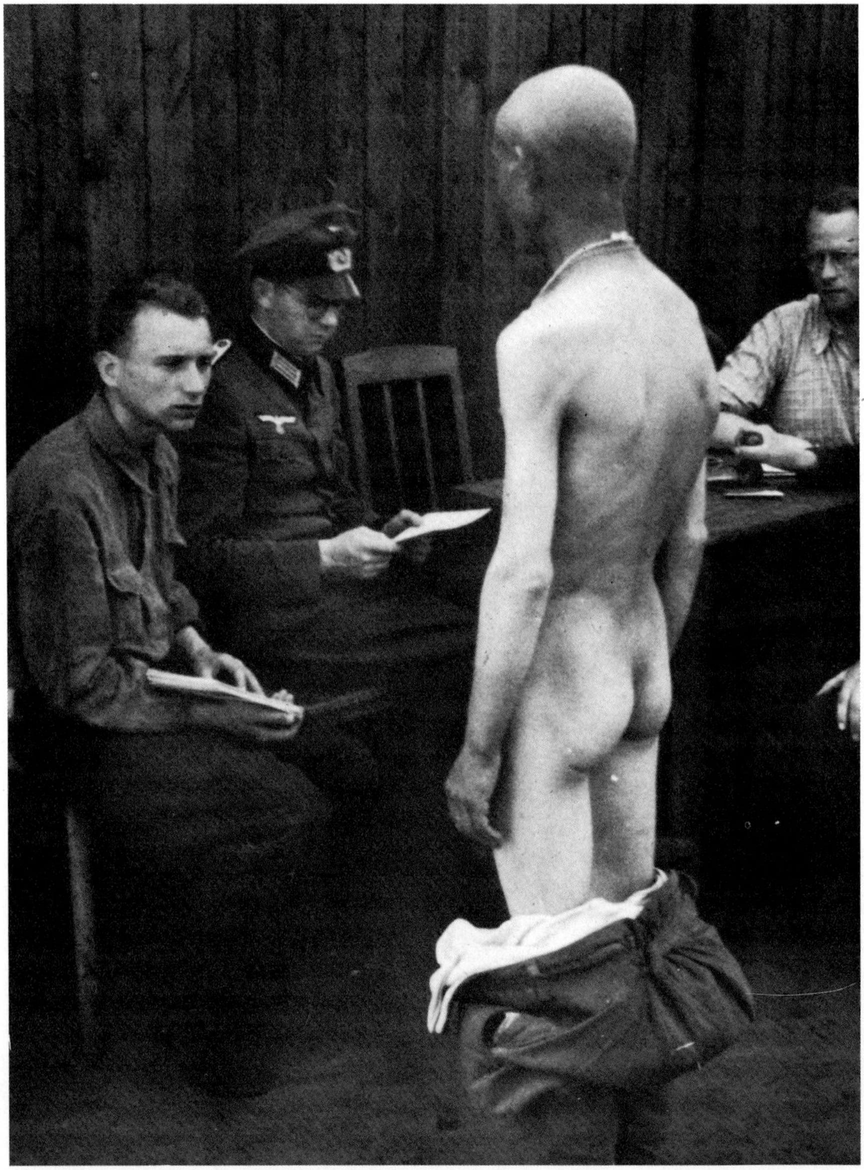

Musterung für den Ruhrbergbau, 1942

hatte jedoch die RVK mehrere Male beim OKW und bei Gauleiter Sauckel in seiner Eigenschaft als Generalbevollmächtigtem für den Arbeitseinsatz gegen eine solche halbherzige Lösung interveniert[14] und sich nun endgültig durchgesetzt. Eine ähnliche Auseinandersetzung gab es noch einmal im Herbst 1943, als es um die Konzentrierung der für den Bergbau tauglichen italienischen Militärinternierten und deren genaue Untersuchung durch Knappschaftsärzte ging. In einem Fernschreiben ihres Vorsitzenden Pleiger vom 12. Oktober 1943 heißt es z. B.:[15] „Im Bergbaulager Hemer, von dem aus ... die Zuwei-

14 Vgl.BA R 41/168/170/172/173 und BA R 10 VIII 52/54; ferner BA/MA RW 19/168; Bl. 1077 f.: Dort Eingaben, Sitzungsprotokolle, Aktenvermerke in großer Zahl. Noch am 11. 11. 42 ist in einer Aktennotiz für Pleiger summarisch vermerkt: „11-12000 Mann für Senne/Bathorn" – BA R 10 VIII 52, Bl. 96 –. Eine ähnliche Zentralisierung erreichte die RVK in Oberschlesien.

15 Vgl. BA R 10 VIII 54, Bl. 55.

sungen an die Zechen des Ruhrgebietes erfolgen, sind z.Z. rund 10000 Plätze frei. Ebenso sind im Sennelager, das als Auslese- und Untersuchungslager für die Knappschaftsärzte infrage käme, 20000 Plätze frei."

Das Schreiben schließt mit dem Satz: „Für die Ruhr scheint jetzt die Angelegenheit einigermaßen laufend in Gang zu kommen. Es wäre freilich erwünscht, wenn statt des vorgesehenen Lagers Bathorn, das weitab im Emsland liegt, die Senne als Ausleselager für Knappschaftsärzte vorgesehen würde."

Auch in diesem Fall setzte sich die RVK durch, wie aus den Bestandsmeldungen des OKW hervorgeht. Während sich noch am 1. Oktober 1943 keine Italiener im Stalag 326 (VI K) befanden, zeigen die nachfolgenden Übersichten stets wachsende Zahlen von italienischen Militärinternierten auf. Auch für sie hatte offensichtlich das Stalag die Funktion eines Aufnahme- und Durchgangslagers für die Weiterleitung nach Hemer übernommen.[16]

Paul Pleigers mit der Dauer des Kriegs immer dringlicher vorgetragene Forderungen nach der Zuweisung von Kriegsgefangenen für den Kohlebergbau lassen sich zurückverfolgen bis in die ersten Tage nach dem Überfall auf die Sowjetunion. Mit seiner Eingabe an den Chef des Allgemeinen Wehrmachtsamtes im OKW, Generalleutnant Reinecke, vom 30. Juni 1941[17] eröffnete er eigentlich erst die heftige Auseinandersetzung zwischen NS-Ideologen und Pragmatikern in der Reichs- und Wehrmachtsführung um den Arbeitseinsatz sowjetischer Kriegsgefangener im Reichsgebiet. Um dem Brief den nötigen Nachdruck zu geben, sandte er ihn mit dem in Ablichtung wiedergegebenen persönlichen Anschreiben an General Thomas, den Chef des Wehrwirtschafts- und Rüstungsamtes im OKW, und bat ihn um Unterstützung und Weitergabe.

Pleiger nannte auch sofort konkrete Zahlen. Kurz und prägnant schrieb er: „Es werden benötigt:

im Ruhrgebiet ....30000 Kriegsgefangene
im oberschlesischen Bergbau ....35000 Kriegsgefangene
im Saarbergbau..8000 Kriegsgefangene
im mitteldeutschen Braunkohlenbergbau ....7000 Kriegsgefangene
im Aachener Steinkohlenbergbau ....3000 Kriegsgefangene
insgesamt ....83000 Kriegsgefangene

Das Schreiben endet folgendermaßen: „Ich möchte noch einiges unterstreichen: Bei Ihnen melden sich zweifellos zahlreiche Stellen mit Arbeiteranforderungen und schildern ihre Notlage. Und trotzdem sind alle diese Sorgen im Vergleich zur Kohle nur zweitrangig. Denn wenn es mir nicht gelingt, die benötigten Kohlen heranzuschaffen, gibt es weder eine funktionsfähige Bauwirtschaft (weil Zement und Ziegel fehlen), noch gibt es leistungsfähige Hydrierwerke (weil der Rohstoff

16 Vgl. BA/MA RW 6/v. 451/v. 452/v. 453.

17 BA/MA RW 19/2148. – Thomas antwortete erst am 29. 7. 41, versprach Pleiger seine Unterstützung und verwies ihn an den Reichsarbeitsminister. Vgl. dazu: IfZ PS-1171.

REICHSVEREINIGUNG KOHLE
DER VORSITZER
PAUL PLEIGER

BERLIN W 15, DEN 30.6.1941
TELEFON
Kd 576/41

Herrn
General der Infanterie
T h o m a s
B e r l i n W 62
Kurfürstenstraße 63

Wi Rü Amt
2 JULI 1941
Az.
Nr.

Sehr geehrter Herr General !

Ich gestatte mir, Ihnen das Original eines Briefes an Herrn Generalleutnant Reinecke über die Bereitstellung von russischen Kriegsgefangenen für den Bergbau zu übersenden. Ich würde Ihnen außerordentlich dankbar sein, wenn Sie die Freundlichkeit hätten, diesen Brief an Herrn Generalleutnant Reinecke weiterzugeben und meinen Antrag zu unterstützen.

Einen Durchschlag meines Schreibens füge ich zum Verbleib bei Ihren Akten bei.

Mit freundlichen Grüßen und

Heil Hitler !
Ihr sehr ergebener
Paul Pleiger

2 Anlagen.

BdC Gotha
Kgfgwesen Russen

nicht bereitgestellt werden kann) usw. Ich wäre Ihnen dankbar, wenn Sie mir möglichst umgehend mitteilen würden, daß die Vorarbeiten für die Bereitstellung der Russen in Angriff genommen sind."

Den hier erhobenen Anspruch auf den unbedingten Vorrang seiner Anforderungen nach Arbeitskräften[18] für den Bergbau trug Pleiger in den folgenden Jahren immer wieder mit Nachdruck vor, bis er schließlich im August 1943 sogar einen Führerbefehl erwirkte, der seinem Verlangen voll entsprach.[19]

Es ist nicht übertrieben, wenn wir mit Nachdruck hervorheben, daß die Bewältigung der Gefangenenmassen für den Ruhrbergbau von 1942-Ende 1944 den Dienstablauf im Stalag 326 (VI K) weithin bestimmte. Die betroffenen Gefangenen blieben in der Regel nur wenige Wochen in der Senne, bis sie entlaust und auf ansteckende Krankheiten untersucht nach Hemer weitergeleitet wurden, wo sie vor ihrem Einsatz „aufgepäppelt" werden sollten. Daß sie diese Zeit mehr durchlitten als durchlebten, ergibt sich aus zwei Briefen vom 20. und 29. November 1942.[20] Danach beklagte sich das Stalag VI A „über mangelhafte Entlausung" der Transporte aus Hövelhof. Die Verlausung sollte 30% betragen und führte zu einer peinlichen Untersuchung durch den Korpshygieniker aus Münster. Gleichzeitig betrug die Sterblichkeit unter den Gefangenen im Stalag 326 (VI K) „bis zu 140" pro Tag. Die große Mehrheit der Kriegsgefangenen, die sich dann ohne hinreichende Ernährung in den Ruhrbergwerken abschinden mußten, war der harten Arbeit unter den gegebenen Bedingungen nicht gewachsen. Eine unbekannte Anzahl starb nach wenigen Wochen oder Monaten; viele erkrankten an Tuberkulose und kamen in das Seuchenlazarett Staumühle, wo nur wenige sich wirklich erholten. Die übrigen fanden auf dem Soldatenfriedhof in der Nähe des Forellkruges ihre letzte Ruhestätte.

Auch die Kriegsgefangenen in den zahlreichen Arbeitskommandos der Region waren vor Zugriffen der unersättlichen RVK niemals sicher, wie noch aufgezeigt werden soll.

3. Der Arbeitseinsatz in Ostwestfalen-Lippe an ausgewählten Beispielen

Nach der Zuweisung eines eigenen Arbeitseinsatzbezirkes am 1. September 1942 spannte des Stalag 326 (VI K) bis Mitte 1944[21] ein förmliches Netz von Arbeitskommandos über sein Gebiet. Für die Bereitstellung ausbruchssicherer Lager und die Ernährung der Kriegsgefangenen, die aber weiterhin als Insassen des Stammlagers gezählt wurden, war der jeweilige „Halter" des Arbeitskommandos, d. h. bei

18 Den gleichen Anspruch erhob Pleiger später erfolgreich auch bei der Verpflichtung ziviler Arbeitskräfte aus allen von Deutschland besetzten Staaten.

19 Vgl. BA R 10 VIII 54, Bl. 45-47.

20 Vgl. Anm. I 46.

21 Der letzte Termin, der für die Errichtung eines Arbeitskommandos nachweisbar ist, ist der 18. 1. 1945. Es umfaßte 100 sowj. Kgf. und war auf dem Fliegerhorst Gütersloh stationiert. KA GT F 45/9/II.

größeren Arbeitgebern etwa der jeweilige Betrieb, die Gemeinde, die Forstverwaltung oder auch die Ortsbauernschaft für eine ganze Gruppe von Bauern, die nur wenige Gefangene beschäftigten, verantwortlich.

Ein Befehl des OKW vom 16. September 1942 wies jedoch die Stalag-Kommandanten an,[22] „ihre ganze Aufmerksamkeit der Verpflegung der sowjetischen Kriegsgefangenen zuzuwenden. ...Falls Betriebsführer zur Verabreichung der befohlenen Verpflegung nicht in der Lage sind, müssen ihnen die Kriegsgefangenen, die für die Wirtschaft als wertvolle Arbeitskräfte leistungsfähig zu erhalten sind, entzogen werden."

Diese Aufgabenteilung entwickelte sich zu einem fortwährenden Konflikt zwischen Wehrmachtsstellen und Betrieben. In der Regel waren die Gefangenen noch gar nicht richtig arbeitsfähig, wenn die Stalags sie zur Arbeit einsetzten. Die Kommandanten waren oft froh, damit die Sorge für die Kriegsgefangenen den Unternehmen aufbürden zu können. Wenn dann der Kommandant bei der Kontrolle Mißstände aufdeckte, beschuldigten die Lagerhalter die Stalags, die Gefangenen seien völlig unterernährt bei ihnen angekommen, und es könne nicht den Betrieben die Last aufgebürdet werden, hier Abhilfe zu schaffen. So wurde auf dem Rücken der betroffenen Kriegsgefangenen, die dabei häufig zu Grunde gingen, in vielen Fällen die Verantwortung hin und her geschoben. Konkrete Fälle dieser Art sind für das Stalag 326 (VI K) allerdings nicht überliefert. Verschiedene mittelständische Betriebe, aber auch die Gemeinde Neuhaus und die Lippische Forstverwaltung beklagten sich zwar über den schlechten Ernährungszustand der ihnen aus der Senne zugewiesenen „Russen"; doch es gelang ihnen, sie durch Zusatzverpflegung, die sie in unterschiedlicher Weise beschafften, wieder zu Kräften zu bringen. Im Mai 1943 berichtete z. B. die Lippische Forstverwaltung über „ihre" Gefangenen:[23]

„Ihre Leistung ist jetzt zufriedenstellend, weil ich alle Möglichkeiten ausnutze, um sie hinreichend zu verpflegen. Die Arbeitswilligkeit ist in fast allen Fällen gut."

Um eine möglichst flächendeckende Überwachung der Kriegsgefangenen in den Arbeitskommandos sicherzustellen, benachrichtigte das Stalag die zuständige Polizeidienststelle über jede Neueinrichtung, Schließung und Neubelegung eines solchen Kommandos mit der ihm zugeteilten drei- oder vierstelligen Nummer. Als Beleg soll die beigefügte Ablichtung[24] dienen.

Die mit weitem Abstand niedrigste Nr. 500 führte das von dere Stadt Herford unterhaltene Lager an der Kirdorfstraße. Aus dem Kreis Wiedenbrück sind die Nummern 905 und 945 überliefert, die übrigen bekannten sogenannten „Arbeitslager" haben vierstellige Nummern zwi-

22 StA DT L 113 Nr. 950.

23 StA DT L 80 II C A Tit. I Abt. 3 Nr. 17 Bd. 2. Zahlreiche Bemerkungen zur Beschaffung von „Zusatzverpflegung" auch im StdtA PB G 2653.

24 KA GT WD 45/9/I.

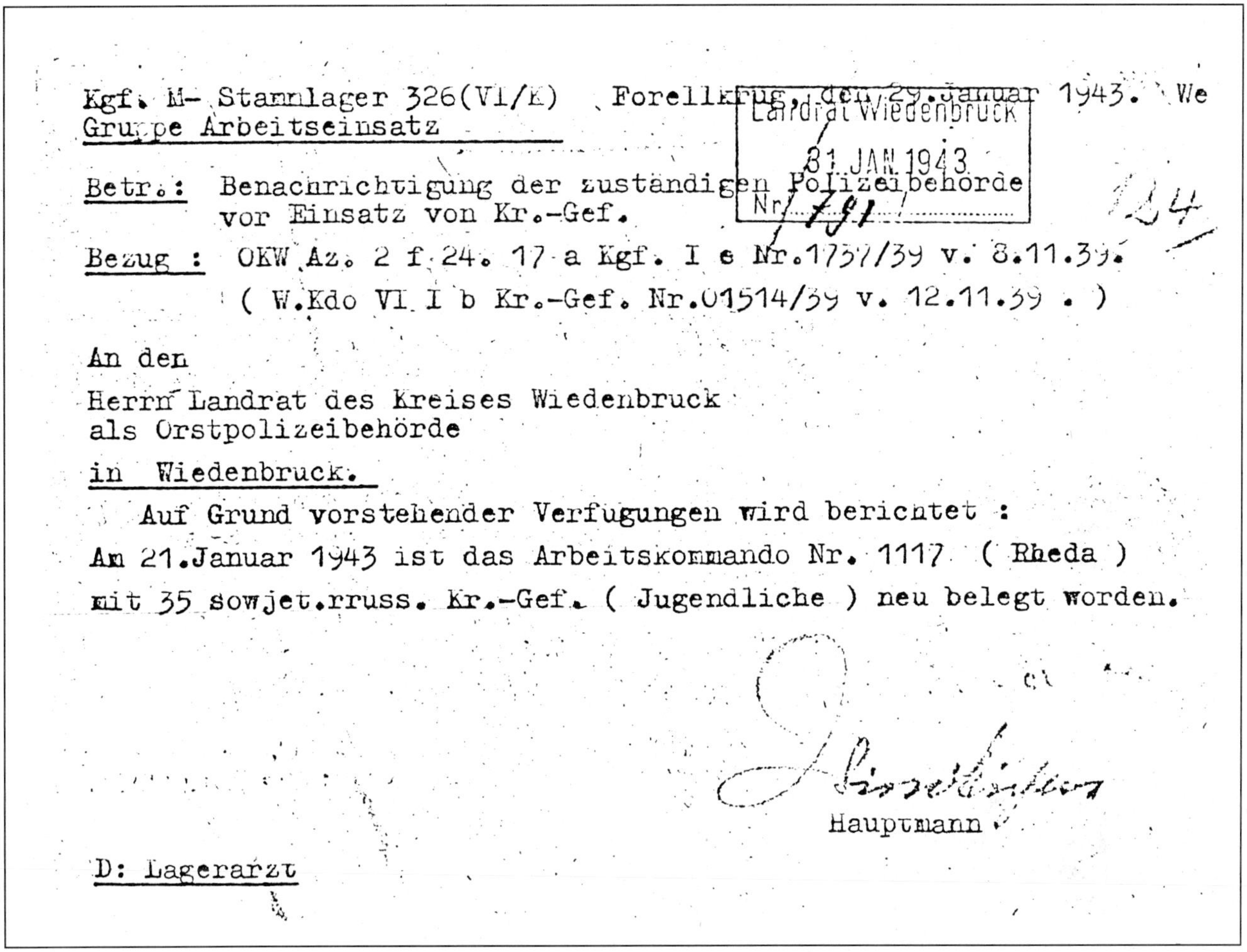

Kgf. M- Stammlager 326(VI/K) Forellkrug, den 29.Januar 1943.

Gruppe Arbeitseinsatz

Landrat Wiedenbruck
31.JAN.1943
Nr. 791

Betr.: Benachrichtigung der zuständigen Polizeibehörde vor Einsatz von Kr.-Gef.

Bezug : OKW Az. 2 f 24. 17 a Kgf. I e Nr.1757/39 v. 8.11.39.
(W.Kdo VI I b Kr.-Gef. Nr.01514/39 v. 12.11.39 .)

An den
Herrn Landrat des Kreises Wiedenbruck
als Orstpolizeibehörde
in Wiedenbruck.

Auf Grund vorstehender Verfügungen wird berichtet :
Am 21.Januar 1943 ist das Arbeitskommando Nr. 1117 (Rheda)
mit 35 sowjet.rruss. Kr.-Gef. (Jugendliche) neu belegt worden.

Hauptmann

D: Lagerarzt

schen 1000 und 1400. Ein System für ihre Vergabe ließ sich aber leider nicht ermitteln. Die Dichte der Arbeitskommandos und ihre unterschiedliche Größe zeigt die abgebildete Übersicht des Arbeitsamtes Detmold[25] vom 11. August 1944. Danach gab es in Lippe 14 Arbeitskommandos mit insgesamt 878 sowjetischen Kriegsgefangenen; außerdem sind vier weitere für Franzosen und fünf für „italienische Militärinternierte" (IMIs) ausgeführt, wie die in deutscher Hand befindlichen italienischen Soldaten nach dem Sturz Mussolinis am 25. Juli 1943 und dem Frontwechsel der Regierung des Marschalls Badoglio bezeichnet wurden.[26]

Ein fortwährendes Problem für die zuständigen Landesschützenbataillone stellte die Bereitstellung des erforderlichen Bewachungspersonals dar, das anfänglich auf 15% – bezogen auf die Zahl der zu bewachenden sowjetischen Kriegsgefangenen – festgesetzt war.[27] Bei der dann von der Realität der Kriegswirtschaft erzwungenen weiten Streu-

25 StA DT L 113 Nr. 967. Vgl. auch KA GT LR WD F 45/9/I und II: Einzelnachweise über 20 Arbeitskommandos mit wenigstens 965 sowj. Gefangenen.

26 Zum Status und zur realen beklagenswerten Lage der sog. „IMIs" vgl. Herbert, Fremdarbeiter, S. 259 ff. sowie Schreiber, ital. Militärinternierte, durchgehend.

27 Vgl. dazu Herbert a. a. O. S. 28.

Arbeitsamt Detmold — Detmold, den 11. Aug. 1944

S o w j e t i s c h e K r i e g s g e f a n g e n e

Arbeitskommando	Firma	Anzahl
1302 Pivitsheide	Teutoburger Sperrholzwerk Pivitsheide	125
1306 Blomberg	Schwarze, Karosseriebau, Blomberg	1
	Wesemann, Schuhmacher, "	2
	Prasse, " "	2
	Kuhlmann & Lalk, "	8
	Stöß & Co., "	11
	Tappe, Sägewerk, "	26
1310 Heidenoldendorf	Brauerei Strate, Detmold	1
	Bergmann, Autoreparturen "	1
	Altekrüger, " "	1
	Blanke, " "	1
	Böger, Kalkwerk, Augustdorf	6
	Funke, Hartsteinwerk, Pivitsheide	6
	Ernst Hilker & Co., Detmold	8
	Schäferhenrich "	10
	Ernst Grachten, Pivitsheide	2
	Hermann Schnittger, Detmold	2
	Pesag, Paderborn	7
	Schuhmacherinnung, Detmold	15
	Fahrbereitschaft, "	17
	Kohlensyndikat, "	10
1311 Horn	Gebr. Künnemeier, Horn	82
	Koch & Solle, Horn	6
1317 Lage	Zuckerfabrik, Lage	24
	Telegraphenbauamt, Bielefeld	19
	Schuhmacherinnung, Lage	5
	Wächter, Elektrogeschäft, Lage	4
	Röhse, Schmied, Lage	1
1318 Dörentrup	Dörentruper Sand-u.Thonwerke, Dörentrup	51
1322 Meinberg	Lipp. Badeverwaltung, Bad Meinberg	8
1329 Kachtenhausen	Bergmann, Polstergestellfabrik Kachtenhausen	64
1340 Blomberg	Blomberger Holzindustrie Hausmann	26
1343 Lage	Reiche & Co., Lage	27
1344 Lemgo	Gebr. Wilmsmeier, Lemgo	80
	Schuhmacherinnung, Lemgo	5

...eitskommando	Firma	Anzahl
...345 Oerlinghausen	Gut Niederbarkhausen	6
	N S F K, Oerlinghausen	15
	Böger, Bäckerei, Oerlinghausen	3
	Sültemeier, Bauer, "	1
1349 Bad Salzuflen	Bahnmeisterei, Bad Salzuflen	9
	W. u. K. Stüker, "	38
	Günther, Sperrholzwerk, "	12
	Fahrbereitschaft, "	6
	Wagner, Landwirt, "	2
1351 Lemgo	August Burre, Brake	17
	August Möller, Brake	5

Französiche K r i e g s g e f a n g e n e

1223 Lemgo	Gebr. Schlingmann, Lemgo	31
	Kondor-Holzwerk, "	14
	Ad. Hahn & Co., "	10
	Fahrbereitschaft, "	9
	Bredemeier, Schlachterei, Lemgo	1
	Stücke, Getreidegeschäft, "	1
	Ruthe, Schuhmachermeister, "	1
1224 Lemgo	Adolf Wrenger, Lemgo	22
	Stadtwerke, "	3
	Köster, Getreidegesch., Lemgo	6
	Fahrbereitschaft, Lemgo	9
1229 Oerlinghausen	Weber & Co., Oerlinghausen	41
	Kalkwerk Foerth, "	1
1231 Bad Salzuflen	W. u. K. Stüker, Bad Salzuflen	35
	Stadtverwaltung, Bad Salzuflen	2

Ital. M i l i t ä r i n t e r n i e r t e

1280 Bad Salzuflen	Hoffmann's Stärkefabriken, Bad Salzuflen	46
1282 Lage	Fahrbereitschaft, Lage	27
1286 Lemgo	Karl Lüpke, Gartenbaubetrieb u. Konservenfabr., Lemgo	40
1288 Pivitsheide	Teutoburger Sperrholzwerk, Pivitsheide Georg Nau	77
1289 Blomberg	Blomberger Holzindustrie Hausmann, Blomberg	51
1291 Oerlinghausen	Weber & Co., Oerlinghausen	22

Entladekolonne sowjetischer Gefangener auf dem Bahnhof Hövelhof 1942

ung der Arbeitskommandos – besonders in ländlichen Gebieten – pendelte dieser Prozentsatz durchweg zwischen 5% und 10%, und weder am Arbeitsplatz noch auf dem Wege von und zur Arbeit konnte eine lückenlose Bewachung gewährleistet werden. Auch die Heranziehung von Hilfswachmannschaften aus der Zivilbevölkerung reichte zur dauernden Kontrolle der Gefangenen nicht aus, so daß sich immer wieder Gelegenheiten zur Flucht ergaben. Der Umgang der Landesschützen mit den Gefangenen zeigt die ganze Spannungsbreite zwischenmenschlichen Verhaltens auf; er reicht von grober Mißhandlung über verdrossene Nachlässigkeit und korrekte Distanz bis zur förmlichen „Verbrüderung“ je nach persönlicher Mentalität und religiöser bzw. auch NS-ideologischer Einstellung.[28]

Ende September 1942 meldete die SD-Hauptaußenstelle Bielefeld nach Berlin, in der Bevölkerung herrsche die Meinung vor: „Ein Stock wirke bei den Russen oft Wunder.“

Weiter heißt es dann:[29]

„Abschließend wird noch die Stellungnahme zweier Betriebsführer beigefügt:

1. Benteler-Werke:

Zur Zeit werden rd. 260 sowjetische Kriegsgefangene beschäftigt, die von einem Wachkommando von 15 Mann bewacht werden. Die Leistungen der Sowjets seien befriedigend, einige unter ihnen seien so schlapp, daß sie bei der Arbeit umfielen. Bezüglich der Wachmannschaften sei zu sagen, daß sie nicht aus den besten Soldaten beständen, sie sähen ihre Pflicht nicht darin, die Arbeitsleistung zu überwachen, sondern seien der Ansicht, daß sie nur zur rein militärischen Überwachung eingesetzt seien.

28 Zahlreiche Aussagen von Zeitzeugen.

29 StA DT M 18 Nr. 20 Bd. II, Bl. 306-310. Hier Bl. 309 f. Vgl. dazu die vielen Fluchten von den Benteler-Werken im Sommer 1944. Stdt A PB G2696.

2. Möbelfabrik Henrichsmeyer, Hövelhof:
Im Betrieb werden rd. 100 sowjetische Kriegsgefangene beschäftigt, die durchweg einen guten Eindruck hinsichtlich ihres Ernährungszustandes machten. Der Betriebsführer erklärte, daß die Leistungen zufriedenstellend seien. Hinsichtlich des Wachkommandos sei zu sagen, daß es schlampig sei und sich um die Kriegsgefangenen innerhalb der Arbeitszeit nicht kümmere, auch außerhalb der Arbeitszeit sei die Beaufsichtigung hinsichtlich der Sauberkeit im Lager zu beanstanden..."

Durch einen Polizeibericht aus Herzebrock erfahren wir schließlich, wie ein Kommandoführer sich über alle Dienstvorschriften hinwegsetzte, indem er die ihm anvertrauten Gefangenen auf seine Weise zu einem Glas Bier einlud. Über die Folgen dieses Dienstvergehens sagen die Akten leider nichts aus. Auch wenn es sich wahrscheinlich um einen Einzelfall handelt, soll er als ein Beispiel für Zivilcourage hier dokumentiert werden.[30]

Die Lebensbedingungen der Kriegsgefangenen im Arbeitseinsatzbezirk des Stalag 326 (VI K) waren insgesamt sehr hart, aber wenigstens das Existenzminimum scheint in den Arbeitskommandos in der Regel gewährleistet gewesen zu sein; wurden sie jedoch von ihren Arbeitsstellen abgezogen und zum Einsatz im Kohlenbergbau kommandiert, so bedeutete das für die meisten der betroffenen Gefangenen Krankheit, für viele den Tod, wie wir schon ausgeführt haben. Derartige Abzüge von Kriegsgefangenen erfolgten in unregelmäßigen Abständen immer wieder nach den jeweiligen Anforderungen der Reichsvereinigung Kohle.[31] Sie setzte den ihr von Hitler eingeräumten Vorrang vor allen anderen Wirtschaftszweigen rücksichtslos durch. Auch ein geradezu verzweifelter Widerstand des Oberbürgermeisters von Herford, der einmal sogar den „Abtransport von 3 Russen" – allerdings nur kurzzeitig – verweigerte, erwies sich als nutzlos gegenüber der knappen Feststellung des Arbeitsamtes Herford:[32] „Der Herr Generalbevollmächtigte für den Arbeitseinsatz hat die Arbeitseinsatzdienststellen angewiesen, den dringenden Bedarf an Arbeitskräften im Bergbau unter allen Umständen abzudecken."

Nahezu vollständig sind die Kriegsgefangenen-Lohnlisten sowie der bürokratisch abgewickelte Schriftverkehr über Kosten, Zahlungen und Erstattungen zwischen der Stadt Herford bzw. der Gemeinde Neuhaus und der „Gruppe Verwaltung" des Stalag 326 (VI K) von 1942-1945 erhalten[33], sie sind jedoch für unsere Aufgabenstellung kaum ergiebig. Nur zwei Zahlen seien angemerkt: Für „Sowjetgefangene", die in der Landwirtschaft beschäftigt waren, hatte der Arbeitgeber 0,54 RM je Arbeitstag an das Stalag abzuführen, Kommunen und gewerbliche Arbeitgeber hatten 0,80 RM zu zahlen. Die sowjetischen Kriegsgefangenen erhielten selbst nur 0,20 RM in sogenanntem „Lagergeld" aus-

30 KA GT WD 45/9/II.

31 Vgl. StdtA PB G 2653, StA DT L 80 IIC A Tit. I Abt. 3 Nr. 17, Bd. 2 und besonders KAH Stadt HF I 4: Zahlreiche vergebliche Proteste und Eingaben; s. auch die generellen Ausführungen bei Streit, Keine Kameraden, S. 276-280.

32 KAH Stadt HF I 4: Schreiben an den Oberbürgermeister vom 11. 3. 1943; dort auch mehrere Schriftwechsel mit dem Oberpräsidenten und anderen Dienststellen.

33 Vgl. StdtA PB G 2653; KAH Stadt HF I 4, V und V 2.

Gend.Einzelposten Clarholz Herzebrock,den 13. 6. 1944
Kreis Wiedenbrück
Reg. Bez. Minden

Amt Herzebrock.
16. JUNI 1944

An
den Herrn Amtsbürgermeister
als Ortspolizeibehörde

in H e r z e b r o c k .

Seitens der Bevölkerung wurde Klage darüber geführt,daß am Sonntag den 4. 6. 1944 gegen 16 Uhr ein Kommandoführer vom russischen Kriegsgefaggenenlager von der Firma Claas in Harsewinkel,mit 14 russ. Kriegsgefangenen beim Wirt Christoph Rugge in Clarholz gekommen sei und hätte 15 Glas Bier bestellt.Die Gefangenen hätten sich vor der Wirtschaft aufgehalten und der Wachposten habe das Bier aus der Wirtschaft geholt und jedem davon ein Glas Bier gegeben.Sie hätten das Bier getrunken und seien dann weiter gegangen.
Wie ich bei dem Wirt Rugge festgestellt habe,beruht die Sache auf Wahrheit.
Weiter stellte ich fest,daß diese ungeordnet über die Marienfelderstraße gekommen seien und mit einem Musickinstrument gespielt hätten.
Ob dieses nun in der heutigen Zeit angebracht ist,ist mir nicht erklärlich.Da von den russ.Kriegsgefangenen in Harsewinkel des öfteren welche ausrücken,so ist es m. E. nicht angebracht,daß diesen noch Vorteile verschafft werden.

Wachtm. d. Gend.

Herzebrock, den 20. 6. 1944

Der Amtsbürgermeister
des Amtes Herzebrock
als Ortspolizeibehörde.

Landrat Wiedenbrück
2? JUN 1944
Nr. .... /

Tgb. Nr. 3053 L

Urschriftlich
dem Herrn Landrat
in W i e d e n b r ü c k
mit der Bitte um weitere Veranlassung vorgelegt.

gezahlt, das sie nur im Lager selbst ausgeben konnten. Erst mit Wirkung vom 1. Oktober 1944 wurde das Lagergeld abgeschafft und durch die normalen Zahlungsmittel ersetzt.
Die Arbeitskommandos des Stalag 326 (VI K) wurden erst vor der herannahenden Front in den letzten Märztagen des Jahres 1945 aufgelöst, und die Kriegsgefangenen, soweit sie sich nicht irgendwo verbergen konnten, wurden auf einem letzten „Todesmarsch" in den noch nicht besetzten Teil Deutschlands nach Osten zurückgeführt. Über die genaue Route und über die Auflösung dieser Elendskolonnen ist bisher nichts bekannt.

4. Exkurs: Das sowjetische Kriegsgefangenen-Bau- und Arbeitsbataillon 106 Staumühle

Neben dem Kriegsgefangenen-Lazarett gab es auf dem Truppenübungsplatz in Staumühle noch das sowjetische Kriegsgefangenen-Bau- und Arbeitsbataillon 106, das sich zwar zum größten Teil aus Gefangenen des Stalag 326 (VI K) rekrutierte, aber dienstlich nicht dem Stalag-Kommandanten unterstellt war. Auch dieser Sachverhalt ist bisher kaum bekannt.
Zunächst gilt es, Rechtsstellung und Aufgaben dieser Sondereinheiten in der Organisation des Kriegsgefangenenwesens kurz zu umreißen: Als die Dienststellen der Wehrmacht im Reichsgebiet sich im Frühjahr und Sommer 1940 benachteiligt glaubten, wenn sie bei den zivilen Arbeitseinsatzbehörden Kriegsgefangene für ihre eigenen Belange anforderten, verfügte der Chef der Heeresrüstung und Befehlshaber des Ersatzheeres (ChefHRü u. BdE) die Aufstellung von insgesamt 18 Kriegsgefangenen-Bau- und Arbeitsbataillonen (BAB). „Im Interesse der Durchführung kriegswichtiger Bau- und Verwaltungsaufgaben" sollten diese in der Regel der aufstellenden Wehrkreisverwaltung unmittelbar zur Verfügung stehen.[34] Nach der eigens dafür erstellten Kriegsstärkenachweisung (KStN) 4201 umfaßte ein BAB den Stab und drei Kompanien zu je 200 Gefangenen, die möglichst gelernte Bauarbeiter und Handwerker sein sollten. Für die Führung und Bewachung dieser 600 Kriegsgefangenen wurden 137 deutsche Soldaten verschiedener Dienstgrade eingesetzt. Als Besonderheit trug diese Truppe „hellbraune Waffenfarbe und auf den aufschiebbaren Schlaufen zu Schulterklappen die hellbraune römische Nummer des Wehrkreises, in dem sie aufgestellt" worden war.[35] Während anfangs nur kriegsgefangene Polen in den BAB Verwendung finden sollten, wurden bald auch französische BAB[36] aufgestellt. Das Wehrkreiskom-

34 Vgl. BA R 41/167, Bl. 5 f. dort auch KStN 4201.

35 OKH (BdE) vom 2. 4. 1941; zitiert nach BA/ZNS, Schreiben an LG Köln vom 11. 12. 1967 – LG Köln Verfahren 54.0 (Entsch.) 209/65, 80 f.

36 Vgl. BA R 41/167, Bl. 31.

mando VI verfügte am 1. September 1941 bereits über fünf derartige Sondereinheiten[37]. Sie erwiesen sich als vielseitig einsetzbar; ihre Einsatzorte wechselten ständig im gesamten Wehrkreis, und bei Bedarf wurden sie auch benachbarten Wehrkreisen zur Verfügung gestellt. Zu diesen „normalen“ BAB traten später noch Glaser-, Tischler- und Dachdecker[38]-Bataillone zur raschen Beseitigung von Bombenschäden.

Als Hitler sich noch nicht einmal grundsätzlich für den Arbeitseinsatz sowjetischer Kriegsgefangener im Reichsgebiet entschieden hatte, befahl der ChefHRü u. BdE am 1. Oktober 1941 die Aufstellung von 38 sowjetischen BAB[39], die allerdings bis auf 5 schon am 3. März 1942 wieder aufgelöst wurden.[40] Ohne eine Verstärkung des deutschen Personals vorzusehen, erhöhte der Einrichtungsbefehl jedoch die bisher übliche Zahl von 200 Gefangenen pro Kompanie auf 600 und verdreifachte damit die Bataillonsstärke auf 1800 Mann.

Nicht unter den Auflösungserlaß fiel das BAB 106 mit dem Standort Paderborn. Im überlieferten Bestand seines Schriftwechsels taucht erstmals am 13. Oktober 1942 die Bezeichnung „Staumühle-Lager“ als Bataillonsstandort auf.[41] Es umfaßte am 1. Januar 1942 1428 Kriegsgefangene. Die aus den folgenden Monaten bis September überlieferten Zahlen liegen immer ungefähr bei 1100. Von Oktober 1942 bis Sommer 1943 pendeln sie um 1500, fallen dann auf knapp 1000 und steigen bis Ende 1944 wieder auf 1200 an. Die Sollstärke wurde also in der ganzen Berichtszeit bei weitem nicht erreicht. Bis in den Sommer 1943 hinein war offenbar ein großer Teil der sowjetischen Gefangenen nicht arbeitsfähig; denn im April 1942 befanden sich von 1291 Mann nur 762 im Arbeitseinsatz, im April 1943 waren es 1169 von 1438. Von September 1943 an stieg dann der Anteil der Arbeitenden am Gesamtbestand auf durchschnittlich 95%, und bei diesem Prozentsatz blieb es bis Ende 1944[42]. Der Stab des BAB 106 verlegte seinen Sitz wohl Anfang 1945 von Staumühle zum sogenannten „Emslager“; denn seine Anschrift lautet in den letzten Kriegsmonaten „Hövelhof Emslager“. Auch die weit auseinanderliegenden Standorte der Kompanieführungen änderten sich nicht. So lag die 1. Kompanie am nördlichen Rand des Truppenübungsplatzes in Augustdorf/Lippe, die 2. Kompanie in Kettwig/Ruhr, die 3. schließlich am südlichen Rand des Truppenübungsplatzes in Sennelager. Eine Erklärung für den Standort der 2. Kompanie im Ruhrgebiet findet sich in dem überlieferten Schrifttum nicht.

Die Kompanien führten die Aufsicht über insgesamt 13 Arbeitskommandos, die sich über den ganzen Wehrkreis VI von Aachen bis Lübbecke verteilten; und darüber hinaus wurden die Kriegsgefangenen der einzelnen Arbeitskommandos wiederum „an meist örtlich weit auseinanderliegenden Arbeitsstellen eingesetzt“. Ein genauerer Über-

37 Vgl. BA/MA RW 6/v. 450: 5 BAB im Wehrkreis VI am 1. 9. 1941 mit den Nummern 6/ 26/ 27/ 29/ 33.

38 Zur Arbeit der Dachdecker-Bataillone vgl. W. Koch, Sollen wir K. weiter beobachten? Hier 19. Kap., S. 295 ff.

39 BA R 41/168, Bl. 43 ff. und BA/MA RH 53-7/v. 789, Bl. 43. Vgl. Anlage 26, S. 236 f.

40 BA R 41/169, Bl. 233 f. und BA/MA RH 53-7/v. 789, Bl. 50: Die Auflösung wurde begründet „mit Rücksicht auf die schwierige Arbeitsmarktlage bei der Rüstungsindustrie und in der Landwirtschaft“.

41 BA/MA RH 49/111-116. Hier: /112.

42 Bestandsangaben nach BA/MA RW 6/v. 450-v. 452.

Sowj. Krgf.
Bau- u. Arbeitsbtl. 106

Staumühle-Lager, den 31.12.43

An

Kommandeur d. Kr.Gef.
im Wehrkreis VI
<u>M ü n s t e r , i/Westf.</u>

<u>Betr.</u> F a h r r ä d e r

<u>Bezug:</u>Kdr. d. Kr.Gef. i/~~Wkrs~~ VI Az. 2050/43 geh. v. 24.12.43

<u>T e r m i n : 3. 1. 1944</u>

Das Batl. besitzt 7 über das Soll der KAN zugewiesene Fahrräder. Diese überplanmässige Zuweisung erfolgte am 8.9.43 (Stellv. Gen. Kdo. VI.A.K. Abt. WuG Az 72/89 auf Antrag des Batls. vom 31.7.43

Es wird um Belassung dieser 7 überplanmässigen Fahrräder dringend gebeten, und dieses wie folgt begründet:

Das aus 3 Kompanien bestehende Batl. ist in 13 Arbeitskommandos aufgeteilt. Von diesen befinden sich 4 Kommandossim Bereich des Sennelagers, die übrigen 9 sind auf den ganzen Wehrkreis verteilt, und zwar in Aachen-Brand, Wesel, Ratingen b. Düsseldorf, Krefeld, Mülheim-Ruhr, Unna-Königsborn, Paderborn, Bielefeld u. Espelkamp b. Lübbecke i/W.

Auf allen Arbeitskommandos werden die Krgf. jedoch <u>nicht an einer Baustelle</u>, sondern an meist örtlich weit auseinander liegenden Arbeitsstellen eingesetzt. So arbeiten z.B. die Krgf. von Aachen an 7, von Krefeld an 9, von Wesel an 6, von Unna an 4, von Espelkamp an 10 weit von einander entfernt liegenden Stellen. Entfernungen von mehr als über 4 km sind dabei keine Seltenheit. Alle diese Arbeitsstellen müssen von den Führern der Arbeitskommandos laufend überwacht werden. Dieses ist umso notwendiger, als sich die Wachmannschaften des Batls. aus alten und mindertauglichen Leuten zusammensetzen.

Da öffentliche Verkehrsmittel in der Senne gänzlich, an den übrigen Plätzen vielfach fehlen oder infolge von Fliegerangriffen versagen, sind die Kommando-Führer nur in der Lage Ihren Kontrolldienst gründlich zu versehen, wenn ihnen Fahrräder zur Verfügung stehen. Ausserdem ist infolge der Fliegerangriffe die wirtschaftliche Versorgung der Arbeitskommandos nur mit Hilfe eines Fahrrädes durchzuführen.

Seit der Ausstattung jedes Kommandos mit einem Fahrrad hat sich die Arbeitsleistung der Krgf. wesentlich gehoben.

Sowj. Krgf.
Bau- u. Arbeitsbtl. 106

Major u. Btl.-Führer

blick ergibt sich aus der für uns heute seltsam klingenden Bitte des Bataillons vom 31. 12. 1943 um die „Belassung" von 7 überplanmäßigen Fahrrädern. Deshalb soll diese Eingabe an den Kommandeur der Kriegsgefangenen im Wehrkreis VI im Original wiedergegeben werden.[43]

Aufgrund ihrer besonderen Einsatzbedingungen waren die Arbeitskommandos des BAB 106 außerordentlich mobil. Weitgehend auf sich selbst gestellt, erfüllten sie ihre Arbeitsaufträge, die vor allem in Sondereinsätzen für die Wehrmacht und in der raschen Beseitigung von Bombenschäden bestanden. Den deutschen Soldaten des Bataillons mochte es bisweilen scheinen, daß die Zusammengehörigkeit als selbständige Einheit nur noch in der dem BAB 106 zugeteilten Feldpostnummer 45098 zum Ausdruck kam.[44]

Die sowjetischen Kriegsgefangenen des BAB 106 hatten gewiß eine größere Bewegungsfreiheit als die Masse der Gefangenen des benachbarten Stalag 326 (VI K), auch dürften sie zur „Verbesserung der Arbeitsmoral" eine etwas bessere Verpflegung erhalten haben, wie es von anderen Bau- und Arbeitsbataillonen bekannt ist.[45] Allgemeinere Aussagen über ihre besonderen Lebensumstände sind jedoch wegen der unzureichenden Quellenlage nicht möglich. Aus einer erhaltenen Verlustmeldung des BAB 106 geht hervor, daß die in der Senne verstorbenen Kriegsgefangenen des Bataillons auf dem sowjetischen Soldatenfriedhof in Stukenbrock-Senne begraben wurden.[46]

43 BA/MA RH 49/116.

44 Vgl. Schreiben an LG Köln vom 11. 12. 1967 – Quelle wie Anm. 35; hier: S. 84.

45 Vgl. Koch, Sollen wir K. weiter beobachten? S. 295 ff.; ferner Schreiben des IKRK Genf vom 25. 11. 1969 zu den Verhältnissen in den BAB an LG Köln – Quelle wie in Anm. 35; hier: S. 188 f.

46 BA/MA RW 53-6/66: Verlustmeldung Nr. 13604 über den Tod eines Kr. Gef. des BAB 106 vom 24. 12. 1941, beerdigt am 27. 12. 1941.

IV. Kapitel

Die sowjetischen Kriegsgefangenen im Überlebenskampf zwischen Kollaboration und Widerstand

Nach den bisherigen Ausführungen teilten die sowjetischen Kriegsgefangenen des Stalag 326 (VI K) das Los von Millionen von Leidensgefährten. Sie waren den – oft selbst mißbrauchten – Erfüllungsgehilfen der menschenverachtenden NS-Ideologie in Wehrmacht, SS, Verwaltung und Wirtschaft weithin hilflos ausgeliefert.[1] Am Anfang stand die brutale Ermordung bestimmter Gruppen von Gefangenen, die mit dem verharmlosenden Begriff „Aussonderung" umschrieben wurde; der Wert der übrigen Kriegsgefangenen bestimmte sich – wie bereits dargestellt – allein nach der Arbeitsleistung für die deutsche Kriegswirtschaft. Bei nur annähernd ausreichender Ernährung wurde diese Leistung durchweg positiv beurteilt. Ein ausgeklügeltes System von „Leistungsernährung" konnte sogar zu einem „Widerspruch zwischen schlechter Behandlung und guter Arbeitsleistung führen", auf den Ulrich Herbert aufmerksam gemacht hat.[2] Im gleichen Zusammenhang weist er darauf hin, daß „ihre Arbeitsleistung auch ein Stück Selbstbehauptung und Bewahrung der persönlichen Identität" bedeutete.[3] Diese Feststellung gilt ohne Zweifel auch für die große Mehrheit der Gefangenen in den Arbeitskommandos des Stalag 326 (VI K). In ihrer Arbeit wahrten sie Selbstachtung und Menschenwürde und dachten im übrigen in einem Zustand von Lethargie und Resignation kaum über den jeweiligen Tag hinaus.

Nur eine kleine Minderheit aller Kriegsgefangenen erkannte und ergriff Gelegenheiten, die eigenen Lebensbedingungen in der Gefangenschaft zu verbessern, dem Zwangssystem in irgendeiner Weise zu entkommen oder ihm sogar Widerstand entgegenzusetzen. Ihre Motive und Verhaltensweisen sollen im folgenden eingehender untersucht werden.

1. Vgl. Streit, Keine Kameraden S. 83 ff. zur Mitverantwortung der Wehrmachtsführung bei der „Vernichtung einer Weltanschauung".

2 Herbert, Fremdarbeiter, S. 234.

3 Ebd.

1. Zusammenarbeit mit den Deutschen

Die befragten Zeitzeugen in der Senne berichteten übereinstimmend von dem brutalen Umgang der Gefangenen-Hilfspolizei mit ihren Kameraden; ehemalige Kriegsgefangene nennen „die russischen Lagerpolizisten in Uniform" noch nach Jahrzehnten voller Abscheu „Verräter" und „Kriecher vor den Deutschen".[5] Sie erinnern sich alle an diese Rotarmisten, meist ukrainischer Herkunft, die sich nicht scheuten, als Büttel der Deutschen ihre Kameraden zu mißhandeln. Schon im ersten grundlegenden Befehl des OKW zur Behandlung der künftigen Kriegsgefangenen vom 16. Juni 1941 war von „zuverlässigen Elementen" unter ihnen die Rede, die als Lagerpolizisten verwendet werden sollten,[6] und in den zusammenfassenden Richtlinien des Chefs AWA vom 8. September heißt es:[7] „Aus geeigneten sowjet. Kr.Gef. ist eine Lagerpolizei zu bilden, die zur Durchführung der Ordnung und Erhaltung der Disziplin vom Kommandanten eingesetzt wird. Zur wirksamen Durchführung ihrer Aufgaben darf die Lagerpolizei innerhalb der Drahtumzäunung mit Stöcken, Peitschen oder ähnlichem ausgerüstet werden."

Nach Christian Streits Urteil[8] war für die Gefangenen „die Meldung zur Lagerpolizei eine der wenigen einigermaßen sicheren Möglichkeiten, im Lager zu überleben: Sie erhielten eine wesentlich bessere und vor allem gesicherte Verpflegung, da die Lagerleitungen interessiert sein mußten, diese Kräfte zu erhalten."

Im Stalag 326 (VI K) hoben sich die Lagerpolizisten durch besondere schwarze Uniformen von der Masse der Gefangenen ab; auf den erhaltenen Fotos tragen sie Knüppel und sind deutlich besser ernährt als die übrigen Kriegsgefangenen.

Nach Zeugenaussagen schlugen „diese Ukrainer" bei den nichtigsten Anlässen brutal und grausam zu. Das Verhältnis zwischen den Russen und Ukrainern wird überhaupt als „fortwährend gespannt" charakterisiert; einmal habe sogar eine Massenschlägerei zwischen den beiden Volksgruppen während der Entlausung nur durch Warnschüsse rasch herbeigeeilter deutscher Wachsoldaten beendet werden können.[9] Der hier offen ausgebrochene Nationalitätenkonflikt zeigt, warum die Wehrmachtsführung gerade Ukrainer als Hilfspolizisten auswählte und sie durch Aufheizung der bei den Ukrainern tief verwurzelten antirussischen Grundstimmung auch für diese wahrlich makabre Aufgabe gewinnen konnte.

Befehlsgemäß[10] wurden auch in der Senne neben den Ukrainern ethnische Minderheiten wie die Weißrussen, Esten, Letten und Litauer von der großen Masse der sowjetischen Gefangenen abgesondert, um die einzelnen Völkerschaften gezielt zu „bearbeiten". Zwar nur halbherzig, aber mit zunächst durchaus meßbarem Erfolg übernahm die

4 Zahlreiche Gedächtnisprotokolle.

5 Vgl. Das Lager 326 (47), S. 57, 32; s. auch S. 58 f.

6 Vgl. BA/MA RW 4/v. 578, Bl. 97.

7 Vgl. oben Kap. II 4 und Anmerkung II 97.

8 Keine Kameraden, S. 379, Anm. 364.

9 Mündliche Auskünfte vom 25. 4. 1991; vgl. Anm. I 46.

10 Zu den grundlegenden Befehlen zur Behandlung der Kriegsgefangenen etwa vom 16. 6./26. 6./8. 9. 1941 vgl. die Anmerkungen II 96-98.

Linke und rechte Seite:
Einsatz der Lagerpolizei gegen sowjetische Gefangene, 1942

Wehrmacht Vorschläge für die „propagandistische Bearbeitung aller sowj. Kriegsgefangenen“ aus Rosenbergs neu gegründetem Ministerium für die besetzten Ostgebiete.[11] Als stellvertretender Leiter der politischen Abteilung des Ostministeriums legte der Berufsdiplomat Dr. Otto Bräutigam[12] am 26. August 1941 ein wohlbegründetes Programm für die Behandlung der Kriegsgefangenen vor[13], um sie für die deutsche Sache zu gewinnen, und im Sinne seiner Vorschläge trieb das Stalag 326 (VI K) Propaganda unter den Gefangenen mit Flugblättern, Wandzeitungen und anderem Werbematerial.[14]

Doch alle derartigen Bemühungen scheiterten letztlich daran, daß die NS-Führung unbeirrt daran festhielt, Rußland wirtschaftlich auszuplündern, seine Bevölkerung zu dezimieren und die Übriggebliebenen förmlich zu versklaven, wie Bräutigam in einer vertraulichen Denkschrift vom 25. Oktober 1942 erbittert und zugleich resigniert feststellte.[15]

Das Amt Ausland/Abwehr im OKW unter Admiral Canaris setzte dennoch seine Bemühungen fort, in den Stalags sowjetische Kriegsgefangene für eine Zusammenarbeit mit der Wehrmachts-Propaganda zu gewinnen. Ein Geheimbefehl vom 27. April 1943 umschrieb den Zweck und das Ziel des Einsatzes „von Gefangenen“ als „Freiwillige Propagandisten“ folgendermaßen:[16]

11 Vgl. BA/MA RW6 / v. 276, Bl. 4-7: Bericht des SA-Brigadeführers Horn vom 24. 11. 1941; Anlage 27, S. 238 ff.

12 Vgl. Bräutigams Memoiren, So hat es sich zugetragen; durchgehend; zur Beurteilung Bräutigams s. auch: Boog u. a., Hg., Das Deutsche Reich und der Zweite Weltkrieg, Bd. 4, S. 164, 419 ff., 955, 994, 1074. Er war schon vor der Errichtung des Ostministeriums am 17. 7. 1941 seit April für Rosenbergs „zentrales politisches Büro für die Ost-Arbeit“ tätig.

13 BA/MA RW6/ v. 276, Bl. 1 f.; s. Anlage 28, S. 242 ff.

14 Im Winter 1941/42 bildete sich aus den Reihen der Gefangenen ein Chor. Pieper/Siedenhans (48) S. 54 berichten ferner von Zirkus- und Theatervorstellungen der Gefangenen z. Zt. des Kommandanten Euler.

15 Auszüge aus der Denkschrift Bräutigams – N.D. 294-PS – bei Shirer, Aufstieg und Fall, S. 858 f.

16 BA/MA RH 49/112: Amt Ausl./Abw. Geheim v. 27. 4. 43. vgl. auch: BA/MA RH 49/69. OKW-WFSt/WPr v. 23. 4. 1944.

„1) Durch Aufklärung und entsprechende Zielgebung die Arbeitsleistung der Kgf. zu steigern.
2) Die Kgf. in die europäische Abwehrfront gegen den Bolschewismus einzuführen.
3) Den bisher im wesentlichen deutschfeindlichen Block der Kgf. aufzuspalten und den Einfluß der Stalinanhänger zu brechen.“
Das magere Ergebnis solcher Anstrengungen kann uns kaum überraschen, wohl aber das freimütige Eingeständnis dieses Mißerfolges durch die Gestapo-Außendienststelle Bielefeld. In einem Schreiben an den Landrat des Kreises Wiedenbrück vom 19. Juli 1944 über die „Tätigkeit antibolschewistischer Propagandisten unter den sowjetischen Kriegsgefangenen“ heißt es:[17] „Die in den Einsatz gesetzten Erwartungen zeigen nicht den erwünschten Erfolg. Es wurde vielmehr festgestellt, daß nach Tätigwerden dieser Propagandisten teilweise vermehrte Fluchtversuche und Aufsässigkeiten unter den Kriegsgefangenen beobachtet wurden.“
In einem zusammenfassenden Bericht zur Kriegsgefangenenpost hatte das Amt Ausland/Abwehr allerdings schon am 1. September 1943 festgestellt:[18] „Die Tätigkeit der russischen Propagandisten wird außerordentlich verschieden beurteilt. Größtenteils wird sie jedoch verurteilt, da sie nur Unruhe gebracht habe.“
Trotz dieser mehr als zwiespältigen Beurteilung gab es im Stalag 326 (VI K) noch Ende 1944 eine Abteilung freiwilliger Propagandisten, wie aus einer Heiratsurkunde des Standesamtes Brackwede vom 24. Dezember 1944 hervorgeht.[19]
Wie schon erwähnt[20], diente das Stalag in der Senne mindestens seit Ende 1943 auch als zentrales Sammellager für straffällig gewordene sowjetische Überläufer, sogenannte „ehemalige Legionäre“ aus landeseigenen Verbänden im Rahmen der Deutschen Armee. Diese fielen nach ihrem Ausschluß aus der Wehrmacht in den Status von Kriegsgefangenen zurück, sollten jedoch getrennt von den übrigen Gefangenen untergebracht und unter verschärften Bedingungen wieder zur Arbeit eingesetzt werden. Ausdrücklich verfügte der Kommandeur der Kriegsgefangenen im Wehrkreis VI am 23. 10. 1944:[21] „Der Einsatz hat in einem Sonderkommando zu erfolgen, das vom Stalag 326 (VI K) Senne einzurichten ist. Gegebenenfalls sind die in Frage kommenden Kr.Gef. von den anderen Lagern nach Stalag 326 (VI K) zu überweisen.“
Entgegen den Bestimmungen des Genfer Abkommens versuchte die Wehrmacht immer wieder mit wechselndem Erfolg, durch gezielte Werbemaßnahmen „hilfswillige“ sowjetische Gefangene zum Dienst in bestimmten Waffengattungen zu verpflichten.[22] Im August 1944 meldeten sich z. B. im Wehrkreis VI 66 „einsatzwillige sowj. Überläufer“, die zunächst im Stalag VI J, Zweiglager Dorsten, gesammelt

17 GA Verl E 36; vgl. BA/MA RH 49/112: Bericht der Abwehrstelle des WK VI vom 29. 6. 1943.

18 BA/MA RH 49/112.

19 StA DT M1 IR Nr. 14: Heiratsurkunde 95/1944 des russischen Leutnants A. K., Mitglied dieser Propagandaabteilung, mit der Ostarbeiterin T. T. – Durch Ergänzung der KStN 7805 vom 1. 8. 42 und vom 18. 1. 44 waren in den Stalags eigene Planstellen für „russisches Betreuungs- und Hilfspersonal (Propagandisten)“ geschaffen worden; vgl. dazu BA/MA RHD 11.

20 Vgl. oben Kap. II 3 nach Anm. 91 und Anlage 13, S. 216.

21 Vgl. BA/MA RH 49/66, Bl. 25; in einer Ergänzung vom 3. 11. 1944 – ebd. Bl. 34 – heißt es, die Zuführung zum Stalag 326 (VI K) komme nur für neu zugeführte ehemalige Legionäre in Betracht, die übrigen sollten an den bereits zugewiesenen Arbeitsplätzen bleiben.

22 Vgl. z. B. BA R 41/173, Bl. 279: OKW betr. Abgabe von sowjet. Kriegsgefangenen an die Luftwaffe vom 10. 10. 42; oder BA/MA RW 20-6/8, Bl. 15: Suche nach Flak-Helfern unter den kgf. russ. Artilleristen im Januar 1943.

und dann zum Stalag IX B Bad Orb weitergeleitet wurden, um schließlich zum Einsatz bei der kämpfenden Truppe zu kommen. Eine entsprechende Anzahl „nicht bergbaufähiger“ Gefangener mußte zur selben Zeit der Wehrkreis II abgeben als Ersatz für die 66 aus dem Arbeitseinsatz abgezogenen Überläufer; ihre Verteilung im Wehrkreis VI erfolgte über das Stalag 326 (VI K).[23]

In der Endphase des Krieges schließlich erklärten sich überraschend viele Gefangene zum Eintritt in die „Befreiungsarmee“ des Generals Wlassow[24] bereit. Wegen der nur halbherzigen deutschen Unterstützung und aufgrund organisatorischer Mängel unterblieb jedoch oft die Einberufung der Freiwilligen, wie der folgende Bericht aus Staumühle zeigt. Noch am 11. Februar 1945 meldete das BAB 106 dem Kriegsgefangenen-Bezirkskommandanten in Essen:[25] „Nach Bekanntgabe des Manifests des Komitees zur Befreiung der Völker Rußlands durch den Rundfunk meldeten sich zunächst sofort 4 Kriegsgefangene zum Eintritt in die Befreiungsarmee. Inzwischen sind weitere 12 Meldungen eingegangen, ohne daß eine Werbung für die russ. Befreiungsarmee stattgefunden hat…

Eine Gegenpropaganda ist bis jetzt nicht festgestellt worden, wohl haben sich manche Kr.Gef. über diese Freiwilligen lustig gemacht, weil sie nun doch nicht zum Kampf eingesetzt werden. Die Freiwilligen fassen diese Bemerkungen ihrer Kameraden zwar auch nur als harmlose Hänselei auf, es wäre aber von Vorteil, wenn diese Freiwilligen möglichst bald in die Befreiungsarmee eingereiht würden.“

Meldungen aus verschiedenen Stalags sprechen dagegen von höchst unerwünschter Gegenpropaganda durch „negativ eingestellte Elemente unter den russ. Kr.Gef.“[26] Die Mehrheit der sowjetischen Kriegsgefangenen dürfte die Wlassow-Anhänger als Landesverräter verurteilt haben.

Die Motive für die aufgezeigte Zusammenarbeit sowjetischer Kriegsgefangener mit dem deutschen Feind reichen von einem kämpferischen Antibolschewismus über nationalistische und regionalistische Animositäten im Vielvölkerstaat Sowjetunion gegen die Moskauer Zentralgewalt sowie Zwistigkeiten der einzelnen Völker untereinander bis zu einem geradezu zynischen Opportunismus, der sich nicht scheute, um jeden Preis, auch auf Kosten, ja selbst durch Verrat der eigenen Kameraden, den individuellen Vorteil zu suchen und auszunutzen. Eindringlich sei jedoch vor einer pauschalen Verurteilung dieser Menschen gewarnt, die oft nur durch die verbrecherische Ideologie und Praxis des Nationalsozialismus in Verstrickung und Schuld gerieten, weil sie glaubten, nur durch Kollaboration überleben zu können.

23 BA/MA RH 49/66, Bl. 17. Vgl. Anlage 29, S. 245.

24 Der General der Roten Armee Andrej Wlassow (1900-1946) geriet im Juli 1942 in deutsche Gefangenschaft. Er bemühte sich um die Aufstellung einer Freiwilligenarmee aus sowjet. Krgf. zur Befreiung Rußlands vom Bolschewismus, erhielt aber erst Ende 1944 die Erlaubnis zur Aufstellung von 2 Divisionen.

25 BA/MA RH 49/111.

26 Ebd.: BdE-Befehl vom 24. 1. 1945.

Warnstreifen vor dem Lagerzaun

2. Flucht ein Ausweg?

Fahndungsmeldungen nach entflohenen Kriegsgefangenen waren für Wehrmacht und Polizei in der Region zwar nichts Neues, als im Juli 1941 die ersten Transporte mit sowjetischen Kriegsgefangenen in der Senne ankamen; aber die sofort mit ihrer Ankunft einsetzende Fluchtbewegung stellte nicht nur die Behörden, sondern auch die Zivilbevölkerung vor bisher nicht gekannte Probleme, mit denen sie bis zum Kriegsende konfrontiert bleiben sollten. Fluchtmeldungen und damit verbundene Warnungen an die Bevölkerung[27] füllen ganze Akten in allen besuchten Archiven; dennoch ist die Überlieferung zu unvollständig, um genauere statistische Angaben über den Umfang und den genauen Verlauf der unsere Region betreffenden Fluchtbewegungen machen zu können. In der Tendenz stimmen sie jedoch mit den bei Streim[28] und Herbert[29] genannten Zahlen und Zeiten überein; wir beschränken uns deshalb auf eine knappe Skizze, um dann einige charakteristische Einzelfälle eingehender zu behandeln.

Fluchtmeldungen aus dem Stalag selbst sind nur aus dem Jahre 1941 aktenkundig, ehe der doppelte, bei Nacht beleuchtete Stacheldrahtzaun fertiggestellt war. Diese Umzäunung wurde dann innen noch durch einen vorgespannten Warndraht gesichert, den die Gefangenen nicht überschreiten durften; damit war eine Flucht nahezu unmöglich gemacht.

Im Herbst 1941 aber beunruhigten die zahlreichen Fluchtversuche und die damit einhergehenden Einbruchsdiebstähle nach Lebensmitteln

27 Vgl. z. B. die „Bekanntmachung" des Stalag-Kommandanten vom 7. 8. 1941 oben Kap. II 9, S. 98 ff., ferner Kap. II 8, S. 86 ff.

28 Streim, Die Behandlung, S. 208-213. Auf den hier dargestellten Gesamtkomplex der Fluchten sowjetischer Kriegsgefangener sei nachdrücklich verwiesen.

29 Herbert, Fremdarbeiter, S. 309-313; hier bes. S. 310; s. ferner: Pfahlmann, Fremdarbeiter, S. 183-185.

Ortspolizeibehörde Verl (Bez. Minden)
Abtlg.5/41.

V e rl, d e n 29. 11. 1941.

101/10

1.) An

S t a l a g

3 2 6 VI K.

Betrifft: Festnahme eines entwichenen russischen Kriegsgefangenen.

Am 28.11.1941 um 23½ Uhr wurde in der Gemeinde Sende der russische Kriegsgefangene, Kraftwagenführer Iwan Skakunow, geboren am 22.7.1920 in Rudja bei Smolensk festgenommen. Skakunow ist angeblich vor etwa 8 Tagen mit 2 weiteren Kriegsgefangenen aus dem dortigen Lager entwichen. Er hat die Gefangenen Nr.5928. Die sich in seiner Begleitung befindlichen 2 Kriegsgefangenen konnten sich durch Flucht der Festnahme entziehen. Skakunow der auf Anruf nicht stehen blieb, sondern ebenfalls zu flüchten versuchte, wurde durch einen Schrotschuß am linken Fuß verletzt und dadurch an der Fortsetzung der Flucht verhindert.
Die drei entwichenen Kriegsgefangenen haben durch mehrere Einbruchs-und Einsteigediebstähle in der Bevölkerung große Beunruhigung hervorgerufen. In einem Dickicht der Schloß-Holter Forst wurde das Lager der Kriegsgefangenen entdeckt. Den Bestohlenen konnte ein Teil der entwendeten Gegenstände zurückgegeben werden. Gestohlen wurden u.a. folgende Sachen:
1 Jagdgewehr, 10 Hühner, 4 Puten, 1 Schwein, 60 kg Buchweizenmehl, 20 l Milch, 10 - 12 Einmachegläser mit Obst, Zwiebeln, Salz, Kartoffeln, Möhren, 1 Paar Stiefel, 1 Paar Ledergamaschen, 1 Herrenmantel und 1 Wagenverdeck in Größe von 4½ . 2½ m.

x x

2.) W. v. nach Abgang zu Ziffer 1.

Abschrift.

097

Oberkommando der Wehrmacht — Berlin-Schöneberg 1, den 16.1.1942

Az. 2f 24.73 1 Kriegsgef.Allg.(Ia)
Nr. 539/42

Betrifft: Kennzeichnung der sowjetischen Kriegsgefangenen.

Da die Sowjet-Kr.Gef. bei Fluchten sich meist ihrer Erkennungsmarke entledigen und daher oft nicht mehr als Krs.Gef., besonders nicht als Sowjet-Kr.Gef. erkennbar sind, wird angeordnet:

"Jeder Sowjet-Kr.Gef. ist durch Aufzeichnen eines >< auf der Innenseite des linken Unterarmes mit Höllensteinstift zu kennzeichnen."

Der Chef des Oberkommandos der Wehrmacht
Im Auftrage:
gez. Unterschrift.

Verteiler: pp.

und Bekleidungsstücken die ländliche Bevölkerung im weiten Umkreis des Lagers sehr, obwohl die Gefangenen in aller Regel nach wenigen Tagen wieder festgenommen wurden. Der beigefügte Bericht der Ortspolizeibehörde Verl vom 29. November ist geradezu typisch für den Ablauf dieser Fluchtversuche.[30]

Sobald ein Fluchtfall gemeldet worden war, lösten die Behörden eine großräumige Fahndung[31] aus, die den Flüchtigen unter Angabe seiner Erkennungsmarken-Nummer möglichst genau beschrieb. Viele Gefangene warfen auf der Flucht jedoch ihre Erkennungsmarke fort, und um sie trotzdem als sowjetische Kriegsgefangene zu erkennen, befahl das OKW zunächst durch einen Erlaß vom 16. Januar 1942 ihre dauerhafte Kennzeichnung am linken Unterarm[32] und dazu durch Erlaß vom 20. Juli 1942 sogar am Gesäß „etwa handbreit von der Afterspalte entfernt“[33]. In den Stalags scheiterte die Durchführung der Befehle zwar jeweils schon in den Anfängen an Personal- und Materialmangel, was zu ihrer raschen Wiederaufhebung führte; wegen der in ihnen zum Ausdruck kommenden Mißachtung der Menschenwürde sollen sie jedoch hier im Wortlaut wiedergegeben werden.

Auch ohne diese Kennzeichnung erwies sich das über das ganze Reichsgebiet gespannte Fahndungsnetz als so dicht, daß kaum einem sowjetischen Gefangenen die Flucht gelang. Trotz der geringen Er-

30 Vgl. S. 143 GA Verl E 36; dort auch ein weiterer Bericht an das Stalag vom 1. 12. 41 mit genauer Angabe der Einbruchdiebstähle und der Mitteilung, die beiden zunächst entkommenen Gefangenen seien inzwischen gefaßt worden. – Alle drei wurden dem Stalag überstellt.

31 Vgl. z. B. StA DT M1 IP Nr. 1659 Bl. 78-82: Kripoleitstelle H an RSHA vom 30. 3. 1943, betr. Erfahrungsbericht über eine Großfahndung am 6. 3. 1943.

32 Abschrift in HStA D Reg. AC 23492, Bl. 97; aufgehoben am 27. 1. 42 – ebd. Bl. 98.

33 Abschrift in StA DT M1 IP Nr. 1096, Bl. 55; außerdem in KAH Stadt HF II 3; vorläufig ausgesetzt am 3. 8. 42 – vgl. BA/MA RH 53-17/184.

55

Abschrift von Abschrift.

Oberkommando der Wehrmacht

Az. 2 f 24.82 h Chef Kriegsgef./San/Allg.(Ia)/Org.(IVo)

Nr. 3142/42.

Berlin-Schöneberg, 20.7.1942
Badensche Str. 51.

Betrifft: Kennzeichnung der sowjetischen Kriegsgefangenen durch ein Merkmal.

1.) Die sowj.Kr.Gef. sind durch ein besonderes und dauerhaftes Merkmal zu kennzeichnen.

2.) Das Merkmal besteht in einem nach unten geöffneten spitzen Winkel von etwa 45° und 1 cm Schenkellänge auf der linken Gesäßhälfte (Λ), etwa handbreit von der Afterspalte entfernt. Es ist mit Lanzetten, wie sie bei jeder Truppe vorhanden sind, auszuführen. Als Farbstoff ist chinesische Tusche zu verwenden. Bei der Anbringung ist folgendermassen zu verfahren:
Oberflächliches Ritzen der gespannten Haut mit der mit chinesischer Tusche benetzten, vorher ausgeglühten Lanzette. Tiefe blutende Schnitte sind dabei zu vermeiden. Da z.Zt. noch keine ausreichenden praktischen Erfahrungen über die Dauer der Haltbarkeit der Kennzeichnung vorliegen, ist zunächst in Abständen von 14 Tagen, 4 Wochen und nach einem Vierteljahr die Kennzeichnung zu überprüfen und notfalls zu erneuern (siehe Ziffer 7).

3.) Die Kennzeichnung ist keine ärztliche Maßnahme. Deutsches Sanitätspersonal darf deshalb und wegen des Mangels an San.-Personal mit ihrer Durchführung nicht beauftragt werden. Dagegen bestehen keine Bedenken, die Kennzeichnung durch geeignetes kriegsgefangenes sowj.Sanitätspersonal unter deutscher ärztlicher Aufsicht ausführen zu lassen. Umgehend ist eine ausreichende Zahl solcher Hilfskräfte in der praktischen Durchführung des Verfahrens nach dieser Vorschrift zu unterweisen.

4.) Im Interesse einer schnellen Erledigung sind Lanzetten und chinesische Tusche bei den zuständigen Sanitäts-Parken anzufordern.

5.) Die Kennzeichnung hat zu erfolgen:
   a) bei künftig neuanfallenden sowj.Kr.Gef. in den Bereichen der Wehrmachtsbefehlshaber Ostland und Ukraine und des Mil.Befh.im Generalgouvernement nach Körperreinigung bei der ersten Entlausung.
   b) bei allen übrigen Kr.Gef. im O K W-Bereich bis 30.Sept.1942.
   Vollzugsmeldung bis 15.Oktober 1942 an O.K.W.

6.) Der Arbeitseinsatz darf durch diese Massnahme nicht gestört werden; deshalb hat die Kennzeichnung bei den in Arbeit eingesetzten Kr.Gef. möglichst in den Unterkünften der Arb.Kdos. oder aber bei der nächsten Entlausung zu erfolgen.

7.) Die erfolgte erste Kennzeichnung ist sofort auf den Personalkarte I in der Spalte "Besondere Kennzeichen" mit:
" am.................1942"
zu vermerken, desgleichen jede erforderlich gewordene Erneuerung der Kennzeichnung (siehe Ziffer 2).

8.) Für die Kennzeichnung der dem O K H unterstehenden soj.Kr.Gef.veranlasst O K H /Gen.Qu. das Erforderliche. Um Mitteilung des Veranlassten wird gebeten.

~~Verteiler: siehe nächste Seite.~~

Der Chef des Oberkommandos der Wehrmacht.
Im Auftrage:
gez. Unterschrift

Der

folgsaussichten ebbte die Fluchtbewegung nicht ab, sondern nahm sogar kontinuierlich zu, bis sich die Fluchtzahlen insgesamt seit Herbst 1943 bei etwa 45000[34] im Monat einpendelten und sich damit zu einem gefährlichen sicherheitspolizeilichen Problem entwickelten. Möglichkeiten zur Flucht ergaben sich nach dem Ausbau der Stalags vor allem während der Arbeitszeit auf den Arbeitskommandos. Zu dieser Entwicklung bemerkte das Wehrkreiskommando VI am 17. September 1942:[35] „Während im Mai noch der Anteil der Fluchtfälle von der Arbeitsstelle zu den Gesamtfluchtfällen des Monats 45% betrug, ist der Prozentsatz der Fluchtfälle von der Arbeitsstelle im Monat August 1942 auf 67% gestiegen. Offenbar haben die Kr.Gef. erkannt, daß infolge der verschärften Bewachungsmaßnahmen in den Unterkünften ein Fluchtversuch von der Arbeitsstelle leichter durchzuführen ist."

Das OKW beurteilte wegen der rasch ansteigenden Fluchtzahlen die Lage im OKW-Bereich einschließlich der besetzten Ostgebiete als so beunruhigend, daß es am 22. September 1942 einen geheimen Fluchterlaß herausgab.[36] Danach flohen im August 1942 285 gefangene Sowjet-Offiziere und 9672 Unteroffiziere und Mannschaften, von denen nur 38 bzw. 2336 wieder ergriffen wurden. Die gleiche Übersicht gibt außerdem die Gesamtzahl der seit dem 22. Juni 1941 bis zum 31. August 1942 „mit Erfolg geflohenen" sowjetischen Offiziere und Mannschaftsdienstgrade mit 678 und 35208 an.[37]

Der Erlaß zieht aus den mitgeteilten Zahlen die Schlußfolgerung: „Hiernach sind arbeitstäglich rund 620000 Arbeitsstunden verloren gegangen; im Großdeutschen Raum treiben sich unsichere Elemente unbeaufsichtigt herum und können ernstlichen Schaden verursachen. Es ist daher ernste Pflicht aller im Gefangenenwesen eingesetzten Soldaten und Beamten, mit allen ihnen zu Gebote stehenden Mitteln Fluchten zu verhindern.

In allen Fällen, in denen die Entweichung der Kr.Gef. durch Fahrlässigkeit gefördert oder erleichtert worden ist, mußte und wird auch in Zukunft kriegsgerichtlich gegen die Schuldigen nach MStGB § 144 Abs. 2 vorgegangen werden."

Er schließt mit dem schon bekannten Satz: „Auf alle flüchtigen Kr.Gef. (außer sowj. Kr.Gef.) ist nach 3maligem kurzen Haltruf zu schießen, auf flüchtige sowj. Kr.Gef. ohne Haltruf."

Die große Anzahl von Fahndungsmeldungen über Fluchtfälle von den Arbeitskommandos des Stalag 326 (VI K) aus den Sommermonaten 1942 zeigt Übereinstimmung mit der skizzierten allgemeinen Entwicklung. Ein typisches Beispiel stellt die abgebildete Meldung aus Kaunitz vom 27. August 1942 dar.[38]

Zum Gebrauch von Schußwaffen heißt es in der Dienstanweisung des RFSS für die Landwacht vom 11. August 1942 knapp und bestimmt:[39]

34 Die Zahl nennt alle erfaßten Fluchtfälle der Kriegsgefangenen und zivilen Zwangsarbeiter aller betroffenen Nationen. Vgl. BA R16/162: Protokolle der Sitzungen des RSHA-Arbeitskreises 1942/43; s. auch Herbert, Fremdarbeiter, S. 310.

35 Die Stellungnahme ist in mehreren Archiven überliefert; Hier: StdtA PB G 2653. – Wortlaut in Anlage 30, S. 246 f.

36 Vgl. BA/MA RH 49/112.

37 Lediglich in den besetzten Ostgebieten hatten Fluchtversuche Aussicht auf Erfolg. Vgl. dazu Streim, Die Behandlung, S. 209 f. – Die Gesamtsumme aller „seit Kriegsbeginn mit Erfolg geflohenen" Offiziere beziffert der Erlaß vom 22. 9. 42 mit 1175, die der Unteroffiziere und Mannschaften mit 77628.

38 GA Verl E 36.

39 StA OS Rep. 430-201-16B/65 Nr. 97; Dienstanweisung S. 5. Unterstreichungen im Original.

Gend.- Einzelpostem Kaunitz, Kaunitz, den 27. August 1942.
Kreis Wiedenbrück,
Reg.- Bez. Minden.

Amt Verl
(Bez. Minden)
Eing. 31. AUG. 1942
Abt. 5

An
die Ortspolizeibehörde
in V e r l.

Betr. : Entwichener Kriegsgefangener(Ukrainer).

Am 26. 8. 1942 gegen 17,oo Uhr ist der Kriegsge=fangener (Ukrainer) von seiner Arbeitsstätte Holter Hütte in Schloß Holte, geflohen.

Personalien:
Matwey L a w o s c h n i k, geb. am 10. 6. 1914 in Luhansk.
L. trug die Nr. 326 VI K und 18006

Beschreibung:
170 cm groß, schw. Haar, unrasiert, stark vernarbtes Pockengesicht.
Grüne Uniformhose (russ. Jäger) Russenuniformhemd und Schlägermütze.

Es besteht der Verdacht, daß L. in der Eisengießerei bei Ernst Jürgens in Schloß Holte 219 und dort 2 Bl. Arbeits=anzüge, 1 Paar schw. hohe Lederschuhe (Gießereischuh mit 2 Schnallen an den Seiten) 1 Handtuch und 4 Stück Seife gestohlen hat.
L. kannte die Verhältnisse in der Gießerei, da er wieder=holt in der Gießerei gearbeitet hat.

Krein,
Bez. Obw. d. Gend.

V e r f g.

1. Lawoschnik ist am 29. 8. 1942 wieder festgenommen worden.
\+ +
2. Zu den Akten. V e r l, den 31.8.1942

D. P. V.

„Auf flüchtige sowj. Kriegsgefangene ist … ohne vorherigen Anruf zu schießen. Warnschüsse sind in keinem Fall abzugeben."

Die hier geforderte bedenkenlose Bereitschaft zum tödlichen Schuß zeigt das folgende Beispiel:[40]

Am 5. Juni 1944 erstattete der Gendarmerie-Gruppenposten Schlangen seiner vorgesetzten Dienststelle in Detmold Bericht über den „Waffengebrauch durch Landwachtmänner und Tötung von drei russischen Kriegsgefangenen im Walde bei lipp. Veldrom". Dort hatten nach mehreren Diebstählen in der Umgebung einige Leute aus einem Wäldchen Rauch aufsteigen sehen und die Landwacht alarmiert. Unter Führung des Landwachtpostenführers und Ortsgruppenleiters der NSDAP im benachbarten preuß. Feldrom durchsuchten am folgenden Tag, dem 3. Juni, acht Männer, von denen sechs bewaffnet waren, das Gelände und stießen auf vier Männer, die sofort die Flucht ergriffen. Als sie nach dem Bericht auf Anruf nicht stehen blieben, eröffneten die Verfolger das Feuer „mit dem Erfolg, daß sofort 2 der Russen liegenblieben, sie waren tot, und ein dritter schwer verletzt wurde. Auch dieser ist kurz darauf seinen Verletzungen erlegen. Der 4. Russe ist leider entkommen und konnte trotz eifrigen Suchens bisher nicht ergriffen werden."

Das Beutegut, ausschließlich Lebensmittel, konnte den Eigentümern zurückgegeben werden, nachdem die Toten an Ort und Stelle begraben worden waren.

Der Einsatzleiter selbst meldete in seiner Eigenschaft als Ortsgruppenleiter der NSDAP den Hergang unmittelbar an „die zuständigen Dienststellen" der Partei, wobei er seinen eigenen Anteil möglichst vorteilhaft hervorhob.[41] Postwendend sprach ihm der Kreisleiter auch als „Vertreter des Chefs der Landesregierung Lippe" für seinen „Einsatz bei der Bekämpfung entwichener russischer Kriegsgefangener" seinen „Dank und vollste Anerkennung aus".[42]

Mag der rücksichtslose Schußwaffengebrauch gegen unbewaffnete flüchtige Gefangene nach den Vorschriften des NS-Staates „rechtmäßig" erfolgt sein, so ist der folgende Vorfall auch nach damaligem Rechtsverständnis wohl anders einzuschätzen:[43] In der Nacht vom 11. auf den 12. Oktober 1944 nahm der Wachtposten einer SS-Einheit auf dem Truppenübungsplatz Senne drei offenbar entflohene sowjetische Kriegsgefangene fest. Die Gefangenen waren unbewaffnet etwa sechs Wochen zuvor von ihrem Arbeitsplatz in einer Kiesgrube geflüchtet und machten einen verwahrlosten Eindruck. Als Fluchtziel gaben sie bei einer ersten Einvernahme auf der Wache ihre Heimat an. Dann sollten sie vom Truppenarzt, SS-Hauptsturmführer Dr. C., sowie dem SS-Untersturmführer K. zu einer ordnungsgemäßen Vernehmung in die einige hundert Meter entfernte Schreibstube gebracht werden. Dazu sagte Dr. C. am 13. Oktober aus: „Die Gefangenen ließen wir vor uns

40 StA DT L 113 Nr. 778; auch ebd. D 100 DT Nr. 1471; s. Anlage 31, S. 248 ff.

41 Ebd. – Aus dem Reg. Bez. Osnabrück sind ähnliche Vorfälle überliefert, bei denen die Landwachtmänner es jedoch „befehlswidrig" verstanden, die Flüchtlinge ohne tödliche Schüsse gefangen zu nehmen. Vgl. StA OS Rep. 430-201-16B/65 Nr. 107 und Nr. 153.

42 Einer der in Veldrom Beteiligten vermied bei der Entnazifizierung jeden Hinweis auf den Vorfall. – Vgl. HStA D NW 13/65. Wir danken Herrn Dr. Schockenhoff, StA DT, für den freundlichen Hinweis.

43 Vgl. StA DT D 21B DT Zugang 1/80 4 Js 584/63 Nr. 105: Ermittlungen wegen Erschießung sowj. Kr.Gef.

marschieren. Die Dunkelheit war sehr groß, und wir gingen mit Taschenlampenbeleuchtung. Nach einer kurzen Strecke machten die Gefangenen Anstalten, in der Dunkelheit zu fliehen, worauf UStuf K. und ich sofort schossen und alle drei auch richtig trafen. Der Tod trat bei allen dreien nach kurzer Zeit ein."

Mit dem Bescheid des zuständigen SS-Gerichtes vom 30. Oktober: „Bei dieser Sachlage ist nichts zu veranlassen" gab sich das Wehrkreiskommando VI nicht zufrieden. Es fragte bei der betreffenden SS-Panzer-Abt. 503 in Augustdorf-Nordlager an, „an welcher Stelle (bitte Grablegeskizze) und mit welchem Recht die 3 erschossenen sowj. Kgf. nach Erschießung ohne Feststellung der Personalien und ohne die Ortspolizeibehörde bzw. das nächste Kriegsgefangenenlager zu benachrichtigen bestattet wurden."

Gleichzeitig forderte es einen amtlichen Sterbefallnachweis an und verlangte Fühlungnahme mit dem Stalag 326 wegen einer Umbettung, da die Anlage von Feldgräbern im Heimatkriegsgebiet nicht zulässig sei.

Der Streit zwischen dem Wehrkreiskommando VI und der SS zog sich über mehrere Monate hin, und erst am 16. März 1945 teilte es dem Stalagkommandanten mit, die SS-Abteilung habe eine Grablegeskizze eingereicht und die Umbettung könne vorgenommen werden. Die Sterbefallnachweise lägen jedoch nicht in der üblichen Form, sondern nur in den Vernehmungsniederschriften der Beteiligten und einer Todesbescheinigung des Abteilungsarztes vor, „der selbst an der Erschießung beteiligt war". Deshalb bat es das Stalag 326, „die Sterbefallnachweise dortseitig über je einen unbekannten sowjetruss. Kgf. mit der nunmehrigen Grabnummer des dortigen Friedhofs auszufertigen. Als Sterbetag hat der 12. 10. 1944 zu gelten, als Todesort der Wald zwischen Augustdorf und Hiddessen".

Die amerikanischen Truppen stießen dann so rasch vor, daß die Umbettung offenbar nicht mehr erfolgen konnte.

Im Jahre 1963 ermittelte die Staatsanwaltschaft Detmold „gegen Dr. C. und andere" wegen des „Verdachts des gemeinschaftlichen Mordes u. a. unter Ausnutzung der Arg- und Wehrlosigkeit und aus niederen Beweggründen (Untermenschen)". Das Verfahren wurde dann eingestellt, weil der Polizeipräsident in Bochum am 7. Juni 1963 mitteilte, Dr. C. sei am 5. Mai 1945 verstorben.

Es bedarf hier der Feststellung, daß die Auseinandersetzung zwischen dem Wehrkreiskommando VI und der SS in der Endphase des Krieges nicht wegen der getöteten Kriegsgefangenen geführt wurde, sondern das Beharren der Wehrmachtsdienststelle auf Einhaltung der vorgeschriebenen Formen muß als subtile Form des fortwährenden Machtkampfes gegen den steigenden Einfluß der SS angesehen werden.

Als ausschlaggebendes Motiv für alle aufgezeigten Fluchtfälle erweist sich schlechte Behandlung, die in aller Regel mit unzulänglicher Ernährung verbunden war. Die Gefangenen entschlossen sich, wenn sich eine Gelegenheit bot, in der Regel spontan und ohne größere Vorbereitung zur Flucht, und wegen ihrer geringen Kenntnis von Land und Leuten wurden sie meist schon nach wenigen Tagen, spätestens aber nach einigen Wochen wieder gefaßt.
Nur in zwei Berichten ehemaliger sowjetischer Gefangener erfahren wir von langfristig und planmäßig vorbereiteter Flucht. Im ersten beschreibt W. J. Schimanskij seine Flucht aus der Senne.[44] Danach ließ er sich im Frühjahr 1943 zusammen mit einem Kameraden durch Bestechung eines Unteroffiziers zu einem Arbeitskommando in Blomberg kommandieren. Von dort aus gelangten sie in einer Woche zum Bahnhof Ottbergen bei Höxter, wo sie von der Gestapo aufgegriffen wurden. Immerhin gelang es ihnen, sich als aus der Heimat verschleppte Ostarbeiter auszugeben und dann zur Arbeit zu einem Bauern entlassen zu werden. Zu dritt unternahmen sie von dort einen zweiten Fluchtversuch, wurden aber in Nordheim bzw. bei Göttingen wiederum gefaßt und nach peinlichem Verhör und Prügel „in das internationale Straflager Lahde" – in der Nähe der Stadt Petershagen – überstellt; erst eine dritte Flucht im April 1945 war dann erfolgreich, was wohl von den Sowjets als Widerstandsverhalten gewertet wurde; denn der Bericht endet mit der Wiedereinreihung in die Sowjetarmee in Berlin und der späteren Entlassung in Brest-Litowsk.
Der zweite Bericht über eine „Gruppenflucht" aus dem Seuchenlazarett Staumühle ist von dem ehemaligen Gefangenen M. A. Krischnow aufgezeichnet worden.[45] Nach diesen Aufzeichnungen wurde im Herbst 1943 die Flucht „einer Gruppe von medizinischem Personal aus Staumühle" nach überlegter Vorbereitung während des Mittagessens der Wachmannschaft durchgeführt. Der Vorgang wird belegt und in wesentlichen Punkten bestätigt durch eine Fahndungsmeldung vom 17. 7. 1943, die in Bielefeld aufgenommen wurde und die Ratlosigkeit der deutschen Wachen aufzeigt, als die Flucht nach Stunden bei der abendlichen Zähl-Kontrolle entdeckt wurde.[46]
Krischnows Darstellung löst das Rätsel der Flucht ohne Beschädigung der „Einfriedigung" und ohne „Erdlöcher" mit folgenden Sätzen:[47] „Diese Flucht war tollkühn und schnell durchgeführt worden! In der Nähe der Wachräume befand sich das Bad. Eine Pforte führte im Lager in das Bad und die andere aus dem Bad hinter die Umzäunung des Lagers. Der Schlüssel von der zweiten Tür befand sich immer beim Leiter der Wachmannschaft. Lange vor der Flucht war es geglückt, einen Abdruck des Schlüssels in Seife zu nehmen. Danach wurde ein zweiter gefertigt."
Dann fährt er fort:[48] „Die vorbereiteten und mit Nahrung für unterwegs

44 Vgl. Das Lager 326 (47), S. 104-106.

45 Ebd. S. 82-84.

46 StdtA PB G 2696. Drei der hier genannten Flüchtlinge werden – bei leichten Abweichungen in der Schreibweise – auch von Krischnow aufgeführt; allerdings spricht er von „zehn Personen oder auch mehr", anstatt der vier auf dem Fahnungsblatt.

47 Das Lager 326 (47), S. 83.

48 Ebd. S. 84.

1b

K 3376/43
Schlattfeld.

Bielefeld, den 17.7.1943.

18.7. 11⁵⁵ Krüme

Meldung.

Fernmündlich teilt das Lager-Lazarett Staumühle, (Seuchen-lazarett) mit: (23,55 Uhr)

Bei der abendlichen Kontrolle (Zählung) wurde die Flucht von 2 russ. Aerzten und 2 russ. Sanitätsgehilfen festgestellt.

1. Slobin, Pawell Gef.Nr. 358 - 40659
2. Soiko, Wasili " " 358 - 30507
3. Kusmia, Wlado " " 326 - 17879
4. Jakuschew, Viktor Gef. Nr. 326 - 17884

An der Einfriedigung wurden keinerlei Schäden festgestellt, auch keine Erdlöcher. Ein Suchkommando von 8 Mann ist sofort in Marsch gesetzt. Bisher ohne Erfolgsmeldung.

Schrifliche Eingabe folgt.

In Vertretung des Lager-Kommandanten

gez. Meier,

Sanitäts-Obergefreiter.

Dauerdienst.

Taubert

Telephonist.

Vermerk: Bielefeld, den 18.7.43.

Kommando der Schutzpolizei und Bahnschutzpolizei haben zur Mitfahndung Kenntnis erhalten.
Fahndungskarten sind angelegt.

Schlattfeldt

Krim.Sekretär.

und allem notwendigen Versorgten warteten ab. Und als ein Teil der Wachmannschaften zum Essen wegging, schlichen sich Slobin, Sajko, Kusmin, Tschernyschew und die anderen in das Bad, schlossen die Tür auf und hinter sich wieder zu und gingen aus dem Lager in die Freiheit. Danach warfen sie den Schlüssel von der äußeren Tür in das Lager. Sie liefen alle unbehelligt bis zum Wald und verbargen sich darin."

Nach Krischnow hatten die eingeweihten „Patrioten der illegalen Arbeit" die Flucht vorbereitet, die letztlich aber scheiterte. Etwa zwei Monate nach der Flucht fanden sich die wieder Aufgegriffenen im Gefängnis des Stalag 326 wieder, wo sie „bestialisch" verprügelt und „bei Sajko das Schlüsselbein zerschlagen" wurde. In Staumühle geschah anschließend das Gleiche noch einmal, bis, so Krischnow, „die Ausreißer in das Bergbaulager ‚Jama' nach Hemer" kamen. Offensichtlich verstanden M. A. Krischnow und seine Mitstreiter in Staumühle ihre Tätigkeit als „Fluchthelfer" als Widerstand gegen den Faschismus; denn er bezeichnet es als Ziel der Flüchtigen,[49] „sich aus den Räumen der Wachmannschaft Waffen zu holen und so ausgerüstet im deutschen Hinterland den Kampf zu führen, um die Faschisten erbarmungslos zu schlagen."

In der einschlägigen Literatur der ehemaligen DDR spielt die Flucht als eine Form von Widerstand eine wichtige Rolle. Sie hatte nach Seeber,[50] „auch wenn die Menschen dadurch noch nicht in jedem Fall zu aktiven, bewußten Kämpfern für die Befreiung wurden, eine große Bedeutung. Dessen ungeachtet war sie nicht die höchste Form des Widerstandes und konnte auch nicht die einzige Form des Kampfes bleiben."

Obgleich diese Aussage sich hier insbesondere auf zivile Zwangsarbeiter bezieht, gilt sie auch für die Kriegsgefangenen. Wir dagegen halten die nicht einzudämmenden Fluchtversuche von sowjetischen Kriegsgefangenen zum allergrößten Teil für jeweils individuelle Verzweiflungsausbrüche, um aus einer als nicht mehr erträglich empfundenen Lebenslage zu entfliehen, ohne die Folgen überhaupt zu bedenken. Realistisch betrachtet boten sie jedenfalls keinen Ausweg.

3. Resistenz und Widerstand[51]

In der vorliegenden Untersuchung haben wir uns schon mehrfach auf „Augenzeugenberichte" ehemaliger Kriegsgefangener bezogen, die der Arbeitskreis Blumen für Stukenbrock im Herbst 1988 unter dem Titel „Das Lager 326" veröffentlicht hat. In diesen Berichten, die man besser „Erinnerungen" nennen sollte, nehmen Widerstandshandlun-

49 Ebd. Zum Problem des Widerstandes s. den nächsten Abschnitt.

50 E. Seeber, Zwangsarbeiter, S. 226, und Deutschland im zweiten Weltkrieg, S. 502; vgl. Herbert a. a. O. S. 313.

51 Mit der Übernahme seiner Überschrift verweisen wir gleichzeitig auf Broszats Zusammenfassung des Forschungsstandes zur Debatte um den Begriff „Widerstand", auf die hier nicht weiter eingegangen wird, sowie auf Detlev Peukerts Rezension zu Broszats Beitrag – in: AfSG XXIV, 1984, S. 661-666 – mit den dort vorgebrachten Einwendungen.

gen einen breiten Raum ein; außerdem sind sie in einer Reihe von Beispielen konkret und namentlich belegt faßbar, so daß es angesichts der sehr schlechten Quellenlage zu diesem Thema erstmals möglich ist, einige Entwicklungslinien und Zusammenhänge aus der Sicht der Betroffenen aufzuzeigen.

Die sowjetischen Ärzte und Sanitäter in den Revier-Baracken des Stalag 326 (VI K) erkannten rasch den Freiraum, der sich ihnen angesichts ihrer weithin selbständigen Arbeit in der Krankenbetreuung bot, und nutzten ihn, um besonders gefährdeten Kameraden zu helfen. Die Hilfe begann damit, daß kranke Kameraden länger als notwendig im Revier „gehalten“ wurden, um sie wieder zu Kräften kommen zu lassen, und sie reichte bis zum Vortäuschen von Operationen an Gesunden und zur Fälschung von Krankheitsblättern. Dazu schreibt der ehemalige kriegsgefangene Arzt Siltschenko:[52] „Die Baracken Nr. 7 und Nr. 8 waren von anderen durch Stacheldraht abgetrennt. Die Deutschen hatten Angst, wegen der Ansteckungsgefahr in diese Baracken zu gehen, da in der Baracke Nr. 7 die Tuberkulosekranken und in der Baracke Nr. 8 die Kranken mit Typhus untergebracht waren. Diese Angst nutzten die gefangenen Ärzte. Der Arzt Gustschin brachte in der Baracke Nr. 7 die Gefangenen in großer Zahl unter, die von den Abwehrleuten gesucht wurden; nach einer gewissen Zeit wurden diese ‚Kranken‘ in das Speziallazarett für Tuberkulosekranke Staumühle geschickt, wo sich ihre Spuren verloren. In der Baracke Nr. 8 wurden unter der Leitung des Arztes Siltschenko viele gesunde Kommandeure und Politarbeiter untergebracht, in deren Krankheitsblätter Bauchtyphus oder Fleckfieber geschrieben wurde. In der Baracke Nr. 6 legte der Arzt Drushkow Gipsverebände an nicht existierende Brüche der Extremitäten an. Dadurch konnten die ‚Unfallkranken‘ monatelang im Lazarett bleiben. Eine ähnliche Arbeit leisteten in anderen Baracken des Lazaretts die Ärzte Saizew, Igonin, Stupin und andere.“

M. A. Krischnow, der nach eigenem Bekunden von Ende Oktober 1941 bis Ende 1944 als Sanitäter im Seuchenlazarett Staumühle arbeitete, berichtet über die von Siltschenko angesprochene Zusammenarbeit zwischen dem Sanitätspersonal im Stalag 326 (VI K) und in Staumühle:[53] „Ich erinnere mich an einen Fall, als auf Initiative des Arztes Alexejew ein Bursche aus dem Stammlager nach Staumühle geschickt worden war, der Dolmetscher und Zeuge dabei war, als die Faschisten bei Smolensk selbst Polen erschossen. Ein Junge aus der Kartei (der Schreibstube des Lagers) teilte uns mit, daß auf der Kartei des Dolmetschers stand, Unterliegt einer sofortigen Vernichtung ... Für ihn legten die Deutschen eine besondere Überwachung fest ... Den Dolmetscher unter ihren Augen zu verstecken und verschwinden zu lassen, war sehr schwierig. Doch da war ein Ausweg auch schon gefunden: An einem Sonnabend starb in der Nachbarbaracke ein Gefan-

52 Das Lager 326 (47), S. 39.

53 Ebd. S. 79.

54 Der Dolmetscher war nach dem Bericht polnischer Nationalität. – Krischnow berichtet ähnlich detailliert von einem weiteren Identitätswechsel durch Vertauschung mit einem Toten. Vgl. ebd. S. 80f.

gener, der dem Polen[54] ähnlich war. Sonnabends verließen die Deutschen das Lager bis zum Montag. Sie ließen nur einen deutschen Sanitäter da. Wir beide, Gerasimenko und ich, holten den Verstorbenen in die Baracke Nr. 30 und legten ihn auf die Pritsche, auf der der Dolmetscher gelegen hatte... Den Dolmetscher brachten wir mit der Nummer des Verstorbenen in eine andere Baracke. Wir teilten ihm die Personalangaben seines Doppelgängers mit. Nach einigen Stunden riefen wir den deutschen Sanitäter, der den Tod des Dolmetschers bestätigte. Am Sonntag brachten die Sanitäter die Leiche mit einem Leichenwagen zur Bestattungsstätte... Einige Tage später meldeten wir den Dolmetscher ab, und er verließ als ein anderer das Lazarett in einem Arbeitskommando."

Krischnows Genauigkeit bei der Schilderung von Umständen und Verlauf dieser gefährlichen Aktion sind ebenso überzeugend wie die Darstellung der spektakulären Gruppenflucht, die wir schon kennengelernt haben.[55] Nach verschiedenen Indizien kann der Vorgang auf Ende 1943 bis zum Frühjahr 1944 datiert werden. Die Möglichkeit zu einer solchen zeitlichen Einordnung bietet Krischnows Hinweis auf die „Initiative des Arztes Alexejew", von dessen Schlüsselrolle bei der Formierung einer Widerstandsgruppe mehrere der vorliegenden „Augenzeugenberichte" sprechen.

Die genauesten Angaben macht der Leutnant D. B. Starikow[56], der von Ende 1942-1945 wegen seiner guten deutschen Sprachkenntnisse in der Gefangenen-Kartei des Stalag 326 (VI K) tätig war. Zunächst vermerkt er, ohne auf Einzelheiten einzugehen:[57] „Im Rahmen meiner Arbeit hatte ich die Möglichkeit, unseren Leuten durch Änderung des Stempels[58] bei der Angabe des Gesundheitszustandes zu helfen, damit sie leichtere Arbeit erhielten."

Außerdem gelang es Starikow bisweilen, eine russische Zeitung über neu eingetroffene Kriegsgefangene ins Lager zu schmuggeln und deutsche Zeitungen abends für seine Barackengenossen zu übersetzen. Lakonisch bemerkt er: „Darauf beschränkte sich im wesentlichen auch meine Arbeit im Zeitraum von einem Jahr." Doch das änderte sich, als 1943 der Arzt Alexejew in das Lager kam und rasch nicht nur „die allgemeine Hochachtung der Kriegsgefangenen" gewann, sondern auch die Wertschätzung der Deutschen, „die seine Kenntnisse als Chirurg" bewunderten. Der Berichterstatter fährt fort: „Vor seinem Eintreffen gab es keinen organisierten Widerstand. Vereinzelte Angriffe der Gefangenen gegen die Deutschen brachten keinen wesentlichen Effekt, da die Angriffe gewöhnlich mit der Exekution endeten. Bald wurde mir von einem Mitarbeiter des Reviers gesagt, daß sich unter Leitung von Alexejew eine Gruppe von Patrioten mit dem Ziel zusammengefunden habe, den Deutschen aktiven Widerstand entgegenzusetzen. Ich erfuhr, daß sie meine Hilfe brauchten. Dann wurde ich gefragt, ob

55 Vgl. oben die Schilderung zu Anmerkung 45.

56 Vergleiche Starikows Bericht ebd. S. 62-67. Zu seinem Dienstgrad und zur Bewertung seiner Widerstandsarbeit vgl. S. 40.

57 Ebd. S. 66.

58 Nach dem Grad der Arbeitsfähigkeit teilte ein deutscher Arzt die Gefangenen in 3 Gruppen ein, und Starikow hatte die Karteikarten entsprechend zu stempeln. So bezeichnete z. B. die Ziffer 3 „Schwache und Kranke".

ich dieser Organisation beitreten und an dieser Arbeit teilnehmen wolle. Ich gab mein Einverständnis und lernte dabei bald Alexejew kennen."

Alexejews „bedeutende Rolle" bei der „Organisation der Widerstandsgruppe des Lazaretts und der Knüpfung von Verbindungen zu anderen Abteilungen des Lagers" und darüber hinaus zur „Widerstandsorganisation im Tuberkulose-Lazarett Staumühle" sowie zum Lazarett des Lagers „für Dienstuntaugliche in Wietmarschen im Emsland, in das unser medizinisches Personal Invalidentransporte aus dem Stalag begleiten mußte", heben in gleicher Weise der bereits zitierte Siltschenko[61] und der ehemalige Gefangene I. P. Anikejew[62] hervor.

Unter der Überschrift „Als Arzt half ich, Menschen zu retten" problematisiert der Arzt F. J. Tschumakow den von seinen ehemaligen Mitgefangenen oft verwendeten Begriff „aktive Widerstandsorganisation" in folgender Weise:[63] „Mir ist nicht bekannt, ob es in unserem Lazarett oder im Lager irgendeine aktive ‚Widerstandsorganisation' gegeben hat. Jedoch war im Lagerlazarett, das von einem energischen, klugen und tapferen Menschen, dem Arzt I. G. Alexejew, geleitet wurde, ein gut organisiertes Kollektiv von medizinischen Mitarbeitern, das zusammenhielt. Wir alle hatten nur ein Ziel: mit allen uns möglichen Mitteln das Leben einer möglichst großen Zahl von Kriegsgefangenen zu erhalten. Dieser wichtigen Aufgabe waren auch alle unsere Handlungen untergeordnet. Es muß auch noch erwähnt werden, daß wir während der gesamten Zeit unserer Tätigkeit in stillschweigenden Einvernehmen im Großen und Ganzen hundert-, wenn nicht tausendmal den deutschen Ärzten und Unteroffizieren vom Sanitätsdienst viel mehr Kranke als schwerkrank vorstellten, als sie es tatsächlich waren, und Gesunde noch für längere Zeit im Lager behielten. Manchmal haben wir gesunde Kriegsgefangene aufgenommen, welche sich aus irgendeinem Grunde verbargen oder ihren Platz wechseln mußten."

Siltschenko nennt in diesem Zusammenhang die folgenden konkreten Zahlen:[64] „Waren vor der Bildung der Widerstandsgruppen 600 bis 800 Kranke im Lazarett, so waren es Ende 1943 1400 bis 1500."

Gleichzeitig wirft er die Frage auf:[65] „Wie war es möglich, diese Arbeit bei der scharfen Kontrolle der sowjetischen Kriegsgefangenen durch die Gestapo und die Abwehr durchzuführen?"

Als Antwort gibt er selbst zunächst zwei Gründe an: Einmal „wurden die Ärzte bis Ende 1944 relativ selten ausgewechselt"[66], so daß sie sich untereinander gut kannten und dadurch zweitens miteinander Kontakte zu vertrauenswürdigen „Patrioten" überall im Lager knüpfen und ausbauen konnten. Denn da nur wenige Deutsche die russische Sprache verstanden, waren sie gezwungen, wichtige Vertrauensposten in fast allen Abteilungen des Stalag mit Kriegsgefangenen zu besetzen. Als „Aktivisten des Widerstandes" bezeichnet Siltschenko nament-

59 Das Lager 326 (47) S. 67.

60 Ebd.

61 Ebd. S. 40.

62 Ebd. S. 68-74; hier bes. S. 70-72.

63 Ebd. S. 117-122; S. 117f. Tschumakow war von Anfang 1944 bis zur Befreiung am 2. 4. 1945 im Stalag 326 (VI K).

64 Ebd. S. 38.

65 Ebd. S. 41.

66 Ebd. S. 38.

lich[67] „D. Stanilsow in der Kartei, A. Pistschalow im Lebensmittellager, A. Baryschew in der Abteilung für die Zusammenstellung der Arbeitskommandos und andere."

Schließlich erinnert er sich dankbar an die „große Hilfe" von „deutschen Antifaschisten..., die in der Kommandantur, im Medizinbereich und im Lagerschutz arbeiteten." Diese Helfer[68] „warnten die Gefangenen vor Durchsuchungen im Lazarett und im Lager, informierten sie über Besuche der Führung in den Baracken, über bevorstehende Abtransporte von Gefangenen aus dem Lager und über die Ankunft neuer Gefangener. Sie versorgten die Gefangenen mit deutschen Zeitungen. Das alles half, die notwendigen Maßnahmen zu treffen, damit die im Widerstand Tätigen nicht von den Deutschen überrascht werden konnten."

Trotzdem gelang es der deutschen Abwehr, Agenten einzuschleusen; und übereinstimmend berichten Siltschenkow und Krischnow von einer förmlichen Verhaftungswelle unter dem Sanitätspersonal im März 1944[69], von der „insgesamt über 20 Personen" betroffen wurden, unter ihnen befand sich auch der Chefarzt Alexejew. Nach vierzigtägiger Haft im Lagergefängnis konnten sie jedoch zunächst an ihre Arbeitsplätze zurückkehren. Denn, so berichten die beiden Zeitzeugen mit spürbarem Stolz, die betroffenen „Patrioten" hätten trotz Folter und Hunger alle Beschuldigungen bestritten und niemanden verraten.

Im Spätherbst 1944 erfolgte dann eine umfassende „Umverlegung von medizinischem Personal zwischen den Lagern". Mehr als die Hälfte der Ärzte und etliche Sanitäter wurden im Rahmen dieser Aktion aus dem Stalag 326 (VI K) und aus dem Kriegsgefangenen-Lazarett Staumühle – unter ihnen Alexejew und Krischnow – in das Stalag VI A nach Hemer versetzt. Doch nach Siltschenkos Worten brachte dieses „Durcheinanderbringen" nicht „den gewünschten Effekt"[71]; denn „die in das Lazarett des Stalag 326 gekommenen Mediziner waren ebenfalls sowjetische Patrioten. Bald wurde mit ihnen eine Gemeinsamkeit der Ansichten festgestellt, und sie führten die Aufgaben der Lagerorganisation weiter."

Aus Hemer kam im Dezember 1944 der Arzt G. M. Matwejew[71] in das Lager-Lazarett, in dem er schon Ende 1943 wenige Wochen gearbeitet hatte. Nach einigen Wochen wechselseitigen Abtastens übernahm er im Februar 1945 die Aufgabe Alexejews als Chefarzt und spielte im März eine wichtige Rolle zur Vorbereitung der Befreiung des Stalags, auf die wir noch eingehen werden.[72]

Es fällt auf, daß keiner dieser Berichte eine Kontaktaufnahme geschweige denn eine Zusammenarbeit mit einer regional oder überregional arbeitenden Widerstandsorganisation erwähnt. Insbesondere fehlt jeder Hinweis auf die Anfang 1943 in München von sowjetischen

67 Ebd. S. 41.

68 Ebd. S. 41; einige sind namentlich genannt.

69 Ebd. S. 43 und S. 89f.

70 Ebd. S. 44.

71 Vgl. Matwejews Erinnerungen ebd. S. 106-117; wohl irrig meint er als einziger, Alexejew habe erst am 28. 2. 45 das Stalag verlassen. Ebd. S. 112.

72 Vgl. Ebd.

Offizieren gegründete „Brüderliche Zusammenarbeit der Kriegsgefangenen" (BSW), die rasch auch die Ostarbeiter erfaßte und sich über Süddeutschland hinaus zur größten und am besten organisierten Widerstandsbewegung unter den Kriegsgefangenen und zivilen Zwangsarbeitern entwickelte.[73] Gerade weil eine Verbindung mit der BSW in der Senne nie bestanden hat, konnten die ehemaligen Gefangenen auch bei der Niederschrift ihrer Erinnerungen noch nicht erkennen, daß die Verhaftungen im März 1944 und die weiteren peinlichen Untersuchungen im Sommer im Rahmen einer zentralen Fahndung von Wehrmacht und Gestapo zur Zerschlagung der BSW erfolgten. Schon am 29. Dezember 1943 forderte das Wehrkreiskommando VI alle ihm unterstellten Kriegsgefangenenlager auf, die Kriegsgefangenen „unauffällig zu beobachten" wegen der Zugehörigkeit zu einer Organisation der sowjetischen Kriegsgefangenen, die in einer fehlerhaften Übersetzung ihres Namens in den deutschen Dokumenten „Brüderliche Mitarbeiterschaft aller Kriegsgefangenen" genannt wird. Mit dem auf der folgenden Seite abgebildeten geheimen Rundschreiben begannen also die Nachforschungen im Wehrkreis VI unter der Federführung des Beauftragten des Reichssicherheitshauptamtes in Recklinghausen.[74]
Der Chef der Sipo und des SD gab das erwartete Signal zu einer reichsweiten sicherheitspolizeilichen Durchsuchung der Kriegsgefangenenlager am 22. Februar 1944. Er ordnete sogar Leibesvisitationen bei den Kriegsgefangenen an. Im Wehrkreis VI wurde die Aktion am 31. März durchgeführt[75], während der auch die geschilderten Massenverhaftungen im Stalag 326 (VI K) und im Seuchenlazarett Staumühle erfolgten. Trotz oder auch wegen der Ergebnislosigkeit fand „die nächste abwehrmäßige Überholung der sowjetischen Kriegsgefangenen" im Juli statt.[76]
In einer „Übersicht der bisher im Wehrkreis VI festgestellten Widerstandsgruppen und illegalen Organisationen unter Kr.Gef." konnte daraufhin der Kommandeur der Kriegsgefangenen am 16. September 1944 in bezug auf die BSW berichten:[77] „Die bisher durchgeführten Ermittlungen haben keine Anhaltspunkte einer Verbindung der sowj. Kr.Gef. des Wehrkreises zu dieser Organisation erbracht."
Hingewiesen wird jedoch auf einen „Versuch der Bildung einer Geheimorganisation", deren Name auch in den Erinnerungen des schon oft genannten ehemaligen Kriegsgefangenen M. A. Krischnow auftaucht; deshalb sollen die beiden Aussagen hier verglichen werden. Der Bericht des Wehrkreiskommandos VI vermerkt:[78]
„V-Leute stellten in einem Stalag eine Geheimorganisation fest. Das Ziel war:
1. Wühlarbeit und Sabotage auf den Arbeitsstellen.
2. Organisation von Massenfluchten.
3. Vorbereitung eines bewaffneten Widerstandes.

73 BSW ist die russische Abkürzung für die Organisation. Vgl. Herbert, Fremdarbeiter, S. 316-318; zur Abkürzung ebd. S. 443; Anm. 208. Die gründlichsten Untersuchungen hat der sowjetische Historiker J. A. Brodski vorgelegt in: Brodski, Die Teilnahme sowjetischer Patrioten an der antifaschistischen Widerstandsbewegung; derselbe, Die Lebenden kämpfen; derselbe, Im Kampf gegen den Faschismus; derselbe, Timor und andere.

74 BA/MA RH 49/116, Bl. 45.

75 Vgl. HStA D RW 36/26, Bl. 74-85 und RW 36/43, Bl. 83-104: Einsatzbefehle und Abschriften des Programms und der Organisationsstruktur der BSW.

76 HStA D RW 36/43, Bl. 150.

77 BA/MA RH 49/112. Vgl. Anlage 32, S. 252 ff.

78 Vgl. Anlage 32 Ziffer 3.b).

31. DEZ 1943

Wehrkreiskommando VI Münster, den 29.12.1943
Abt.Kr.Gef.IIa Az K 3/X Nr.2073/43 geh.
Fernsprecher: 24261
Nebenanschl.: 526

Geheim!

Bezug: ohne
Betr.: Organisation der sowj.Kr.Gef."Brüderlicher Mitarbeiterschaft aller Kr.Gef."

Die Anlage wird hiermit zur vorläufigen Kenntnisnahme übersandt. Die Kr.Gef. sind unauffällig zu beobachten. Etwaige Beobachtungen über das Bestehen dieser Organisation unter den Kr.Gef. des Wehrkreises VI sind umgehend an W.Kdo.VI, Abt.Kr.Gef. und an die Abwehrstelle im Wehrkreis VI zu melden. Geeignete Gegenmaßnahmen werden vom W.Kdo.VI, Abt.Kr.Gef. im Einvernehmen mit der Abwehrstelle und dem Beauftragten des RSHA. bei der Krim.Stelle in Recklinghausen befohlen werden. Nach außen in Erscheinung tretende Einzelmaßnahmen der Lager sind, wenn nicht Gefahr im Verzuge ist, bis zum Erlaß dieses Befehls zu unterlassen.

1 geh.Anlage

Im Auftrage des Wehrkreisbefehlshabers
Der Kommandeur der Kr.Gef.
I.A.

[Unterschrift]

Verteiler:
Oflag VI: A,B,C,D,
Stalag VI:A,C,D,F,G,J,326(VI/K)
Kgf.BAB.3,6,7,9,12,17,18,25,26,35,36,37,45,46,106.
Kgf.Glaser-Batl.VI,XVI
Kgf.Dachd.-Batl.VI,XVI
Bez.Kdt."R", Oberhausen
Z.V.Stelle, Düren
W.Kdo.VI Abt.Kr.Gef., Vorrat: 10 x

Sitz dieser Organisation war das Lagerlazarett. Das Losungswort der Organisation war ‚Michail Kolzow'. 5 sowj. Kgf., darunter 2 Ärzten, konnte die Beteiligung an dieser Organisation nachgewiesen werden. Die Organisation konnte zerschlagen werden. Verbindung in den zivilen Sektor ist nicht festgestellt worden."

Bei Krischnow nennt ein V-Mann, der wolgadeutsche Kapitänleutnant Oleg Lange, der im Frühjahr 1944 unter dem Decknamen Konjuschenko in das Kriegsgefangenenlazarett Staumühle eingeschleust wurde, den Namen der Organisation gegenüber dem Leiter der Lagerapotheke Pusenko, der Lange nach der Meinung Krischnows allzu rasch Vertrauen schenkte. Seine Darstellung lautet:[79] „Bei seinen Gesprächen mit Pusenko legte Lange ihm nahe, Mitglied der patriotischen Organisation ‚Michail Kolzow' zu werden. Mit seinen Aussagen überzeugte er Pusenko davon, daß die zentrale Untergrundorganisation in den Konzentrationslagern Deutschlands unter der Leitung des sowjetischen Journalisten Michail Kolzow stehe, der in einem Strafkommando in Gefangenschaft geraten sei. Lange sagte, er sei auch Mitglied dieser Organisation, ein Kämpfer im Hintergrund, und ihn hätte sie zur Verbindung in den hiesigen Widerstand geschickt."

Auf Langes Verrat führt der Berichterstatter dann die bereits beschriebene Verhaftungswelle vom März 1944 zurück. Den Abschluß seiner Erinnerungen schließlich bilden die folgenden Sätze:[80] „Nach der Befreiung 1945 war es ehemaligen Gefangenen gelungen, den Provokateur Oleg Lange zu entlarven. Lange mußte zugeben, daß ‚Michail Kolzow' die Bezeichnung der SS-Operation zur Ermittlung sowjetischer Widerstandskämpfer war. Der Verräter wurde hingerichtet."

Dieser Schluß steht im Widerspruch zu der offiziellen deutschen Darstellung vom 16. September 1944. Leider wird dort das Stalag, in dem die Aufdeckung gelang, nicht näher genannt, so daß wir die widersprüchliche Überlieferung nebeneinander stehen lassen müssen, auch wenn einige Angaben in Krischnows Bericht auf einen Zusammenhang hinzudeuten scheinen.[81]

Über Widerstandshandlungen außerhalb der Gruppe um die Ärzte des Stalag-Reviers und des Kriegsgefangenenlazaretts Staumühle berichten die Erinnerungen der ehemaligen Gefangenen nur sehr pauschal. So werten sie etwa die nicht abreißenden Fluchtversuche als ein „weiteres Auflehnen gegen die faschistische Unterdrückungsmaschinerie"[82], ohne auch nur einen Fall aus dem Stalag 326 (VI K) beispielhaft anzuführen.

In einer summarischen Aneinanderreihung von Sabotageakten gegen die deutsche Kriegswirtschaft werden allerdings konkrete Angaben gemacht. So heißt es:[83] „In Bielefeld zerstörten der Unterfeldwebel W.

79 Vgl. (47) S. 89. – Das Mißtrauen bewies sich als berechtigt, denn noch in Staumühle identifizierte ein sowjetischer Offizier Konjuschenko alias Lange als V-Mann.

80 Ebd. S. 91.

81 Ebd. S. 89.

82 Ebd. S. 33.

83 Ebd. S. 34f.

Pawlow und der Unteroffizier I. Romanow allmählich sieben Werkbänke. Politkommissar I. Nikitin zerstörte mehrfach die Kraftübertragung, was zum Stillstand der Werkbänke führte. Der Leutnant M. Iwanenko und der Soldat W. Butyrij schraubten einen Teil eines Automaten heraus und warfen ihn in die Toilette. Der Leutnant S. Wachtin legte einen Brand in einem Lager für Flugzeugsperrholz. So wurde auch die Verarbeitungsabteilung vom Feuer in Mitleidenschaft gezogen. ... Solche Fälle gab es viele. Die Schuldigen dieser Havarien wurden umgebracht. ... Aber die sowjetischen Menschen hörten nicht auf, der deutschen Rüstungsindustrie Schaden zuzufügen. Mag sein, er war nicht sehr hoch, aber das war der Beitrag derer zum Widerstand, die in der Gefangenschaft zur Arbeit herangezogen wurden."
Leider ist es aufgrund der Quellenlage nicht möglich, das persönliche Schicksal auch nur eines der genannten Kriegsgefangenen aufzuzeigen.

Nicht übergangen werden darf schließlich der Bericht über die Gründung einer Widerstandsorganisation in Ostwestfalen-Lippe. Wir erfahren darüber folgendes:[84] „Die Arbeit des Widerstandes, die im Lager durch Einzelne und kleine Gruppen begann, entwickelte sich zu einer großen organisierten Tätigkeit, an der sich viele Hunderte Kriegsgefangene beteiligten. Sie breitete sich auch außerhalb der Lagergrenzen aus und wurde in den Arbeitskommandos Bielefeld, Gütersloh, Detmold, Salzkotten, Paderborn und in anderen Städten getätigt. Die Kriegsgefangenen fügten damit der deutschen Rüstungsindustrie keinen geringen Schaden zu."

Ohne Zweifel hat es Einzelfälle von Sabotageakten gegeben; doch eine „große organisierte Tätigkeit", von der hier die Rede ist, hätte sich in den überlieferten Akten der Kripo und der Gestapo niederschlagen müssen. Dies ist jedoch nicht der Fall, so daß wir diese summarischen Angaben in Frage stellen müssen.

In einem Symposium in der Gedenkstätte Bergen-Belsen haben wir im März 1991 die Frage nach der Glaubwürdigkeit von Widerstandsberichten ehemaliger sowjetischer Kriegsgefangener aufgeworfen. Der bekannte sowjetische Historiker Brodski, der zum Zweck der Rehabilitation der Kriegsgefangenen in der Sowjetunion eine sowjetische Widerstands-Historiographie begründete, als das Thema offiziell noch tabu war, erklärte daraufhin, es empfehle sich, die Berichte ehemaliger sowjetischer Kriegsgefangener über Widerstandshandlungen sehr sorgfältig zu analysieren und möglichst mit parallelen deutschen Quellen zu vergleichen. Denn noch lange nach dem Krieg hätten die Heimkehrer beweisen müssen, daß sie nicht schon durch die Gefangennahme selbst und dann in der Gefangenschaft zu „Verrätern" geworden seien. Ja selbst „heute" seien sie in den Augen vieler Sowjetbürger noch nicht voll rehabilitiert.[85]

84 Ebd. S. 44.

85 Vgl. dazu Brodski, Timor und andere, a. a. O., S. 251f.

Trotz der schlechten deutschen Quellenlage lassen sich die Vorgänge im Stalag 326 (VI K) und im Seuchenlazarett Staumühle in den von deutscher Seite dargestellten größeren Zusammenhang einordnen; die immanente Glaubwürdigkeit der nachgezeichneten Erinnerungen dürfte damit auch formell nachgewiesen sein. Inwieweit die handelnden Ärzte und ihre Helfer vorwiegend aus humanitären Gründen alles Menschenmögliche für ihre gedemütigten, leidenden Mitgefangenen getan haben, oder ob sie damit bewußt politische Zeichen setzen wollten, darüber läßt die Quellenlage eine eindeutige Antwort nicht zu.

V. Kapitel

Die Lage der „westlichen“ Kriegsgefangenen und der nachweisbare Kriegsgefangenenbestand im Stalag 326 (VI K)

1. Das Lager für „westliche“ Kriegsgefangene

Der abgebildete Lageplan des Stalag 326 (VI K)[1] zeigt im Südwesten deutlich abgetrennt vom Hauptlager als Annex ein „Lager für westl. Kgf.“ mit einer Ausdehnung von etwa 220x200 m. Es umfaßte im Jahre 1944 24 RAD-Unterkunfts- sowie einige Funktionsbaracken. Die Bezeichnung ist übrigens nicht ganz korrekt, denn dem „Westlager“ waren auch Serben und Polen zugeordnet. Allein dadurch wird allerdings deutlich, daß die sowjetischen Kriegsgefangenen mit weitem Abstand den letzten Platz in der Hierarchie der in deutscher Hand befindlichen Kriegsgefangenen einnahmen.

Bei genauerer Betrachtung des Lageplans erkennen wir die Besserstellung der im Westlager untergebrachten Gefangenen schon daran, daß trotz der Vorschrift, die einzelnen Nationalitäten streng voneinander zu trennen, kein Stacheldraht zwischen den einzelnen Baracken gespannt war. Erst im Januar 1945 beantragte die Lagerleitung aufgrund eines Befehls des Kommandeurs der Kriegsgefangenen im Wehrkreis VI einige hundert Meter Stacheldraht, um aus Sicherheitsgründen zwischen den Baracken Zäune ziehen zu lassen.[2] Im Gegensatz zum Hauptlager kannte das Westlager zudem nur einfache und keine mit Maschinengewehren bestückten Wachtürme.

Die Überlieferung der Entwicklung dieses kleinen Lagers ist sehr dürftig, so daß sie nur in groben Umrissen skizziert werden kann:

Die ersten Unterkünfte wurden hier wohl schon im Mai oder Juni 1941 für die französischen Gefangenen errichtet, die zusammen mit der deutschen Stabseinheit aus dem Emsland in die Senne gekommen waren, um das neue Stalag aufzubauen. Das eigentliche Westlager entstand jedoch erst ab Spätsommer 1942, als das Stalag 326 (VI K) mit der Zuweisung eines eigenen Arbeitseinsatzbezirkes rund 12000 Kriegsgefangene verschiedener Nationalität in den Arbeitskommandos im Regierungsbezirk Minden und im Land Lippe übernahm.[3] Es handelte sich hier besonders um Franzosen und um Serben.

Nach dem Sturz des Faschismus in Italien kamen seit dem Spätherbst 1943 mehrere tausend italienische Militärinternierte hinzu.[4] Bei Gerhard Schreiber heißt es dazu:[5] „Sämtliche früheren Schwarzhemden und Angehörige der faschistischen Miliz sandte man nach Senne (Wehrkreis VI).“

Das Westlager führte durchschnittlich 11000 bis 12000 Kriegsgefangene, von denen sich indes nur etwa 10 bis höchstens 15% im Lager selbst aufhielten. Viele der Gefangenen in den Arbeitskommandos, die ihm nominell zugeordnet waren, haben das Westlager nie betreten, denn ihre Registrierung war nicht erforderlich, weil sie bei der Überstellung zum Stalag 326 (VI K) die erforderlichen Papiere und Erkennungsmarken bereits mitbrachten. Wie schon erwähnt, ist bisher kein

1 Vgl. oben S. 28 f. und Anm. I 54.

2 Vgl. BA/MA RH 53-6/112, Bl. 27.

3 Vgl. oben S. 105 und Anm. III 2.

4 Vgl. oben S. 115 und Anm. III 26.

5 G. Schreiber, Die italienischen Militärinternierten, S. 386, Anm. 49.

einziger nichtsowjetischer Kriegsgefangener mit einer Nummer des Stalag 326 (VI K) nachweisbar. Durch Rückverlegungen aus aufgelösten Lagern im Osten nahm gegen Kriegsende die Zahl der Kriegsgefangenen im Westlager zu. Am 2. April 1945 befreiten die Amerikaner aber nur noch 110 Franzosen, von Gefangenen anderer Nationalität ist nicht die Rede.[6]

Nach der Quellenlage lassen sich die Verhältnisse im Westlager nur aus der Sicht der französischen Gefangenen[7] darstellen; sie ergeben sich besonders aus dem offiziellen Bericht einer Kommission des Internationalen Roten Kreuzes, die das Westlager am 27. Juli 1944 besuchte, das Hauptlager aber nicht betreten durfte.[8] Die beiden Delegierten B. Biner und Dr. Ressel stellten einen Bestand von 1225 Gefangenen fest, darunter 263 Franzosen und 2 Holländer. Ihr Bericht bezieht sich ausschließlich auf die Franzosen. Der Gesamtbestand der dem Westlager zugeordneten Kriegsgefangenen betrug nach der Übersicht des OKW vom 1. 7. 1944 8256 Franzosen, 3073 Italiener, 940 Serben und 61 Polen. Zum gleichen Stichtag ist die Zahl der sowjetischen Gefangenen mit 20224 angegeben.[9]

Zur Lage und Unterkunft bemerken die Delegierten aus Genf: „Etwa 10 km von Paderborn, mitten im Lande gelegen, erzeugt dieses Lager im großen Ganzen eher einen guten Eindruck.

Die Franzosen sind auf drei Baracken verteilt. Der Bestand dieses kleinen Stalags wechselt sehr rasch. Tatsächlich werden sehr häufig Durchgangs-BAB verwaltungsmäßig dem Stalag 326 VI K angegliedert. Gegenwärtig warten im Stalag 100 französische Gefangene, die aus einem in Auflösung begriffenen Lager im Osten kamen, in ein BAB eingegliedert zu werden.

Ferner befinden sich in einer halben Baracke eine kleine Kantine und ein Saal, der als Theater und Kapelle dient.“

Zur geistigen und geistlichen Betreuung heißt es dann wörtlich: „Die Bücherei ist gut ausgestattet. Sie enthält 15000 Bände in französischer Sprache, wovon 10000 in die verschiedenen beweglichen Büchereien in den Arbeitskommandos verteilt sind.

Der Vertrauensmann GALLIEN, lieutenant, ist Priester, und die Gefangenen selbst haben ihm die Stelle eines Vertrauensmannes anvertraut. Er ist auch der Chefredakteur einer im Lager herausgegebenen Zeitung, die sehr lebendig ist und von allen Gefangenen geschätzt wird.“

Die hier angesprochene Lagerzeitung erschien unter dem Titel „VI K … Hallo“.[10] Der Hinweis auf den von den Gefangenen selbst gewählten Vertrauensmann beweist, daß die Lagerleitung im Umgang mit den Franzosen noch die Genfer Konvention beachtete. Von Hunger ist in den Berichten nicht die Rede. Allerdings wurde bei den französischen Gefangenen die Ernährung entscheidend aufgebessert durch die sog.

6 Vgl. Kapitel VI. Zu den Zahlen im April 1945 s. J. M. Mecklin, Yanks rescue starving Prisoners from Nazis, in: NA, US War Crimes Office RG 153/100-146/Bx 1380.

7 Bericht des Abbé F. Broie, den die Amicale Nationale des Stalag VI, Paris, zur Verfügung stellte. Vgl. auch seine Schilderung der Verhältnisse der sowjetischen Gefangenen. Auszüge bei Pieper/Siedenhans, (48), S. 33, 36.

8 Besuchsbericht des IKRK vom 2. 7. 1944; ohne Signaturangabe übersandt vom PAAA, Bonn. Er dient als Grundlage der folgenden Ausführungen, soweit keine anderen Quellen genannt sind. – Vgl. auch H. Forwick, Zur Behandlung alliierter Kriegsgefangener, in: MGM 2/1967, S. 119-134. – Eine Ärztekommission hatte das Westlager bereits im Mai 1943 besucht. Vgl. BA/MA RH 53-17/184.

9 BA/MA RW 6/v. 452.

10 Bericht des Abbé F. Broie, s. Anm. 7; vgl. auch Siedenhans, in: Mitten in der Senne (33), S. 192.

Liebesgabenpakete aus der Heimat. Für die Zubereitung dieser Nahrungsmittel stand ihnen sogar ein eigener Herd zur Verfügung. Außerdem setzten sie diese Liebesgaben geschickt als Tausch- und Zahlungsmittel ein, denn viele dieser im Reich rationierten oder gar nicht erhältlichen Lebensmittel waren bei den Deutschen sehr begehrt. Dadurch wurde allerdings das Transport- und Lagerpersonal zum Diebstahl solcher Pakete verführt; bei einer Entdeckung drohten indes empfindliche Strafen. Von der Häufigkeit derartiger Diebstähle erfahren wir aus einer Urteilsbegründung, in der es heißt:[11] „Es kann den Angeklagten geglaubt werden, wenn sie fast übereinstimmend behaupten, es sei unter den Dutzenden von Soldaten, die in der Postüberwachung tätig waren, kaum ein einziger gewesen, der sich nicht an Kr.Gef.-Gut vergriffen habe.“

Als nicht sonderlich gut beurteilte die Genfer Kommission die hygienischen Verhältnisse. Wasser gab es z. B. nur an wenigen Zapfstellen und auch nur in bestimmten zu kurz bemessenen Zeiten. Immerhin befanden sich die als „sehr primitiv“ bezeichneten Latrinen in einwandfreiem Zustand.

Das Westlager verfügte über ein eigenes, wenn auch nur mäßig ausgestattetes Revier mit französischen Ärzten einschließlich eines Zahnarztes. Beklagt wurde das Fehlen einer Isolierbaracke für TBC-Kranke, die deswegen bis zu einer Verlegung einige Zeit im Lagerlazarett des Hauptlagers zusammen mit den sowjetischen Gefangenen behandelt werden mußten. Von diesen aber distanzierten sich die Franzosen immer wieder. So vermerkt der IKRK-Bericht unter dem Stichwort Bekleidung: „Sehr viele französische Soldaten haben heute nur noch grüne Uniformen, ehemalige deutsche, die heute denjenigen der gefangenen Russen entsprechen. Die französischen Gefangenen bitten immer darum, Kaki-Kleider tragen zu dürfen, da sie befürchten, mit den russischen Kriegsgefangenen verwechselt zu werden.“

Die französischen Kriegsgefangenen durften sich verhältnismäßig frei in der Öffentlichkeit bewegen. Sie verhielten sich dabei oft recht ungezwungen, was zu Unmutsäußerungen in der deutschen Bevölkerung führen konnte, etwa wenn ein Deutscher sich durch eine Gruppe ihm entgegenkommender Franzosen plötzlich vom Bürgersteig verdrängt sah.[12] Ihre bevorzugte Stellung unter den Kriegsgefangenen ergibt sich auch aus zahlreichen Strafakten, die sich mit dem in der Regel empfindlich geahndeten Straftatsbestand „Umgang mit Kriegsgefangenen“ befassen. Sind französische Kriegsgefangene betroffen, so handelt es sich fast ausschließlich um sexuelle Kontakte mit deutschen Frauen. Beide kamen in der Regel mit einer glimpflichen Strafe davon. Bei den sehr seltenen aktenkundigen Beziehungen zwischen deutschen Frauen und sowjetischen Gefangenen lautete das Urteil für die Frau gewöhnlich: Konzentrationslager wegen Rassenschande, und für

11 Vgl. BA/ZNS: Gerichtsakte gegen W. B. – Die Angeklagten, Soldaten und Zivilangestellte des Stalag VI D, wurden wegen Unterschlagung, Hehlerei u. ä. zu Rangverlust und längeren Freiheitsstrafen verurteilt.

12 Vgl. StA DT M 18 Nr. 21 Bd. I, S. 154-166: Zusammenstellung von Beschwerden über Franzosen durch den SD-Abschnitt Dortmund vom 30. 3. 1942.

den Mann: Tod durch Erhängen. Doch in fast allen Fällen, in denen sowjetische Kriegsgefangene betroffen waren, handelte es sich um verbotene Zuwendung von Nahrungsmitteln. Hier ging es also ganz einfach um die Frage des Überlebens.

2. Der Bestand an Kriegsgefangenen 1941–1945

Drei Quellenarten unterschiedlicher Herkunft und Qualität geben Auskunft über den Kriegsgefangenenbestand des Stalag 326 (VI K) und seine Entwicklung von 1941-1945. Für den Zeitraum von Dezember 1941 bis Januar 1945 liegen fast lückenlos die Bestandslisten des OKW vor, die nicht nur die jeweilige Gesamtzahl der Gefangenen nach Nationalitäten aufschlüsseln, sondern darüber hinaus noch aufführen, wie viele von ihnen sich im Arbeitseinsatz befanden.[13] Diese Listen lassen sich ergänzen durch andere zeitgenössische Quellen, etwa durch Schreiben der Landesarbeitsämter, der Reichsvereinigung Kohle oder anderer Institutionen, die aus einem besonderen Anlaß für einen bestimmten Zeitpunkt Hinweise auf die Belegung einzelner Stammlager, aller Gefangenenlager eines Wehrkreises oder auch des ganzen Reichsgebietes geben. Schließlich sind Zeitzeugen zu nennen, in deren mündlichen und schriftlichen Äußerungen Zahlenangaben gemacht werden, die sich allerdings häufig als ungenau erweisen.

Nur sehr vage Zahlen sind für die rund 4 1/2 Monate von der ersten Belegung des Stalag 326 (VI K) am 10. Juli bis Ende November 1941 überliefert. Dieser Sachverhalt ist vor allem deshalb bedauerlich, weil im Herbst 1941 das Massensterben einsetzte, dessen Ausmaß man beim Vorliegen genauerer Zahlen besser bestimmen könnte.[14] Dem von der SD-Außenstelle Bielefeld für Ende Juli angegebenen Bestand von 12000 sowjetischen Kriegsgefangenen in der Senne – im März 1942 sprach sie sogar von 15000[15] – stehen am 1. Dezember 1941 nach der ersten erhaltenen Aufstellung des OKW 5428 gegenüber. Diese Angaben sind jedoch völlig unbrauchbar für eine Schätzung der Sterbefälle in dem von ihnen umschlossenen Zeitraum, wie die nachfolgenden Überlegungen zeigen:

In der Größenordnung scheinen die Schätzungen des SD zuzutreffen, denn nachweislich sind mindestens 13 Transporte mit je etwa 1000 sowjetischen Kriegsgefangenen im Juli in Hövelhof angekommen.[16] Am Ende des Monats befanden sich im gesamten Reichsgebiet ca. 65000 „Russen“, die Mehrzahl von ihnen noch östlich der Elbe, vor allem im Wehrkreis I Königsberg.[17] Danach wären aber immerhin rund 20% von ihnen in das neuerrichtete Stalag 326 transportiert worden.

Anfang August bahnte sich jedoch eine überraschende Wende an. Aus

13 BA/MA RW 6/v. 450 (1941/42); /v. 451 (1943); /v. 452 (1944) /v. 453 (1945). Vgl. zu diesem Abschnitt auch R. Otto (40), S. 203-206.

14 Vgl. die Ausführungen oben Kapitel II 1 S. 43 ff.

15 Vgl. StA DT M 18 Nr. 14, Bl. 24 und Nr. 19, Bl. 50.

16 Vermerke im Notizbuch für Juli 1941; s. Anm. I 46.

17 StA N PS 1171; Schreiben des Chefs des Wehrwirtschafts- und Rüstungsamtes an Paul Pleiger, RVK, vom 29. 7. 1941.

einem Brief vom 7. 8. aus dem Lager erfahren wir:[18] „Die Zahl der nach Deutschland zu verbringenden russ. Kr.Gef. wird gewaltig reduziert, wir selbst verkleinern uns bis auf 2000 Mann. Man hat höheren Orts offenbar doch eingesehen, daß sich unter den obwaltenden Möglichkeiten nicht die vorgesehenen Massen von Russen sicher und ungefährlich verwahren lassen.“

Und nur fünf Tage darauf präzisierte der Briefschreiber seine Ausführungen mit dem uns schon bekannten Satz: „Unser Lager wird Zug um Zug bis auf 4000 Mann verkleinert und bleibt dann bei diesem Bestand.“

Die hier angekündigte Verkleinerung bedeutete eine Abkehr der Wehrmachtsführung[19] von der immer wieder verlangten Isolierung der sowjetischen Kriegsgefangenen; doch gewannen Überlegungen, ihre Arbeitskraft für die deutsche Kriegswirtschaft einzusetzen, gegenüber ideologischen Bedenken immer mehr an Gewicht. Allerdings dürften diesbezügliche Vorbehalte gerade im Wehrkreis VI mit seinen Ballungsgebieten an Rhein und Ruhr besonders groß gewesen sein. Er verfügte jedoch mit den Stalags VI B und VI C im Emsland über zwei Stammlager, die sich wegen ihrer Abgeschiedenheit und der vielen Möglichkeiten zum Arbeitseinsatz im Moor für die Aufnahme sowjetischer Gefangener geradezu anboten. Der Abzug aus der Senne erfolgte wohl auch ohne Verzögerung; das Zweiglager Fullen des Stalag VI B Neu-Versen schickte nachweislich bereits am 15. August ein sowjetisches Kriegsgefangenen-Arbeitskommando zum Einsatz[20]. Eine OKW-Bestandsmeldung vom 1. September 1941 weist für die beiden genannten Lager zusammen 22641 sowjetische Kriegsgefangene aus.[21] Wenigstens der größte Teil von ihnen hatte den Weg dorthin über das Stalag 326 genommen, doch sind offenbar viele von ihnen in der Senne nicht einmal mehr registriert worden, wie Erkennungsmarkennummern der Stalags VI B und VI C beweisen. Der eine oder andere Transport könnte allerdings auch unmittelbar ins Emsland geleitet worden sein, denn die Lagerleitung in der Senne war allem Anschein nach durch die fortwährend anrollenden Gefangenentransporte überfordert, und es drohten chaotische Zustände einzutreten. Diesen wollte wohl der Kommandeur der Kriegsgefangenen in Münster mit der Abschiebung der Gefangenen in die seit mehreren Jahren funktionierenden Emslandlager entgegenwirken. In den gleichen Zusammenhang dürfte die Ablösung des zweiten Kommandanten des Stalag 326, des Majors von Padberg, Anfang September 1941 gehören.[22] Die Aussage seines Nachfolgers Major Dr. Fehr aus dem Jahre 1966[23], der den Bestand an Kriegsgefangenen im September 1941 mit 18000-20000 angibt, hält einer genaueren Überprüfung nicht stand. Wenn man die Zahlen im Emsland betrachtet und berücksichtigt, daß bis Mitte Oktober erst 48000 sowjetische Gefangene im Wehrkreis VI einge-

18 Vgl. Anm. I 46.

19 Vgl. BA/MA RW 19/2109; OKW-Befehle betr. Einsatz von sowj. Kriegsgefangenen vom 24. 7. und 2. 8. 1941.

20 Vgl. StA OS Rep. 630 Asch. Nr. 422.

21 BA/MA RW 6/v. 450, Bl. 5.

22 Der Zusammenhang ist zu erschließen aus dem schon herangezogenen Briefwechsel – vgl. Anm. I 46 –, aber auch aus Äußerungen des Pfarrers Bangen (9), S. 5 und 21.

23 StA MS Staatsanwaltschaft MS Nr. 494, Bl. 62f.

troffen waren, von denen wiederum ungefähr die Hälfte in andere Wehrkreise weitergeleitet worden war[24], so sind die angegebenen Zahlen deutlich zu hoch. Der Gefangenenbestand in der Senne dürfte demnach höchstens bei 10000 gelegen haben.
In der Zeit vom 1. Dezember 1941 bis zum 1. Mai 1942 sank die Zahl der Kriegsgefangenen im Stalag 326 (VI K) von 5428 auf 1181 ab. Da neue Gefangenentransporte von November bis Anfang März im Wehrkreis VI nicht eintrafen[25] und gleichzeitig wegen der Fleckfieberquarantäne zumindest keine größeren Umgruppierungen mehr erfolgten, weist ein Vergleich dieser beiden Zahlen selbst bei vorsichtiger Schätzung auf mehrere tausend Sterbefälle hin.
Im Juni und Juli 1942 stieg die Anzahl der Gefangenen steil von 3030 auf 21601 an, um dann im August fast ebenso rasch auf 13599 zurückzufallen. Die beigefügte Tabelle zeigt ähnliche sprunghafte Veränderungen noch Ende 1942, im August 1943 und im Juli/August 1944 bei der Zahl der sowjetischen Kriegsgefangenen.[26]
Der steile Anstieg im Sommer 1942 findet seine Erklärung in den großen Erfolgen der deutschen Truppen an der Ostfront. Gleichzeitig sorgte die Wehrmachtsführung dafür, daß die eingebrachten Kriegsgefangenen wegen des hohen Bedarfs an Arbeitskräften weitaus schneller als 1941 in das Reichsgebiet gebracht wurden. Bei einem Vergleich mit den übrigen Stammlagern im Wehrkreis VI fällt das Stalag 326 (VI K) somit nicht aus dem Rahmen. Ähnliche Zuwachsraten an sowjetischen Gefangenen weisen auch andere Lager auf; so stieg etwa ihre Zahl im Stalag VI D Dortmund von 1447 auf 19755 Gefangene an. Es führte mit zunehmender Kriegsdauer sogar mehr sowjetische Soldaten als das Lager in der Senne. Ihre Zahl bewegte sich in Dortmund im Jahre 1944 um 27000. Mit durchschnittlich 20000 sowjetischen Gefangenen weist auch das Stalag VI G Bonn-Duisdorf einen ähnlich hohen Bestand auf wie das Stalag 326 (VI K); bei beiden Lagern schwanken die Belegungszahlen über längere Zeiträume hinweg allerdings nur geringfügig.
Eine zahlenmäßig ganz andere Größenordnung zeigt demgegenüber seit Herbst 1942 das Stalag VI A Hemer. In seiner Funktion als zentrales Einsatzlager für alle im Kohlenbergbau des Ruhrgebiets arbeitenden sowjetischen Gefangenen führte es fast 100000 Mann und war damit das weitaus größte Kriegsgefangenenlager im ganzen Reichsgebiet. Die Besonderheit des Stalag 326 (VI K) liegt also nicht in der Belegungsstärke mit Rotarmisten, sondern sie zeigt sich in den oft abrupten Sprüngen sowie im Verhältnis zwischen der ausgewiesenen Gesamtzahl und der Zahl der im Arbeitseinsatz tätigen Gefangenen. Dieses Verhältnis lautet z. B. im August und September 1942: 21601 zu 1281 bzw. 13591 zu 2329. Hier spiegelt sich bereits seine Aufgabenstellung als Durchgangslager für das Stalag VI A wider.[27] Nach der Re-

24 Vgl. Anlage 9, S. 211 f. – Vgl. auch IfZ NO 5648, S. 2: Aff. von R. v. Westrem, Kdr. Kgf. im WK XII Wiesbaden. Danach traf der erste Transport sowj. Kgf. aus einem deutschen Sammellager Anfang bis Mitte Oktober im Stalag XII A Limburg ein. Wahrscheinlich handelt es sich um das nächstgelegene Russenlager 326, denn wenigstens ein größerer Transport ist Anfang Oktober über die sich anbietende Sauerland-Route der Reichsbahn gelaufen; s. GA Verl E 36.

25 Vgl. oben Anm. II 21.

26 Ein weiteres Eingehen auf die „westlichen" Gefangenen, die in der Tabelle ausgewiesen werden, würde den Rahmen dieser Untersuchung sprengen.

27 Vgl. oben Kap. II 1. Augenzeugen sprechen von der „höchsten Durchgangsleistung" im Jahre 1942 zwischen dem 20. 7. und dem 10. 8. sowie einer kurzfristigen Spitze im Oktober, was den Belegzahlen genau entspricht. Vgl. Anm. I 46.

Stichtag	Sowjets	Franzosen	Serben	Italiener	Polen	Belgier	Gesamtzahl	Im Arbeitseinsatz absolut	in %
1. 12. 41	5428						5428	1916	35,5
1. 01. 42	3333						3333	922	23,6
1. 02. 42	1924						1924	798	41,5
1. 04. 42	1540						1540	605	39,3
1. 05. 42	1181						1181	977	82,2
1. 06. 42	3030						3030	787	25,9
1. 08. 42	21601						21601	1281	5,9
1. 09. 42	13591						13591	2329	17,1
1. 10. 42	14662	10515	1409		114	37	26736	17797	66,6
1. 11. 42	31132	10488	1399		118	1	43138	18993	44,0
1. 12. 42	21089	10369	1404		122		32984	19817	60,0
1. 01. 43	18650	9350	1291		122		29413	19390	65,9
1. 02. 43	14007	9288	1054				24319	19706	80,9
1. 03. 43	14387	9162	998				24547	19900	81,0
1. 04. 43	17659	9034	1015				27708	19681	71,0
1. 05. 43	15476	8930	1014				25420	20201	79,4
1. 06. 43	16291	8847	1014				26152	20249	77,4
1. 08. 43	14972	8496	990				24458	18886	77,2
1. 09. 43	22147	8447	973				31567	18798	59,5
1. 10. 43	21348	8432	1073				30853	18816	60,9
1. 12. 43	25363	8309	970	1959			36611	21845	59,6
1. 01. 44	27535	8215	965	2109			38824	21826	56,2
1. 02. 44	29517	8847	1012	2500			41476	22006	53,0
1. 04. 44	24898	8424	1007	2914			37243	24347	65,3
1. 05. 44	23405	8403	999	2909			35716	24839	69,5
1. 06. 44	21422	8249	997	2986	1		33655	24973	74,2
1. 07. 44	20224	8256	940	3073	61		32554	25756	79,1
1. 09. 44	31638	8174	935	595	430		41745	23847	57,1
1. 10. 44	26982	8997	933	409	61		37382	25834	69,1
1. 11. 44	24572	8970	1005	778	1657		36998	28366	76,6
1. 12. 44	24251	8941	982	893	1538	16	36605	28220	77,0
1. 01. 45	24327	10802	1079	336	1476		38020	?	?

Tabelle 4
Der Bestand an Kriegsgefangenen im Stalag 326 (VI K) vom 1. Dezember 1941 bis zum 1. Januar 1945
Quelle: BA/MA RW 6/v. 450; v. 451; v. 452; v. 453

gistrierung und Untersuchung auf ihre Bergbautauglichkeit in der Senne sollte dann in Hemer vor dem eigentlichen Arbeitseinsatz noch die sogenannte „Aufpäppelung“ der Gefangenen erfolgen.
Nur für diesen kurzen Zeitraum waren die sowjetischen Kriegsgefangenen dem Stalag 326 (VI K) zugeordnet. Zum Arbeitseinsatz in der Region kamen sie gar nicht erst, woraus sich der erhebliche Unterschied zwischen den beiden Werten ergibt. Da ab 1943 nur noch wenige Gefangene unmittelbar von der Front kamen, verkürzte sich die Verweildauer in der Senne immer mehr. Die jetzt Ankommenden wur-

den lediglich zu Gunsten des Bergbaus von ihren Arbeitsplätzen in anderen Wirtschaftszweigen abgezogen, eine Registrierung war also nicht mehr notwendig. Insofern ist die gängige Meinung, das Stalag VI K sei ein ausgesprochenes „Aufpäppelungslager“ gewesen, nicht zutreffend; diese Aufgabe sollte Hemer übernehmen. Die erschreckend hohe Sterberate in beiden Stammlagern ist sicher darauf zurückzuführen, daß viele Gefangene nach monatelanger Ausbeutung und strapaziösen Transporten so sehr geschwächt ankamen, daß ihnen selbst bei bestem Wollen nicht mehr geholfen werden konnte.
Die wie die Anfangsphase chaotische Schlußphase des Stalag 326 (VI K) ist zahlenmäßig kaum noch zu erfassen; mit ihr wollen wir uns jetzt auseinandersetzen.

VI. Kapitel

Die Endphase des Stalag 326 (VI K) und die Befreiung der Gefangenen am 2. April 1945

Die Endphase des Stalag 326 (VI K) ist dadurch gekennzeichnet, daß es zwei neue Aufgaben zu erfüllen hatte: Es übernahm zunächst die Funktion eines Auffanglagers für zurückgeführte Kriegsgefangene aus den aufgegebenen Lagern in den besetzten Ostgebieten und in Ostdeutschland, und seit etwa Mitte März 1945 diente es darüber hinaus als Stützpunkt für einige Elendszüge von Gefangenen aus dem Ruhrgebiet auf ihrem Zwangsmarsch nach Osten, bis es schließlich Ende März selbst evakuiert werden sollte. Nach außen scheinbar unberührt von den sich überstürzenden Kriegsereignissen, blieb es bis zu diesem Ende gleichzeitig die größte und wichtigste Vermittlungsstelle von Arbeitskräften in der Region.

Sofort mit ihrem Beginn am 22. Juni 1944 setzte die wuchtige Sommeroffensive der Roten Armee diesen letzten großen Gefangenen-Leidenszug von Ost nach West in Bewegung. Mit einem der ersten Transporte trafen schon im Juli einhundert Franzosen in der Senne ein,[1] und im August schnellte die Zahl der sowjetischen Kriegsgefangenen in die Höhe, so daß sie am 1. September 1944 mit 31638 den höchsten überhaupt ausgewiesenen Bestand erreichte. Über die Größenordnung der Fluktuation in den folgenden Monaten lassen sich leider keine zuverlässigen Aussagen machen, weil sich die Zugänge aus dem Osten und die Abgaben nach Hemer in etwa die Waage hielten. Die Fluchtbewegung aus dem Westen setzte im September 1944 ein, als sich die Briten und Amerikaner der Reichsgrenze bedrohlich näherten; Aachen ging nach schweren Kämpfen am 21. Oktober verloren. Am 14. September erließ der Gauleiter der NSDAP Dr. Alfred Meyer (1891-1945) in seiner Eigenschaft als „Reichsverteidigungskommissar für den Reichsverteidigungsbezirk Westfalen-Nord" geheime „Richtlinien für etwaige Räumung von Teilen des Gaugebietes"[2]. Sie bestimmten bezüglich der „Rückführung der Kriegsgefangenen:

„Die Rückführung ordnet der Befehlshaber des Wehrkreises (Kommandeur der Kriegsgefangenen) im Einvernehmen mit dem Reichsverteidigungskommissar an.

Die Rückführung ist Aufgabe der Wehrmacht.

Rückführung erfolgt im Fußmarsch.

Die Marschstraßen legt die Wehrmacht im Einvernehmen mit dem Landrat als Kreispolizeibehörde fest.

Im Bedarfsfalle stellen die Landräte den Lagerkommandanten polizeiliche Kräfte für die Rückführung zur Verfügung."

Eine derartige Hilfe der Polizei erwies sich nach der Aufstellung des „Deutschen Volkssturms"[3] im Oktober 1944, der „alle waffenfähigen Männer im Alter von 16-60 Jahren" erfaßte, rasch als dringend erforderlich; denn alle auch nur als „bedingt kriegsverwendungsfähig" eingestuften Soldaten der „Jahrgänge 1897 und jünger" wurden in den folgenden Monaten schubweise von der Kriegsgefangenen-Bewa-

1 Vgl. oben das Zitat zu Anm. V 9. IKRK-Bericht vom 27. 7. 44.

2 KA GT DT Nr. 22. Der Gau Westfalen-Nord umfaßte die westfälischen Regierungsbezirke Münster und Minden, die Freistaaten Lippe und Schaumburg-Lippe sowie den Kreis Grafschaft Schaumburg (Rinteln), der zur Provinz Hessen-Nassau gehörte. Vgl. Hüser/Stambolis, Paderborn – Unter dem Hakenkreuz, S. 7.

3 Vgl. Anmerkung I 25, S. 19.

chung zur kämpfenden Truppe versetzt[4], und die an ihre Stelle tretenden Volkssturm-Männer zeigten sich – unerfahren wie sie waren – ihrer Aufgabe nicht gewachsen.
Ende Oktober kam es zu einem heftigen Streit zwischen dem Kommandanten des Stalag 326 (VI K) und dem Gauamtsleiter der NSDAP Steinecke, der sich die Befehlsgewalt über Kriegsgefangene anmaßte, um sie „zur Herstellung der Einmannlöcher und Sicherungsgräben an den Verkehrswegen" zum Schutz gegen Tieffliegerangriffe einzusetzen. Steinecke konnte seinen Machtanspruch nicht durchsetzen und ließ seinem Unmut in einem Wochenbericht in einer Weise freien Lauf, die ohne Zweifel die Verachtung zahlreicher, wenn nicht der meisten Parteifunktionäre zum Ausdruck bringt, die sie für diese alte Offiziersgeneration der Wehrmacht empfanden. Deshalb soll er hier wörtlich zitiert werden:[5] „Es ist höchste Zeit, daß bei der Dienststelle Stalag mit allen Mitteln ein neuer Geist erzeugt wird. Wahrscheinlich sitzen an diesen ‚kriegswichtigen' Dienststellen immer noch die gleichen verkalkten reaktionären Offiziere und Schulmeister, welche der Rüstungsindustrie und den Parteidienststellen als unliebsame und schwierige ‚Offiziere' seit Jahren bekannt sind."
Die schlechte Quellenlage läßt zwar einen Zusammenhang zwischen dieser Auseinandersetzung und der Abberufung des Obersten Dr. Dr. Châlons zum 1. Februar 1945 nicht erkennen, aber von der Hand weisen läßt sich eine dahingehende Vermutung nicht. Oberst Châlons wurde zum Kommandanten des Stalag VI J ernannt, das von Krefeld nach Herford „rückgeführt" wurde[6]; sein Nachfolger in der Senne wurde der bisherige Kommandant des Stalag VI J, der Oberst Robert Behrend. Im Januar und Februar 1945 erarbeiteten militärische und zivile Dienststellen mit bürokratischer Akribie Merkblätter „über Vorbereitung und Durchführung von Marschbewegungen"[7] und genaue „Räumungskalender über die Rückführung der Kriegsgefangenen"[8]. Trotz dieser Bemühungen herrschten jedoch nur allzuoft chaotische Verhältnisse in den Marschkolonnen. Als unverdächtiger Zeuge soll hier der Reichsverteidigungskommissar für den benachbarten Reichsverteidigungsbezirk Westfalen-Süd zitiert werden:[9]

4 Vgl. BA/MA RH 49/113: Sammlung der einschlägigen Befehle.

5 StA DT L 113 Nr. 1072: NSDAP – interner Wochenkurzbericht vom 1. 11. 44. Wir danken Herrn A. Ruppert, StA DT, für den Hinweis auf diese Quelle.

6 StA DT M1 IN Nr. 51: Aktennotiz vom 27. 3. 1945 über die Beschäftigung von 8000 rückgeführten Kriegsgefangenen „bei Eisenbahnprojekt Minden-Lübbecke und Weserüberführung bei Vennebeck". Vgl. Übersicht über „Rückführungsstraßen in Westfalen-Nord", in: HStA D RW37/21, Bl. 131ff.

7 BA/MA RH 49/29, Bl. 5f: Vgl. Anlage 33, S. 257 ff.

8 StdtA Oerlinghausen Nr. 129: Rundschreiben des Landrats des Kreises Lemgo vom 23. 2. 45.

9 StA MS Kreis Meschede / Landratsamt Nr. 2111. Wir danken Herrn Jost Schneider, Privatarchiv Wuppertal, für den Hinweis und Überlassung einer Abschrift.

Der Reichsverteidigungskommissar
für den Reichsverteidigungsbezirk
Westfalen-Süd

Arnsberg, den 25. März 1945

An den
Herrn Kommandeur
der Kriegsgefangenenlager
in Hemer

Betr.: Rückführung von Kriegsgefangenen

Ich habe festgestellt, daß die bisher von den militärischen Stellen des Kriegsgefangenenwesens durchgeführte Kriegsgefangenenrückführung zum Teil nicht in der Ordnung erfolgt ist, die notwendig ist und teilweise geradezu katastrophal versagt hat. Es liegen mir Berichte vor, wonach die zum Führen solcher Marschkolonnen eingesetzten Offiziere und Unteroffiziere entweder keine klaren Marschrouten und Marschziele erhalten haben oder eigenmächtig von diesen abgewichen sind und willkürlich Rasttage eingelegt haben. In zahlreichen Fällen waren die Marschkolonnen nicht mit Verpflegung versehen worden, so daß Ansuchen auf Verpflegung an die Verwaltungsbehörden gestellt wurden. Diese wurden berechtigterweise schon von den unteren Verwaltungsbehörden abgelehnt. Bei der außerordentlich schwierigen Ernährungslage meines Bezirks habe ich auch ausdrücklich angeordnet, daß aus dem zivilen Sektor keine Verpflegung zur Verfügung gestellt werden darf. Weiter ist es überaus häufig vorgekommen, daß die Marschkolonnen sich aufgelöst, kleinere Einheiten sich selbständig gemacht haben, und daß in zahlreichen Fällen die beigegebenen Bewachungsmannschaften sich als energielos und schwach gegenüber dem Willen der Kriegsgefangenen erwiesen haben. Ich habe die unteren Verwaltungsbehörden angewiesen, von jetzt ab alle Einzelfälle, in denen ein Versagen der militärischen Transporte der Kriegsgefangenen festgestellt wird, mir unter Angabe der Namen und Dienststelle der verantwortlichen militärischen Führer zu melden. Ich werde diese Vorfälle Ihnen zur Bestrafung weiterreichen. Schon jetzt jedoch bitte ich dafür Sorge zu tragen, daß in die Abtransporte der Kriegsgefangenen militärische Ordnung und Disziplin kommt und beim Durchtransport durch meinen Bezirk auch eingehalten wird. Die unteren Verwaltungsbehörden habe ich angewiesen, nötigenfalls mit polizeilichen Mitteln gegen Mißstände einzuschreiten.
Abschrift zur Kenntnis an die Herren Landräte und Oberbürgermeister des Bezirks. Erneute Mißstände sind mir auf dem schnellsten Wege zu berichten.

In Vertretung
gez. Eickhoff, Regierungspräsident

Bevor die Elendskolonnen in der zweiten Märzhälfte in der Senne ankamen, lebte man dort über Monate hinweg in fortwährender Sorge vor Revolten der Kriegsgefangenen, ebenso wie in den übrigen Stammlagern des Wehrkreises VI. Ein Geheimbefehl des Kommandeurs der Kriegsgefangenen vom 1. Oktober 1944 verlangte sogar die unverzügliche Kontaktaufnahme[10] „mit den nächstgelegenen Fliegerhorsten..., damit auf Anfordern Flugzeuge eingesetzt werden, die

10 BA/MA RH49/111; dort auch eine ganze Anzahl von Berichten über vorbereitete Abwehrmaßnahmen bei einem Aufruhr unter den Kgf. in der Zeit von Januar-März 1945.

durch Bombenabwurf und Beschuß mit Bordwaffen die Unruhen im Keime ersticken können."
Daraufhin wurde in den Wintermonaten auf dem weiten Truppenübungsplatz zwischen Augustdorf im Norden und Sennelager im Süden ein ganzes Sicherheitssystem aufgebaut, um einer bevorstehenden Revolte der Kriegsgefangenen vorzubeugen. Zur gleichen Zeit erfolgte anscheinend im Stalag 326 (VI K) eine vom Chef des Kriegsgefangenenwesens am 10. Dezember 1944 „aus politischen und abwehrmäßigen Erwägungen" angeordnete „volkstumsmäßige Entmischung" der Kriegsgefangenen[11]; d. h., Serben, Italiener und Polen, die zusammen am 1. Januar 1945 noch 2891 Gefangene zählten, scheinen in diesem Zusammenhang abgezogen worden zu sein. Sichere Belege für eine solche Maßnahme gibt es jedoch nicht; sie böte aber immerhin eine plausible Erklärung für den Sachverhalt, daß die Amerikaner bei der Befreiung des Lagers nur noch Sowjets und Franzosen vorfanden.
Bevor wir auf die unmittelbare Vorgeschichte der Befreiung des Stammlagers 326 (VI K) eingehen, soll noch eine skurrile Suche nach tätowierten sowjetischen Kriegsgefangenen angesprochen werden, da sie einen erschreckenden Verlust an Realitätssinn sichtbar macht: Aufgrund der Anzeige eines V-Mannes, die Sowjetunion habe „tätowierte Schwerverbrecher" in die Gefangenenlager eingeschleust, erließ das Wehrkreiskommando VI am 5. Februar 1945 eine geheime Verfügung an die ihm unterstellten Stammlager und das Bau- und Arbeitsbataillon 106, alle tätowierten sowjetischen Gefangenen namhaft zu machen und sie sorgfältig zu überwachen.[12] Der Berichtstermin war noch nicht verstrichen, als der nachfolgend wiedergegebene Befehl zu der gleichen Sache nachgeschoben wurde.[13]
Während in der Senne noch alle Arten von Tätowierungen, die man an den Rotarmisten entdeckte, sorgfältig registriert wurden, um der Berichtspflicht nachzukommen, zogen seit Mitte März Elendstrecks von Kriegsgefangenen und Zivilarbeitern aus dem Ruhrgebiet auf ihrem Marsch zu den Weserübergängen durch Ostwestfalen und Lippe, denn sie sollten nicht den vorrückenden alliierten Truppen überlassen werden. Schon am 16. März 1945 meldete z. B. der Bürgermeister des Amtes Heepen seinem Landrat in Bielefeld:[14] „Durch den Amtsbezirk Heepen sind 4 Trecks von ca. 200, 600, 1200 und 2400, zusammen 4400 ausl. Arbeiter durchgeschleust. Deutsche Volksgenossen waren nicht in diesen Trecks. Ob Kriegsgefangene darunter waren, ist nicht festgestellt."
Eine südlichere Route führte über Verl – Stukenbrock – Augustdorf und überwand dort den Teutoburger Wald durch die Dörenschlucht in Richtung auf Hameln. Im Rahmen einer Befragung nach dem Grab eines sowjetischen Gefangenen, der am 20. März 1945 auf einem solchen Marsch in Verl gestorben war, sagte der Augenzeuge W. am 18.

11 Vgl. BA R14/213, Bl. 40-44: Erlasse, Fernschreiben, Vermerke betr.: Entmischung der Kriegsgefangenenlager und Arbeitskommandos vom 10. 12. 44-27. 1. 45.

12 Vgl. BA/MA RH49/115: Sechs Meldungen des BAB 106 vom 21. 2.-24. 3. 1945 über Tätowierungen sowjet. Kgf.

13 Ebd.

14 StdtA BI Amt Heepen Nr. 106. Die Trecks zogen von Heepen über Schötmar, d. h. in Richtung Hameln.

Geheim

Kdr.d.Kgf.i.W'krs.VI
Abt.VI(Kgf)a/Az.K 3/XI
Kgb.Nr. 231/45 II.Ang.geh.

(21) Soest i.W., den 27. Febr. 1945
T/S

G e h e i m

Bezug: Kdr.d.Kgf.i.W'krs.VI,Abt.VI(Kgf)a/Az.K 3/XI Nr. 231/45 geh.v.5.2.45
Betr.: Schulung und Einsatz von Schwerverbrechern seitens der Sowjet-Union.

Inspektor Balaban vom Sonderlager Ibbenbüren hat zu den Angaben des V-Mannes Stellung genommen und stellt fest:

1.) Es kann mit großer Wahrscheinlichkeit angenommen werden, daß die Sowjetregierung Schwerverbrecher terroristisch ausgebildet und ihnen Gelegenheit gegeben hat, " ihre Schuld vor der sowjetischen Heimat einzulösen."

2.) Tätowierungen auf Hals und Brust sind gewöhnlich harmloser Natur, solche auf Unterkörper und Beinen deuten auf Verbrechertum hin. Frau mit Schlange besonders auf den Beinen zeigt unbedingt den Verbrecher an.

3.) Die verbrecherischen Elemente neigen dazu, besonders als Lageraufsicht, Köche usw. die Kgf. zu terrorisieren.

Es ist deshalb notwendig, bei jeden Tätowierten die Art und den betreffenden Körperteil festzustellen und listenmäßig zu erfassen. Schärfste Beobachtung der nach Ziffer 2.) Verdächtigen ist geboten.

Berichtstermin wird mit Rücksicht auf die neuen Gesichtspunkte auf den 31. März 1945 hinausgeschoben.

Für den Kdr.d.Kgf.i.W'krs.VI
Der Leiter des Stabes:
I. A.
Im Entwurf gez. Hentschel

Verteiler:
Stalag VI/A, D, F, G, J, 326(VI/K)
Kgf. BAB 10
Bez.Kdt.6
ZVSt

Nachrichtlich:
NSh.Kdr.d.Kgf.i.W'krs.VI
AO d.W'Kdo.VI

Für die Richtigkeit:
Hauptmann

Abschrift

Der Höhere SS- und Polizeiführer West Düsseldorf, den 28.10.1944
- Kriegsgefangenenangelegenheit -
Az.: I K 10
Briefbuch-Nr. 1015/44 geheim Geheim! 31

An
die Reichsverteidigungskommissare
in Westfalen-Nord
pp.

Betr.: Kranke und dienstunfähige Kriegsgefangene in frontnahen Wehrkreisen.

Der Reichsführer-SS und BdE. hat mitgeteilt, daß ein Abschub von kranken und d.u.Kriegsgefangenen aus Grenzwehrkreisen in zentral gelegene Wehrkreise aus Mangel an geeigneten Unterkünften grundsätzlich nicht mehr erfolgen könne. Derartige Kriegsgefangene müssen daher, wenn sie innerhalb der Wehrkreise nicht anderweitig in von der Räumung nicht betroffene Gebiete untergebracht werden können, im Notfalle dem Feind überlassen werden.

Der Höhere SS- und Polizeiführer West
Jm Auftrage
gez. Unterschrift
Major.

12. 1950 aus:[15] „Seit etwa Mitte März 1945 wurden aus dem von der Invasion bedrohten Ruhrgebiet die dort beschäftigten ausländischen Kriegsgefangenen in Marschkolonnen nach dem Osten zurückgeführt, obwohl viele der Gefangenen krank oder überanstrengt und unterernährt waren. Für verschiedene dieser Marschkolonnen mußten hier Ruhequartiere am Tage oder auch Übernachtungsquartiere von der Polizei beschafft werden."

Einige der von uns befragten Zeitzeugen glaubten, sich an eine Evakuierung des Stalag 326 (VI K) erinnern zu können, und Michael Siedenhans spricht vom Abtransport aller Kriegsgefangenen des Lagers bis zum 25. März 1945; anschließend seien neue Gefangene aus dem Ruhrgebiet eingeströmt.[16] Eine genaue Überprüfung der erhaltenen Quellen führt indes zu dem Ergebnis, daß eine vollständige Evakuierung zwar beabsichtigt war, jedoch nicht mehr erfolgt ist.

In der bisherigen Überlieferung ist unbestritten, daß das mit etwa 1200 Kranken belegte Revier von der Evakuierung nicht betroffen gewesen sei. Ein derartiger Abschub war nach einer Dienstanweisung des

15 GA Verl E 67; dort auch ein ähnlich lautender Bericht der Amtsverwaltung vom 9. 2. 1950; und weitere Belege

16 Nach Siedenhans, (25) a. a. O. S. 210 sowie seiner eigenen Vorlage, (19) S. 18f. verließen um den 25. 3. auch „sämtliche Offiziere das Gefangenenlager". Leider ist eine überprüfbare Quelle nicht angegeben, so daß hier eine Stellungnahme nicht möglich ist. Auch Bangen, (9) S. 4 meint, das Lager sei „leer" gewesen. Aber wieso war dann „noch die Besatzung da, die Kommandantur?" Solche und ähnliche Ungereimtheiten bleiben im Raum. Auch wir sind der Meinung, daß wie in den Monaten vorher Gefangene abgegeben und neue aufgenommen worden sind, bestritten wird nur eine regelrechte Evakuierung.

Höheren SS- und Polizeiführers West vom 28. Oktober 1944 sogar ausdrücklich verboten, wie die beigefügte Abschrift beweist.[17]
Wenn wir uns nun den arbeits- und damit auch marschfähigen Kriegsgefangenen zuwenden, so fällt zunächst auf, daß die vom Stalag 326 (VI K) geführten Arbeitskommandos im näheren und weiteren Umkreis des Lagers ihrer Arbeit nachweislich bis einschließlich Gründonnerstag, dem 29. März 1945, wie gewohnt nachgingen. Es liegt eine ganze Anzahl eidesstattlicher Erklärungen von Bauern und Handwerkern aus den Monaten September und Oktober 1945 vor, in denen es in fast wörtlicher Übereinstimmung hinsichtlich der Arbeitstage des bei ihnen beschäftigten Kriegsgefangenen im März 1945 heißt:[18] „Im Monat März d. J. hat er vom 1. bis zum 29. bei mir gearbeitet. Am Karfreitag, dem 30. 3. 45, wurden die Lagerinsassen wegen der kriegerischen Lage im Lager zurückgehalten. Das ganze Lager ist am 31. ohne Einziehung der rückständigen Löhne abmarschiert."
Diese Aussagen widerlegen zwar die Überlieferung, die von einer Evakuierung des Stalag bis zum Palmsonntag, dem 25. März 1945, spricht; sie scheint danach aber für den 31. März bestätigt zu werden. Bei genauer Beobachtung werden wir allerdings zur Vorsicht gemahnt; denn das oft genannte „ganze Lager" ist keineswegs das Stammlager, sondern die Aussagen beziehen sich ausschließlich auf die Arbeitskommandos 1104, 1105, 1107 und 1120, die ihre Unterkünfte in Verl, Schloß Holte und in Österwiehe über Gütersloh hatten. Anscheinend sind sie am 31. März zunächst in das Stalag zurückgezogen worden. Über die Verhältnisse dort wiederum liegt folgende Aussage des ehemaligen Sanitätsgefreiten Ferdinand Herrmann vor:[19] „Am 31. 3. 45 wurde gegen Frühmorgens der Befehl erteilt, das Lager zu entblößen. Dieser Befehl wurde alsdann wieder rückgängig gemacht, und sämtliche Einheiten kamen in das Lager zurück. Am Sonntag, dem 1. 4. 45, wurde erneut der Befehl erteilt, morgens bis 4 Uhr abzumarschieren. Dieser wurde abermals rückgängig gemacht, als die Einheiten vor der Kommandantur Forellkrug waren."
Danach erfolgte die bereits angeordnete Evakuierung des Lagers nicht; von keinem der in dieser Untersuchung schon oft zitierten ehemaligen Kriegsgefangenen wird sie auch nur erwähnt, wodurch Herrmanns Darstellung zusätzlich bestätigt wird. Daß das Stalag am 31. März 1945 verwaltungsmäßig intakt war, beweist zudem die nachfolgend wiedergegebene Bescheinigung über die ordnungsgemäße Übernahme von vier sowjetischen Kriegsgefangenen:[20]
Die hier wieder übernommenen vier Handwerker hatte der SS-Obergruppenführer und General der Waffen-SS und Polizei Gutenberger in seiner Eigenschaft als Höherer Kommandeur der Kriegsgefangenen am 15. März angefordert[21] und sie im lippischen Jagdschloß Lopshorn beschäftigt, das ihm als „Ausweichstelle" dienen sollte.

17 StA Bückeburg L4 Nr. 12593, Bl. 31.

18 Vgl. KA GT WD D 23: Es ging bei diesen Erklärungen um Nachzahlungen der Löhne an den Treuhänder des Stalag 326 (VI K). Vgl. auch StA DT D21C PB 24/74 Nr. 159 – 10 Js 147/60 –: Verfahren wegen des Verdachts der Erschießung von Kgf. gegen den ehem. Kommandoführer des Arbeitskommandos Benhausen mit ca. 100 sowj. Kgf., die im Oberbau der Eisenbahnstrecke PB-Altenbeken arbeiteten. – Nach Aussagen vom 21. 10. und 7. 11. 1949 kam auch hier der Befehl zum Abmarsch in das „Sammellager Sennelager" am 30. oder 31. 3. 1945.

19 Das Lager 326 (47), S. 153.

20 HStA D RW 37/1, Bl. 17. Dort auch der gesamte Vorgang um den Ausbau von Lopshorn vom 10.-30. 3. 1945.

21 Ebd. Bl. 49.

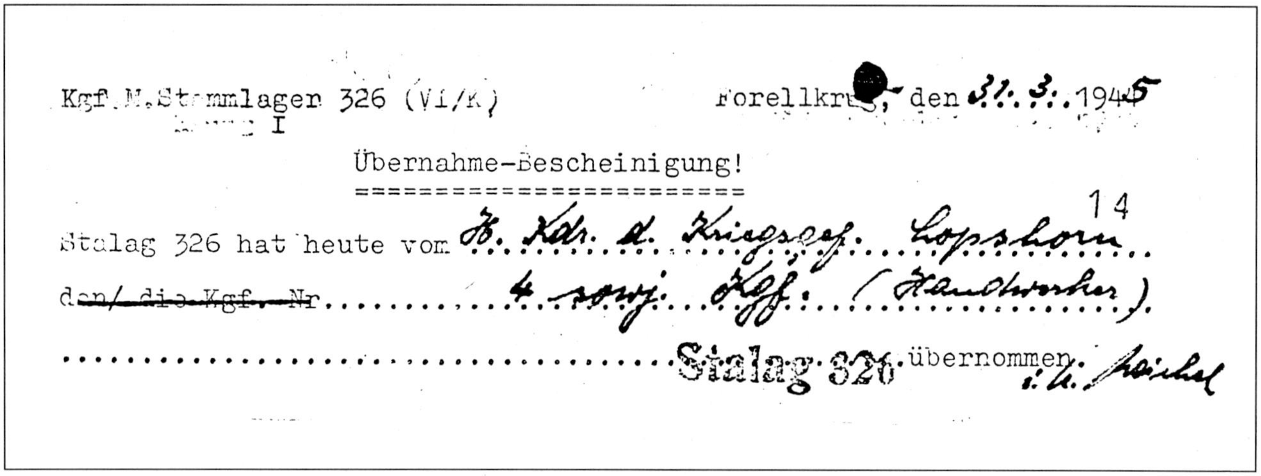

Kgf.M.Stammlager 326 (VI/K) Forellkrug, den 31.3.1945
[illegible] I

Übernahme-Bescheinigung!
========================
14

Stalag 326 hat heute vom H. Kdr. d. Kriegsgef. Lopshorn

~~den/ die Kgf. Nr~~ 4 sowj. Kgf. (Handwerker)

Stalag 326 übernommen. i.A.

Nicht zuletzt beweist die Übergabe des Lagers an die Amerikaner durch den Kommandanten Oberst Behrend persönlich, daß die Überlieferung von einer Evakuierung des Stalag irrig ist. Weil es keine Evakuierung gab, werden die Veränderungen im Hauptlager verständlich, die der Arzt Siltschenko folgendermaßen schildert:[22] „31. März. Das Lager befand sich faktisch in den Händen der Kriegsgefangenen. Die Polizisten (gemeint ist die Gefangenen-Hilfspolizei – d. Vf.) waren entwaffnet und isoliert. Ein Teil von ihnen war am Vortag entflohen. Die Deutschen zeigten sich nicht mehr im Lager und die Mitarbeiter des sowjetischen Stabes bewegten sich frei auf dem Lagerterritorium. In jeder Baracke führten sie Gespräche über die entstandene Situation, über die bevorstehende Befreiung und die Notwendigkeit, zu Kämpfen bereit zu sein."

Am Ostersonntag, dem 1. April, erwies sich die Kommandantur als weitgehend handlungsunfähig. Herrmann sagt dazu:[23] „Es bestanden zwei verschiedene Auffassungen und zwar die Auffassung von General Dippold, das Lager zu verteidigen und zwar mit der in Augustdorf stationierten SS, die andere von General von Steckhausen, das Lager kampflos zu übergeben."

Tatsächlich hielten sich in der Kommandantur zwei deutsche Generäle auf. Der Kommandeur der Kriegsgefangenen im Wehrkreis VI Dippold hatte sich am Vortag von Soest in die Senne abgesetzt;[24] und fast gleichzeitig war Generalleutnant von Stockhausen[25] mit seinem gesamten Stabsbüro aus dem Ruhrgebiet eingetroffen.

Als eine Erkundung der Lage ergab, daß die Dörenschlucht schon in feindlichem Besitz war, rückten sie am Ostermontag, dem 2. April, morgens um 5 Uhr in Richtung Kohlstedt ab, und Oberst Behrend erhielt von General von Stockhausen den Befehl, das Lager kampflos zu übergeben.[26]

22 Das Lager 326 (47), S. 45f.

23 Ebd. S. 153.

24 Vgl. BA/MA RH53-6 / 30.

25 Vgl. W. Göbel, Bericht eines ehemaligen Stabsoffiziers, in: Schlänger Bote Nr. 83, August 1985, S. 6. In der Erinnerung dürfte Herrmann etwas ungenau ein „e" statt des richtigen „o" eingesetzt haben. Vgl. auch Bangen, (9), S. 4, der wohl irrig von zwei Richtern in Generalsrang spricht. Stockhausen ließ dann wohl die „40 Frauen" seines Büros bei Pastor Bangen zurück. Ebd. S. 5. – Da auch Gutenberger sich in Lopshorn einrichten wollte, scheint es im Wehrkreis VI eine zentrale Anweisung für die Generalität gegeben zu haben, sich im Notfall in die Senne abzusetzen.

26 Vgl. Göbel; wie Anm. 25.

Angesichts der Handlungsunfähigkeit der Kommandantur bildete sich im Lagerlazarett am Ostersonntag eine „Initiativgruppe" unter der Leitung des Obersten Kurinin sowie der Ärzte Siltschenko und Matwejew.[27] Da die deutschen Soldaten sich nicht mehr in das Lager trauten, bildeten sie zusammen mit weiteren gefangenen Offizieren förmlich eine „sowjetische Lagerführung".

Ihre erste Aufgabe sahen sie darin, die Ordnung aufrecht zu erhalten und die hungernden Kameraden, die von den Deutschen nicht mehr verpflegt wurden, mit Nahrungsmitteln zu versorgen. Als Verbindungsmann zur Kommandantur stellte sich ihnen der Sanitätsgefreite Herrmann zur Verfügung.[28] Nach Überwindung einiger schwieriger Situationen, in denen er mit Schußwaffen bedroht wurde, vermittelte Herrmann am 2. April um die Mittagszeit eine Unterredung zwischen der sowjetischen Lagerführung und Oberst Behrend in der Kommandantur. Siltschenko berichtet:[29]

„Erstmals seit Bestehen des Lagers begaben sich Vertreter des sowjetischen Stabes ungehindert und ohne jegliche Bewachung auf das Territorium der deutschen Kommandantur … Oberst Kurinin stellte dem deutschen Kommandanten folgende Forderungen:

– Das Lager ist unter die Leitung sowjetischer Bürger zu stellen. Die Leitung übernimmt der von den ehemaligen Gefangenen gebildete Stab.

– Das gesamte deutsche Wachpersonal ist sofort dem russischen Stab zu übergeben. Die Lebensmittelnormen sind wesentlich zu erhöhen. Die Deutschen sind verpflichtet, das Lager mit Lebensmittel zu versorgen.

– Der Kommandant ist verpflichtet, dem russischen Stab zur Gewährleistung des Schutzes des Lagers die erforderliche Anzahl von Waffen zur Verfügung zu stellen.

Der deutsche Kommandant antwortete auf alle Vorschläge der russischen Offiziere mit einem leichten Kopfnicken und mit ‚Jawohl'. Nur auf die Forderung nach der Übergabe von Schußwaffen an die ehemaligen Gefangenen gab er keine positive Antwort."

Zu diesem letzten Punkt äußert sich ergänzend Matwejew:[30] „Der Oberst sagte, er werde überlegen und uns nach drei Stunden, etwa 15 Uhr, eine Antwort zukommen zu lassen. Um 14.00 Uhr rückten amerikanische Panzer auf das Territorium des Lagers vor, und wir sahen, wie die Deutschen aller Dienstgrade die Waffen hinwarfen. Sie liefen jedoch nicht vor den Panzern weg, sondern zu ihnen hin und begaben sich in amerikanische Gefangenschaft. Auf diese Weise glaubten sie, sich vor der Abrechnung durch die Kriegsgefangenen zu retten."

An Stelle einer eigenen Darstellung der Befreiung des Lagers übernehmen wir die erschütternde Reportage des amerikanischen Kriegsberichterstatters John M. Mecklin:[31]

27 Das Lager 326 Vgl. (47), S. 46, 113.

28 Vgl. die in allen wesentlichen Fragen übereinstimmenden Berichte ebd. S. 46f., 113f., 154f.

29 Das Lager 326 (47), S. 46.

30 Ebd. S. 114.

31 National Archives, Washington D.C., US War Crimes Office RG153 100-466, Bx 1380. Mecklin gibt die Fakten im Unterschied zu zahlreichen anderen Reportern nach unseren Recherchen insgesamt korrekt wieder. Herzlich danken wir Frau Gisela Fickenscher, Detmold, für die Übersetzung dieses Artikels und des als Anlage 34, S. 260 ff. beigefügten Sonderberichts über das Stalag 326 (VI K).
Wir danken ebenso Herrn Prof. Dr. Alwin Hanschmidt für den Hinweis auf zwei US-Fotos zur Befreiung des Stalag 326, die irrtümlich Rietberg zugeordnet sind. Da die National Archives uns keine besseren Reproduktionen zur Verfügung stellen konnten, müssen wir uns mit den uns dankenswerterweise von Herrn Prof. Hanschmidt zur Verfügung gestellten „Ablichtungen der Ablichtungen" begnügen.

P M

RECORDED

4 April 1945

How Nazis Starve War Prisoners

8610, Rescued, Fight Like Savages For Few Loaves of Black Bread

1100-466-1

11 6 APR 1945

Purvis

EA

326

Yanks Rescue Starving Prisoners From Nazis

8610 Hunger-Crazed Captives Treated as Beasts in Filth and Wretchedness

By John M. Mecklin

WITH U. S. TROOPS AT NAZI PRISONER OF WAR CAMP, NO. 326 — Apr. 2 — (Delayed) — When American troops over-ran this place today, they found nearly 9000 men fighting like savages for a few loaves of black bread.

They saw men leap at each other's throats over a handful of raw flour spilled in the mud. They watched a hunger-crazed mob tear a food warehouse to pieces.

If any Americans who were here today had not learned to hate the Germans, they have learned it now. It is hard for an American to believe that such a place could exist. It is a place of filth and wretchedness, so vile that several of our troops were sick to their stomachs.

An average of 15 to 20 men have been dying here every day for three years of starvation.

This is a place to remember when Nazism is brought to an accounting.

The very earth where this camp is located on a lonely road junction near the village of Eselheide, 11 miles southeast of Bielefeld, will stink for months to come. Its memory will stink in the minds of men who knew it until they die.

The camp was captured at 4 o'clock this afternoon by "B" Tank Co. under the command of Capt. George Karl of Ellenville, N. Y., from the 82d Reconnaissance Battalion of the 2d U. S. Armored Division.

100-466-1

3

Wie die Nazis ihre Kriegsgefangenen verhungern lassen

8610 gerettet – sie kämpfen wie die Wilden für ein paar Laibe schwarzes Brot

Amerikaner retten verhungernde Gefangene vor den Nazis

8610 vor Hunger wahnsinnig gewordene Gefangene wie Tiere in Dreck und Elend gehalten

von John M. Mecklin
(copyright 1945 bei Chicago Sun und The Newspaper PM, Inc.)

Mit US-Truppen im Nazi-Gefangenenlager No 326 – 2. April – (mit Verspätung)
Als amerikanische Truppen diesen Ort heute überrollten, fanden sie fast 9000 Männer, die wie Wilde um ein paar Laibe schwarzes Brot kämpften. Sie sahen, wie die Leute einander an die Gurgel fuhren wegen einer Handvoll Mehl, das im Dreck verstreut war. Sie beobachteten, wie ein vor Hunger wahnsinniger Mob eine Lebensmittelbaracke verwüstete.
Wenn die Amerikaner, die heute hier waren, die Deutschen nicht sowieso schon haßten, dann tun sie es jetzt. Es ist schwer für einen Amerikaner zu begreifen, daß es so einen Ort überhaupt geben kann. Es ist ein Ort voll von Dreck und Elend, so verkommen, daß einige unserer Truppen sich erbrechen mußten.
Seit drei Jahren sterben hier täglich durchschnittlich 15 bis 20 Mann an Hunger.
Dies ist ein Ort, an den man sich erinnern muß, wenn der Nazismus einmal zur Rechenschaft gezogen werden wird.
Allein die Erde, auf der sich dieses Lager befindet, an einer einsamen Einmündung nahe dem Dorf Eselsheide, 11 Meilen südöstlich von Bielefeld, allein die Erde wird noch monatelang stinken. Und bei denen, die sie kennengelernt haben, wird sie bis zu ihrem Lebensende in ihrer Erinnerung stinken.
Das Lager wurde heute nachmittag um 4 Uhr eingenommen durch „B" Tank Co. unter dem Kommando von Hauptmann George Karl von Ellenville, N.Y., von dem 82. Aufklärungsbataillon der 2. US Panzerdivision.
Es war bis an seine Grenzen ausgelastet mit 8500 Russen und 110 Franzosen. Fast 4000 der Russen sind an Seuchen, nicht verheilten Wunden oder Unterernährung erkrankt. Hunderte von ihnen werden in den

nächsten Tagen sterben, wenn sie nicht sofort Nahrung und medizinische Versorgung erhalten.
Das meinen die Nazis, wenn sie sagen: „Bolschewisten sind Tiere und sollen wie Tiere behandelt werden."
Diese Männer ernähren sich schon die ganze Zeit von ganz wäßriger Suppe und 9 Unzen schwarzem Brot pro Tag. Ihre Kleidung besteht bloß aus stinkenden Lumpen. Als Schutz dienten ihnen Bretterbaracken, in denen sie zusammengepfercht auf dreckigen Strohmatratzen schliefen. Die Baracken sind ohne Heizung, und während des Winters sind viele Gefangene erfroren.
Es gab für sie keine Erholung und keine Arbeit. Wenn sie sich zu nah an den rostigen Stacheldraht wagten, der das Lager umgibt, wurden sie von Maschinengewehren erschossen.
Die wenigen französischen Gefangenen, die als Westeuropäer keine „Tiere" waren, wurden gut behandelt und besser ernährt.
Die Amerikaner nahmen 200 Deutsche gefangen, darunter ein Dutzend Offiziere, die das Lager bewacht haben. Sie standen unter der Führung von 2 Obersten. Bei vielen der Wachen fand man US-Zigaretten, die sie aus Rot-Kreuz-Paketen gestohlen hatten. Die Russen sagten, sie hätten keinen Tabak gehabt, seit sie in das Lager gebracht worden waren. Die meisten von ihnen waren schon seit zwei oder drei Jahren hier.
Oberleutnant Donald P. Chance aus Lexington, Mass., Verbindungsoffizier beim 82. Bataillon, sagte, alle deutschen Wachen hätten Zuflucht auf den Wachtürmen rings um das Lager herum gesucht. Als die US-Panzer ankamen, weigerten sie sich herunterzukommen, aus Angst, von den Gefangenen gelyncht zu werden. „Wahrscheinlich wären sie es auch", sagte Chance. Er sagte, die Amerikaner hätten Soldaten zu ihnen hinaufschicken müssen. Die Soldaten fanden heraus, daß die Posten große Nahrungsvorräte auf die Türme getragen hatten und offensichtlich dort bleiben wollten, bis die Amerikaner ankamen.
Der für das Lager zuständige Oberst hatte ein getipptes Dokument in sehr schlechtem Englisch vorbereitet, das er Hauptmann Karl gab und in dem er einen Unteroffizier ermächtigte, das Lager gemäß dem internationalen Genfer Abkommen zu übergeben."

Wildes Losstürzen

Die Gefangenen, von denen der Oberst behauptete, sie seien entsprechend demselben internationalen Abkommens behandelt worden, liefen wie besessen auf die Lebensmittelbaracken zu, sobald die Amerikaner auftauchten. Einige aus ihrer Mitte versuchten, sie aufzuhalten, wurden aber überwältigt.

Chance sagte, die Gefangenen drängten durch die Türen der Lebensmittelbaracken, und als sie alle so eingekeilt waren, daß keiner mehr hineinkonnte, drängten sie sich so heftig, daß ihr Gewicht eine ganze Wand des Gebäudes zum Einsturz brachte.
„Einer der großen Russen kämpfte sich seinen Weg frei mit einem einzigen Laib Brot", sagte Chance. „Er wurde von 8 oder 10 anderen bestürmt, und als der Kampf endete, war der Laib in Stücke gerissen und keiner kriegte auch nur einen Bissen. Ich habe einen anderen Gefangenen mit riesigen Kohlstücken in jeder Faust gesehen. Er nagte daran wie ein Hund. Sie sahen alle aus wie von den Toten auferstanden."
Er sagte, ein deutscher Wachposten sei betrunken gewesen und habe aus irgendeinem Grund immer wieder versucht, auf einen amerikanischen Panzer zu klettern. Ein Soldat stieß ihn herunter. Das sah ein Russe und stürzte sich auf den Deutschen.
„Sie hätten ihn zu Tode geprügelt, wenn ich dem nicht ein Ende gesetzt hätte", sagte Chance.

Nach der Befreiung des Lagers am 2. 4. 1945

Unter Kontrolle

Als ich ungefähr 3 Stunden nach Einnahme des Lagers ankam, war die Situation so ziemlich unter Kontrolle.
Man hatte Gewehre an 5 Gefangene ausgegeben, die sich bereit erklärt hatten, den Mob von den Lebensmitteln fernzuhalten, und Panzer und gepanzerte Fahrzeuge waren an strategischen Punkten rund um das Lager postiert, um Ordnung zu halten.
Menschen krochen auf dem Bauch im Dreck herum und kratzten Getreidekörner zusammen, die bei dem ersten Ansturm auf die Lebensmittelbaracke verschüttet worden waren.
Einer von ihnen hatte nur ein Bein, und auf seiner Nase befand sich ein häßliches Gewächs. Er heulte vor sich hin wie ein Verrückter.
Ein anderer Mann suchte etwas auf, das aussah wie Stücke ungekochter Makkaroni, und stopfte sie in seinen Mund.
Ein großer, gutaussehender Russe, der große Mengen von den deut-

schen Biervorräten getrunken hatte, kam auf mich zu und bat mich um eine Zigarette. Als ich ihm eine gab, ergriff er meine Hand und drückte sie in beiden Fäusten, wobei er sie mit feuchten Küssen bedeckte.
In seinem Übergabeschreiben sagte der deutsche Oberst, es sei genug Verpflegung für zwei Wochen da. Aber amerikanische Offiziere sagten, sie bezweifelten, daß die Verpflegung länger als ein paar Tage reiche, wenn die richtigen Mengen ausgegeben würden. Sie befänden sich in einem Dilemma.
Sie seien eigentlich verantwortlich für eine Kompanie Kampfpanzer und sähen sich plötzlich gezwungen, sich um fast 9000 Männer in Not und Elend zu kümmern.
Die ganze Situation zeigte, daß irgendjemand völlig fehlgeplant habe. Im Hauptquartier der 2. Panzerdivision war nur bekannt, daß „ein Hauptmann vom SHAEF die Sache übernehmen soll."

Keine Vorkehrungen getroffen

Soweit es hier bekannt ist, wurden keine Vorkehrungen getroffen, um die medizinische Versorgung für die Gefangenen durch die Armee zu gewährleisten.
Ein russischer Oberstarzt, der für die Lazarettbaracken zuständig war, sagte, er habe mehr als 3000 Patienten in kritischem Zustand, davon 1300 bettlägerig. Er sagte, die Deutschen hätten ihm schon seit Monaten kein medizinisches Material mehr gegeben. Bis vor drei Tagen, als die Wachen nervös zu werden begannen, seien die Lazarettbaracken nicht geheizt worden.
Der Oberst sagte uns, daß vier bis fünf seiner Patienten täglich im Lazarett gestorben seien und im Lager allgemein die doppelte Zahl. Er sagte, in den letzten paar Tagen seien zudem einige Männer von den nervös gewordenen Wachen erschossen worden, als sie zu nah an die Stacheldrahtzäune gingen.
Er führte uns zu Baracken, die er grimmig die „Hungerabteilung" nannte. Sie waren voll mit Männern, die dem Hungertod nahe waren. Besonders ein Mann, der auf Aufforderung des Oberst aufstand. Er war ein zitterndes Skelett. Als er die amerikanischen Uniformen sah, brach er in krampfhaftes Schluchzen aus.
Als wir weggingen, kriegten die Leute ihr Abendessen, diesmal in Portionen, die sie selber festgesetzt hatten.
Der Oberst zeigte auf einen Eimer mit Essen, der gerade in die Baracken getragen wurde und sagte, es sehe „ausgezeichnet" aus. Der Behälter, ungefähr von der Größe eines normalen Milcheimers, war mit dickem, braunen Haferschleim gefüllt. Es war das Essen für 20 Mann.

VII. Kapitel

Zur Zahl der Toten

Am 2. Mai 1945, genau einen Monat nach ihrer Befreiung, enthüllten ehemalige sowjetische Kriegsgefangene des Stalag 326 (VI K) auf dem Soldatenfriedhof in Stukenbrock-Senne einen 10 m hohen Obelisken, den sie unter denkbar schwierigen Bedingungen in nur wenigen Wochen für ihre umgekommenen Kameraden errichtet hatten. Auf seinen drei Seitenflächen ist in russischer, englischer und deutscher Sprache die folgende Inschrift eingemeißelt:[1]

Deutsche Inschrift auf dem Obelisken des sowjetischen Ehrenfriedhofs Sommer 1991

1 Zur Baugeschichte und Einweihungsfeier vgl. Protokoll Stukenbrock (10/12/34) sowie Pieper/Siedenhans (48), S. 44ff.

Die hier genannte Zahl von 65000 Toten hat, wie wir schon in der Einführung[2] dargestellt haben, seit den 60er Jahren zu einer bis heute nicht zur Ruhe gekommenen Diskussion in der Öffentlichkeit geführt. Ein diesbezüglicher Beitrag, der im letzten Jahrgang der Lippischen Mitteilungen erschienen ist, bemerkt durchaus zu Recht:[3] „Im Rahmen einer Aufarbeitung der Geschichte der Kriegsgefangenenlager und hier speziell der des Lagers 326 (VI/K) Stukenbrock sollte auch versucht werden, eine solche ‚Spezialfrage' zu beantworten, allein schon um weiteren Fehldeutungen zu begegnen."

Er hebt allerdings hervor: Auch seines Erachtens „sollte hier nicht der Schwerpunkt in der Erarbeitung der Lagergeschichte liegen".

Inhaltlich stimmen wir den Ausführungen über die Beurkundung von Sterbefällen sowjetischer Kriegsgefangener im wesentlichen zu; der ausführlich zitierte Bericht des Reichsinnenministers an das OKW vom 16. März 1942[4] bedarf jedoch einer genaueren Überprüfung: Der Minister forderte das OKW auf, es solle die Wehrmachtauskunftstelle (WASt) anweisen, für verstorbene sowjetische Kriegsgefangene keine Sterbefallanzeigen mehr zu erstatten; denn die meist ehrenamtlichen Standesbeamten seien durch die Beurkundung der großen Zahl solcher Sterbefälle völlig überlastet. Die WASt besitze ja ohnehin eine listenmäßige Zusammenstellung der ihr gemeldeten Sterbefälle. An der Meldepflicht der Todesfälle gegenüber der WASt hatte nämlich selbst der diskriminierende und bald zumindest teilweise wieder aufgehobene Erlaß des OKW vom 16. 6. 1941 festgehalten.[5] Der Hinweis des Reichsinnenministers auf diese Sterbefall-Liste steht im Widerspruch zu seiner Behauptung, die Beurkundung sei ohnehin meist zwecklos, da die Personalien der sowjetischen Soldaten nicht bekannt seien. Im Stalag 326 (VI K) wurde nach unseren Recherchen großer Wert auf eine sorgfältig geführte Personalkartei gelegt. Allerdings wurden die „Ausgesonderten"[6] und zumindest 1941 wohl auch die Transporttoten nicht registriert. In der Lagerkartei wurden nicht nur die Todesfälle listenmäßig für die Meldung an die WASt erfaßt, sondern unabhängig von der eigentlichen Lagerkartei wurde eine Friedhofsbelegungsliste mit der Grablage jedes Toten geführt.

Das Wehrkommando VI gab dazu unter Bezugnahme auf eine Verfügung vom 12. Dezember 1941 (! d. Vf.) am 25. März 1943 genaue Anweisungen:[7] „In der Bezugsverfügung ist angeordnet, daß auch bei sowj. Kr.Gef. die Kennzeichnung jeder einzelnen Grabstätte so zu erfolgen hat, daß eine Identifizierung des Beerdigten möglich ist.

Diese Identifizierung muß auch an Hand der dem Wehrkreiskommando einzureichenden Sterbefall-Nachweise möglich sein.

Es genügt z. B. nicht bei dem Gemeinschaftsgrab Nr. 288 (mit 10 oder mehr Beerdigten) die Angabe der Nr. 288. – Die genaue Lage jedes Beerdigten ist zusätzlich entweder durch die laufende Nr. der in den

2 Vgl. den Abschnitt E 3.

3 V. Schockenhoff, Schätzen oder „errechnen"? (54), S. 289-302; hier S. 301 und S. 290. Die polemische Art der Kritik an Ottos „Versuch, zu einigen weiteren Erkenntnissen zu gelangen" aus dem Jahre 1986 (vgl. (40), S. 202) – bei Schockenhoff (S. 290) wird das zum „explizierten Anspruch, fundierte Erkenntnisse zu bringen" – ist für uns nicht recht verständlich, zumal der Verfasser darüber unterrichtet war, daß Otto seine damaligen – zudem sehr vorsichtig formulierten – Ausführungen in bezug auf die hier anstehende Frage aufgrund neuer Erkenntnisse selbst für überholt hielt.

4 BA R22 Nr. 755. Wir danken Dr. Schockenhoff für die Überlassung einer Ablichtung.

5 Vgl. die Ausführungen in Kap. II 2. Von der fortgesetzten Diskriminierung selbst der verstorbenen sowjetischen Gefangenen zeugen z. B. Bestattungen auf ebenfalls diskriminierten jüdischen Friedhöfen im Amt Warburg. Vgl. StA DT M2 WAR Amt WAR Nr. 1624.

6 Vgl. BA/MA RW48/v. 12, Bl. 169: Erlaß des OKW vom 30. 9. 1941 betr. Erfassung und Meldung der sowjetischen Kgf. an die WASt.

7 Die beiden nachfolgenden Zitate nach Röhs, Zur Geschichte der Kriegsgräber seit 1870/71, in: Das Gartenamt, 35, 1986, S. 372-377; hier S. 376f. Ein Erlaß des OKW vom 24. 3. 1942 – vgl. BA / ZNS S 22 – verlangte, daß die Erkennungsmarken bei den Leichen verbleiben sollten, um eine spätere Identifizierung zu ermöglichen. Einige Fotos aus den Stalags in der Lüneburger Heide zeigen auch Tote mit Erkennungsmarken; doch sie beweisen nicht, daß durchgängig so verfahren worden ist.

Massengrab sowjetischer Gefangener beim Stalag 311 (XI C) Bergen-Beben, 1942

Kr. Gef. Stammlagern geführten Sterberegister – Nr. 288/Liste 186 – oder durch die Angabe der Reihenfolge innerhalb der Gemeinschaftsgräber – Nr. 288/4 – zu bestimmen.
Die Zahl der in Gemeinschaftsgräbern zu Beerdigenden ist im allgemeinen auf 10 als Höchstmaß (in Ausnahmefällen 20) zu beschränken."
Es handelt sich hier anscheinend um Ausführungsbestimmungen zu einem Erlaß des Reichsinnenministers vom 14. Juli 1942, in dem im Einvernehmen mit dem OKW angeordnet wurde: „Die Gräber der sowjetrussischen Soldaten sind in allereinfachster Weise herzurichten; im wesentlichen handelt es sich darum, den Zustand der Kenntlichkeit der Gräber als solcher zu erhalten. Die einzelnen Gräber sind durch ein Nummernschild zu kennzeichnen, die Namen der Toten in den Belegungslisten einzutragen."
Nach einem Foto aus dem Jahre 1944, einer Aufnahme des zuständigen Wehrmachtsgräberoffiziers, hat das Stalag 326 (VI K) sich an die-

Grab Nr
1311
Liste Nr
12652

Kriegsgräber=Fürsorge Wehrkreiskommando VI.

Nr.15 149 **Verlustmeldung** Kdtr.Tr.Üb.Pl.Senne
RUSSLAND

Stalag 326 (47.Div.,353.Regt.,7.Kp.) Stukenbrook
(Truppenteil) (Beisetzungsort)

Dukin Tichan "Krs.Paderborn
(Familienname) (Vorname) (Gemeinde usw.)

Dienstgrad russ.Kgf. Russenfriedhof
(Gemeindefriedhof, Ehrenfriedhof, Feldgrab)

Geburtstag 12.4.13

Geburtsort Scholkowka

Einzelgrab / Kameradengrab Nr. 3513

Todestag 29.5.42

Umgebettet von / nach

Todesort Forellkrug

Erkennungsmarke Nr. 18 981

Umgebettet am

Anschrift der Angehörigen Frau:
Natascha Dukina, Scholkowka, Bezirk
Kujbyschewskij, Geb.Smolensk

Laut Umbettungsprotokoll Nr.

vom des

Todesursache: infolge Fleckfieber

Beigesetzt am: 30.5.42

Art:

Kriegsschauplatz:

Vermerke über die Grabstätte:

Linke Seite:
Zustand des sowjetischen Soldatenfriedhofs in der Senne 1944

se Vorschriften gehalten. Es läßt durchgehende Grabreihen mit beschrifteten Brettern in regelmäßigen Abständen erkennen, und auf dem vordersten ist deutlich zu lesen: Grab Nr. 1311 Liste Nr. 12652.[8]
Einige wenige durch Zufall erhaltene Verlustmeldungen beweisen eine genaue Listenführung. Als Beispiel wird die Verlustmeldung Nr. 15140 beigefügt.[9]
Nach den Ausführungen ergibt sich, daß sowohl die Stalag-Kommandantur als auch das Wehrkreiskommando – sieht man einmal von den Zeiten ab, in denen die große Zahl der Sterbefälle von der Verwaltung nicht bewältigt werden konnte – einen recht genauen Überblick über die Identität der Toten und ihre Grabstätten besaßen. Trotzdem lassen sich keine auch nur annähernd genauen Angaben über die Zahl der Toten auf dem Friedhof in Stukenbrock machen, weil nicht nur die Unterlagen des Stalag, sondern auch der Wehrkreisverwaltung

8 BA/MA RH53-6/63; vgl. das allerdings seitenverkehrt wiedergegebene Bild in: Das Lager 326 (47), S. 108. – Das Erfordernis der Verfügung vom 12. 12. 1941 deutet auf Nachlässigkeiten nach dem Ausbruch des Massensterbens im Oktober 1941 hin.

9 BA/MA RH53-6/67.

und der WASt in den Wirren der Niederlage von 1945 verlorengegangen sind.[10] Dennoch halten wir eine vorsichtige Aussage zur Gesamtzahl der Toten auf dem sowjetischen Soldatenfriedhof für möglich:
Die Spanne der überlieferten Zahlen reicht von 15000-70000 Toten, die während des Krieges in 36 Massengräbern mit einer Länge von jeweils 112 m beigesetzt, aber oft wohl einfach verscharrt worden sind.[11]
Die niedrigste Zahl 15000 steht in einem vertraulichen amerikanischen Bericht über die medizinischen Zustände im Stalag 326 (VI K) vom 6. April 1945. Hier heißt es:[12] „Moreover it was reported that, of an estimate 15,000 Russians dead buried in the vicinity of Stalag 326 VI/K, about 75 per cent had died of malnutrition."
Von 30000 Toten sprechen mehrere US-Kriegsberichterstatter, die offensichtlich gemeinsam von einigen sowjetischen Ärzten durch das Lager geführt wurden, und dabei von ihnen diese Zahl erfuhren. Namentlich wird ein „Mj. Dr. Gregori Mateev" erwähnt, der mit dem schon oft genannten Dr. Matwejew identisch ist.[13] Diese Ärzte beriefen sich nach übereinstimmenden Aussagen mehrerer Reporter auf ihnen zur Verfügung stehende Unterlagen, wobei die Frage offenbleiben muß, ob sie Einsicht in die Lagerkartei nehmen konnten. Die Wahrscheinlichkeit spricht allerdings dafür.[14] Einen Grund, zu niedrige Zahlen zu nennen, hatten die sowjetischen Ärzte jedenfalls nicht.
Die Zahl 65000 nennt erstmals die Ende April 1945 fertiggestellte Tafel an dem Obelisken. Einige Monate darauf überliefert eine britische Quelle am 20. Juli:[15] „There is at Eselsheide a Russian cemetary of some 70,000 Russians."
Am 13. August 1945 verpflichtete sich der Kreis Paderborn in einem Vertrag mit der britischen Rheinarmee zur Pflege aller sowjetischen Grabanlagen in seinem Bereich. In einer Aufzählung der Grabstätten wird unter dem Buchstaben n) der „Friedhof des Stalag-Lagers 326 – Forellkrug" mit 65000 Toten genannt. Es handelt sich hier offenbar um die Übernahme der Zahl auf dem Obelisken.[16]
Gar nicht weit auseinander liegen die Angaben Wilhelm Beines und Oskar Sufferts, die von 36800 und 40000 Toten sprechen.[17] Ohne Zweifel hatten beide während ihrer Dienstzeit im Stalag die Möglichkeit, die Lagerkartei einzusehen. Wir wollen zunächst prüfen, ob es sich bei Suffert nur um eine „der typisch beschönigenden Darstellungen zwecks eigener Exkulpierung aus dem Täterkreis handelt", wie Schockenhoff[18] behauptet. Am 1. Mai 1944 gab das OKW eine „Nachweisung zum Verbleib der sowj. Kr. Gef." mit Aussagen über die Anzahl der Kriegsgefangenen, der Verstorbenen sowie der im Arbeitseinsatz befindlichen heraus.[19] Die darin enthaltenen Daten konnten für das Reichsgebiet nur mit Hilfe der einzelnen Stalag-Verwaltungen zusammengetragen werden, die dazu wiederum auf ihre Registratur

10 Mitteilung der WASt vom 29. 3. 1984; ob 1990 wiederentdeckte WASt-Unterlagen neue Erkenntnisse bringen, bleibt abzuwarten. Vgl. den Bericht in der Süddeutschen Zeitung Nr. 287 vom 14. 12. 1990.

11 Die zulässige Höchstzahl von 10, in Ausnahmefällen von 20 Toten in einem Massengrab wurde also von Anfang an nicht beachtet. Bis Anfang September 1941 wenigstens war die Zahl der Verstorbenen noch so gering, daß sie auf dem St. Achatiusfriedhof Stukenbrock-Senne beigesetzt wurden. Am 14. 9. wird dann erstmals der „Russenfriedhof Forellkrug" als Beisetzungsort genannt. Vgl. diverse Zwischenblätter in BA/MA RW 53-6/64-68.

12 Vgl. Anlage 34, S. 260 ff.

13 Vgl. National Archives, Washington D.C., US War Crimes Office RG153, 100-466, BX 1380: Dort eine Sammlung etlicher Zeitungsberichte.

14 Vgl. Otto (40), S. 215f.

15 Ablichtung in Das Lager 326 (47), S. 162.

16 Vgl. StdtA Bad Lippspringe E 283.

17 Wie Anm. 2.

18 Vgl. (54), S. 289.

19 StA N NOKW 2125.

zurückgreifen mußten. Etwa im März dürfte die Aufforderung des OKW zur Erhebung statistischer Zahlen bei der Kommandatur eingegangen sein. Der damalige Hauptmann Suffert, der kurz vorher in die Lagerverwaltung eingetreten war, schrieb im Jahre 1973 an den Regierungspräsidenten in Detmold:[20] „Ich erinnere mich, daß etwa 1944 versucht wurde, die Zahl der Verstorbenen aus dem Lagerbereich zu ermitteln. Nach meiner Erinnerung lag die Zahl um 40000. Davon soll ein großer Teil einer Fleckfieberepidemie zum Opfer gefallen sein, die kurz nach der Errichtung des Lagers gewütet hatte."

Suffert wußte um die weit verbreitete Fleckfieberepidemie in den Stalags im Winter 1941/42 und übertrug sie in der Erinnerung auch auf das Lager 326. – Wir haben nachgewiesen, daß diese Seuche in der Senne nur in Einzelfällen auftrat. Die vorsichtige Formulierung, mit der die uns hier interessierende Zahl 40000 genannt wird, deutet kaum auf eine „typisch beschönigende Darstellung" hin. Die Lagerleitung „versuchte" danach, die Zahl der Toten zu ermitteln, wußte also um die Schwachstellen ihrer eigenen Registratur. Dennoch ist die Zahl 40000 durchaus plausibel; denn wir müssen bedenken, daß sie sich nur auf den Zeitraum vom Sommer 1941 bis März 1944 bezieht; wenn wir die sehr hohen Todesraten des chaotischen letzten Kriegsjahres dazurechnen, kommen wir rasch auf eine Zahl, die eher über als unter 60000 liegt. Suffert dürfte unbewußt die unabhängig von der Lagerkartei geführten Friedhofsbelegungslisten mit berücksichtigt haben; die sowjetischen Ärzte haben in den ersten Tagen der Befreiung gewiß nur die Lagerregistratur eingesehen und trafen dort auf eine Zahl von rund 30000 bis 1945,[21] und selbst diese Zahl stieß bei den amerikanischen Reportern auf ein ungläubiges Entsetzen. Offensichtlich wurde zumindest in den ersten Tagen nach der Befreiung nicht erkannt, daß die Todesfälle aus dem Seuchenlazarett Staumühle in der Kartei des Stalag 326 (VI K) nicht erfaßt wurden. Sie wurden nur in den Friedhofsbelegungslisten geführt.

Nach den Berichten der Zeitzeugen war die Todesrate im TBC-Lazarett Staumühle sehr groß. Nahezu täglich muß der meist angetrunkene Leichenkutscher, der einäugige Soldat Koch[22] mit einer schwarzen Binde auf dem linken Auge, seine traurige „Fracht" von Staumühle durch Hövelhof zum russischen Soldatenfriedhof gebracht haben. Koch und sein Leichenfuhrwerk gehörten fast 3½ Jahre lang zum Alltag der Hövelhofer. Wahrscheinlich erreichten die Totenzahlen aus Staumühle die gleiche Größenordnung wie der der im Stalag 326 (VI K) Umgekommenen; sie können sogar höher gelegen haben, wenn man an die meist als aussichtslos geltenden TBC-Fälle aus den Ruhrbergwerken denkt. Diese Schwerkranken wurden oft nur in die Senne verlegt, um dort zu sterben. Aus heutiger Sicht ist es übrigens nicht verständlich, warum der Leichenkutscher mit Pferd und Wagen den

20 StA DT D72 Nachlaß Suffert; vgl. (7).

21 Besonders Matwejew war nach eigenen Angaben erst am 13. Dezember 1944 aus Hemer in die Senne gekommen und konnte aus eigenem Wissen wohl kaum stichhaltige Zahlen nennen. Vgl. Das Lager 326 (47), S. 110.

22 Schilderungen zahlreicher Zeugen; vgl. auch Das Lager 326 (47), S. 85.

erheblichen Umweg über Hövelhof machte, statt den bedeutend kürzeren Weg über den Truppenübungsplatz zu nehmen.[23]
Organisatorisch bestand die einzige Verbindung zwischen dem Stalag 326 (VI K) und dem Kriegsgefangenenlazarett Staumühle in der Benutzung des gemeinsamen Friedhofes. Deshalb wurden die Toten aus Staumühle in der Lagerkartei des Stalag auch nicht registriert. Das wird den ehemaligen Gefangenen bald nach ihrer Befreiung aufgefallen sein, und sie könnten durch eine Addition der Toten des Stalag und des Lazaretts durchaus auf die Zahl 65000 gekommen sein.
Wenn man unseren Überlegungen folgt, dann lösen sich viele Widersprüche auf. Danach ist die Zahl 65000 eine plausible Größe, die man nur in Frage stellen darf, wenn bisher unbekannte Quellen sie widerlegen.[24]

23 Vgl. die Karte im hinteren Einband; die Qualität der Wege hätte für Kochs Fuhrwerk ausgereicht.

24 Mit der Geschichte des sowjetischen Soldatenfriedhofs nach 1945 befassen sich mehrere Veröffentlichungen des Arbeitskreises Blumen für Stukenbrock – Vgl. (10/12/34/47). Außerdem sei auf die Monographie von Pieper/Siedenhans verwiesen. – Vgl. (48), S. 130.-186.

Schlußwort

Die große Mehrheit der toten Kriegsgefangenen auf dem sowjetischen Soldatenfriedhof in Stukenbrock-Senne ist namenlos geblieben. Nur allzuoft heißt es in den Akten „Unbekannter Russe". Erschrocken und erschüttert über die Anonymität haben in den letzten Jahren zahlreiche Angehörige den Friedhof weinend verlassen, weil sie keine Grabstätte vorfanden, die ein konkretes Gedenken erst möglich macht.
Bürokratisch korrekt erfolgte 1954 die Umbettung eines solchen „unbekannten Russen" von Blomberg nach Stukenbrock, die in den Akten der Stadt Blomberg ihren Niederschlag gefunden hat. Wir zeichnen den Vorgang mit nachdenklicher Betroffenheit nach:[1] Von der Öffentlichkeit kaum beachtet befand sich von 1944/45 bis 1951 ein einzelnes Grab im Wald bei Blomberg; man wußte nicht, ob es einen sowjetischen Kriegsgefangenen oder einen zivilen Zwangsarbeiter, einen „Ostarbeiter", barg. Dann stellte die „Notgemeinschaft ehemaliger Berufssoldaten" p.p. am 29. Januar 1951 den für die damalige Zeit bemerkenswerten Antrag an die Stadt, den unbekannten Soldaten in „würdiger Form auf unserem städt. Friedhof beizusetzen. Überall in der Welt, außer in den Oststaaten, wird für eine würdige Behandlung der gefallenen Deutschen Sorge getragen, und es wäre u. E. eine Geste der Völkerverständigung, wenn wir auch unsererseits unseren früheren Gegnern die nötige Achtung nicht versagen würden."
Bis in den Sommer 1952 zogen sich die Überlegungen um eine Umbettung auf den städtischen Friedhof hin, in die auch der Volksbund Deutscher Kriegsgräberfürsorge einbezogen wurde. Dann setzte ihnen der nachfolgende Beschluß des Hauptausschusses der Stadt Blomberg vom 4. September 1952 ein plötzliches Ende: „Von einer Umbettung des russ. Zivilarbeiters soll Abstand genommen werden. Bei Gelegenheit soll die Einebnung des Grabes erfolgen."
Der mit der Einebnung beauftragte Revierförster schrieb jedoch am 22. Januar 1953 an den Stadtdirektor: „Das sogenannte Russengrab wird immer noch von einer unbekannten Frau in Ordnung gehalten, die offenbar das Grab in der Hoffnung pflegt, daß ihrem nicht heimgekehrten Mann oder Sohn die Pietät erwiesen werde. Möge niemand sie in ihrer frommen Verrichtung stören. Die Würde der Person des unbekannten Toten wird durch das Grab im Walde sowenig verletzt wie das Empfinden der Bevölkerung. Man lasse den Toten ruhen und den Streit um sein Grab."
Dem Wunsch des Försters wurde nicht entsprochen. Wiederum ein gutes Jahr später erging am 23. April 1954 der Beschluß des Regierungspräsidenten in Detmold, die sterblichen Überreste des Toten nach Stukenbrock umzubetten, wie es dann auch geschah. Hier hat er nun seine letzte Ruhestätte gefunden als Unbekannter unter Tausenden von anderen Unbekannten. Sie alle verbindet das gleiche Schicksal; sie sind Opfer des nationalsozialistischen Vernichtungskrieges gegen die

1 StdtA Blomberg, Blomberg IV 606-00/5. Auch von einem Grab in der Nähe des Kreuzkruges an der B 68 bei Schloß Holte wird berichtet, daß es von einer Frau gepflegt worden sei.

Sowjetunion. Dieser Krieg erfolgte nicht nur im deutschen Namen, sondern Deutsche führten ihn auch. Mit dieser Feststellung reden wir nicht der Kollektivschuld aller Deutschen das Wort, wohl aber erwarten wir das Eingeständnis, daß der NS-Staat ein Verbrecherstaat war, mit all den Verstrickungen, die sich daraus ergeben.
Zum Nachdenken darüber fordert uns das nachfolgende Zitat des Baseler Philosophen Karl Jaspers aus dem Jahre 1965 auf:[2] „Der entscheidende Punkt ist, ob man anerkennt: Der Nazistaat war ein Verbrecherstaat, nicht ein Staat, der auch Verbrechen begeht.
Ein Verbrecherstaat ist ein solcher, der im Prinzip keine Rechtsordnung stiftet und anerkennt …
Daß er ein Verbrecherstaat sei, konnte jeder Mensch wissen in Deutschland. Daß zwar die meisten es sich nicht klargemacht haben, ist nicht zu leugnen. Bei ihnen rede ich in vielen, nicht in allen Fällen weder von Kriminalität noch von moralischer Schuld, sondern nur von politischer Haftung."

2 Karl Jaspers, Wohin treibt die Bundesrepublik? S. 21.

Anlagen/Dokumente

— 48 —

Kgf

168

M E R K B L A T T

Kommandeur der Kriegsgefangenen
im Wehrkreis VII

München 13, den 6.11.1944
Friedrichstr. 11
Fernruf 32661/App.40

Abt.Ia Az. A II/1 Nr.538/44g.

G E H E I M

Bezug: OKW 2f 24.11 AWA/Kriegsgef.Nr.5062/44g. v.26.10.44

Betr.: Abgrenzung der Aufgaben im Kriegsgefangenenwesen zwischen Oberkommando der Wehrmacht und Befehlshaber des Ersatzheeres:

Auf Grund der Führerweisung vom 25.9.44 wird die Zuständigkeit der Aufgaben auf dem Gebiet des Kgf.Wesens wie folgt abgegrenzt:

I. Befehlshaber des Ersatzheeres, Chef des Kgf.Wesens
Berlin - Grunewald, Cunostr.35/43

1.) Abt.Organisation

a) Einsatz der deutschen Einheiten des Kgf.Wesens und der Bewachungskräfte
[illegible] und Unterbringung der Kgf. [illegible] OKW Bereich.

b) Pers[illegible]ngelegenheiten der Komman[illegible]r Kr.Gef. und ihrer Stabsleiter, der Lagerkommandanten und ihrer Stellvvertreter. Vorbereitung von Lehrgängen.

c) Arbeitseinsatz der Kriegsgefangenen und Transportangelegenheiten.

d) Aufsicht über die Kgf.Lager (Dienstbetrieb in den Lagern).

2.) Sachgebiet Allg.Ib

Allgemeine und grundsätzliche Abwehrangelegenheiten (Lagersicherung, Flucht, Sonderunternehmen, Zuweisung von Kgf. für Abwehraufgaben.)

3.) Sachgebiet Allg.Ic

Freizeitgestaltung der Kr.Gef. Lesestoff aller Art in Verbindung mit W.Pr., Rundfunk, Film, Theater, Sport, Lehrgänge Spaziergänge, wissenschaftliche Arbeiten der Kgf., und Erfindungen der Kgf. Wissenschaftliche Untersuchungen an Kgf.

4.) Sachgebiet Allg.Id

Zusammenarbeit mit Reichsführer SS, Fahndung nach flüchtigen Kr.Gef., Vernehmung und Absonderung von Kr.Gef. Besondere Vorkommnisse.

5.) Sachgebiet Allg.IIa

Propaganda in Kgf. und Internierungslagern in Verbindung mit W.Pr. Alle Photo, Film, Rundfunkangelegenheiten. Ausstellen von Ausweisen zum Betreten der Lager, mit Ausnahme solcher für Schutzmacht, Hilfsgesellschaften, Angehörige des OKW und des Auswärtigen Amtes.
Einberufungen und Durchführung der Lehrgänge in Wien.

6.) Sach[illegible]bi[illegible]t [illegible].IV

Verwaltungsfragen und Angelegenheiten [illegible].Kgf. in Deutschland und Angelegenheiten deutscher Kgf. in Feindesland mit Ausnahme aller Verwaltungsfragen.

7.) Gruppe Sanitätswesen.

Anlage 1 Quelle: BA/MA RH 53-7/ v. 724, Bl. 168 f.

169

II. Der Inspekteur für das Kgf.Wesen im Oberkommando der Wehrmacht
Torgau /Elbe, Seydlitzkaserne

1.) Sachgebiet Allg.Ib

Innenpolitische Auswirkungen des Kgf.Wesens
Zusammenarbeit mit Partei und Zivilbehörden
Stimmungsberichte und Briefauszüge
Behandlung der im Dienst der deutschen Wehrmacht und der Truppe eingesetzten Kgf. und ehem.Kr.Gef.
Behandlung der Überläufer

2.) Sachgebiet Allg. Ic

Religiöse Versorgung und Betätigung.
Verkehr mit der YMCA. Spenden der Kgf.

3.) Sachgebiet Allg.Id

Straftaten von Kgf. vor und während der Kriegsgefangenschaft bei besonderen Vorkommnissen, die zu einer Nachfrage der Schutzmacht führen können, ist sofortige Benachrichtigung des OKW erforderlich.

4.) Sachgebiet Allg.IIa

Noten und Aufzeichnungen der Schutzmacht
Verkehr mit dem Auswärtigen Amt in aussenpolitischen Angelegenheiten.
Ausstellen von Ausweisen zum Betreten von Lagern für Schutzmacht, Hilfsgesellschaften, Angehörige des OKW und des Auswärtigen Amtes. Begleitreisen, Bearbeitung der Reisen des Inspekteurs, der Kommandanten und Begleitoffiziere.
Vorzensur von Büchern und Aufsätzen über Kgf.Wesen.

5.) Sachgebiet Allg.IV

Grundsätzliche Verwaltungsfragen feindl.Kgf. bei denen das Abkommen berührt wird, sowie dei Bearbeitung aller Verwaltungsfragen deutscher Kgf.

Im Auftrag
gez. Deichmann
Oberst und [illegible]

F.d.R.
Klein
Hauptmann

Geheim

Stellv.Generalkommando VII.A.K.
(Wehrkreiskommando VII)
Ia Nr. 17 507/44 geh.

München, 18.November 1944.

[illegible]

Neb.Abdr. an Ib - Z. - A.O. - Wwi.Offz. - IIa - IIb - Rü.Jn.VII - N.S.Führung.

I.A.
[Unterschrift]

[handschriftlicher Vermerk, teilweise unleserlich] ... dann zum Gef.Abt. Kriegsgef. bei IIa

A b s c h r i f t :

22

Der Reichsführer-SS
und Chef der Deutschen Polizei
S - V Tgb. Nr. 666/44 - O l b -

Berlin, den 17. Dezember 1944.

G eh e i m !

An alle
Kriminalpolizei-leit-stellen
alle Kommandeure der Sicherheitspolizei (und des SD)
- Abteilung V -
die Beauftragten des Reichssicherheitshauptamtes
für die Verhinderung von Kriegsgefangenenfluchten
in den Wehrkreisen.

Nachrichtlich:

An alle Staatspolizei-leit-stellen
pp.

Betrifft: Neuordnung des Kriegsgefangenenwesens.
Vorgang: FS. an alle Kriminalpolizei-leit-stellen, Kommandeure der Sicherheitspolizei - Abt. V - Beauftragten des Reichssicherheitshauptamtes vom 3.10.44, Nr. 12341.
Anlagen: 1.

I.

SS - Obergruppenführer B e r g e r hat im Auftrage des Reichsführers-SS und Befehlshabers des Ersatzheeres das Kriegsgefangenenwesen unter der Bezeichnung "Der Befehlshaber des Ersatzheeres - Chef des Kriegsgefangenenwesens - " übernommen. Mit der Führung dieser Dienststelle ist von ihm Oberst M e u r e r beauftragt worden.

Der Höhere SS- und Polizeiführer, dessen Dienstsitz sich am Ort des Wehrkreiskommandos befindet oder der hierfür besonders bestimmt wird, ist jeweils als " Der Höhere Kommandeur der Kriegsgefangenen im Wehrkreis" eingesetzt. Er ist dem Befehlshaber des Ersatzheeres - Chef des Kriegsgefangenenwesens - für das gesamte Kriegsgefangenenwesens in dem betreffenden Wehrkreis verantwortlich und hat sein besonderes Augenmerk den Sicherungsmaßnahmen zuzuwenden.

Der Kommandeur der Kriegsgefangenen in dem betreffenden

Anlage 2 Quelle: HStA D RW 34/29, Bl. 22–24

23

Wehrkreis ist ihm in jeder Hinsicht - auch diszi-plinarisch - unterstellt und steht ihm zur Durchführung seiner Aufgaben mit seinem Stab zur Verfügung.

Er bearbeitet das Kriegsgefangenenwesen im Wehrkreis nach den Befehlen und Weisungen des zuständigen Höheren Kommandeurs der Kriegsgefangenen, scheidet also aus dem bisherigen Unterstellungsverhältnis zum Wehrkreisbefehlshaber aus. Den Kommandeuren der Kriegsgefangenen obliegt die Leitung des gesamten Kriegsgefangenen- und Internierungswesens im Wehrkreis. Ihnen sind ausserdem sämtliche im Wehrkreis befindlichen Kriegsgefangenen (auch Kgf.-Bau-und Arb.Batl.), die Lagerkommandanten und deren Stab sowie sämtliche für Kriegsgefangenenzwecke eingesetzte Landesschützenbataillone oder sonstige Truppeneinheiten unterstellt.

Die Offiziersangelegenheiten dieser Einheiten (mit Ausnahme des Einsatzes der Kommandanten und stellv. Kommandanten, der durch Chef des Kriegsgefangenenwesens erfolgt) sowie die Fragen der Unterbringung, der wirtschaftlichen und sanitären Versorgung, der Ausrüstung und des Ersatzwesens, ferner Abwehrfragen werden weiterhin von den zuständigen Stellen der Wehrkreiskommandos im Zusammenwirken mit dem Kommandeur der Kriegsgefangenen bearbeitet. Die künftige Bearbeitung der Abwehrfragen soll durch besonderen Befehl noch geregelt werden. Gerichtsherr ist der Kommandeur der Kriegsgefangenen nur in den Wehrkreisen, in denen ihm die Gerichtsbarkeit ausdrücklich übertragen worden ist.

Der Kommandeur der Kriegsgefangenen ist für die Durchführung aller Sicherungsmaßnahmen nach Innen und Außen in den Kgf.- und Arb.Kdos. verantwortlich. Mit den "Beauftragten des Reichssicherheitshauptamtes für die Verhinderung von Kriegsgefangenenfluchten in den Wehrkreisen" hat er wie bisher aufs engste zusammenzuarbeiten.

Bei der Durchführung seiner Aufgaben hat der Kommandeur der Kriegsgefangenen außerdem enge Fühlung mit den Dienststellen der Partei sowie den zuständigen Zivilbehörden zu halten.

Beglaubigt:
[Unterschrift]
Angestellte.

Geheime Staatspolizei
Staatspolizeistelle Köln

Stellung und Aufgabengebiet der Beauftragten des Reichssicherheitshauptamtes für die Verhinderung von Kriegsgefangenenfluchten werden durch diese Umorganisation – insbesondere Unterstellung der Kommandeure der Kriegsgefangenen unter die Höheren Kommandeure der Kriegsgefangenen – nicht berührt. Sie sind gem. Erl. des RFSSuChdDtPol. – S – V C 1 Nr. 629/43 g (826/43 – Clb –) vom 13.8.1943 weiterhin unmittelbar dem Reichssicherheitshauptamt verantwortlich und erhalten ihre Weisungen ausschließlich von dort. Sie sind daher weder dem Stabe des Höheren Kommandeurs der Kriegsgefangenen bzw. des Höheren SS- und Polizeiführers noch dem Befehlshaber (Inspekteur) der Sicherheitspolizei und des SD oder dem Kommandeur der Kriegsgefangenen im Wehrkreis in irgendeiner Form angegliedert (vgl. Skizze). Maßnahmen, die mit diesen Richtlinien in Widerspruch stehen, sind sofort aufzuheben. 24

Selbstverständlich haben die "Beauftragten des Reichssicherheitshauptamtes" ihre Erfahrungen auf dem Gebiet des Kriegsgefangenenwesens, insbesondere der Verhinderung von Kriegsgefangenenfluchten, den Höheren Kommandeuren der Kriegsgefangenen de zur Verfügung zu stellen und diese durch Übersendung von Durchschriften der an das Reichssicherheitshauptamt erstatteten Berichte zu unterrichten.

Die von den "Beauftragten des Reichssicherheitshauptamtes" geführten Akten und die Akten anderer sicherheitspolizeilicher Dienststellen betr. Kriegsgefangene sind bei Verlagerung von Dienststellen infolge militärischer Operationen stets mitzuführen; soweit diese im Einzelfalle nicht möglich ist, sind sie zu vernichten. Es muss unter allen Umständen verhindert werden, dass Akten betr. Kriegsgefangenenwesen in die Hände des Feindes fallen.

In Vertretung:
gez.: Dr. Kaltenbrunner.

Beglaubigt:
[Unterschrift]
Angestellte.

Beglaubigt:
gez.: Unterschrift
Büroangestellte

Abschrift

170

Der Befehlshaber des Ersatzheeres
Chef des Kriegsgefangenenwesens

Bln. Grunewald 1, d.25.11.44
Cunostr.35/43
Fernspr.: 89 75 41

Tgb.Nr.365/44 geh.

Geheim

Vorläufige Dienstanweisung
für den
" Höheren Kommandeur der Kriegsgefangenen im Wehrkreis "

1.) Dienststellung und Dienstsitz

Der Höhere SS- und Polizeiführer, dessen Dienstsitz sich am Dienstort des Wehrkreis-Kommandos befindet oder der durch den Befehlshaber des Ersatzheeres besonders hierzu bestimmt wurde, ist für das gesamte Kriegsgefangenen- und Interniertenwesen in dem betreffenden Wehrkreis verantwortlich. In Kriegsgefangenen-Angelegenheiten untersteht er dem Befehlshaber des Ersatzheeres/Chef des Kriegsgefangenenwesens und führt die Dienststellenbezeichnung "Höherer Kommandeur der Kriegsgefangenen im Wehrkreis ..."(abgekürzt "Höh.Kdr.Kgf.")

Er ist der Disziplinarvorgesetzte des Kdrs.Kgf. und gleichzeitig der Höhere Disziplinarvorgesetzte aller Offiziere, Beamten, Unteroffiziere und Mannschaften der im Kriegsgefangenenwesen eingesetzten Einheiten des Wehrkreises.

2.) Aufgaben

Der Hög.Kdr.Kgf. überwacht verantwortlich das gesamte Kriegsgefangenen und Interniertenwesen seines Wehrkreises. Sein Hauptaugenmerk hat er den Maßnahmen zuzuwenden, die zum Schutze der Reichssicherheit erforderlich sind. Insbesondere hat er für reibungslose Zusammenarbeit mit den Dienststellen der Wehrmachtteile, der Partei, sowie dem Reichssicherheitshauptamt und den Zivilbehörden zu sorgen. Zur Durchführung seiner Aufgaben steht ihm in erster Linie 1 Offizier des Heeres zur Verfügung, den er sich nach eigener Wahl aus den unterstellten Einheiten in seine Dienststelle kommandiert. Er bedient sich ferner des Stabes des ihm unterstellten Kdrs.Kgf. sowie der nachgeordneten Dienststellen.

3.) Befehlsbefugnisse

Der Höh.Kdr.Kgf. hat die Befugnisse eines Kommandierenden Generals. Nach Maßgabe der gleichzeitig ergehenden Dienstanweisung für den Kdr.d.Kgf. sind ihm der Kdr.d.Kgf.im Wehrkreis, alle Einheiten und Einrichtungen des Kriegsgefangenenwesens, sowie die Kriegsgefangenen selbst in jeder Beziehung unterstellt.

4.) Schriftverkehr

Der Höh.Kdr.Kgf. führt in allen Kriegsgefangenen-Angelegenheiten die Dienststellenbezeichnung:
" Der Höhere Kommandeur der Kriegsgefangenen im Wehrkreis ......"

Im übrigen wird auf die Ziff.4.) der gleichzeitig ergehenden Dienstanweisung für den Kdr.d.Kgf. verwiesen.

gez. G. Berger

F.d.R.
gez. Unterschrift
Oberst

F.d.R.d.A.
[Unterschrift]
Hauptmann

III.27/12
Zum Vorgang bei Ia

Anlage 3 Quelle: BA/MA RH 53-7/ v. 724, Bl. 170

Nr. **7805**

Seite d

Nur für den Dienstg

Kriegsstärkenachweisung (Heer)

Nr. der Zeile	Stellengruppe	noch: Kdt. Kriegsgef.Mannsch.Stammlag.	Kopfzahl								Waffen			
			Offiziere	Beamte	Unteroffiziere	Mannschaften	Angestellte männl.	Angestellte weibl.	Arbeiter	Reitpferde (l. Zugpferde)	Gewehre, Karabiner	Pistolen (Masch. Pist.)	besp. (unbesp.) Fahrzeuge	Kraftwagen, Zugmaschinen (Anhänger)
		Hauptspalte	a	b	c	d	e	f	g	h	i	k	l	m
1		**Zusammenstellung**												
2		a) Gruppe Kommandant	10	.	18	28	.	.	.	.	18	13	.	.
3		b) Arbeitseinsatz	4	.	4	10	.	.	.	.	4	4	.	.
4		c) Sanitätsoffizier	4	.	6	14	.	.	.	.	.	21	.	.
5		(im Heimatkriegsgebiet auf Planstärke der San.Abt. (Heer))												
6		d) Abwehr und Postüberwachung . . .	11	.	24	48	1	.	.	.	.	12	.	.
7		e) Verwaltung	.	26	33	65	.	.	.	.	5	27	.	.
8		f) Fahrbereitschaft	.	.	1	8	.	.	.	(2)	9	.	1	5 (1)
9		Gesamt-Höchststärke Kdt. Kriegsgef. Mannsch.Stammlag. bei 30 000 Kriegsgef.	29	26	86	173	1	.	.	(2)	36	77	1	5 (1)

Anmerkungen:

1) Von den Stellengruppen „G“ sind nach Abzug der Sanitätsunteroffiziere 20% Feldwebelstellen.

2) Je ein Offizier ist mit der Wahrnehmung der Gasschutzaufgaben und der Aufsicht über der Schutzhunddienst zu beauftragen.

3) Je ein Unteroffizier ist als Gasschutzunteroffizier und mit der Unteraufsicht über den Schutzhunddienst einzuteilen.

4) a) Die vorstehende Stärke stellt einen Höchstsatz bei einer Durchschnittsbelegung mit 30 00(Kriegsgefangenen dar.

b) Bei geringerer Belegung sind entsprechende Abstriche vorzunehmen.

5) Bei stärkerer Belegung können je vollendete 10000 Kriegsgef. Zuschläge bis zu folgender Höh(bewilligt wenden:

5 Offiziere (St.Gr. Z), 1 San.Offizier (St.Gr. Z), 5 Beamte (St.Gr. Z), 1 Beamter (St.Gr. O) 22 Uffz.[0]) (St.Gr. G), 4 San.Dienstgr. (St.Gr. G), 22 Mannsch.[0]) (St.Gr. M).

6) Die Iststärke richtet sich im Heimatkriegsgebiet nach dem Bestand an Kriegsgefangenen. Im Wehrm.- bzw. Mil.Bfh.Bereich nach dem Fassungsvermögen der Lager.

*) Stellen dürfen nur auf Befehl des W.Kr. besetzt werden.

[0]) Stellen können mit nicht wehrpflichtigen Zivilpersonen besetzt werden. Entlohnung nach TO. A bzw. TO. B.

**) Stellen sind für Stalag im besetzten Gebiet gesperrt und nur mit Genehmigung des zuständigen Wehrm.- bzw. zu besetzen.

---

[1]) Die WPrBeauftragten werden von OKW/WFST/WPr eingesetzt. Sie unterstehen disziplinar und wirtschaf Kommandantur. Ein Austausch von WPr Beauftragten kann im Einvernehmen mit den Kommandeuren der Kriegsgef. W.Kdo. bzw. Militär- sowie Wehrmachtbefehlshabern von OKW/WFSt/WPr. vorgenommen werden.
Hilfskräfte sind aus dem vorhandenen Kommandanturpersonal zu stellen.

[2]) Die Zahl der Kriegsgef.-Btl. und Kp.-Führer richtet sich nach der Einteilung der durchschnittlichen ständigen I gung. Es können die Kp.-Führerstellen — soweit keine geeigneten Kriegsgef. eingesetzt sind —, es müssen die Bt tellen mit je 1 Unteroffizier (Kp.Führ. „G“Stelle, — Btl.-Führ. Feldwebel) besetzt werden.

[3]) Die Zahl der Dolmetscher richtet sich nach dem jeweiligen Bedarf; Sonderzuweisungen rechnen als überplanm 41 Ziff. 378, Abs. 3).

[4]) Weiteres San.Personal ist den Kriegsgef. zu entnehmen.
Befindet sich die Einheit im Heimatkriegsgebiet, stehen San.Offiziere und sonstiges San.Personal des Heeres Stärke der zuständigen Sanitätsabteilung (Heer).

[5]) Die Gruppe Abwehr und Postüberwachung ist nur dann in vollem Umfang zuständig, wenn keine sprachli örtliche Zusammenlegung angeordnet ist. Bei Zusammenfassung mehrerer Prüfstellen ist entsprechender Abstrich vorz Bei Überbelastung ist Ausgleich innerhalb des Wehrkreises zwischen den Lagern durch vorübergehende Kommandie Abgabe zu prüfender Post durchzuführen. In allen Sowjetlagern sind nach Sammelmitteilung OKW Kriegsgef. Nr. 9. 2. 42 Ziff. 4, die Planstellen für die PÜ gesperrt, über anderweitigen Einsatz dieser Stellen entscheidet OKW Kriegs(

[6]) Für jede Lagerküche ist ein Küchenunteroffizier als Aufsicht zuständig. Küchenpersonal für deutsche Küche H.Dv. 43a zuständig.

[7]) Weitere Fahrzeuge können mit 2,5 kg je Kopf der durchschnittlich im Lager befindlichen, und mit 0,4 kg je auf Außenstellen eingesetzten Kriegsgef. vom W.Kdo. bewilligt werden.
Je nach örtlichen Verhältnissen sind Bespannfahrzeuge, Lkw. oder Radschlepper(Zgm.) mit Anhänger einzusetzer H.Dv. 465/3 findet keine Anwendung. Fahrzeugbegleiter (Kw.Beifahrer) sind aus dem vorhandenen Kommandantu zu stellen.

Anlage 4 Quelle: BA/MA RHD 11

Nr. **4031**

Seite b

Nur für den Dienstgeb[rauch]

Kriegsstärkenachweisung (Heer)

Nr. der Zeile	Stellengruppe	noch: Landesschütz. Kp.	Kopfzahl: Offiziere	Kopfzahl: Beamte	Kopfzahl: Unteroffiziere	Kopfzahl: Mannschaften	Tiere: Reitpferde (Bergreitpferde)	Tiere: leichte Zugpferde (Tragtiere)[Packpferde]	Tiere: schwere Zugpferde (schwerste Zugpferde)	Waffen: Gewehre, Karabiner	Waffen: Pistolen (Masch. Pist.)	Waffen: s. M.G. (le. M.G.)	Waffen: besp. (unbesp.) Geschütze und Werfer	besp. (unbesp.) Fahrzeuge	Kraftfahrzeuge: Kraftwagen, Zugmaschinen (Anhänger)	Kraftfahrzeuge: gepanzerte Kraftfahrzeuge	Kraftfahrzeuge: Krafträder
		Hauptspalte	a	b	c	d	e	f	g	h	i	k	l	m	n	o	
1		**Zusammenstellung**															
2		a) Gruppe Führer	1	.	1	7	.	.	.	7	2	.	.	.	.	.	
3		b) 1. Zug	1	.	5	40	.	.	.	43	3	(1)	.	.	.	.	
4		c) 2. Zug	1	.	5	40	.	.	.	43	3	(1)	.	.	.	.	
5		d) 3. Zug	1	.	5	40	.	.	.	43	3	(1)	.	.	.	.	
6		e) Troß	.	.	3	2	.	2	.	4	.	.	.	1	.	.	
7		Gesamtstärke Landesschütz. Kp.	4	.	19	129	.	2	.	140	11	(3)	.	1	.	.	
		Außerdem auf der Planstelle der zuständigen San. Abt.:															
8		1 Sanitätsdienstgrad.															

°) Stelle kann mit nicht wehrpflichtiger Zivilperson besetzt werden.

Anmerkungen:

1) Außerdem Personal gem. H. V. Bl. 1940, Teil B, Ziffer 453.

2) 6 Köpfe sind als Hi. Kr. Trg. zu bestimmen.

3) Von den Stellengruppen „G" sind
   1 Oberfeldwebelstelle und
   4 Feldwebelstellen.

4) Ein Unteroffizier ist als Gasschutzunteroffizier einzuteilen.

Anlage 5 Quelle: BA/MA RHD 11

-31-　　121

Stellv.Gen.Kdo.VII.A.K.　　München, den 4.4.1941.

(Wehrkreiskommando VII)

Nr.4498/41 geh. Ib/Mob 1　　Geheim!
G e h e i m !

Betr.: Aufstellung Frontstalag Nr.307 und 317 (1.Welle)
Aufstellung Frontstalag Nr.337 und 347 (2.Welle)

Verteiler:

Kdr.d.Krgf.i.W.K.VII
Stalag VII A (zgl.f.Neuaufstllg.) 3 x
Stalag VII B (Zgl.f.Neuaufstllg.) 3 x
Div.Kdo.z.b.V.407
Ldsch.Ers.Btl.7
W.E.J.München 6 x
Fz.Kdo.VII 3 x
St.O.Ä.Moosburg
St.O.Ä.Memmingen
H.St.O.Verw.Memmingen
H.St.O.Verw.Moosburg
W.V.VII
Abr.Int.W.V.VII
Wehrm.Briefstelle VII
Wehrkr.Ausk.Stelle VII
Trspr.Kdtr.München
Trspr.Kdtr.Augsburg
Trspr.Kdtr.Regensburg

Stellv.Gen.Kdo.:
Ia
Id
H/mot
TO
IIa
IIb
H.Bü.
Ic/W.Pr.
Ic/AO
IVa 6 x
IVb
IVb/III
IVc
Ib/Org (Ib)
Ib/E 1
Ib/E 2
Ib/WuG
Ib/Mat
Ib/VVSt
Ib/Mob 2
Ib/Mob 1

nachr.: Div.Nr.157
Div.Nr.147
Kdr.d.Na.Tr.VII
Ldsch.Brl.512
" " 442

I.Nach O K H Chef H Rüst u BdE A H A Ia(III) Nr.6219/41 geh.
vom 26.3.1941 +) sind aufzustellen:

Lfd. Nr.	Bezeichnung	aufstellende Dienststelle	Aufstellg. ort	a) Aufstellgs. Kennziffer b) Feldpostnummer
1	Frontstalag Nr.307 (1.Welle)	Stalag VII A	Moosburg	a) M 76930 b) folgt
2	Frontstalag Nr.317 (1.Welle)	Stalag VII A	Moosburg	a) M 76931 b) folgt
3	Frontstalag Nr.337 (2.Welle)	Stalag VII B	Memmingen	a) M 76932 b) folgt
4	Frontstalag Nr.347 (2.Welle)	Stalag VII B	Memmingen	a) M 76933 b) folgt

+) Neb.Abdr.anbei für:Kdr.d.Krgf.i.W.K.VII, Stellv.Gen.Kdo. - IVa

Anlage 6 Quelle: BA/MA RH 53-7/ v. 724, S. 121–124

122

\- 2 -

2.) Aufstellungsbeginn: 7.4.1941

Aufstellungsendtag: 19.4.1941

Einsatzbereitschaft: 30.4.1941

Die Stalags Nr.307 und 317 müssen personell und materiell zu o.a.Termin voll einsatzbereit sein,während bei den Stalags Nr.337 und 347 personell und materiell Lücken unvermeidlich sein werden.

Kdr.d.Krgf.wird gebeten,die vorhandenen Lücken der 2.Welle

T ! bis 19.4.1941 an Stellv.Gen.Kdo. - Ib/Mob 1 zu melden.

3.) Gültige KStN: 7809 vom 31.1.41 mit folgender Abweichung:

a) Für 32 Beamte (Spalte b) sind insgesamt nur 10 Beamte je Stalag einzusetzen,darunter 5 Dienstzweig Z,3 Dienstzweig U,1 Dienstzweig L u.1 d.mittl.nicht techn.Dienstes.

b) In Gruppe d bei Postüberwachung bleibt bestehen: eine Z-Stelle,eine H-Stelle und eine M-Stelle. Alle übrigen Stellen der Postüberwachung sind zu streichen.

4.) Unterkunft und wirtschaftl.Zuteilung regeln die St.O.., in Verbindung mit den betr.H.St.O.Verw.

5.) Zuständiger Ersatztruppenteil: Ldsch.Ers.Btl.7

6.) Unterstellung: unter Kommandeur der Kriegsgefangenen im Wehrkreis VII bis zum Abtransport.

7.) Stammtafelanlage: nach A.H.M.1940,Blatt 26,Ausschr.1113 1.Ausf.für Kriegstagebuch d.Einheiten,2.und 3.Ausf.zum

T ! 19.4.41 an Stellv.Gen.Kdo. - Ib/Mob 1.

8.) Meldungen durch die aufstellenden Stalags an Stellv.Gen. Kdo. - Ib/Mob 1

a) zum 19.4.41 über beendete Aufstellung.

b) zum 30.4.41 über Einsatzbereitschaft.

II.Personelles:

1.) Die Kommandanten ernennt H P A auf Vorschlag O K W Abt. Kriegsgefangene.

2.) Stalag VII A und VII B geben für die Neuaufstellungen eingearbeitetes Personal (Offze.,Beamte,Uffze und Mannsch.) in Stärke von mindestens 1/3 der KStN ab.Entsprechende Auf-

123

- 3 -

füllung ist wieder baldmöglichst durchzuführen. (Einberufung, aus Geb.Jahrgängen 1897 - 1907 (auch g.v.H.-und av.-Leute) sind durch Kdr.d.Kriegsgef. unmittelbar bei W.E.J.München zu beantragen. (Abdr.an Stellv.Gen.Kdo.-Ib/E 1).

3.) a) Offiziere teilt Stellv.Gen.Kdo.-IIa ein. (Siehe auch Ziffer 4a)

b) San.-Offiziere teilt Stellv.Korpsarzt ein.

4.) Beamte:

a) Für die Neuaufstellungen werden gemäss Fernschreiben O K H Gen St d H/Gen.Qu.Abt.K.Verw.(Qu 4/Kgf.) Nr.II/1239/41 geh. von 32 Stalags einige Offiziere und Beamte abgegeben.
Ferner ist ein weiterer Befehl zu erwarten, dass die Frontstalags einen grossen Teil von Beamten an die ersatzgestellenden W.K. abzugeben haben.

b) Die übrigen Beamten teilt Stellv.Gen.Kdo. - IVa ein.

5.) Dolmetscher werden durch Sonderbefehl A H A/Ag/H Abt.H ll zugewiesen.

6.) Unteroffiziere und Mannschaften:

a) Das Personal ist den Geburts-Jahrgängen 1897 - 1907 zu entnehmen (auch g.v.H.-und av.-Leute) Anträge auf Einberufungen stellen die Stalags VII A und VII B über Kdr.d.Kriegsgef.unmittelbar an W.E.J.München (Abdruck an Stellv.Gen.Kdo. - Ib/E 1) Einkleidung Neueinberufener durch Ldsch.Btl.512 und 442. rzt ein

b) San.Personal teilt Stellv.Korpsarzt ein.

III. Materielles:

1.) Waffen und Gerät stellt Fz.Kdo.VII nach Sonderbefehl von Fz.Jn bei HZa München bereit. Bei den Stalags 2.Welle werden auftretende Lücken spater beseitigt werden.
Abholzeiten vereinbaren die Stalags VII A und VII B mit H Za München unmittelbar.

124

- 4 -

2.) Munition wird durch Fz.Kdo.VII bereitgestellt.Wegen Abholung der Munition werden die Stalags von Fz.Kdo.VII verständigt.

3.) Handelsübliches Gerät beschafft, soweit bei H Za München nicht vorhanden, W.E.J.München.

4.) a) San.Gerät weist Stellv.Korpsarzt aus W.K.San.Park zu.
b) Vet.Gerät weist Stellv.Korpsvet. aus H.Vet.Park zu.

5.) Kraftfahrzeuge weist nach Zuteilung durch AHA/Ag/K/M Stellv.Gen.Kdo. - H/mot zu.Abweichend von KStN 7809 werden je Stalag insgesamt nur 2 le Pkw zugewiesen.

6.) Pferde weist Stellv.Korpsvet.aus H.Pferde-Park zu.

7.) Bekleidung und Ausrüstung nach Erlass von 11.3.41 Az.f 3 AHA Bkl.IIc(2) 2535/41 Abschn.A.Es sind möglichst Ausrüstungsstücke alter Art zu verwenden. Mannschaftsdecken sind im Bedarfsfall bei den zuständigen H.St.O.Verw. anzufordern. Einkleidung der Neueinzuberufenden bei Ldsch.Btl.512 und Stalag VII B durch Ldsch.Btl.442 Ottobeuren.Fehlende Stücke sind bei Stellv.Gen.Kdo. - IVa anzufordern.

8.) Verpflegung aus den zuständigen H.V.A.,ab 20.4.41 nach Gruppe B.

9.) Erste Geldausstattung aus den zuständigen H.St.O.Kassen.

10.) Dienststempel beschafft W.V.VII über H.Za.Spandau.

11.) a) KStN,KAN und Dv. weist Stellv.Gen.Kdo. - VVSt zu.
b) Merkbl.,F.P.Benachr.Karten können bei W.K.Druckerei, F.P.Merkbl. bei Stellv.Gen.Kdo. - Ib/Mob 2 empfangen werden.
c) Gesetz-und Verordn.Blätter sind über St.O.A. bei Stellv. Gen.Kdo. - H.Bü. (Abmeldung bei Abtransport) anzufordern.
d) Merkbl.für Meldung bei Unterstellungswechsel ist für Stalags VII und VII B zur Ausgabe an die Neuaufstellungen je 2 x beigenommen.

Für das Stellv.Gen.Kdo.:
Rz. Der Chef des Gen.Stabes:
Kasper.

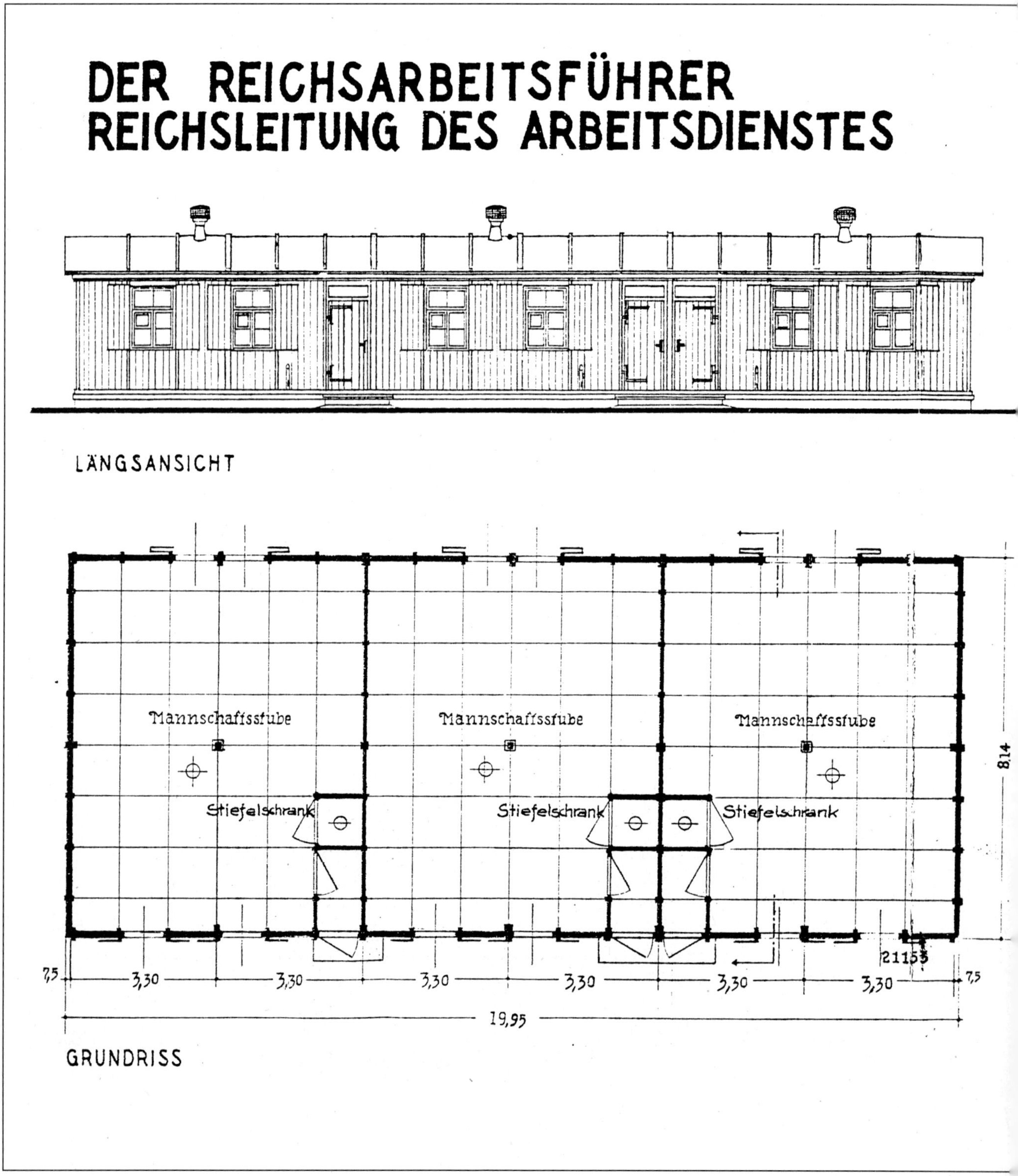

Anlage 7 Quelle: StdtA Soest D 1990

TYP RL IV/3

OBERKOMMANDO DES HEERES (BDE.) VA. (RAD.)

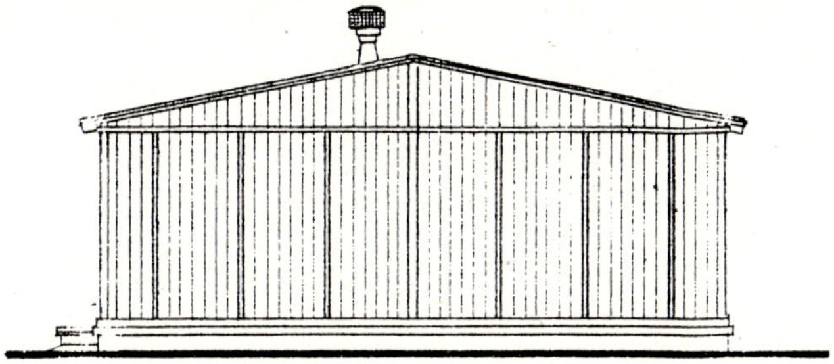

GIEBELANSICHT

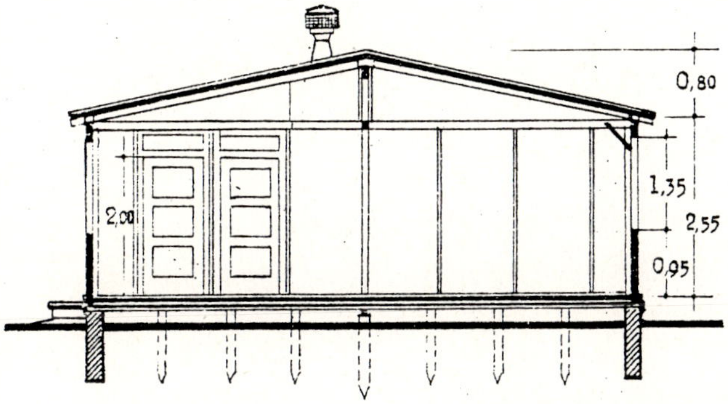

QUERSCHNITT

M. 1 : 100

1. 10. 1939

TYPENBLATT RL IV/3 (OKH.)
MANNSCHAFTSHAUS

gezeichnet:		geprüft:
Mal.		
geändert		
am	durch	geprüft
2.10.39		Hz.

Zeichenerklärung:

R. A. D.-Schornstein
Lüftungshaube
Mittelsäule mit Schutzkästen
Fensterladen dreiflügliges Fenster
hochliegendes Fenster Fenstergitter
Tür mit Guckloch

Aufgestellt im Konstruktionsbüro der Deutschen Holzbau-Konvention Niesky O.-L., Postschließfach 12. Fernsprecher Niesky 481

Rückfragen wegen technischer Einzelheiten werden von dort aus beantwortet.

Ihr letztes Gefecht . . .

Bolschewistisches Untermenschentum in deutscher Gefangenschaft

..., 9. Juli. (PK.) Von Jugend auf haben sie den aufreizenden Haßgesang gehört, in Versammlungen, in ihren Verbänden, durch Presse und Rundfunk wurde er ihnen immer wieder eingehämmert. Nun haben sie ihr letztes Gefecht hinter sich, die ungezählten bolschewistischen Söldner, die auf den staubigen Straßen des Ostens ihren Marsch in die deutsche Gefangenschaft angetreten haben. Von Lemberg bis Bialystok und von Riga bis zur Beresina sind sie in langen Kolonnen unterwegs nach hinten. Abgerissen und apathisch trotten sie dahin, blikken scheu und düster zu den vorgehenden deutschen Truppen auf, die vielgepriesenen Soldaten der Sowjetarmee, bunte zusammengewürfelte Haufen aus allen europäischen und asiatischen Bezirken der Sowjetunion, vom Ural, vom Kaukasus, aus den sibirischen Steppengebieten und den fernöstlichen Republiken.

Was sind das für Menschen, diese laut gefeierten Weltrevolutionäre, die einmal der Erde ein neues Antlitz und dem Menschengeschlecht eine bessere Ordnung geben sollten? Ist ihnen ihre große Mission auf die Gesichter geschrieben, drückt sich die Erhabenheit ihrer Aufgabe in der Haltung aus oder haben sie durch eine edle, reine Kampfesweise bewiesen, daß sie die Vertreter einer höheren Weltauffassung sind? Nichts von alledem! Man kann es kaum beschreiben, und erst die Wochenschauen werden dem deutschen Volk ein richtiges Bild davon geben, was für ein Menschentum der Bolschewismus während seiner über zwanzigjährigen Herrschaft gezüchtet hat. Es mag sein, daß das Gefangenenschicksal den Soldaten so deprimiert, daß er äußere Haltung und seelisches Gleichgewicht verliert, ein Vorgang, der sich auch im Gesicht spiegelt. Man erlebte das in Frankreich. Was sich aber hier dem mitteleuropäischen Auge bietet, ist das Primitivste und Niedrigste, das zur weißen Rasse zählt. Regelrechte Verbrecherphysiognomien, stiernackig, mit flachen Stirnen und einem falschen, hinterlistig flackernden Blick in den Augen, so ziehen sie vorbei, die Kämpfer für die Freiheit der Menschenrechte, knechtliche, vorgebeugte Gestalten, schlapp und schleichend im Gang, eher Dschungelerscheinungen als Soldaten.

Allein schon die schlechte und verdreckte Uniform läßt bemerkenswerte Rückschlüsse zu. Das ist nicht der Schmutz der Straßen und Wälder, das sind nicht nur die Spuren des Soldatenlebens in freier Natur — das haben wir schließlich auch hinter uns — das ist alter Dreck, der an den schlechten, giftgrünen Uniformen haftet, das ist Liederlichkeit und Verwahrlosung.

Dann sieht man wieder kleine Gestalten, eher Katzen vergleichbar, mit breiten Backenknochen und mongolischem Einschlag. Stumpf und gedankenlos folgen sie in der Kolonne dem Vordermann, setzen sich nieder, wenn er sich setzt, und erheben sich, wenn er sich erhebt. Menschliches Herdenvieh, ohne jede Geistigkeit und Gesittung, Moskaus Streiter für Freiheit und Welterneuerung! So weltfremd und in tiefstem Grund animalisch, wie sie jetzt in die Gefangenschaft ziehen, mögen sie noch vor kurzem zu den aufpeitschenden Klängen der Internationale hinter der Sowjetfahne einhergeschritten sein, um die Faschisten, von denen sie gar keine Vorstellung haben konnten, zu schlagen, wo sie sie trafen . . .

Es ist ein gefährlicher Feind, diese vom Bolschewismus fanatisierte, niedrige Soldateska, das wissen unsere Soldaten aus den bisherigen Kämpfen am allerbesten. Er ficht nicht offen und ehrlich, die Hinterlist und das organisierte Wegelagerertum sind seine Waffen. Das sind die Kreaturen, die schon manchen braven deutschen Musketier aus dem Hinterhalt erledigt haben, die größeren Trupps meist aus dem Wege gehen, dafür aber mit Vorliebe über einzelne deutsche Soldaten herfallen. Diese Kampfpraktiken ähneln haargenau den Straßenkampfmethoden, wie sie Moskau einst für den Bürgerkrieg in Deutschland einführen wollte. Schon mehr als einmal kam es vor, daß gefangene Sowjetrussen beim Passieren von Wäldern oder des nachts deutsche Bewachungssoldaten hinterrücks ansprangen, um ihnen die Waffe zu entreißen. Dann allerdings wurde kurzer Prozeß gemacht. Ein Zweifel ist gar nicht möglich: es ist zum größten Teil ausgewachsenes, kommunistisches Gesindel, das uns in diesen Gefangenenzügen begegnet, mit verbrecherischen Instinkten und gemeinen Gesichtern.

Verstand und Gefühl sträuben sich beim Anblick dieser Horden gegen die Annahme, daß die Natur es so schlecht mit einer menschlichen Rasse gemeint haben kann. Sind das die Vertreter eines Volkes, das der Welt vor der kommunistischen Aera immerhin namhafte Künstler und Gelehrte geschenkt hat? Nein, in diesen Gefangenen, von denen keiner mehr als 30, höchstens 35 Jahre zählt, treten uns zum ersten Male leibhaftig die Früchte der bolschewistischen Volksverderbnis gegenüber. Hier zeigt sich in erschütternder Tragik, was der perverse Lebensbegriff des jüdischen Kommunismus aus einem von Natur aus gesunden Volke gemacht hat. Alle diese Menschen, die nun in die deutsche Gefangenschaft marschieren, haben ihre entscheidenden politischen und sittlichen Bewußtseins-Eindrücke vom Bolschewismus erhalten; er appellierte nur an ihre niedrigsten Instinkte, er tötete ihre Seele von Kind auf und machte sie unempfänglich für die Werte der europäischen Kultur. Er impfte dem Slawentum einen dumpfen Haß gegen alles ein, was nicht kommunistisch war. Auf diese Weise entstand das systematisch gezüchtete, unterwertige bolschewistische Menschentum, das Moskau nun gegen uns in den Kampf führt und mit dessen Hilfe es die Welt dereinst zu einer „neuen Gerechtigkeit" zu bekehren gedachte. Beim Anblick dieser menschlichen Unnaturen drängt sich einem mit aller Gewalt die Ueberzeugung auf, daß es in der Tat höchst an der Zeit war, den Bolschewismus, diese Rückschrittserscheinung der Menschheit, mit Stumpf und Stil auszutilgen.

Mit klaren Gesichtern und eiskalter Entschlossenheit marschieren die kampfgestählten deutschen Sturmsoldaten, gesund und braungebrannt, an diesen bolschewistischen Gefangenenhaufen vorüber. Wir wissen jetzt genau, warum ihnen der Führer den Befehl gab, die kommunistische Völkerpest endgültig zu beseitigen. Sie sind in ihrem Bewußtsein bestärkt worden, Träger einer wirklich neuen und gerechten Ordnung zu sein, die allen Völkern unseres Kontinents Friede, Freiheit und sozialen Aufstieg bringen wird.

Und während die bolschewistischen Gefangenen, müde und finster, wie Romanfiguren von Dostojewsky, menschlichen Ruinen vergleichbar, in langen Zügen nach hinten ziehen, marschieren die Regimenter Adolf Hitlers weiter in die Sowjetunion hinein, dem Siege entgegen.

Kriegsberichter L. Bersch

Anlage 8 Quelle: WV Nr. 159 vom 10. 7. 1941

-4-

Abschrift.

Wehrkreiskommando VI
Abt. Kr.Gef. Az K 16
Nr. o444o/41

Münster, den 24. 1o. 1941

Bearb. Hptm.Dr.Sirringhaus
Nebenanschluß 446
Bezug: ohne
Betr.: Kriegsgefangene im Wehrkreis VI

Im Anschluß an die Verfg. des Wehrkreiskommando VI, Abt. Kr.Gef. Az K 2 Nr. o432o/41 vom 17.1o.41 macht Wehrkreiskommando hinsichtlich der in den Wehrkreis überführten russ. Kr.Gef. folgende Ausführungen:
Bis heute sind rd. 3 233 ooo sowj. Kr.Gef. in Kriegsgefangenschaft geraten. Es war zunächst geplant, diese Kr.Gef. nicht in das Reich zu bringen und dort in Arbeit einzusetzen. Aus politischen Gründen und aus Gründen der Arbeitsmarktlage mußte jedoch von dieser Absicht abgegangen werden, so daß nunmehr vorgesehen ist, rd. 66o.ooo sowj. Kr.Gef. in die Kr.Gef.-Lager des Reiches zu überführen. Schon in den besetzten Ostgebieten ist eine Auslese dieser Kr.Gef. durchgeführt, so daß nur die Besten ins Reich verbracht werden dürften. Offiziere und Asiaten sind von der Überführung ins Reich ausgeschlossen. In der Hauptsache werden nur Angehörige der russ. Minderheitengruppen und National-Russen ins Reich gelangen. In den Wehrkreis VI sind inzwischen rd. 48 ooo sowj. Kr.Gef. verbracht worden. Von diese ist jedoch fast die Hälfte wieder an andere Wehrkreise zum Zwecke des Arbeitseinsatzes weitergeleitet worden. Im eigenen Wehrkreis wurden bisher rd. 1o ooo sowj. Kr.Gef. in den verschiedensten Stellen in Arbeit eingesetzt und dadurch z.T. franz. Kr.Gef. freigemacht, die nach den Wünschen der Landesarbeitsämter zum Einsatz in der Landwirtschaft und Luftrüstungsindustrie gelangten.
Die sowj. Kr.Gef. treffen meist ausgehungert und unterernährt im Wehrkreis ein. Ihre Bekleidung ist zerlumpt und abgerissen. Die Disziplin ist schlecht. In diesem Zustand können sie nicht in Arbeit eingesetzt werden. Es ist daher zunächst vorgesehen, sie in den Lagern wieder etwas aufzupäppeln und erst dann in Arbeitseinsatz zu bringen. Der ausgehungerte Zustand der sowj. Kr.Gef. bringt eine gewisse Unruhe in die Lager hinein und ist die Ursache zu den bisher vorgekommenen Fluchtfällen sowj. Kr.Gef.. Da die Flucht sowj. Kr.Gef. eine gewisse Gefahr für die Öffentlichkeit bildet, hat die Wehrmacht besonders scharfe Anweisungen an die Wacheinheiten gegeben, die bei Fluchtversuchen sowj. Kr.Gef. rücksichtslos anzuwenden sind.
Bei der bekannten Einstellung des Bolschewismus gegenüber dem nationalsozialistischen Deutschland wird daher der sowj. Kr.Gef. mit äußerster Wachsamkeit größter Vorsicht und schärfstem Mißtrauen behandelt. Aus diesem Grunde sind auch die Bedingungen über den Arbeitseinsatz sowj. Kr. Gef. besonders streng. Sie dürfen nur in geschlossenen Kolonnen unter strengster Absonderung von Zivilisten und Kr.Gef. anderer Nationalitäten eingesetzt werden. Die Arbeitsstellen müssen sicher bewacht werden und keine Möglichkeit der Sabotage bieten. Ein Einsatz mit deutschen Arbeitern ist nur dann möglich, wenn diese überprüft, als politisch einwandfrei befunden und als Hilfswachmannschaften eingesetzt und verpflichtet sind.
Oberster Grundsatz für den Arbeitseinsatz sowj. Kr.Gef. im Reichsgebiet ist die unbedingte Sicherheit deutschen Lebens und deutschen

Anlage 9 Quelle: KA GT LR WD F 45/9/I

deutschen Gutes. Bisher ist im wesentlichen ein Einsatz sowj. Kr.Gef. nur bei besonders hierzu geeigneten Wehrmachtdienststellen erfolgt, um dort franz. Kr.Gef. zum Zwecke des Einsatzes in der Landwirtschaft und Luftrüstungsindustrie abzulösen. Darüberhinaus können im Einvernehmen mit den Landesarbeitsämtern auch Einsätze in anderen geeigneten Stellen durchgeführt werden, sofern die Austauschmöglichkeiten franz. Kr.Gef. durch sowj. Kr.Gef. erschöpft sind.
Die Erweiterung des Arbeitseinsatzes der sowj. Kr.Gef. läßt die Gefahr der Berührung mit der Zivilbevölkerung und die Einwirkung auf diese größer werden. Dementsprechend hat Wehrkreiskommando die Stalagkommandanten erneut angewiesen, die Zivilstellen (Landräte und Polizeibehörden) über den beabsichtigten Einsatz sowj. Kr.Gef. in ihrem Bereich rechtzeitig in Kenntnis zu setzen, damit diese in der Lage sind, ihrerseits etwa erforderlich werdende Maßnahmen zu treffen.
Wehrkreiskommando VI bittet daher, die Verwaltungs- und Polizeibehörden mit den entsprechenden Anweisungen zu versehen, um die Zusammenarbeit zwischen den Stalagkommandanten und den örtlichen Polizei- und Verwaltungsbehörden im Interesse der Sicherheit deutschen Lebens und deutschen Gutes zu fördern.

Im Auftrage des Wehrkreisbefehlshabers
Der Kommandeur der Kr.Gef.

gez. v. dem Hagen.

Verteiler zu W.Kdo., Abt. Kr.Gef. Az K 16 Nr. o4440/41 v.24.10.41.

Regierungspräsident Minden pp.

Z.D.A. ....

Berlin, den 28.September 1942
Dr.Fi/Pu. **90**

Aktennotiz

für Herrn P l e i g e r

Betrifft: Transportplan russischer Kriegsgefangener

Folgender Transportplan für russische Kriegsgefangene ist vereinbart und in Durchführung begriffen:

1.) Für Senne Ruhr:

Abgangstag	Mann
20.u.21.9.1942	7 000
26.9.	2 500
27.9.	2 000
29.9.	2 000
30.9.	2 500

26.9.	2 000
28.9.	2 000
1.10.	2 000
zusammen:	22 000

2.) Für Oberschlesien (Lamsdorf):

20.und 21.9.	2 000
23.9.	2 000
28.9.	2 000
30.9.	2 000
zusammen:	8 000

3.) Für die Campine:

27.9.	2 500
1.10.	2 500
zusammen:	5 000

Eine Zuweisung für das Sudetenland kann im Augenblick nicht erfolgen, da die Unterkünfte noch nicht fertig sind und noch über 3 000 Mann bereits ausgesuchter Kräfte für Sudetenberg im Lager Zeitheim stehen.

Fischer

Anlage 10 Quelle: BA R 10 VIII 52, Bl. 90

Dortmund, den 1. Juli 1943

49

Vermerk

Für die Zuweisung zum Bergbau sind 20 000 Kriegsgefangene vom OKW zur Verfügung gestellt worden. 15 000 sollten aus Stalags aus den besetzten Gebieten gegeben werden, da Minderheiten (Turkmenen) bei wehrmachteigenen Betrieben eingesetzt werden sollten und dafür bergbautaugliche russische Kriegsgefangene dem Bergbau zugeführt werden sollen.

Die 15 000-Mann-Aktion hat bis zum 25. Juni 1943 folgendes Ergebnis gehabt:

Zugeführt und inzwischen dem Bergbau zugeleitet (dem Stalag Senne und Lamsdorf O/S) sind 13 939, ein weiterer Transport von 1569 ist im Lager Lamsdorf eingetroffen, aber noch nicht verteilt. Unter den 13 939 befanden sich nur 3327 Bergbautaugliche = 23,87 %. 4104 = 29,5 % fallen für jeden Einsatz aus, weil sie entweder krank (313), oder invalide oder tot (480), aufpäppelungsbedürftig (3196), oder weniger angekommen als angekündigt (115) sind. Erst nach Umtausch mit anderen bergbautauglichen Kriegsgefangenen, die für den Bergbau infrage kommen, sind verfügbar 6011, davon 3344 Minderheiten (Ukrainer, Kosaken), die bestimmungsgemäß nur vorübergehend eingesetzt werden dürfen und für andere Zwecke jederzeit bereit gehalten werden müssen und 2667, die zwar arbeitsfähig, aber nicht genügend kräftig für den Bergbau sind. Für diese 6011 wird also erst in dem schwierigen Umsetzungsverfahren versucht werden müssen, geeignete Kräfte für den Bergbau zu finden. Der Rest von 497 ist der Luftwaffe zugeführt, was dadurch bedingt ist, daß infolge der gestörten Postverbindungen das Landesarbeitsamt Westfalen die Anordnung, alle Kräfte dem Bergbau zu geben, verspätet erhielt und so die frühere Anweisung, Kräfte für die Luftwaffe zu stellen, nicht rechtzeitig widerrufen werden konnte. Rechnet man selbst diese Kräfte als für den Bergbau einsatzfähig hinzu, so werden also höchstens von rund 14 000 3825 Kräfte für den Bergbau geeignet sein, also nur 1/4. der von der Wehrmacht gestellten Gefangenen.

Anlage 11 Quelle: BA R 10 VIII 54, Bl. 49

17

Fernschreibstelle Tschenstochau

Geheim!

Fernschreibname Laufende Nr.

Angenommen
Aufgenommen
Datum: 15. August 1944
um: Uhr
von: Uffz. Malies
durch:

Geheim

Befördert:
Datum: 19
um: Uhr
an:
durch:
Rolle:

Feldpostnummer 57219

Vermerke: HTTV 3549 15-R – 11 00

Fernschreiben
Posttelegramm
Fernspruch
von Frontaufklärungs-Kdo. 154 (Rü/T), Tschenstochau

Dieser Teil wird an der Fernschreibstelle ausgefüllt.

Abgangstag | Abgangszeit

An Stalag XX A, Fort XVII, Thorn.
z. Hd. Sdf. (Z) Hiller

Vermerke für Beförderung (vom Aufgeber auszufüllen)

Thorn.
Bestimmungsort

Heftrand

Stalag 367 in Tschenstochau wird durch Dulag 124 abgelöst.

Letzte Transporte von Stalag 367 wurden verlegt:

+1143/EINS/E1/HDVC+
+1143/EINS/E1/HDVC+

1. 300 sowj. Offiziere nach Hammelburg
2. 439 " " " Nürnberg,
3. 1250 sowj. Mannschaften nach Sandbostel,
4. 375 " " " Senne-Hövelhof,
5. 200 " " " Mühlberg IV B
6. 70 Geheimnisträger nach Mühlberg IV B.

Kleinerer Teil obiger Kgf.
wurde hier vernommen.

gez. Baldermann, Hptm. u. stellv. Kdo.-Fhr

Nicht zu übermitteln:

Wilhelm Eilers jr., Bielefeld

Unterschrift des Aufgebers

Baldermann, Hptm.

Fernsprech-Anschluß des Aufgebers

Anlage 12 Quelle: BA/MA RW 67/167

Fernspruch - Fernschreiben - Funkspruch - Blinkspruch

Nachr.-Stelle | Nr. | Befördert: an | Tag | Zeit | durch | Rolle

Wehrkreiskommando XVII
12. DEZ. 1943
Nr. ...
Anlagen ...

++++ 1915 FUENF STA HPWN +

Vermerke:

Angenommen oder aufgenommen

von	Tag	Zeit	durch
HDTO	11/12/	1915	...

Fernschreibstelle Wehrkreiskommando XVII
am: 11. Dez. 1943

Abgang
Tag:
Zeit:
Dringlichkeits-Vermerk

Absendende Stelle: QEM

Fernsprech-Anschluß:

An: + HDTO 4132 8.12.43 1700 .== --- Q E M ---

AN W. KDO. ROEM. 17 .====

GLDT.: AN W. T. L. MITTE.===

AN W. KDO. ROEM. 6,12,17 .====

BETR.: TRANSPORT SOWJ. KR. GEF. ZUM ARBEITSEINSATZ.=

== BEZ.: FERNMDL. ANMELD. W. KDO. ROEM. 6 V. 7.12.43 .==

OKW BITTET, AM 13.12.43 FOLGENDE TRANSPORTE VON HOEVELHOF (STALAG ROEM. 6 K SENNE) DURCHZUFUEHREN.:

1.) 600 SOWJ. KR. GEF. (NICHTBERGBAUFAEHIGE) F. WEHRM. SEKTOR NACH WILFLEINSDORF (STALAG ROEM. 17 A KAISERSTEINBRUCH).-

2.) 1400 SOWJ. KGF. (EHEM. LEG.) NACH BOLCHEN (STALAG ROEM. 12 F/ Z.) .-

z.d.A.

W. KDO. ROEM. 6 IST VOM GENAUEN TRANSPORTTERMIN ZU VERSTAENDIGEN UND GIBT SOFORT NACH ERFOLGTEN ABTRANSPORT VOLLZUGSMELDUNG MIT FAHRT- NR. AN CHEF KRIEGGEF. / FS. STELLE HDTO ORG. (ROEM. 3 C) .===

CHEF KRIEGSGEF. FS. STELLE HDTO ORG. ROEM. 3 C
NR. 0116/43 V. 8.12.43. GEZ. USCHR.++++++

Anlage 13 a Quelle: BA/MA RH 53-17 / 183

[illegible]
Kreis Paderborn.

Stukenbrock, den 26.11.1943.

Betr.: Personalienfeststellung von 14 entw. russ. Kriegsgefg.
Bezug: Telegr. Ersuchen (Kr.Pol.Leitst.Kattowitz 6.K.

An
die Kr/Pol.Leit.St.

in Kattowitz
=============

Die Personalien der am 24.11.43, gegen 0,20 Uhr, zwischen den Stationen Rabetin und Strzemyczeze aus dem Transportzug mit der Fahrten-Nr/ 6 352 688 (Hauer) entwichenen russ. Kriegsgefangenen sind:

				Kgf.Nr. :
1.	Andrijenko	Iwan	15. 5.17	3302
2.	Bugajew	Dimitri	26.10.06	5352
3.	Bolschakow	Wasili	17. 3.00	6263
4.	Glasow	Nikolaus	30.4.15	3002
5.	Kurjakow	Wasili	14. 4.22	6180
6.	Korol	Michael	14.12.17	6260
7.	Pudrin	Semen	3. 1.18	3462
8.	Plaztowez	Nikolai	3. 1.20	5675
9.	Rwanin	Leonid	29. 9/19	14442
10.	Sergejew	~~xxxxxxx~~ Georgi	~~14xx3x07~~ 2. 4.19	118431
11.	Subanjuk	Anatoli	14. 3.07	5345
12.	Safin	Alexand.	27. 4.18	5454
13.	Turykin	~~Wxxxxx~~ Georgi	2. 2.21	6258
14.	Tscherwonyj	Wasili	21.12.18	12448

151-1.

Diese Wurden vom Stalag 319 (Cholm) dem Transport hinzugefügt. Es handelt sich um wiederergriffene Flüchtlinge, fluchtverdächtige und politisch unzuverlässige Kgf.

Müller
Mstr.d.Gend.

Gend.-Einzelp. Stukenbrock. den 26.11.43

Abschr.
dem Herrn Amtsbürgermeister
in Neuhaus
vorgelegt, mit der Bitte um Kentnisnahme u. [illegible]

Müller
Mstr. d. Gend.

Anlage 13 b Quelle: StdtA PB G 2696

Auch das KL Buchenwald wurde von dem RSHA in der Zeit von Ende 1941 bis Frühjahr 1943 für derartige Massenhinrichtungen herangezogen. Anfänglich, als die im Rahmen dieses Programms ausgesuchten Kriegsgefangenen noch in kleineren Trupps nach Buchenwald kamen, liquidierte man sie durch Erschiessen auf einem Schiessstand des Lagers. Um eine bessere Geheimhaltung derartiger Massenexekutionen sicherzustellen, aber auch weil die Zahl der Hinzurichtenden zu grossen Umfang annahm, schuf man eigens für diesen Zweck eine sog. Genickschussanlage, in dem nordwestlich hinter der Waffenmeisterei gelegenen Pferdestall. Hierzu wurde dieser durch Einziehen von Holzwänden und Vornehmen sonstiger Ergänzungen umgebaut. Nach Fertigstellung dieser Arbeiten wurde die Genickschussanlage etwa Ende November 1941 in Betrieb genommen. Die so entstandene Anlage ermöglichte nun, auch eintreffende grössere Transporte unauffällig und schnell zu töten.

Die für die Hinrichtung bestimmten russischen Kriegsgefangenen kamen jeweils in Trupps von verschiedener Stärke auf Lastkraftwagen nach Buchenwald und wurden bei ihrer Ankunft sofort zu dem Pferdestall gefahren. Nachdem sie dort das Fahrzeug verlassen hatten, wurden sie in den sog. Auskleideraum des Pferdestalles geführt. Dort wurde ihnen in russischer Sprache eröffnet, dass sie in das Lager aufgenommen würden, dass sie aber vor Einweisung in das Lager sich einer ärztlichen Untersuchung unterziehen müssten und daher sämtliche Kleider abzulegen hätten. Nachdem die Russen dieser Aufforderung nachgekommen waren, wurde die Vollzähligkeit des Transports anhand einer Liste durch Abhaken kontrolliert. Die Russen mussten sich alsdann einzeln durch einen Gang, auf dem SS-Leute Spalier standen, zu dem sog. Untersuchungsraum oder Arztzimmer begeben. Dort hielten sich mehrere mit weissen Ärztekitteln bekleidete SS-Männer auf, die die Vornahme einer ärztlichen Untersuchung vortäuschten, in dem sie den Gefangenen das Gebiss kontrollierten, sie zur angeblichen Prüfung ihrer Sehschärfe Zahlen von dort aufgehängten Tabellen ablesen liessen, ihnen Herz und Lunge abhörten und anderes mehr. Von diesem Zimmer wurden die Russen einzeln in den eigentlichen Exekutionsraum weitergeschleust. In diesem war in einer mit Zinnblech ausgeschlagenen Nische an der Wand eine Mess-Skala angebracht, um vorzutäuschen, dass dort Messungen vorgenommen würden. In der Wand, auf der diese Skala aufgezeichnet war, befand sich ein senkrechter Schlitz von etwa 5-7 cm Breite und 7o cm Länge. Jenseits der Wand stand in einer dunklen Kabine ein SS-Mann, der mit einer Pistole bewaffnet war und vor dem Gesicht einen Cellophanschirm trug. Der den Arzt oder Arztgehilfen vortäuschende SS-Mann stellte den nach den vorangegangenen Untersuchungen arglosen Kriegsgefangenen mit dem Rücken gegen die Messvorrichtung. Sobald er den Gefangenen in die richtige Stellung gebracht hatte, gab er dem in der Kabine stehenden anderen SS-Mann durch einen leichten Stoss mit dem Fuss gegen die Wand das verabredete Zeichen, dass alles zur Exekution bereit sei. Dieser tötete hierauf den Kriegsgefangenen, in dem er ihm durch den in der Wand befindlichen Schlitz mit seiner Pistole einen Genickschuss beibrachte. Der auf den Boden stürzende Tote wurde alsdann in grösster Eile von zwei in einem angrenzenden

Raum postierten Leichenträgern erfasst und zu dem dem Eingang, durch den die Russen in den Pferdestall gekommen waren, gegenüberliegenden anderen Eingang geschleift, von wo die aufgestapelten Leichen auf einen LKW verladen und zum Krematorium geschafft wurden, wo sie verbrannt wurden.

Anlage 14 Quelle: Justiz und NS-Verbrechen. Bd.X Amsterdam 1973, S. 760 f. Massenexekution sowjetischer Kriegsgefangener im KZ Buchenwald

Die beiden Leichenträger waren aus den Reihen der Häftlinge entnommen. Einer von ihnen war der Zeuge Z. Während die beiden Leichenträger den Getöteten hinausschleiften, wurde gleichzeitig der Exekutionsraum von Blut- und Gehirnspritzern gereinigt, um zu verhüten, dass der nächste hereinkommende Kriegsgefangene Argwohn schöpfte. Die Reinigung des Raumes liess sich schnell bewerkstelligen, da sein Fussboden mit Fliessen ausgelegt und die Nische mit Blech ausgeschlagen war. Während dieser Vorgänge im Pferdestall ertönte im Auskleideraum und im sog. Arztzimmer ununterbrochen lärmende Musik aus Lautsprechern, durch die das Geräusch der Schüsse übertönt wurde.

Derartige Massenhinrichtungen fanden je nach Ankunft der einzelnen Kriegsgefangenentransporte in unregelmässigen Zeitabständen, und zwar meistens am Abend oder in der Nacht statt. Manchmal erfolgten sie zwei- oder dreimal in der Woche, dann setzten sie wieder wochenlang aus. Die Stärke der einzelnen Transporte wechselte zwischen 2o bis zu einigen Hundert Kriegsgefangenen. Insgesamt sind in Buchenwald mehrere Tausend Russen auf diese Weise umgebracht worden.
Die Exekutionen wurden von einem Kommando durchgeführt, das sich aus Angehörigen des SS-Stammpersonals des KL Buchenwald zusammensetzte. Die einzelnen Mitglieder dieses Kommandos standen personell nicht fest, sondern wechselten. Das Kommando erhielt von den Lagerhäftlingen, die von diesen Vorgängen trotz der getroffenen Vorkehrungen auf Umwegen Kenntnis erlangten, die Bezeichnung Kommando 99. Auf diesen Namen kamen die Häftlinge dadurch, dass die Mitglieder des Kommandos zu den Exekutionen zeitweise durch Durchsagen auf der Lautsprecheranlage des Lagers wie "99 auf 99 kommen" und "99 zum Tor" herbeigerufen wurden. Ausserdem hatte der Fernsprechanschluss im Pferdestall die Nummer 99. Die amtliche Bezeichnung des Kommandos hat im Laufe der Zeit offenbar mehrfach gewechselt.
Nach jeder derartigen Massenhinrichtung erhielten die SS-Männer, die an ihr mitgewirkt hatten, Verpflegungszulage, insbesondere auch Schnaps.

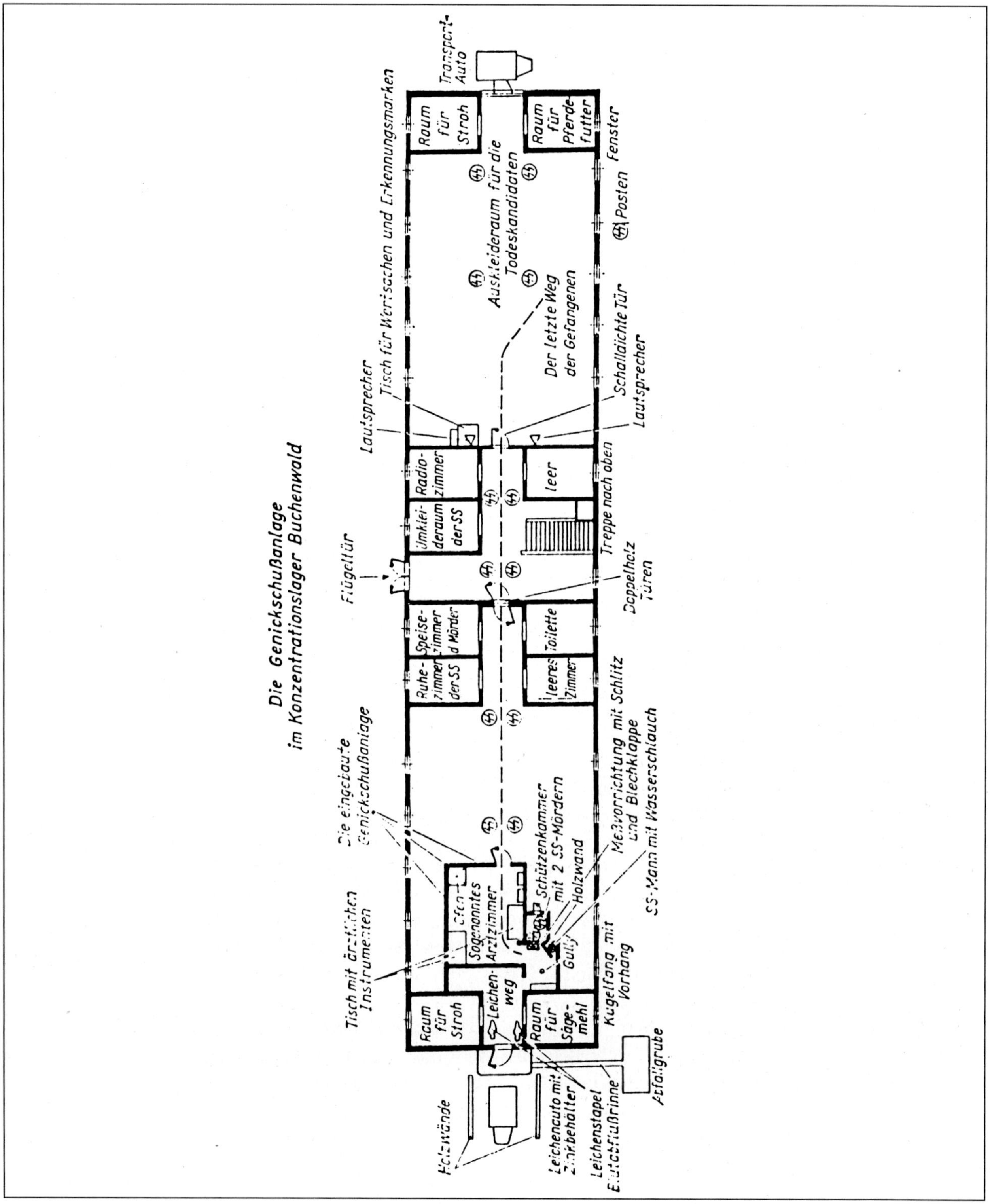

Anlage 15 Quelle: Buchenwald · Berlin 1983, S. 143

Wehrkreisverwaltung VI
Az. 63 v 10 (F II)

Münster, den 29.9.1944

1) An den
Kommandandeur der Kriegsgefangenen im Wehrkreis VI
Soest

ab 1.10.M

Betr.: Vergrößerung der Arrestanstalt für Kgf. im Stalag VI K.

Bezug: Fernmündl. Rücksprache mit Herrn Hauptmann Henschel.

Die Kommandantur des Stalag VI K hat eine Vergrößerung der Arrestanstalt um 34 Zellen und einen größeren Raum beantragt und diesen Antrag wie folgt begründet:

" Die Arrestanstalt verfügt über 30 Zellen, von denen 28 Arrestanten aufnehmen können. Jm Monat Juli war sie mit durchscnittlich 37 Arrestanten belegt. (Höchstzahl 46, niedrigste 31).

Es ist damit zu rechnen daß die Zahl der Kgf., die in die Arrestanstalt aufzunehmen ist, wesentlich steigt, da Kgf. nur nach den in der Disziplinarstrafordnung aufgeführten Strafen bestraft werden dürfen. Der erschwerte Arbeitseinsatz darf auch nur von der Arrestzelle aus durchgeführt werden. Nur den wenigsten Kontrollkommandos stehen freie Arrestzellen zur Verfügung. Die Arrestanten werden mehr und mehr dem Stalag zur Strafverbüßung zugewiesen.

Die Vergrößerung trägt insofern zum Endsieg bei, als sie der Aufrechterhaltung der Disziplin der Kgf. und damit der Stärkung des Kriegspotenzials dient. "

Die Durchführung des Antrages erfordert erhebliche Baustoffmengen und dürfte daher kaum Aussicht auf Genehmigung durch die OT. - Einsatzgruppe haben, wie bei den bisherigen Verhandlungen mit der OT. bereits festgestellt worden ist.

Es wird daher gebeten, den Antrag des Stalag VI K von dort aus nochmals zu überprüfen und dabei die außerordentlich schwierige bauwirtschaftliche Lage zu berücksichtigen. Sollte die Nachprüfung die unbedingte Notwendigkeit der Baumaßnahme ergeben, so wird um eine Überzeugende Begründung des Antrags gebeten, wobei besonders auch anzugeben wäre, warum im 6. Kriegsjahr diese Erweiterung unerläßlich ist, nachdem in der vergangenen Zeit mit der bisherigen Arrestanstalt ausgekommen werden konnte.

Jm Auftrage

2) FI z. FII z. A.

Anlage 16 Quelle: BA/MA RH 53-6 /112, Bl. 107

110

Kommandantur
Kgf.M.St.Lag. 326 (VI/K)
III Az. 14 1/K.11.a.

(21) Forellkrug über Paderborn,
den 14.10.44.
Fernruf: Hövelhof 82.

Betr.: Ausbau der Arrestanstalt für Kgf.
Bezug: U.R. Kdr.d.Kgf.i.Wkrs. VI, Gr. Kgf. II Az. K 69, v. 4. 10. 44.

Kdeur. d. Kgf.

Kommandeur der Kriegsgefangenen im Wehrkreis VI
Eing. 18 OKT 1944
Abt. J.-Nr.
Anl.

An
Kommandeur der Kriegsgefangenen
im Wehrkreis VI,
(21) Soest i./W..

Zum Strafvollzug für die Kgf.-Belegung von insgesamt 37 382 Mann bei 7 Nationalitäten stehen der Kdtr. 28 Arrestzellen zur Verfügung, die im Frühjahr 1943 als Anfang des Arresthauses gebaut worden sind.

Es zeigte sich bald, daß die Arrestanstalt zu klein war, da die Arrestzellen nicht nur zum disziplinaren Strafvollzug gebraucht werden, sondern in ihnen auch die Kgf. untergebracht werden, über die das Gericht Untersuchungshaft verhängt hat (zeitweise 19 Häftlinge, einer davon ~~für 6 Monate~~), ~~und~~ die, auf deren gesicherte und von den übrigen Kgf. getrennte Unterbringung von der Abwehr Wert gelegt werden muß.

Dann sind einzelne Kgf., deren sichere Aufbewahrung besonders wichtig ist, nach der Überstellung zur ϟϟ bis zum Abtransport in den Arrestzellen unterzubringen. Schließlich wurde noch in Einzelfällen auf die Arrestzellen zurückgegriffen, z.B. um einen Tobsüchtigen für die Dauer des Anfalls im Arresthaus einzusperren.

Die Arrestzellen wurden im vergangenen Monat für 1181 Hafttage in Anspruch genommen:

Davon entfallen 575 Tage für Franzosen,
12 " " Italiener,
73 " " Serben,
10 " " Engländer,
17 " " Belgier,
16 " " Holländer,
1 " " Amerikaner,
6 " " Polen,
289 " " Sowjets.

Von der Unterbringung der vorläufig festgenommenen sowj. Kgf. in einem Barackenraum des Lagers I wird Gebrauch gemacht (daher die niedrige Hafttageziffer der sowj. Kgf.). Eine ähnliche Unterbringungsmöglichkeit für die westlichen Kgf. im Lager II besteht bei der dichten Belegung (z.Z. 4 Nationalitäten) nicht.

Das Bedürfnis nach einer ausreichenden Zahl von Arrestzellen wird deshalb immer dringender, weil die allgemeinen Wehrmachtarrestanstalten (Standortarrestanstalten usw.) immer weniger in der Lage sind, Kgf. zum Strafvollzug aufzunehmen. Bei der Umverlegung von Kgf. werden auch immer häufiger solche versetzt, die bestraft worden sind, die ihre Strafe aber noch nicht verbüßt haben.

Die erneute Prüfung bestätigte das Bedürfnis nach weiteren Arrestzellen.

Ein weiterer Strafvollzug außerhalb des Arresthauses ist im Lager nicht möglich.

Der Antrag auf Erweiterung der Arrestanstalt kann von der Kdtr. nicht zurückgezogen werden.

Anlage:
Bezugsbefehl.

Châlons.

Anlage 17 Quelle: BA/MA RW 53-6 /112 Bl. 110

Die Kommandanten des Stalag 326 (VI K)

Lfd. Nr. und Zeitraum	Dienstgrad, Name und Lebensdaten	Zivilberuf	Bemerkungen
1) ca. 10.04.1941 bis 14.05.1941	Major Bernhard (?) Bomke *1878 (?)		später (–1943) Kdt. vom Oflag VI A Soest
2) 14.05.1941 bis 01.09.1941	Major Werner v. Padberg *1878	Generalmajor der Ordnungspolizei	
3) 01.09.1941 bis 04.09.1942	Major Dr. Werner Fehr *1878	Senatspräsident am Landgericht	Nach Kdt.-Lehrgang im Stalag II D Stargard Kdt. in VI G. Am 31.05.1943 als Oberstleutnant aus der Wehrmacht entlassen
4) 04.09.1942 bis 31.01.1944	Oberst Friedrich Euler 1883–1945		
5) ca. 19.02.1944 bis 01.02.1945	Oberst Dr. Dr. Werner Châlons 1890–1962		ab Febr. 1945 Kdt. vom Stalag VI J
6) 01.02.1945 bis 02.04.1945	Oberst Robert Behrend 1887–1946		10.04.1943 Kdt. im Stalag VI C Bathorn; 06.09.1944 Kdt. im Stalag VI J

Stellvertretende Kommandanten des Stalag 326 (VI K) (soweit ermittelt)

Zeitraum	Dienstgrad, Name und Lebensdaten	Zivilberuf	Bemerkungen
Sommer 1942	Major Molineus	Fabrikant	
zur Zeit Dr. Fehrs	Hauptmann Hirt		
24.04.1943 bis 19.06.1944	Major Dr. Leo Diekamp *1897	Rechtsanwalt und Notar	20.06.1944 stellv. Kdt. vom Stalag VI D Dortmund
15.08.1944 bis 15.09.1944	Oberstleutnant Karl Bornemann *1896		20.12.1943 stellv. Kdt. des Oflag VI A Soest
15.09.1944	Major Josef Roth 1896–1947		
28.11.1944 bis 19.12.1944	Oberstleutnant Robert Prager *1895		20.12.1944 bis 08.01.1945 im Oflag VI A Soest; 19.01. bis 22.03.1945 im Stalag VI A Hemer; 23.03. bis 16.04.1945 im Stalag VI J
10.12.1944	Oberstleutnant Fritz Strenger *1896		Sollte im Stalag 326 (VI K) zum Kdt. ausgebildet werden

Anlage 18 Zusammenstellung nach BA/ZNS und WASt

A b s c h r i f t . USSR-422

Chef d. Heeresrüstung u. BdE. Berlin, den 17. Oktober 1941.
63 v 12 Ag. V II/V 6 Ia
668C/41.

An
stellv. Gen.Kdos I bis XIII, XVII, XVIII, XX, XXI, } m. je
die Wehrkreisverwaltungen I - XIII, XVII, XVIII, XX, XXI } 3 Abdr.
OKW. - Abt. Kriegsgef. -,
AHA/S In,
V 3, V 4, V 7,
V 2 (I), V 2 (IV), V 2 (V).

Betr.: Unterbringung sowj. Kriegsgef.

In der Besprechung, die am 19.9.41 bei Chef d.Heeresrüstung u. BdE. (V 6) stattgefunden hat, ist festgestellt worden, dass durch Einbau von mehrstöckigen Liegepritschen anstelle von Bettstellen eine RAD.Baracke mit 150 Gefangenen, eine nach der Musterzeichnung für Lager für sowj. Kriegsgef. errichtete Massiv-Baracke mit 840 Gefangenen als Dauerunterkunft belegt werden kann.

Darüber hinaus ist kürzlich bei Besichtigung eines Lagers festgestellt worden, dass es im Notfall möglich ist, durch Herausnehmen der Zwischenwände und der Bettstellen bzw. Liegepritschen eine RAD.Baracke mit 300 Gefangenen zu belegen; die Gefangenen müssen auf Strohschütte oder dergl. auf dem Fussboden liegen.

In gleicher Weise können durch Herausnehmen der Bettstellen bzw. Liegepritschen in den Massiv-Baracken, die nach der Musterzeichnung für Lager für sowj. Kriegsgef. gebaut sind, 1200 Gef., in den Massiv-Baracken, die nach der Musterzeichnung der H.Dv. 38/12 gebaut sind, 900 Gef. untergebracht werden. Die Herausnahme der Zwischenwände kommt bei Massivbaracken nicht in Frage.

Diese Art der Unterbringung ist eine Notmassnahme und stellt keinen Dauerzustand dar. Sie ist aber dem Liegen unter freiem Himmel, in Erdlöchern oder in Erdhütten vorzuziehen.

Anlage 19 Quelle: StA N USSR-422(1)

Bei starkem Zustrom von sowj. Gef. ist im Notfall auf diese Art der Unterbringung zurückzugreifen, bis ausreichender Unterkunftsraum geschaffen ist.

Im Auftrage
gez. S c h u l z e
Ausgefertigt:
gez. Unterschrift.
Amtsrat

Verteiler: L.O. A.O. A.E.

F. d. R. d. A.

Hauptmann und Adjutant

Чрезвычайная Государственная
комиссия по установлению и расследованию злодеяний немецко-фашистских захватчиков
Москва Дом СНК СССР

A b s c h r i f t

Kommandantur (21) Forellkrug, 9.8.44
Kgf.M.St.Lag.326 (VI/K) ü. Paderborn
IVa, Az. 63 m 11 Tel. Hövelhof 82,83 u. 88

Betr.: Entwässerung im Lager
Bezug: ohne

An das
Heeresbauamt

Bielefeld

durch Neubauleitung Moosheide

Durch die Anlage der Wasserleitung und im Anschluß der Waschbaracken, ist die Notwendigkeit eingetreten, die Abwässer abzuleiten. Bisher wurde das verbrauchte Wasser den Sickergruben zugeführt. Die dadurch entstehenden unhygienischen Zustände erweisen sich als untragbar. Es wird gebeten, daß Kgf.M.St.Lag.326 durch Ausbau einer Anlage systematisch zu entwässern.
gez.: (Unterschrift)

Heeresbauamt Bielefeld Bielefeld, 16. September 1944
Az.: 63 v 10 Kgf. Se

An die
Wehrkreisverwaltung VI

M ü n s t e r (Westf.)

OBI FI

Betr.: Herstellung einer Entwässerungsanlage im Stalag 326 (VI/K)
Anl. : 1 Formblatt (dreifach)
1 Kostenüberschlag
1 Lageplan
1 Abschrift
4 + 2 = 6 Zusammen

Kosten für 4 Lager zus. 17500,- RM.
13000 Steine
5t Zement
300 Kiesel.

Wie aus dem in Abschrift beigefügten Schreiben der Kommandantur Stalag 326 (VI/K) hervorgeht, ist die Anlage einer Entwässerungsleitung dringend erforderlich. Das Heeresbauamt hält die Arbeiten ebenfalls für unbedingt notwendig und bittet um Weitergabe anliegenden Formblattes.

Zur Information werden Lageplan und Kostenüberschlag beigefügt. Die Arbeiten sollen von Kriegsgefangenen durchgeführt werden. Wenn die Zementrohre nicht auf einmal im freien Handel beschafft werden können, soll je nach Beschaffungsmöglichkeit die Baumaßnahmen getrennt nach den einzelnen Lägern durchgeführt werden.

[illegible] Durchschlag [illegible]
30.9.44 [illegible] O.S.A.

Am 30.9.44 der OT Egr. Hansa vorgelegt.

[illegible]

Anlage 20 Quelle: BA/MA RH 53-6 /111 Bl. 59 f.

Gemeinverständliche Belehrung über das Fleckfieber

1. (1) Das Fleckfieber wird durch die Laus verbreitet. Es kommt deshalb nur dort vor, wo die Menschen von Läusen befallen sind. Im europäischen Ostraum, wo die Laus ein ständiger Mitbewohner des Menschen ist, ist diese Krankheit heimisch. In das fleckfieberfreie Deutschland können vereinzelt Läuse und Fleckfieber durch Kriegsgefangene und Zivilarbeiter aus dem Osten eingeschleppt werden; eine Ausbreitung wird jedoch durch die Entlausung verhindert.

(2) Kampf dem Fleckfieber heißt Kampf der Laus. Deshalb muß jede Laus vernichtet werden. Zum Beispiel können im Haushalt in einfacher Weise Läuse und ihre Eier in der Wäsche durch Auskochen vertilgt werden und in nichtauskochbaren Wäschestücken und in Kleidern durch Ausbügeln mit dem heißen Bügeleisen unter besonders sorgfältiger Berücksichtigung der Nähte und Falten.

(3) Der Erreger des Fleckfiebers ist ein nur bei starker mikroskopischer Vergrößerung sichtbares Kleinlebewesen, das nach den sehr verdienten Fleckfieberforschern Ricketts und von Prowazek, die beide ein Opfer dieser Krankheit wurden, die wissenschaftliche Bezeichnung Rickettsia prowazeki erhalten hat. Er wird durch die Laus von fleckfieberkranken auf gesunde Menschen übertragen.

2. (1) Das Fleckfieber beginnt in der Regel zwischen dem 7. und 21. Tage nach der Ansteckung zunächst mit Kopfschmerzen, Mattigkeit, Gliederschmerzen, Frösteln, vermehrtem Durst. Bald setzen hohes Fieber und Schüttelfrost ein. Am 3. bis 5. Krankheitstag werden auf der Haut des Rumpfes und der Gliedmaßen rötliche, bis linsengroße Flecke sichtbar, nach denen die Krankheit benannt wird. Die Krankheitserscheinungen werden fortschreitend schwerer. Bei günstigem Verlauf tritt gegen Ende der 2. Krankheitswoche die Entfieberung ein.

(2) Die Krankheit kann aber auch leicht verlaufen: bei Kindern und bei Personen, welche sie schon früher überstanden haben oder gegen sie schutzgeimpft worden sind, können die Krankheitserscheinungen so leicht sein, daß sie übersehen werden oder mehr den Verdacht auf Grippe oder leichten Typhus als auf Fleckfieber erwecken. **Die Läuse dieser Leichtkranken verbreiten aber ebenso wie die Läuse der Schwerkranken das Fleckfieber, und zwar genügt oft eine einzige Laus, um die Krankheit zu übertragen.**

3. Das Fleckfieber gehört zu den gemeingefährlichen Krankheiten, deren Bekämpfung gesetzlich geregelt ist. Jede Erkrankung, jeder Verdacht einer Erkrankung und jeder Sterbefall muß unverzüglich mündlich oder schriftlich dem Gesundheitsamt oder der Ortspol.-Behörde angezeigt werden. Bei jeder fleckfieberverdächtigen Erkrankung, auch bei ganz leichten Erkrankungen in der Umgebung Fleckfieberkranker, ist sofort ein Arzt zuzuziehen; der nichterkannte Fleckfieberkranke mit nur leichten Erscheinungen ist deshalb besonders gefährlich, weil er sich oft frei bewegt und dann auf einen größeren Personenkreis als der bettlägerige Schwerkranke seine fleckfieberverseuchten Läuse zu übertragen Gelegenheit hat.

4. Fleckfieberkranke, Krankheitsverdächtige und Ansteckungverdächtige sowie deren Wäsche und Kleidung sind sofort von den Läusen, ihren Eiern und Läusekot zu befreien und einwandfrei, am besten in einem Krankenhaus, abzusondern. Ihre Entlausung hat nach der amtlichen „Anweisung zur Entlausung und Desinfektion bei Fleckfieber" zu geschehen. Wird der Kranke zur Absonderung in ein Krankenhaus übergeführt, so muß das Zimmer, in dem er sich bisher aufgehalten hat, bis zur Ausführung der vorschriftsmäßigen Entlausung und Desinfektion verschlossen bleiben; Kleidungsstücke, Wäsche und sonstige Gebrauchsgegenstände Fleckfieberkranker dürfen unter keinen Umständen in Benutzung genommen, an andere abgegeben oder verschickt werden, bevor sie entlaust und desinfiziert worden sind.

5. Pflegepersonen, insbesondere Desinfektoren, die mit Fleckfieberkranken beruflich in Berührung kommen, haben sich dauernd von Läusen freizuhalten. Zu diesem Zweck sollen sie eine läusesichere Schutzkleidung aus glattem Stoff tragen, die an Hals, Hand- und Fußgelenken fest anschließt. Täglich sollen sie sich nach Beendigung des Dienstes in einem warmen Bade gründlich reinigen und die Kleidung und Wäsche wechseln. Personen, die die Krankheit überstanden haben, sind erfahrungsgemäß längere Zeit gegen sie geschützt. Sie können daher ohne eigene Gefahr bei der Entlausung und Pflege Fleckfieberkranker eingesetzt werden. Die Impfung gegen Fleckfieber verleiht zwar keinen sicheren Schutz vor der Erkrankung; bei Geimpften nimmt aber erfahrungsgemäß die Krankheit einen milderen Verlauf als bei Nichtgeimpften. Die Impfung des mit der Entlausung und Pflege Fleckfieberkranker betrauten Personals wird empfohlen und kann angeordnet werden.

Anlage 21 Quelle: StA Bückeburg L 102 b Nr. 2248, aus: Ministerialblatt des Reichs- u. preußischen Innenministers 1942, S. 392

Abschrift.

Wehrkreiskommando VI Münster, den 10. 5. 1943
Abt. Kr.Gef. I Az K 16 Nr.01587/43

Bezug: ohne
Betr.: Arbeitsleistungen der Kr.Gef. im Arbeitseinsatz.

Im ersten Quartal des Jahres 1943 hat sich der Gesundheitszustand der sowj.Kr.Gef., die bereits in Arbeit eingesetzt gewesen sind, so erheblich verschlechtert, daß, wenn diese Entwicklung sich weiter fortgetzt, Ausfälle wertvoller Arbeitskräften für die Wirtschaft eintreten, die schwerste Schädigungen der Kohleförderung und der Rüstungsproduktion im Gefolge haben müssen.

Das Wehrkreiskommando hat in Gemeinschaft mit dem Wehrkreisarzt und einer Reihe von Standortärzten, denen eine ärztliche Betreuung von Kr.Gef.Arb.Kdos. übertragen ist, die Ursachen dieser Erscheinung geprüft und dabei Unzuträglichkeiten festgestellt, die unbedingt den beteiligten Stellen zur Kenntnis gebracht und abgestellt werden müssen.

Die Ursachen für die Verschlechterung des Gesundheitszustandes der Kr.Gef., verbunden mit ansteigenden Todesziffern sind verschiedener Art.

1.) Die sowj.Kr.Gef. haben nicht überall die Verpflegungssätze erhalten, die ihnen zustehen. Bei den geringen Sätzen für die sowj.Kr.Gef. (sowohl quantitativ als auch qualitativ) fällt dies ganz besonders schwer ins Gewicht. In einer ganzen Reihe der getroffenen Feststellungen hat sich ergeben, daß die Kr.Gef die zustehenden Zulagen (Lang- und Nachtarbeiter, Schwer- und Schwersterbeiter und Untertagezulagen) nicht selten viel zu spät, häufig erst Wochen nach ihrem Arbeitsbeginn erhalten. Das Mißverhältnis zwischen Arbeit und Ernährung ist dann erheblich und führt schnell zu Schädigungen der Gesundheit und zur Zerstörung der Arbeitskraft der Kr.Gef., zumal sich diese häufig erst an die ungewöhnliche Arbeit gewöhnen müssen. Ist eine solche Schädigung erst eingetreten, so ist es meistens unmöglich, sie wieder aufzuholen. Diesem Nachteil kann dadurch entgegengewirkt werden, daß die Unternehmer durch entsprechende Verhandlungen mit den zuständigen Gewerbeaufsichtsämtern das Wirksamwerden der Zulagen <u>sofort bei Arbeitsbeginn</u> sichern, wie das an mehreren Stellen auch schon mit Erfolg geschehen ist.

2.) Es unterliegt ferner keinem Zweifel, daß an manchen Stellen Arbeitsleistung und Arbeitsdauer gerade mit Rücksicht auf die den sowj.Kr.Gef. zugestandenen Verpflegungssätze zu einer Überanstrengung der Körperkräfte der sowj.Kr.Gef. geführt haben. Es muß daher Bedacht darauf genommen werden, daß die Unterkünft der Kr.Gef. so ausgestattet sind, daß sie eine ausreichende Erholung und Ruhe zur Wiederherstellung verbrauchter Arbeitskraft gestatten. Gesundheit und Arbeitsleistung der Kr.Gef. sin neben einer ausreichenden Verpflegung wesentlich abhängig von einer einwandfreien Unterbringung. Wenn man von den Kr.Gef. das höchstmögliche an Arbeitsleistung erwartet, so muß man andererseits auch bestmöglichst für Unterbringung, Verpflegung und gute Behandlung der Kr.Gef. sorgen. Es sei ausdrücklich darauf hingewiesen, daß diese Forderung nicht aus Gründen unangebrachter Sentimentalität oder Weichheit erhoben wird, sondern ausschließlich in der Absicht, eine größtmöglichste Arbeitsleistur des Kr.Gef. zu erzielen. Es ist beobachtet worden, daß dort, wo Betriebsführer sich persönlich für gute Unterbringung, ausreichende Verpflegung und anständige Behandlung der Kr.Gef. eingesetzt haben, eine Steigerung der Arbeitsergiebigkeit eingetreten war. Die Kr.Gef. sehen gut und zufrieden aus und arbeiten willig und fleißig.

Es

Anlage 22 Quelle: KA GT LRWD 45/9/I

Es ist menschlich verständlich, insbesondere bei der Härte des Krieges im Osten, daß es im ersten Augenblick für die deutschen Volksgenossen, denen sowj.Kr.Gef. zur Arbeit zugeteilt sind, eine Zumutung darstellt, eine fürsorgliche und anständige Behandlung dieser Kr.Gef. zu verlangen, während der deutsche Volksgenosse selbst vielleicht seinen Sohn oder Bruder als Opfer des Krieges im Osten betrauert. Im Interesse der für die deutsche Kriegführung entscheidend notwendigen Steigerung der Arbeitsleistung der Kr.Gef. ist aber eine angemessene Fürsorge für das körperliche und seelische Wohl der Kr.Gef. und die Unterlassung von Mißhandlungen erforderlich. Eine Mehrleistung durch Verprügeln erzwingen zu wollen, ist angesichts der allgemeinen Entkräftung der sowj. Kr.Gef. meist falsch. Das Gegenteil wird zum Schaden der Kriegswirtschaft erreicht.

Wichtig ist ferner eine möglichst täglich zweimalige Verabfolgung warmen Essens an die Kr.Gef. und zwar einmal vor Beginn der Arbeit. Ferner muß die Küche ihr besonderes Augenmerk auf sachgemäße und schmackhafte Zubereitung und Herstellung der nötigen Konsistenz des Essens richten. Gerade für die Ernährung der sowj.Kr.Gef. sind die Vitamine und andere Bestandteile der Nahrungsmittel von besonderer Bedeutung und dürfen durch falsche Verwendung bei der Zubereitung keinesfalls geschädigt oder vernichtet werden.

In wiederholten Besprechungen mit Betriebsführern ist festgestellt worden, daß den vorstehend berührten Fragen bereits besondere Aufmerksamkeit zugewandt wird. Es unterliegt aber keinem Zweifel, daß in einer Reihe von Betrieben der Fürsorge für das körperliche und seelische Wohl des sowj.Kr.Gef. nicht die Aufmerksamkeit zugewendet wird, die unbedingt erforderlich ist, um die körperlichen Kräfte der Kr.Gef. zu erhalten. So mußten z.B. aus einem Bergbaubetriebe in den letzten 3 Monaten 90 sowj.Kr.Gef. wegen Entkräftung in das Mannschaftsstammlager zurückgeführt werden. Ein Teil dieser Kr.Gef. konnte nicht mehr gerettet werden. Die schwerwiegenden Folgen einer Herunterwirtschaftung der Kr.Gef. Arbeitskräfte für die Kohleförderung und die Rüstungsproduktion liegen auf der Hand. Die Rückwirkungen auf die Kriegführung können sehr ernster Natur werden.

Das Wehrkreiskommando gibt eine kurze Darstellung dieser Verhältnisse mit der Bitte, auf die Unternehmer in geeigneter Weise dahin einzuwirken, sich der Frage der körperlichen und seelischen Betreuung der Kr.Gef. besonders anzunehmen. Es kann nicht verantwortet werden, daß sowj.Kr.Gef., die in einigermaßen gutem körperlichen Zustand den Arb. Kdos. zugeführt worden sind, körperlich so heruntergewirtschaftet werden, daß sie bei Rücklieferung in die Reviere der Mannschaftsstammlager und der Kr.Gef. Lazarette wegen Entkräftung zu Grunde gehen.

Die zuständigen Stellen der Wehrmacht sind bereits mit entsprechenden bis ins einzelne gehenden Anweisungen versehen und angewiesen, mit besonderer Sorgfalt und in engster Zusammenarbeit mit den beteiligten Unternehmern der Verschlechterung des Gesundheits- und Körperzustandes der sowj.Kr.Gef. entgegenzuwirken. Wenn auch die Wirtschaft bei der Durchführung dieser Maßnahmen bereitwillig mitarbeitet, so wird der Erfolg nicht ausbleiben.

Veröffentlichungen in der Tagespresse sind nicht erwünscht.

Im Auftrage des Wehrkreisbefehlshabers
Der Kommandeur der Kr.Gef.
gez. von Döhren.

Verteiler zur Verfügung W. Kdo.VI,Abt.Kr.Gef. I Az K Nr. /43
Regierungspräsident Minden 1 pp.

Der

Der Oberbürgermeister. Herford, d. 15. Juli 1942.

10.

15.7.42

1.) Schreiben

An

die Vermittlungsstelle
des Landesarbeitsamts
des Kriegsgefangenenlagers 326

Forellenkrug über Paderborn.

Betrifft: Zuweisung von 30 russischen Kriegsgefangenen.

Auf Grund der Anordnung des Reichsmarschalls des Großdeutschen Reichs vom 31. Mai 1942 über die Bereitstellung von Belade- und Entlade-Kolonnen zur Erreichung eines beschleunigten Transportumlaufs und dem dazu ergangenen Runderlaß des Reichsinnenministers vom 4. Juni 1942 – I Ra 6451/42-447 – (RMbliV. S. 1234) soll hier eine Entlade und Belade-Kolonne in Stärke von 30 Kriegsgefangenen eingerichtet werden.

Jch bitte um baldgefl. Zuweisung der 30 Kriegsgefangenen, da die verkürzten Entlade- und Beladefristen mit Ende dieser Woche von der Reichsbahn hier in Kraft gesetzt sind.

2.) z. d. A.

Anlage 23 Quelle: KAH Stadt HF I 4

Stadt Herford
Eing. 27. AUG. 1942

Kommandantur M.-Stammlager VI/C
Gruppe Verwaltung
-Zahlstelle- Az.59

Bathorn, den .26.August.1942..
Post Hoogstede über Neuenhaus
Kreis Bentheim

An Stadtverwaltung
....

in H e r f o r d
....

Betr.:Kriegsgefangenentransportkosten.

Gemäss § 1 des mit Ihnen getätigten Vertrages haben Sie die Kosten des Eisenbahntransportes der zur Arbeit dort eingesetzten Kriegsgefangenen zu tragen.

Für den am :..25.8.42.......... von :..Gr.Ringe..................

nach:..Herford..................

erfolgten Transport von ..29...... Kriegsgefangenen wurden von hier (je 6.90 RM)

R M ...200,10..... verauslagt.

Es wird gebeten, diesen Betrag s o f o r t auf das Reichsbankgirokonto Lingen/Ems oder das Postscheckkonto 7653 Hannover der Heeresstandortkasse in Lingen/Ems mit dem Vermerk„Transportkosten für M.-Stammlager VI/C Bathorn" zu überweisen.

I.A. [Unterschrift]

Stabszahlmeister

NSDAP. Kreisleitung Lippe

Abschrift.

Arbeitsamt Detmold. Detmold, den 29.Nov.1941.
G.Z.: 4030

An den

Herrn Präsidenten
des Landesarbeitsamtes Westfalen

in Dortmund.

Nur für den inneren Dienst
Jede Veröffentlichung verboten!

Betr. Bericht über die Beschäftigung und Arbeitslosigkeit für die Zeit vom 1. - 30. November 1941.

NSDAP. Kreisltg. Lippe
Eing. 11.DEZ.1941

Teil A.

Männlicher Arbeitseinsatz.

Allgemeiner Teil.

Das schlechte Wetter in der letzten Hälfte des Monats Oktober ließ eine Durchführung der Hachfruchternte nicht zu. Da im Beginne des Berichtsmonats die Gefahr bestand, daß durch Frost und Schnee die noch in großen Mengen draußen stehende Kartoggel- und Zuckerrübenernte vernichtet wurde, mußte mit besonderen Maßnahmen die Bereitstllung von Arbeitskräften für die Landwirtschaft durchgeführt werden. Durch den Einsatz von russischen Kriegsgefangenen und von Wehrmachtsangehörigen ist es gelungen, die Ernte hereinzubringen.

Besonderer Teil.

Landwirtschaft.

Die in der zweiten Oktoberhälfte einsetzende schlechte Witterung stellte die Landwirtschaft für die noch zu bergende Hackfruchternte vor eine fast unlösbare Aufgabe. Um hier die verhältnismäßig gute Kartoffel-, Zuckerrüben-, Steckrüben- und Kohlrabiernte durchzuführen und die hierfür erforderlichen Arbeitskräfte sicherzustellen, wurde auf Veranlassung der Amtsleitung eine weitgehende Planung des Arbeitseinsatzes vorbereitet. Die Schwierigkeiten des Einsatzes lagen in den schlechten Verkehrsmöglichkeiten und den räumlich weit auseinander liegenden landwirtschaftlichen Betrieben innerhalb des gesamten Bezirkes. Der im Anfang des Berichtsmonats auftretende Frost und Schneefall machten die Bergung der Ernte zu einem Problem, das nur zu lösen war, wenn es

Anlage 24 Quelle: StA DT L 113 Nr. 964.
Bericht vom 29. 11. 1941 über einen Großeinsatz sowjetischer Kriegsgefangener des Stalag 326 (VI K) in der Landwirtschaft – Auszüge –

gelang, durch Bereitstellung von Fahrzeugen, dem Großeinsatz von russischen Kriegsgefangenen und dem Einsatz von Soldaten die Aufgabe zu lösen. Die Verhandlungen in dieser Richtung ergaben, daß vom Stalag in Hövelhof etwa 600 Mann täglich zur Verfügung gestellt wurden. Darüber hinaus erklärten sich die Standortältesten in Detmold und Lemgo bereit, etwa 250 Soldaten abzustellen. Die Fahrbereitschaftsleiter der Kreise Lemgo und Detmold stellten die Fahrzeuge für den Transport der Gefangenen zur Verfügung. Diese Zusammenarbeit stellte den Einsatz der russischen Kriegsgefangenen sicher und hat erst die Möglichkeit der Lösung der Einsatzfrage für die Bergung der Ernte gegeben. Die Zusammenarbeit zwischen den in Frage kommenden Stellen war vorbildlich. Nur so war es möglich, die enormen Mengen der Ernte zu bergen. Bis zum 26. November waren die Hauptarbeiten bewältigt. Für die restlichen Arbeiten wurden noch 150 russische Kriegsgefangene im Pendelverkehr in den Betrieben eingesetzt, bei denen aus wirtschaftlichen Gründen eine Bergung der Ernte bis dahin nicht möglich war.

Insgesamt wurden bei diesem Großeinsatz

von den Angehörigen der Wehrmacht	2516 Tagewerke
von den russischen Kriegsgefangenen	7517 Tagewerke
insgesamt	10033 Tagewerke

abgeleistet. Der Einsatz vollzog sich im täglichen Pendelverkehr, in fast täglich anderen Betrieben. . . .

Die russischen Kriegsgefangenen haben, wenn man ihren augenblicklichen Gesundheitszustand, in dem sie sich befinden, berücksichtigt, gut und fleißig gearbeitet. Die Verpflegung der Russen während des Arbeitseinsatzes war insofern kompliziert, als diese die nach bäuerlicher Art gekochten Speisen in ihrer Güte nicht vertragen konnten. Schwierigkeiten beim Einsatz der Russen haben sich mit Ausnahme von einem Fall, in dem ein deutscher Soldat, der als Wache auf dem Anhänger eines Lastwagens saß, von diesem abstürzte und hierbei tödlich verunglückte, nicht ergeben.

Nach Schätzung der Kreisbauernschaft sind mindestens durch diesen Großeinsatz 70 000 Ztr. Kartoffeln vor dem Verderben gerettet, ohne die gewaltigen Mengen an Zuckerrüben, Steckrüben und Kohlrabi, die geborgen werden konnten. Während des Einsatzes hatten wir an zwei Tagen 6 - 7 Grad Kälte zu verzeichnen und an 4 Tagen Schneefall.

NIK-12172

Bezirksgruppe Steinkohlenbergbau Ruhr
der Wirtschaftsgruppe Bergbau

G.-Nr. B I 282
1942: Rundschreiben Nr. 583
Hausruf Nr. 185 und 186

Essen, den 4. November 1942.

Harpener Bergbau A.-G. Dortmund
18525 – 7.XI.42
beantw. am | Ltg. durch

An unsere Mitglieder!

Betr.: Einsatz sowjetrussischer Kriegsgefangener

Mit dem heutigen Tage ist vom OKW das Stalag Hemer ausschließlich zur Aufnahme der für den Bergbau in der Senne ausgemusterten sowjetischen Kriegsgefangenen bestimmt worden.

Es werden daher vom heutigen Tage ab alle russischen Kriegsgefangenen nach Hemer geleitet, dort bekleidet, nochmals untersucht und je nach Notwendigkeit kürzere oder längere Zeit mit zusätzlicher Kost gekräftigt. Die Mehrzahl der Kriegsgefangenen wird voraussichtlich nach Einkleidung sofort auf die Zechen weitergeleitet.

Wir bitten, nach wie vor Aufträge an russischen Kriegsgefangenen an uns zu senden und irgendwelchen Schriftverkehr mit Hemer selbst zur Vermeidung von Verzögerungen zu unterlassen.

NIK-12172
-2-

- 2 -

Ferner sollen in Zukunft alle auf den Zechen vorübergehend nicht brauchbare Kriegsgefangene zum Lager Hemer überstellt werden, die dann wieder gekräftigt und danach den Zechen zurückgegeben werden. Alle dauernd unbrauchbaren Kriegsgefangenen werden von dort dem Stalag bezw. dem Arbeitsamt zurückgegeben.

Glückauf und Heil Hitler!
Die Geschäftsführung:
I.V.
Goedecke

Anlage 25 a Quelle: StA N NIK 12172

Abschrift.

Wehrkreiskommando VI Münster, den 7.11.1942
Abt.Kr.Gef.I a K 61 Nr.04632/42
Fernsprecher: 24261

Bezug: ohne
Betr.: Einrichtung eines Stalag für den Kohlenbergbau.

Auf Anordnung des Oberkommando der Wehrmacht ist auf Wunsch der Reichsvereinigung Kohle für die im Bergbau eingesetzten Kr.Gef. ein Sonder-Mannschaftsstammlager für den Kohlenbergbau im Wehrkreis VI einzurichten. Die Einrichtung und die damit erforderlich gewordenen organisatorischen Umänderungen im Wehrkreis VI sind zur Zeit in der Durchführung begriffen.

Als Sonder-Mannschaftsstammlager für den Bergbau wird das bisherige Kr.Gef.Mannschaftsstammlager VI/A Hemer eingerichtet. Demzufolge ist die Kommandantur des Kr.Gef. Mannschaftsstammlagers VI/A in Hemer von ihrem bisherigen Arbeitseinsatzbezirk (Reg.Bez.Arnsberg, soweit er zum Wehrkreis VI gehört – ohne Ruhrbezirk) freigestellt worden. Der bisherigen Kommandantur Kr.Gef.Mannschaftsstammlager VI/D Dortmund ist die arbeitseinsatzmässige Betreuung dieses Bezirkes übertragen worden. Der bisherige Arbeitseinsatzbezirk des Kr.Gef.Mannschaftsstammlagers VI/D Dortmund (Reg.Bez.Münster und Ruhrgebiet) ist auf das Kr.Gef.Mannschaftsstammlager VI/F Bocholt und der bisherige Arbeitseinsatzbezirk des Kr.Gef.Mannschaftsstammlagers VI/F Bocholt (Rechtrheinisches Gebiet des Reg.Bez.Düsseldorf) auf das Kr.Gef. Mannschaftsstammlager VI/J Fichtenhain bei Krefeld übertragen worden.

Durch die vorstehende Neuorganisation ergibt sich nach dem augenblicklichen Stand eine ungefähre neue Lagerbelegung wie folgt:

Stalag VI/A	Hemer	rund	30 000	Kr.Gef.(Nur Ruhrbergbau)
" VI/D	Dortmund	"	30 000	" "
" VI/F	Bocholt	"	35 000	" "
" VI/J	Fichtenhain	"	44 000	" "

Das Kr.Gef.Mannschaftsstammlager VI/A Hemer betreut künftig arbeitseinsatzmässig nur die im Ruhrbergbau eingesetzten Kr.Gef. aller Nationalitäten.

Dem Stalag VI/ Fichtenhain bei Krefeld ist als Unterkunft für die Unterbringung von einzusetzenden bezw. ins Lager zurückzuziehenden Kr.Gef. das Lager Dorsten (bisher Oflag und Interniertenlager) zugewiesen worden.

Die Reichsvereinigung Kohle erwartet von dieser Zusammenfassung aller im Ruhrbergbau eingesetzten Kr.Gef. in einem Kr.Gef. Mannschaftsstammlager eine Beschleunigung des Arbeitseinsatzes und somit eine Steigerung der Kohlenförderung. Vor der Überführung in den Arbeitseinsatz sollen die sowj.Kr.Gef. nach dem Wunsch der Reichsvereinigung Kohle aus dem Aufnahmlager 326(VI/K) Senne zunächst in die Unterkunft des Kr.Gef.Mannschaftsstammlagers VI/A Hemer überführt, dort einige Tage mit zusätzlicher Verpflegung gekräftigt werden, damit sie der Arbeit auf den Zechen körperlich besser gewachsen sind.

Im Auftrage des Wehrkreisbefehlshabers
Der Kommandeur der Kr.Gef.
gez.Unterschrift.

Landrat Wiedenbrück
19.11.1942
Nr. 0007

An Verteiler pp.-
Der Regierungspräsident. Minden, den 16.November 1942
Sond.Dez.
Abschrift übersende ich zur Kenntnisnahme.
An
die Herren Landräte u.
Oberbürgermeister des Bezirks.

Im Auftrage: Beglaubigt:
gez.Lührmann. [Unterschrift]
Reg.-Sekretär/Kzl.Angest.

Anlage 25 b Quelle: KA GT LRWD F 45/9/I

(Wehrkreiskommando VII)
Nr. 13374/41 geh. 36/Abt.

Der Chef der Heeresrüstung und
Befehlshaber des Ersatzheeres
AHA Ia III Nr. 23607/41 geh.

Berlin den 1. Oktober 1941.

43

Geheim

Betr.: Aufstellung von 38 sowjetischen Krgf.- Bau-
u. Arbeitsbatlen für Wehrkreisverwaltungen.

Im Einvernehmen mit OKW/ Abt. Krgf. sind aufzustellen:

38 sowjetische Krgf.- Bau - u.Arbeitsbatle.

1.) Es sind ab sofort aufzustellen:

Durch W.Kdo.	I	das Sowj.Krgf.Bau-u.Arbeitsbatl.	101, 141
" "	II	" " " " "	102, 122
" "	III	" " " " "	103,131,123,143 (131 u.143 für Chef V A)
" "	IV	" " " " "	104, 124
" "	V	" " " " "	105,125,135,145,
" "	VI	" " " " "	106, 126
" "	VII	" " " " "	107, 127
" "	VIII	" " " " "	108,128 (bisherige sowj.Krgf.Bau -u.Arbeitsbatl. Nr.88 ist umzubenennen in 108)
" "	IX	" " " " "	109, 129
" "	X	" " " " "	110, 130
" "	XI	" " " " "	111, 151
" "	XII	" " " " "	112,136,139,142
" "	XIII	" " " " "	113, 133
" "	XVII	" " " " "	117, 137,
" "	XVIII	" " " " "	118, 138
" "	XXI	" " " " "	146, 147

2.) Gliederung :
Stab und 3 Komp.

3.) Es gilt KStN 4201.
Abweichend davon ist die Komp. Führer - Stelle statt eines Offz., mit einem tüchtigem Feldwebel zu besetzen und die Zahl der Krgf. von 200 auf 600 entsprechend je Komp. zu erhöhen, sodaß sich mit insgesamt 1 800 Krgf. eine ungefähre Bewachungsquote von 6% ergibt.

4.)

Anlage 26 Quelle: BA/MA RH 53-7 v. 789, Bl. 43

4.) Die Disziplinarstrafgewalt über die Wachmannschaften und Krgf. wird durch den Kdr. unmittelbar ausgeübt.

5.) Die Bewachungsmannschaften müssen der Reserve I, II, oder der Landwehr der Geb. Jahrgänge 00 - 07 angehören und aus dem Vorrat der Wehrersatzdienststellen einberufen werden.

6.) Die Krgf. werden von OKW/ Abt. Krgf. bereitgestellt, sobald den einzelnen W.K. die entsprechenden sowjetischen Krgf. zugeführt sind.

Soweit den W.K. - Verwaltungen auf Grund der Verfügung OKH/ Chef H. Rüst u. BdE/ Az 63 u. AHA/ Ag EH/ U (I o) Nr. 3544/41 vom 17.9.41 bereits sowjetische Krgf zur Verfügung gestellt worden sind, sind diese in die neuaufzustellenden Krgf. Bau - u. Arbeitsbatle. einzugliedern.

7.) Alle über die Krgf. Bau - u. Arbeitsbatle. bisher erlassenen Bestimmungen gelten sinngemäß.

8.) Die Krgf. Bau - u. Arbeitsbatle. sind in den bisherigen Unterkünften der herausgelösten französischen und polnischen Krgf. Bau -u. Arbeitsbatle. unterzubringen. Etwa fehlende Unterkünfte sind sofort bereitzustellen.

9.) Auch für den Arbeitseinsatz der sowjetischen Krgf. Bau- u. Arbeitsbatle. gelten die Bestimmungen des Russeneinsatzes. (Kolonnenweiser Einsatz bei unbedingter Isolierung).

10.) Kfz. sind bei Chef H. Rüst u. BdE/ AHA Ag K/M anzufordern.

11.) Waffen unf Gerät sind bei Chef H. Rüst u. BdE/ AHA Fz Jn anzufordern.

12.) Beendete Aufstellung ist an OKW/ Abt. Krgf. und an Chef H. Rüst u. BdE/ AHA Ia III zu melden.

J. A.

gez: Reinhardt

Für die Richtigkeit:

[Unterschrift]
Major

Verteiler umseitig:

4 Sch

Betr. Propagandistische Bearbeitung aller Sowj.Kriegsgefangenen.

In Ergänzung meines Berichtes vom 27.10.41 gebe ich hiermit einen allgemeinen Überblick über den jetzigen Stand der Prop.Aktion und schließe auf Grund der bisher gesammelten Erfahrungen einige Vorschläge an.

Die aktive Propaganda zur Erschütterung der Sowjetfront und Beeinflussung der Bevölkerung gegen den Bolschewismus und zum Schutze der lebenswichtigen Güter im Ostgebiet wird z.Zt. vom hiesigen Ministerium, dem Prop.Ministerium, sowie der Wehrmachtprop.-Abteilung stärkstens betrieben. Diese Aktion ist bestimmt als vordringlich zu bezeichnen!

Aber auch die Sowjet-Kriegsgefangenenpropaganda ist weiter vorwärts getrieben worden, wie aus nachfolgd. Darstellung ersichtlich ist

Gefangenen – Zeitungen:

Die Gef.Zeitung "Klitsch" in russischer Sprache erscheint jetzt in einer Auflage von 100 000, während die für die ukrainischen Kriegsgefangenen herausgegebene Zeitung "Nova Doba" nach wie vor in 30 000 Exemplaren gedruckt wird.

Diese Auflagen können vorerst als genügend bezeichnet werden!

Die Zeitungen werden jetzt laufend direkt vom Verlag 4fach mit deutscher Übersetzung dem Ministerium zugeleitet.

Die Übersetzungen sind von mir überprüft und festgestellt worden, daß die Zeitungen in propagandister Hinsicht gut sind und auch jetzt den neuen Propagandarichtlinien durchaus entsprechen.

Für die Sonderlager im "Rhinluch" gelangen die Zeitung in genügender Anzahl zur Verteilung.

Vom Hause sind – soweit ich in Erfahrung bringen konnte – bisher keine Beiträge zur Verfügung gestellt worden.

Hinsichtlich der früher vorgesehenen Beilagen in georgischer, tatarischer und armenischer Sprache hat sich die Lage insofern geändert, daß durch die von der Wehrmacht vorgesehene Trennung der Kriegsgef. nach Völkerschaften die Erstellung von eigenen Gef.Zeitungen für diese Volksgruppen in Vorbereitung sind und zwar

1 Zeitung für Tataren u. ähnliche Volksgruppen,
1 " " die kaukasischen Völker in drei versch. Sprachen.

Prof. v. Mende vom Hause ist hieran mit beteiligt!

Die türkischen Generale haben anläßlich ihres Frontbesuches um die besondere Betreuung der tatarischen Volksgruppen gebeten.

Bevor die äußeren Voraussetzungen in jeder Hinsicht erfüllt sind, dürfte es Januar 1942 werden.

Bis Weihnachten werden im Reiche ca. 700 000 sowj.Kr.Gef. untergebracht sein, die dann intensiver propagandistisch bearbeitet werden

Anlage 27 Quelle: BA/MA RW 6 / v. 276, Bl. 4–7

5

- 2 -

müssen.

Die Wehrm.Prop.Abt. im bes. Ostgebiet in Riga, Mogilew und Rowno haben eigene Druckereien in Betrieb und drucken u.a. auch die Gef. "Klitsch" u."Nowa Doba", die Höhe der Auflage ist nicht bekannt. Sie wird aber genügen, um die großen Sowj.Kr.Gef. Lager im Osten mit Prop. Material vorerst zu versorgen, da in Anbetracht der dort herrschenden Verhältnisse eine großzügige Propaganda noch nicht angebracht ist.

Flugblätter und Wandzeitungen.

Die Propagandarichtlinien sind in einer Besprechung mit Hptm. Zimmermann, an der auch Dr.Krupinski und v.Stackelberg teilnahmen, eingehend erörtert und die notwendige Zusammenarbeit geklärt worden.

Nachdem Dr.Knüpfer - der das erforderliche Prop. Material schaffen bezw. beschaffen sollte - durch seinen Verkehrsunfall an der Mitarbeit vorläufig verhindert war, hat Dr.Krupinski, mit dem ich mich in dieser Sache wiederholt besprochen habe, mit der Erstellung von Flugblättern und Wandzeitungen begonnen.

Diese sind für die allgemeine, sowie für die Gefangenenpropagand geeignet! Die erste Serie befindet sich bereits im Druck. Ich habe für die Sowj.Kr.Gef. Prop. - Aktion 100 000 Stck. Flugblätter und 10 000 Wandzeitungen aufgegeben und die gleiche Menge für die 3 folgenden Serien - die in Vorbereitung sind - vorgesehen, die dann laufend in allen Lagern, hauptsächlich im Reiche, zur Verteilung kommen.

Ich bin mit Dr. Krupinski einer Meinung, daß Wandzeitungen mit guten Bildern besonders propagandistisch wirken werden! Hierzu halte ich auch zum Teil das Bildmaterial, das zur aktiven Propaganda Verwendung findet, für geeignet.

Broschüren.

Eine Reihe von Broschüren in russischer und ukrainischer Sprache waren bereits vorhanden. Diese sind - soweit mir die deutsche Übersetzung zur Hand war - die teils von Dr. Krupinski und Dr. Rempel vorgenommen wurden, auf die Eignung für die allgemeine Sowj.Kr.Gef. Prop.Aktion geprüft worden. Die übrigen Broschüren hat Dr. Krupinski geprüft und beurteilt, den ich hierfür auch für besonders geeignet halte. Denn ich halte es für nicht richtig, nur weil etwas in russischer Sprache verfaßt ist, dieses nun für die Propaganda zu verwenden! Dann stehe ich schon auf dem Standpunkt: Keine Propaganda ist besser als eine schlechte bezw. ungeeignete Propaganda!

Folgende Broschüren sind jetzt vorhanden:

1. Organisation der Arbeit in Deutschland.

In dieser Form für die allgemeine und die Kr.Gef.

- 3 -

6

- 3 -

Propaganda völlig ungeeignet, wird von Dr. Krupinski umgearbeitet.

2. Organisation der Jugend in Deutschland.
Zu wenig lebendig geschrieben, aber sonst nicht ungeeignet; nicht jedoch für die breite Masse.
3. Die Landwirtschaft u. Agrarpolitik in Deutschland.
4. Demokratie und Bolschewismus.
(Reden des Führers u.A.Rosenberg z.Parteitag 1938).
5. Rede des Führers u. A. Rosenberg. (Parteitag 1936)
6. Soziale Hilfe in Deutschland.
7. Familie, Frauen - und Kinderschutz in Deutschland.
8. Ukraine in jüdischen Händen. (Ukrainisch!)
Ukrainisch nationalistisch gegen Moskau-separatistisc!
Sachlich in Ordnung.

Die unter 3-7 aufgeführten Broschüren gut, eignen sich aber nicht zur Massenpropaganda, sondern mehr für die gebildete Schicht und für die Sonderlager.

Die bisher getätigten Druckauflagen dürften hierzu vorerst genügen.

Mundpropaganda.

Die Besichtigung von drei Sowj.Kr.Gef.-Lagern hat mir gezeigt daß unter den Gefangenen eine ganze Anzahl Volksdeutsche oder auch deutschsprechende Russen sind, die mit entsprechendem Material versorgt als am Besten geeignet für die Mundpropaganda angesehen werden. Es dürfte sich daher empfehlen, nicht alle diese Gefangenen aus den Lagern herauszuziehen, sondern einige eigens für diesen Zweck dort zu belassen.

Filmpropaganda.

Das Prop. Ministerium hat geeignete Filme hierfür zur Verfügung die in den Sonderlagern und später auch in den anderen Lagern vorgeführt werden können.

Sonstige Propagandamöglichkeiten.

In einem durch das OKW nach hier geleiteten Schreiben wird angeregt, alte illustrierte Zeitungen und Zeitschriften zu sammeln, selbst Ansichtskarten mit passenden Motiven könnten zu dieser Propaganda Verwendung finden, um die Gefangenen über die Verhältnisse in Deutschland aufzuklären, (Landwirtschaft, Arbeitersiedlungen u.s.w.) Der Gedanke ist nicht ganz ungeeignet und ließe sich vielleicht über die Partei durch die Kreisleitungen, in deren Bereichen Sowj.Kr.Gef.-Lager sich befinden, durchführen, ohne deswegen eine große Organisation und Transportmittel zu be-

- 4 -

7

nötigen.

Vorschläge, auf Grund der gesammelten Erfahrungen, möchte ich mündlich zum Vortrag bringen.

Berlin, am 24.11.41.

gez. H o r n

SA Brigadeführer

Herrn

Hauptabt. Leiter Dr. Leibbrandt

zur Kenntnisnahme vorgelegt.

Abdruck an: Dr. Bräutigam,
Dr. Krupinski,
Dr. Röder.

Abschrift.

26.8.41

1

Die Behandlung der Kriegsgefangenen.

Bei der ausserordentlich grossen Zahl von Kriegsgefangenen der roten Armee ist die Frage der Behandlung dieser Gefangenen von grosser politischer Bedeutung, umsomehr, als wir beabsichtigen, grosse Teile der Sowjetunion in das deutsche Reich einzubeziehen bezw. uns später politisch eng anzugliedern. Da die Verwaltung der Riesengebiete bei unserem Menschenmangel nach Übereinstimmung aller Sachkenner nur dann möglich ist, wenn die Bevölkerung willig mit uns geht, ist es wünschenswert, auch schon die Kriegsgefangenen propagandistisch zu erfassen. Sie müssen, soweit sie nach Deutschland gebracht werden, als Bewunderer Deutschlands, seiner Kultur, seiner Organisation usw. in ihre Heimat zurückkehren, um dort die Bevölkerung in gleicher Weise zu beeinflussen. Der Kriegsgefangene wird es selbstverständlich finden, dass er in Deutschland, oder in den besetzten Gebieten, schwer arbeiten muss. Was er erwartet, ist lediglich eine angemessene Behandlung und ausreichende Ernährung, zumal wir ihm die in unseren Flugblättern zusichern. Zu der Ernährung ist zu bemerken, dass das Brot, wenn auch von geringer Güte, für ihn ausschlaggebende Bedeutung hat, während er auf Fleisch leichter verzichten kann. In jedem Kriegsgefangenen noch nachträglich einen Bolschewiken sehen zu wollen und ihn entsprechend zu behandeln, wäre völlig abwegig. Schikanöse Massnahmen sind auf jeden Fall zu unterlassen.

Eine bevorzugte Behandlung ist den Volksdeutschen, sowie den Kriegsgefangenen derjenigen Völker angedeihen zu lassen, die in den Reichskommissariaten Ostland, Ukraine und Kaukasien ansässig sind. Sie sind daher von den übrigen Kriegsgefangenen sobald wie möglich zu trennen. Eine solche Trennung ist bereits vom OKH am 24.7. für Volksdeutsche, Ukrainer, Litauer, Letten und Esten angeordnet worden. Sie können sogar in die Heimat entlassen werden, falls eine geregelte Heimführung möglich ist. Sonst sind sie als freie Arbeiter in Arbeitskolonnen, kleineren Abteilungen, oder einzeln unter deutscher Aufsicht, einzusetzen. Es wird ihnen eröffnet, dass ihre Heimführung beabsichtigt ist, sobald es die militärische Lage zulässt. (OKH, Gen Qu v. 25.7. K.Verw.II/4590). Die gleiche Regelung ist inzwischen auch für die weissruthenischen Kriegsgefangenen getroffen worden.

- 2 -

Anlage 28 Quelle: BA/MA RW 6/ v. 276, Bl. 1 f

Bei der Deutschfreundlichkeit, die besonders den Georgiern eigen ist, könnte man diese dadurch auszeichnen, dass man sie in eine Art Ehrenhaft nimmt, solange man sie noch nicht in ihre Heimat entlassen kann. Sobald sich die deutsche Armee dem Kaukasus nähert, wären geeignete Georgier den Truppenteilen zu überweisen, um als Führer durch das schwierige Gelände des Kaukasusgebirges zu dienen. Es könnte auch versucht werden, geeignete georgische Kriegsgefangene über die Türkei nach Georgien zurückzuschmuggeln, um dort lokale Aufstandsbewegungen und Sabotageakte anzuzetteln.

Eine Einwirkung auf die Kriegsgefangenen in den Lagern könnte in verschiedener Weise erfolgen:

a) Durch die Presse. Es müssten Kriegsgefangenenzeitungen in den hauptsächlichsten Sprachen geschaffen werden. Sollte dies nicht möglich sein, so könnte die Zeitung "Nowoje Slowo" verwandt werden. Auch Flugblätter und die den Völkern der Sowjetunion so bekannten Wandzeitungen könnten zur Anwendung gelangen. Illustrierte deutsche Zeitungen, die ein deutsch sprechender Gefangener zu übersetzen hätte, würden gleichfalls die Kenntnis Deutschlands erweitern.

b) Durch Vorträge oder kurze Ansprachen, evtl. Übersetzung deutscher Zeitungsnachrichten.

c) Durch Erziehung zur Sauberkeit und Gesundheitspflege.

d) Durch gerechte, aber strenge Behandlung, ohne übertriebene Härte oder Willkür.

Damit die Kommandobehörden Nachrichten - (I c) und Abwehroffiziere der Gefangenenlager in ihren Anordnungen sinngemäss verfahren, müssen sie über die Ziele der deutschen Ostpolitik, die Merkmale und Behandlungsart der verschiedenen sowjetischen Volksgruppen eingehend unterrichtet werden.

Auf der anderen Seite empfiehlt es sich, dass geeignete Persönlichkeiten die Kriegsgefangenenlager häufig besuchen, um laufend Bilder von der Stimmung der Sowjetbevölkerung zu gewinnen. Gefangene sind gegen Zusicherung von Vergünstigungen dafür zu gewinnen, Niederschriften über soziale Fragen, Erlebnisse während der Hungerkatastrophen oder während einer Verbannung, Zustände im Gefängniswesen, Methoden der G.P.U. usw. anzufertigen. Die ausserordentliche Schwierigkeit der letzten Jahre, zuverlässige Nachrichten über die Sowjetunion zu erlangen, zwingt dazu, jetzt nachträglich diese Lücke auszufüllen, soweit die Zustände noch von Interesse sind. Manche

2

- 3 -

solcher Aussagen oder Niederschriften wären zweifellos ausgezeichnete Propagandamittel gegen den Bolschewismus in der ganzen Welt, besonders auch in den USA.

Endlich könnte man aus den Kriegsgefangenen bereits Personen ermitteln, die für bestimmte Aufgaben in der Landesverwaltung oder im Wirtschaftsleben verwandt werden können. Entsprechende Vorarbeiten hierin werden von den Lagerkommandanten bereits getroffen.

Soweit die Aufgaben nicht militärischer Natur sind, wäre ihre Durchführung Sache eines besonderen Referats im Reichsministerium für die besetzten Ostgebiete, da sich wegen des Besuches von Lagern in der Heimat mit dem OKW, von Lagern im Operationsgebiet mit dem OKH in Verbindung zu setzen hätte.

(gez.) Bräutigam

Wehrkreiskommando VI
Abt.Kr.Gef.VI Az M Nr.190/44 g.Kdos.
Fernsprecher: 2057
Nebenanschl.: 139

Soest/Westf., den 5.6.44

Eingegangen: 8 [illegible]

Bezug: OKW/Kr.Gef.Org.(IIb) Nr.1104/44 g.v.5.4.44.
(W.Kdo.VI,Abt.Kr.Gef.Az M B v.11.4.44.)

Betr.: Kr.Gef.sowj.Überläufer.

9 Ausfertigungen
Ausfertigung

1.) Von Stalag II/B und Stalag II/D werden 66 nicht bergbaufähige sowj.Kr.Gef. zum Stalag 326(VI/K), Senne, versetzt.

2.) Die zum Bezugsfernschreiben gemeldeten einsatzwilligen sowj. Überläufer sind auf ihren Arbeitsplätzen im zivilen und wehrmachteigenen Einsatz durch die von dem Stalag II/B und II/D überwiesenen 66 sowj.Kr.Gef. abzulösen. Die Ablösung der im wehrmachteigenen Bereich hat ausnahmslos, die Ablösung der im zivilen Sektor in Einvernehmen mit den zuständigen Arbeitsämtern unter Anlegung schärfster Maßstäbe zu erfolgen, wobei nur ausgesprochene Schlüsselkräfte geschont werden dürfen. Der Bedarf der kämpfenden Truppe genießt den Vorrang. Arbeitgeber sind mindestens 3 Tage vor Abzug unter Angabe der Namen der Kr.Gef. zu benachrichtigen.

3.) Es wurden folgende einsatzwillige sowj.Überläufer gemeldet:

von Stalag VI/C	2
" VI/D	10
" VI/F	3
" VI/G	4
" VI/J	33
" 326(VI/K)	6
Kgf.Bau-u.Arb.Batl.106	8
Sa:	66

4.) Die einsatzwilligen sowj. Überläufer sind zum Stalag IX/B, Bad Orb, zu versetzen und zwecks gemeinsamen Abtransportes bis zum 15.6.44 nach Stalag VI/J, Zweiglager Dorsten, zu überweisen. Der Abtransport des Sammeltransportes von Dorsten nach Stalag IX/B muß am 17.6. erfolgen.
Von Stalag IX/B aus erfolgt die weitere Abgabe der sowj.Überläufer lt. Sonderbefehl an den Truppenübungsplatz Wildflecken.

5.) Transportanmeldung und Transportkommando durch die abgebenden Lager, für den Sammeltransport durch Stalag VI/J.

6.) Dem Transportführer sind die Karteikarten, Geld- und Wertsachen der Kr.Gef. sowie Überweisungslisten mitzugeben.

7.) Der Abgang des Sammeltransportes ist dem W.Kdo.VI,Abt.Kr.Gef. zu melden und dem Stalag IX/B durch Telegramm mitzuteilen.

Im Auftrage des Wehrkreisbefehlshabers
Der Kommandeur der Kr.Gef.
I.A.
[illegible]

Verteiler:
s.Entwurf

8.) Das Eintreffen der 66 sowj. Kgf. im Stalag 326 ist fernmündlich an Wkdo. VI, Abt. Kr.Gef. Appr. 138 , aufgeteilt nach Berufen zu melden, damit die Aufteilung auf die einzelnen Lager erfolgen kann.

9.) Die abzugebenden Lager gemäß Ziffer 3 melden an Wkdo. VI, Abt. Kr.Gef. schriftlich die Berufe der sowj. Überläufer.

Anlage 29 Quelle: BA/MA RH 49/66, Bl. 17

Abschrift.

Wehrkreiskommando VI
Abt.Kr.Gef. Az K 18 Nr. 03737/42
Fernsprecher: 24261
Nebenanschl. 446

Münster, den 17.9.1942.

Amt Neuhaus i.W.
Eing. 13. OKT. 1942
Tgb. Nr. II

Bezug: ohne
Betr.: Kr.Gef.Fluchten.

Das Wehrkreiskommando hat in den letzten Monaten zur Drosselung der Fluchtfälle aus den Unterkünften der Arb.Kdos mit Erfolg scharfe Maßnahmen durchgeführt. Demgegenüber zeigen die Fluchtfälle der Kr.Gef. von der Arbeitsstelle ein fortlaufendes Ansteigen. Während im Mai noch der Anteil der Fluchtfälle von der Arbeitsstelle zu den Gesamtfluchtfällen des Monats 45 % betrug, ist der Prozentsatz der Fluchtfälle von der Arbeitsstelle im Monat August 1942 auf 67 % gestiegen. Offenbar haben die Kr.Gef. erkannt, daß infolge der verschärften Bewachungsmaßnahmen in den Unterkünften ein Fluchtversuch von der Arbeitsstelle leichter durchzuführen ist und mehr Aussicht auf Erfolg hat. Der Anteil der Fluchtfälle von der Arbeitsstelle zeigt andererseits, daß die Bewachung der Kr.Gef. dort nicht immer ausreichend ist. Zur Bewachung der Kr.Gef. auf der Arbeitsstelle sind die Unternehmer verpflichtet, es sei denn, daß in Ausnahmefällen auf der Arbeitsstelle militärische Bewachung eingesetzt ist.

Die im Wehrkreis VI getroffenen Maßnahmen zur Fluchtverhinderung haben ein Absinken der Fluchtversuche zur Folge gehabt. Durch die starke Zuführung von sowj.Kr.Gef. in den letzten beiden Monaten (rd.60 000 sowj.Kr.Gef.) steigen die Fluchtzahlen jedoch wieder an. Unter den flüchtigen Kr.Gef. befinden sich in jüngster Zeit auch in erhöhter Zahl sowj.Kr.Gef. In vielen Fällen gelingt es, die flüchtigen Kr.Gef. wieder aufzugreifen und den Lager wieder zuzuführen. Die Wiederergreifung der sowj.Kr.Gef. wird jedoch dadurch erschwert, daß diese verborgenste Schlupfwinkel aufsuchen, ihre Erkennungsmarken fortwerfen und keine Ausweispapiere bei sich führen, aus denen festgestellt werden kann, dass es sich tatsächlich um flüchtige sowj.Kr.Gef. handelt.

Da diese flüchtigen sowj.Kr.Gef. aller Wahrscheinlichkeit nach bei Arbeitgebern usw. kein Unterkommen finden und daher nichts zu ihrem Lebensunterhalt verdienen können, wird damit zu rechnen sein, daß diese sich in den Wäldern umhertreiben und sich das zum Lebensunterhalt Notwendigste durch Diebstahl, Raub usw. beschaffen.

Eine Drosselung der Fluchtfälle von der Arbeitsstelle kann nur dann erreicht werden, wenn die Arbeitgeber und die als Hilfswachmänner verpflichteten zivilen Arbeitskräfte die Bewachung der ihnen zugeteilten Kr.Gef.gewissenhaft und ernst ausüben. Bei sowj.Kr.Gef. ist eine sorg-

fältige

Anlage 30 Quelle: StdtA PB G 2653

- 2 -

fältige Bewachung besonders notwendig, da geflohene sowj.Kr.Gef. eine Gefahr für die Zivilbevölkerung bilden können.

Das Wehrkreiskommando bittet daher die im Verteiler genannten Stellen,die Organisationen der gewerblichen Wirtschaft und des Reichsnährstandes darauf hinzuweisen, daß zur Minderung der Fluchten von der Arbeitsstelle eine verschärfte Bewachung der Kr.Gef.unerläßlich ist.

Da insbesondere geflohene sowj.Kr.Gef. eine Gefährdung der öffentlichen Sicherheit aus den oben erwähnten Gründen darstellen können, bittet das Wehrkreiskommando ferner, die nachgeordneten Dienststellen der Partei und SA entsprechend aufzuklären und zur Mithilfe bei der Wiederergreifung sowj.Kr.Gef. aufzufordern sowie die unterstellten Polizeistellen anzuweisen, die Fahndung nach Kr.Gef.-insbesondere nach sowj.Kr.Gef. - mit besonderer Aufmerksamkeit und Intensität aufzunehmen.

Das Wehrkreiskommando weist darauf hin, daß an alle Personen die an der Wiederergreifung von Kr.Gef. mitgewirkt haben, Geldbelohnungen gewährt werden können, sofern sie nicht

a) Angehörige der Wehrmacht sind oder
b) im polizeilichen Vollzugsdienst oder
c) im Zollgrenzschutz

eingesetzt sind.

Es wird gebeten, die Anweisungen an die nachgeordneten Stellen vertraulich zu geben. Eine Veröffentlichung dieser Anweisungen in den Zeitungen oder durch Aushang ist nicht erwünscht.

Im Auftrage des Wehrkreisbefehlshabers
Der Kommandeur der Kr.Gef.

gez. Unterschrift.

Gendarmerie-Gruppenposten Schlangen   Schlangen, den 5. Juni 1944
Kreis Detmold - Land Lippe

Betr.: Waffengebrauch durch Landwachtmänner und Tötung von drei russischen Kriegsgefangenen im Walde bei lipp. Veldrom.

An
den Gendarmerie-Kreis
in Detmold

In der Zeit vom 31.5. bis 3.6.1944 wurden in der Gemeinde Veldrom 3 Einsteigediebstähle verübt, und zwar in der Nacht vom 31.5. zum 1.6.44 in der unbewohnten Mühle des Bauern und Bürgermeisters A[redacted] Sch[redacted] in Veldrom Nr. 5, in der Nacht vom 1.6. zum 2.6.44 bei der Ehefrau L[redacted] P[redacted] in Veldrom Nr. 43 und in der Nacht vom 2.6. zum 3.6.1944 bei dem Landwirt K[redacted] S[redacted] in Veldrom Nr. 22.

In allen 3 Fällen waren die Täter durch ein offenstehendes Kellerfenster eingestiegen. Bei Sch[redacted] ist nur ein älterer Damenschirm, eine Brille und etwa 5 Pfund Weizen, bei P[redacted] wurde eine grössere Menge eingekochtes Schweinefleisch in Gläsern und Dosen und etwa 5o Pfund Kartoffeln und bei dem Landwirt S[redacted] ebenfalls mehrer Gläser mit eingekochtem Schweinefleisch und ausserdem 2 Fl. Schnaps und 2 Bröte entwandt.

Es war von vornherein zu vermuten, dass als Täter bei sämtlichen Diebstählen russische Kriegsgefangene in Frage kamen. Die Landwacht wurde deshalb in den Nächten nach den Diebstählen eingesetzt zum Absuchen des Waldes in der Umgegend von Veldrom.

Am 2. ds.Mts. abends gegen 21 Uhr hatten einige Bewohner der "Schnat" in Veldrom beobachtet, dass in einem Tannenwäldchen in der Nähe der "Schnat" Rauch empor stieg. Die Leute haben sofort angenommen, dass das Feuer von den in Frage kommenden Dieben angemacht worden sei und dass es sich um flüchtige russ. Kriegsgefangene handeln würde. Ihre Beobachtungen haben die Bewohner sofort dem Landwachtmann A[redacted] S[redacted] in der Kattenmühle bei Veldrom gemeldet. S[redacted] hat dann sofort den Ortsgruppenleiter der NSDAP. A[redacted] E[redacted] in preuss. Feldrom, der zugleich Führer der Landwacht ist, diesbezüglich in Kenntnis gesetzt. Da die Dunkelheit an diesem Abend schon zu weit vorgeschritten war, hat E[redacted] angeordnet, dass am 3. ds.Mts. um 7 Uhr alle zur Verfügung stehenden Landwachtmänner zur Durchsuchung fraglichen Waldstückes zur Stelle sein müssten.

Der Landwachtpostenführer und Ortsgruppenleiter der NSDAP A[redacted] E[redacted] in preuss. Feldrom hat dann zu der angegebenen Zeit gemeinschaftlich mit folgenden Landwachtmännern die Durchsuchung des verdächtigen Waldstückes vorgenommen:

-2-

Anlage 31 Quelle: StA DT L 113 Nr. 778

- 2 -

1. F[redacted] H[redacted], preuss. Feldrom
2. [redacted] S[redacted], " "
3. A[redacted] [redacted], " "
4. H[redacted] R[redacted], " "
5. A[redacted] S[redacted], " "
6. K[redacted] S[redacted], lipp. Veldrom.

Ausserdem waren noch der Revierförster D[redacted] aus Leopoldstal und der auf Urlaub befindliche Obergrenadier A[redacted], preuss. Feldrom, an der Durchsuchung des Waldstücks beteiligt. Ausser R[redacted] und S[redacted] waren sämtliche Männer bewaffnet. Indem 6 Ma der anwesenden Männer das verdächtige Waldstück umstellten, haben 3 Mann mit Gewehr den Wald durchsucht. Schon nach kurzer Zeit stiessen diese Männer auf das Lager der vermutlich entwichenen Kreigsgefangenen. Es handelte sich um 4 Mann, die sofort nach ihrer Entdeckung die Flucht ergriffen. Als sie auf Anruf nicht stehen blieben, wurden sie durch die Landwachtmänner bezw. den Landwachtmann H[redacted] R[redacted], den Obergrenadier H[redacted] A[redacted] und den Revierförster D[redacted] mit Infantriewaffen beschossen mit dem Erfolg, dass sofort 2 der Russen liegenblieben, sie waren tot, und ein dritter schwerverletzt wurde. Auch dieser ist kurz darauf seinen Verletzungen erlegen. Der 4. Russe ist leider entkommen und konnte trotz eifrigen Suchens bisher nicht ergriffen werden.

Bald darauf war ich auch am Tatort eingetroffen und stellte ich gemeinschaftlich mit dem Polizeireservisten G[redacted] aus Kohlstädt und den obengenannten Lachtwachtmännern folgenden Tatbestand fest: Die Russen hatten sich überirdisch im Dickicht ein Lager zurecht gemacht und wurde darin noch folgendes Diebesgut vorgefunden: 7 Gläser eingemachtes Schweinefleisch, 4 Dosen mit Schweinefleisch, etwa 5o Pfund Kartoffeln, 1 Brot, 2 leere Flaschen, 1 Ledertasche mit Weizen und etwa 4 Pfund Speck und einige zerbrochene Gläser.

Aus diesem vorgefundenen Lebensmittelvorrat war einwandfrei zu ersehen, dass die Russen sämtliche in lipp. Feldrom ausgeführten Diebstähle begangen hatten. Das Diebesgut konnte den Eigentümern wieder zurückgegeben werden.

Es muss besonders hervorgehoben werden, dass der Ortsgruppenleiter und Landwachtführer A[redacted] E[redacted] in preuss. Feldrom die Veranlassung zu der Aktion gegeben hat und er derjenige ist, dem der ganze Erfolg eigentlich zuzuschreiben ist. Nicht unerwähnt darf allerdings bleiben, dass auch alle übrigen Beteiligten sich in jeder Weise besonders bei der Aktion bewährt haben.

Gez. [signature] Bez.Hauptmann d.Gend.u.Gd.Kreisführer — [signature] Meister d.Gendarmerie

B e r i c h t

an die zuständigen
Dienststellen.

6. [illegible] 1944

Betr:Einbrüche im Ortsgruppenbereich Feldrom.

Am 2ten Juni gegen 9 Uhr 30 wurde mir durch den Gastwirt A[redacted] S[redacted] telefonisch gemeldet, daß im Silberbachtal, in der Revierförsterei des Rev.-Försters D[redacted] Rauch aus einer Dickung anscheinend von einer Feuerstelle herrührend aufgsstiegen sei.

Ich vermutete, daß hier vielleicht die Einbrecher aufgegriffen werden könnten und nahm zu meiner Unterstützung die in meiner Nähe wohnenden Landwachtmannschaften L[redacted], M[redacted] und St[redacted] mit u.begab mich zu dem angegebenen Ort. Die Dunkelheit war indes aber soweit vorgeschritten, so daß ich nichts mehr unternehmen konnte und stellte für diesen Abend nur Posten an geeigneten Stellen aus. Um 1 Uhr zog ich die Posten ein und beschloß mit diesen Männern, die eigentliche Nachsuche am Morgen durchzuführen. Ich setzte den Revierförster Pg.Th.D[redacted] in Leopoldstal von meinem Vorhaben in Kenntnis, der auch zur angegebenen Zeit zur Stelle war.

Am 3ten Juni um 8 Uhr 15 wurde die Dickung vom dem R.Förster D[redacted] und mir umstellt und die anderen Männer durchsuchten die Dickung. Um 9 Uhr 15 stießen diese auf das Lager der Einbrecher (russische K.G.) die sofort die Flucht ergriffen. Es wurden von dieses 3 Mann erschossen worauf der Vierte in der Dickung entkam, anscheinend verwundet, aber trotzdem nicht mehr gefunden wurde.

Inzwischen war auch der Wachtm.G[redacted] eingetroffen der die weitere Veranlassung übernahm. Es wurden am Tatort aufgefunden, über 20 volle Einkochgl.mit Wurstw.aren Obst u,s,w.einige Büchsen mit eingekochten Waren.7 bis 8 Fl.Wein 1o b.15 Pfd.Speck zu dem der Eigen= (Prima:) noch nicht ermittelt werden konnte. Kaffee-Ers.Salz Streichhölzer, 1 Brot, ein deutsch.Kochgeschirr, einen Kochtopf u.noch ~~noch~~ andere kleinliche Vorräte.

Nachdem der gen.Wachtm.die Aktion schriftlich niedergelegt hatte wurden die Toten beerdigt und die Männer wurden entlassen.

Heil Hitler!
[Unterschrift]
Ortsgruppenleiter.

(Stempel: Nationalsoz. Deutsche Arbeiterpartei – Ortsgruppe Feldrom)

An den

Ortsgruppenleiter der NSDAP.
Pg. E[redacted]

in Feldrom

We/H. 7. Juni 1944

Lieber Parteigenosse E[redacted]!

Für Ihr Verhalten und Ihren Einsatz bei der Bekämpfung entwichener russischer Kriegsgefangener spreche ich Ihnen meinen Dank und vollste Anerkennung aus.

Ich bitte, diesen Dank auch an alle beteiligten Angehörigen der Landwacht zum Ausdruck zu bringen. Ich habe dem Gauleiter Kenntnis von dem Vorfall gegeben.

In kameradschaftlicher Verbundenheit und

Heil Hitler
verbleibe ich
Ihr

W

Kreisleiter
Vertreter des Chefs der Landesregierung Lippe

<u>Geheim!</u>

Kdr. d. Kgf. i. Wkrs. VI — Soest i/W., den 16. 9. 1944

. . . . . — . . . . .

Bezug: Kdr. d. Kgf. i. Wkrs. VI Abt. Kgf. V Az. K 3/XI Nr. 1997/4 vom 14. 9. 44

Betr.: Widerstandsbewegung unter den Kriegsgefangenen

Als Anlage erhalten die Lager eine Zusammenstellung der bisher im Wehrkreis VI festgestellten Widerstandsbewegungen und illegalen Organisationen unter den Kgf. Die Übersicht gibt ein Bild von der geheimen Tätigkeit der Kr.Gef.. Da anzunehmen ist, dass infolge der Feindpropaganda die Kgf. in ihren Vorbereitungen zum Zusammenschluss nicht nachlassen werden, ist grösste Aufmerksamkeit aller an der Kriegsgefangenenbewachung beteiligten Organe zwingend notwendig. Der Schwerpunkt der Tätigkeit der Abwehr muss auf das Erkennen der illegalen Organisationen abgestellt sein. Die Bemühungen der Abwehr müssen von allen Offizieren und Wachmannschaften unterstützt werden. Die im Wachdienst eingesetzten Offz. sind über die bisherigen Feststellungen zu unterrichten. Für die abwehrmässige Schulung der Wachmannschaften ist das Material in geeigneter Form zu verwerten.

Im Entwurf gez.
Klemm

Anlagen

Beglaubigt:
Hauptmann

Verteiler:

Oflag VI/A,B,C,D,6.
Stalag VI/A,C,D,F,G,J,326 (VI/K)
Kgf.BAB 5,6,7,12,17,18,26,35,39,45,46,106
Kgf.Dach.Batl. VI, XVI
Kgf.Glaser Batl. VI; XVI
Kgf.Bez.Kdt. R., Abw.Offz.d.Wkdo.VI
Kgf.Lager-Laz. Hemer, Münstereifel, Siegburg, Lingen, Wanne-Eickel, Gelsenkirchen-Buer, Lütgendortmund

Vorrat 10x

Anlage 32 Quelle: BA/MA RH 49/112

Kdr.d.Kgf.i.Wkrs.VI
Gr.Kgf.V Az K 3/XI

Geheim!

Übersicht der bisher im Wehrkreis VI festgestellten
Widerstandsgruppen und illegalen Organisationen unter Kr.Gef.

1. Kommunistische Gruppe der serb. Kr.Gef.
Kgf. serb.Offz.-Aspiranten haben in zwei Stammlagern versucht, kommunistische Gruppen zu bilden und einen Druck auf deutschfreundlich gesinnte und arbeitswillige serb. Kgf. auszuüben. Sie hielten Geheimsitzungen ab und fällten Todesurteile über solche Kgf., die sich ihren Wünschen nicht fügen wollten. Das Ziel war die Bildung einer Terrorgruppe zur Schädigung der Wirtschaft. 29 Rädelsführer konnten durch V.-Leute ermittelt und unschädlich gemacht werden. Verbindung in den zivilen Sektor ist nicht festgestellt worden.

2. Französische Widerstandsbewegung
a) Der brit. Rundfunk hat am 29.8.44 an die franz. Kgf. und Zivilarbeiter in Deutschland einen Aufruf erlassen, bis zum Empfang weiterer Anweisungen, die rechtzeitig eingehen würden, Geheimorganisationen nach dem Muster der Widerstandsbewegung in Frankreich zu schaffen. V.-Leute melden, dass vermutlich ca. 30 % der franz. Kgf. bereit seien, sich der Widerstandsbewegung anzuschliessen. Die Führer der Bewegung sind in den Stammlagern zu suchen. Vom Stammlager aus wird mit den Kgf. Arb. Kdos ein geheimer Nachrichtendienst unterhalten. Greifbare Ergebnisse haben die Ermittlungen bisher nicht gehabt.
b) Nach Feststellung der Geh. Staatspolizei besteht im Wkrs. VI eine Gruppe des verbotenen franz. „Pfadfinderbundes" (Scouts-Bewegung). Ausser 5 aufgrund des erleichterten Status in das zivile Arbeitsverhältnis überführten franz. Kgf. ist die Beteiligung von 21 franz. Kgf. aus einem Arb. Kdo festgestellt. Als Führer sind franz. Geistliche erkannt, die die Bewegung unter dem Deckmantel der priesterlichen Betreuung organisieren. Die Ermittlungen sind noch nicht abgeschlossen.
c) Nach Mitteilung von V.-Leuten hat sich in einem Oflag des Wehrkreises unter den kgf. Offz. aufgrund des Aufrufs des brit. Rundfunks eine Widerstandsbewegung gebildet. Die Bewegung betrachtet es zunächst als ihre Aufgabe, durch Gerüchte die antideutsche Propaganda zu intensivieren.

3. Widerstandsbewegung unter den sowj.Kr.Gef.
Die in anderen Wehrkreisen festgestellte illegale Organisation „Brüderliche Mitarbeiterschaft aller Kgf." hat folgendes Ziel:
„Schädigung der militärischen Wirtschaftskraft Deutschlands. Erweisung einer Hilfe der Arbeiterschaft Deutschlands zum bewaffneten Aufstand, zur Vernichtung Hitlers und Durchführung einer Revolution in Europa."
Die bisher durchgeführten Ermittlungen haben keine Anhaltspunkte einer Verbindung der sowj. Kgf. des Wehrkreises zu dieser Organisation erbracht. Dagegen sind im Wkrs.VI folgende Widerstandsorganisationen festgestellt worden:

a) Unter den kgf. sowj. Offz. eines Sonderkdos hat sich eine Widerstandsgruppe gebildet. Die Gruppe ist tätlich gegen solche kgf. Offz. vorgegangen, die ihrer pro deutschen Gesinnung Ausdruck oder durch gute Arbeitsleistung zu erkennen gegeben haben. 8 sowj. Offz. konnten als Rädelsführer ermittelt und die Organisation zerschlagen werden. Verbindung in den zivilen Sektor ist nicht festgestellt worden.

b) Versuch der Bildung einer Geheimorganisation.
V-Leute stellten in einem Stalag eine Geheimorganisation fest. Das Ziel war:
1.) Wühlarbeit und Sabotage auf den Arbeitsstellen.
2.) Organisation von Massenfluchten.
3.) Vorbereitung eines bewaffneten Widerstandes

–2–

–3–

Sitz dieser Organisation war das Lagerlazarett. Das Losungswort der Organisation war: „Michail Kolzow". 5 sowj. Kgf., darunter 2 Ärzten, konnte die Beteiligung an dieser Organisation nachgewiesen werden. Die Organisation konnte zerschlagen werden. Verbindung in den zivilen Sektor ist nicht festgestellt worden.

c) Geplante Widerstandsbewegung in einem Arb.Kdo.
Nach Mitteilung von V-Leuten haben sowj. Kgf. eines Kgf.Arb.Kdos, das einem Oflag angegliedert ist, Verbindung mit kgf. franz. Offz. aufgenommen. Die sowj. Kgf. sollten zur gegebenen Zeit die Erledigung der deutschen Wachmannschaften zur Befreiung der kgf. franz. Offz. übernehmen. Die Organisation konnte zerschlagen werden.

d) Organisation „Kampf gegen den Faschismus"
Die Organisation hat ein fest umrissenes Programm mit folgenden Punkten:
1.) Langsames Arbeiten.
2.) Nichtausführung übertragener Arbeiten (z.B. Nichtmelken der Kühe).
3.) Feststellung der Lage von Munitionsdepots.
4.) Überfälle auf Wachmannschaften.
5.) Verbindungsaufnahme mit Fallschirmagenten.
6.) Verbindungsaufnahme mit deutschen kommunistisch gesinnten Elementen.
7.) Beihilfe zur Flucht.
8.) Erkundung von Verstecken für Agenten und Flüchtlinge.
9.) Werbung von Mitgliedern.
10.) Bereithaltung für den Kampf an der Seite von Sowjet- oder Invasionsarmeen. (X-Fall).

Ostarbeiter und Ostarbeiterinnen haben die Bewegung an sowj. Kgf. eines Arb.Kdos. herangetragen. Im Arb.Kdo. hatte sich eine Zelle von 15 Kgf. gebildet, die ihre Bereitschaft zur Mitarbeit zugesichert hatten. Die Zellenbildung wurde zerschlagen.

e) Durch V-Leute wurde die gleiche Widerstandsbewegung in einem anderen Stalagbereich festgestellt. Ostarbeiterinnen haben die Bewegung an ein Kgf.Arb.Kdos mit sowj. Kgf. herangetragen. Kgf. verliessen in der Dunkelheit vorübergehend ihre Arbeitsplätze und begaben sich in das Ostarbeiterinnen-Lager. Durch sofortigen Zugriff in Zusammenarbeit mit der Gestapo konnten 3 sowj.Kgf. als Rädelsführer, sowie sämtliche führenden Angehörigen der Bewegung aus dem zivilen Sektor festgenommen werden.

f) In einem Kgf. Bergbau Arb.Kdo wurde eine Widerstandsgruppe festgestellt, die es sich zur Aufgabe gestellt hatte, Sabotage zu betreiben, Waffen zu besorgen, Lebensmittellager zu erkunden und Verbindung mit Ostarbeitern aufzunehmen. Eine sofort mit Kripo und Gestapo vorgenommene Durchsuchung im Kr.Gef.- und Ostarbeiter-Lager förderten im Kgf.Arb.Kdo Briefe von Ostarbeiterinnen, Ausweise, Führerscheine usw. zutage. Gefunden wurden weiter selbstgefertigte Messer, Meissel, Zangen usw. Nach dem Ergebnis der Ermittlungen hatten 3 Ostarbeiter und 14 sowj. Kgf. die Absicht, eine Widerstandsbewegung zu organisieren, die bei Näherrücken der feindl. Armee aktiv werden sollte. Die Bewegung wurde durch schnelles Zugreifen zerschlagen.

g) Bei einer Durchsuchung des Sanitätspersonals in einem Stalag wurde bei einem sowj. Feldscher u.a. eine Skizze und eine Anzahl Fotografien von sowj. Kgf. gefunden. Die Beschriftung der Skizze war verschlüsselt. Die Entschlüsselung ergab, dass alle militärisch und wirtschaftlich wichtigen Punkte der Gegend verzeichnet waren. Die vorgefundenen Fotografien stellten in der überwiegenden Mehrzahl bisher deutschfreundlich eingestellte Kgf. des Lagerpersonals dar. Sie waren von der Personalkarte I abgetrennt worden. In der Kartei sind sowj. Kgf. beschäftigt. Der Inhalt der vorgefundenen Briefe lässt eine Zellenbildung, die in Arb.Kdos hinüberreicht, erkennen. Die Ermittlungen, in Zusammenarbeit mit der Gestapo, sind noch im Gange.

–3–

–4–

4. Widerstandsbewegung unter sowj. und serb. Kgf.
Durch Einsatz von V-Leuten ist eine Widerstandsbewegung unter den sowj. Kgf. eines Stalag, der Flak, den kgf. serb. Offz. eines Oflag und Ostarbeitern festgestellt worden mit dem Ziel, im gegebenen Augenblick als Kampforganisation aufzutreten. Die Führung dieser Bewegung hatte ein bei der Luftwaffe als Flakhelfer eingesetzter sowj. Kgf. Er rechnete mit einem Zusammenschluss von 8000 Kgf. und Ostarbeitern. Verbindungspersonen zwischen den sowj. Kgf. der Flak, den Kgf. des Arbeitskdos. und den kgf. serb. Offz. des Oflag sowie den Ostarbeitern waren im Res.Laz. eingesetzte Ostarbeiterinnen. Die Nachrichtenübermittlung erfolgte gelegentlich der ambulanten Behandlung. Nachrichtenübermittler zwischen den Kgf. des Arb.Kdos und den kgf. Offz. des Oflag war ausserdem eine als Brotfahrer zwischen Oflag und Heeresverpflegungsamt tätige kgf. Ordonnanz. An der Bewegung waren aus dem Bereich des Stalag 13 sowj. Kgf. und vom Oflag 8 serb. kgf. Offz. beteiligt. Die Bewegung wurde rechtzeitig erkannt und zerschlagen.

5. Polnische Widerstandsbewegung „Z Z“ und „PAP“
Durch Feststellungen eines Stalag und durch Festnahme eines poln. Kuriers durch die Gestapo ist eine bereits weit ausgedehnte Widerstandsbewegung festgestellt worden, die sich über die Wehrkreise VI, V, XII erstreckte und mit einer gleichzeitigen Zersetzungstätigkeit unter poln. Zivilarbeitern im Zusammenhang stand. Der Sitz der Bewegung befand sich im General-Gouvernement. Ihr Zweck war die Wiedererrichtung eines poln. Staates. Die Bewegung war sehr gut durchorganisiert. Funktionäre waren in Deutschland tätige poln. Zivilarbeiter.

Innerhalb des Wkrs VI sind Zellen dieser Bewegung festgestellt worden im Bereich von 4 Stalag, einem Oflag und in einem Res.Laz. 153 poln. Kgf. konnte eine Beteiligung nachgewiesen werden. In einem grösseren Kdo. wurde die Bewegung dadurch gefördert, dass die Wachmannschaft nach Bestechung einem Funktionär den Zutritt zum Arb.Kdo. und die Aufnahme der Verbindung mit den Kgf. gestattete. In einem anderen Stalag und in dem Res.Laz. war die Verbindung durch mangelhafte Beaufsichtigung der Kgf. möglich. Die Funktionäre nahmen mit poln. Kgf. anderer Arb.Kdos die Verbindung auf der Arb.Stelle auf. An der Bewegung waren in einem Stalag der Hauptvertrauensmann und sein Stellvertreter beteiligt. Die Aufnahme der Verbindung mit den poln. Offz. des Oflag erfolgte durch poln. Zivilarbeiter und kgf. Ordonnanzen gelegentlich der Brotabfuhr am Bahnhof. Gegen sämtlich schuldigen Wehrmachtsangehörigen sind Kriegsgerichtsverfahren eingeleitet worden. Durch scharfes Zupacken der militärischen Dienststellen unter Mithilfe der Polizei ist es gelungen, die Organisation zu zerschlagen.

6. Es liegen weiter Meldungen vor über die Bildung einer „Union freier russ. Leute" im oberbergischen Kreise und über Zellenbildung in den Lagerlazaretten der Stalag, an der führend kgf. sowj. Ärzte beteiligt sind. Die Ermittlungen hierüber schweben.

Pe.

Anlage zu Ob.d.E./Chef Kriegsgef.
Nr. 908/45 vom 13.2.1945

Abschrift.

Merkblatt

über Vorbereitung und Durchführung von Marschbewegungen (aus den Erfahrungen der Kdtrn. über Gebietsräumungen und Ausweichbewegungen von Kriegsgefangenen.)

A. Vorbereitungen.

1. Die Führer der Arb.Kdos. müssen so geschult sein, dass sie selbstständig und unauffällig alle Vorbereitungen für einen Abmarsch treffen können. Dazu gehören

a) Ermietung landesüblicher Fahrzeuge. Diese sind auch dort vorsorglich bereitzustellen, wo durch Unternehmer oder Fahrbereitschaften Lkw. zum Abtransport zugesagt sind, da sich gezeigt hat, dass die zugesicherten Lkw. im Bedarfsfall nicht verfügbar waren. Da aber durch eine zeitlich zusammenfallende Räumung von Zivilbevölkerung und Kgf. auch die Gestellung von Pferdegespannen in Frage gestellt ist, hat sich die Anschaffung oder Selbstanfertigung von kleinen Wagen oder Karren bewährt, die im Mannschaftszug gezogen werden können.

b) Sichtung des Kgf. Gepäcks. Die Kgf. dürfen nur soviel Gepäck in den Unterkünften behalten , als sie im Falle eines Marsches selbst tragen können, ohne dass die Marschleistung beeinträchtigt wird.

c) Frühzeitige Erkundung des Anmarschweges zum vorgesehenen Sammelplatz.

Von entscheidender Bedeutung ist immer, dass der Kdo.-Führer energisch, zu selbständigem Denken und gegebenenfalls zu selbständigem Handeln fähig ist.

2. Für die Führer der Arb.Kdos. sind Wegeskizzen vorzubereiten, aus denen der Marschweg, die Zwischenunterkünfte und der Auffangraum ersichtlich sind. Die Skizzen sind mit den schriftlich niedergelegten Geheimanweisungen für die Führer der Arb.Kdos. unter Verschluss zu halten.

3. Sammelpunkte zur Bildung von Marschgruppen dürfen nicht so gewählt werden, dass einzelne Arb.Kdos. zur Erreichung derselben der Marschrichtung entgegengesetzt marschieren müssen. Bei gemeinsamen Marschweg ist der Dienstälteste Kdo.-Führer Führer der Marschgruppe.

4. Es dürfen nur Marschgruppen aus Kgf. gleicher Nationalität gebildet werden. Innerhalb der Marschgruppe bleiben die einzelnen Arb.Kdos. zusammen.

5. Die Marschgruppenführer müssen mit Karten, Ausweisen und Vollmachten ausgestattet sein, damit sie bei den Bürgermeistern auf Grund des Reichsleistungsgesetzes Anforderungen stellen können.

6. Hilfswachmänner sind bei den Märschen möglichst nicht zu verwenden. Vielfach stehen sie ihrer beruflichen Tätigkeit zur Verfügung oder sind auf Grund und wegen ihres Alters nicht mehr im Stande, längere Märsche durchzuhalten.

- 2 -

Anlage 33 Quelle: BA/MA RH 49/29. Merkblatt vom 13. 2. 1945 für die Rückführung von Kriegsgefangenen

- 2 -

7. Da in den meisten Fällen mit Zerstörung der Fernsprechverbindungen zu rechnen ist, muss die Überbringung des Rückmarschbefehls durch Krad- oder Radmelder gewährleistet sein. Im Kalender müssen Angaben über Wohnung und Rufnummer der Kontrolloffiziere und Arb.Kdos. genau angegeben sein. Ausserdem empfiehlt es sich, bei bestimmten Bürgermeistern Meldeköpfe einzurichten.

8. Oft wird sich infolge mangelnden Verladeraumes eine Vernichtung von Akten und dgl. nicht umgehen lassen. Es sind daher vorsorglich alle Akten und dgl. , die nicht unbedingt benötigt werden und gegebenenfalls zu vernichten sind, zu kennzeichnen und gesondert zu lagern.

9. Die Kalendereintragungen sind klar und übersichtlich vorzunehmen, sodass erforderlichenfalls auch ein nicht Eingeweihter selbständig und sinngemäss zu handeln in der Lage ist.

B. Durchführung.

1. Die Rückführung von Kgf. erfolgt nur auf Befehl der Kommandanten.

2. Das Stichwort für die Räumung und Auslösung der Marschbewegung muss möglichst frühzeitig gegeben werden. Ist genügend Zeit vorhanden, empfiehlt es sich, einzelne besonders abgelegene Arb.Kdos. im engeren Komp.Bereich zusammenzuziehen.

3. Kgf. dürfen grundsätzlich nicht vor der Zivilbevölkerung aus den zu räumenden Ortschaften abgezogen werden, es sei denn, die jeweiligen Arbeitsstätten der Kgf. werden vorher auf Weisung der zuständigen Betreuungsstelle (Rüstungsinspektion, Gauarbeitsamt, Reichsnährstand usw.) verlagert.

4. (Anmerkung von Ob.d.E./Chef Kgf.: Auch die militärische Lage oder sicherheitspolizeiliche Gründe können die vorzeitige Entfernung der Kgf. erforderlich machen.)

Nach Eingang des Stichwortes und nachdem die Kgf. von ihren Arbeitsplätzen weggeholt wurden, sind sie unter strenger Bewachung in den Unterkünften oder Lagern zurückzuhalten. Ebenso sind gestellte Fahrzeuge zu bewachen, um eigenmächtiges Entfernen der Fuhrleute samt Wagen zu verhindern.

5. Nicht marschfähige Kgf. sind unter Bewachung der nicht marschfähigen Wachmänner mit der Bahn zum Zielort zu transportieren. Auch Gepäck und Verpflegung sind nach Möglichkeit an das Tagesziel vorauszuschicken.

6. Die Tagesmarschstrecken sollen nicht mehr als 20-25 km betragen. Verzögerungen durch unvorhergesehene Schwierigkeiten (schlechtes Wetter, verstopfte Strassen) treten fast immer auf und sind entsprechend zu berücksichtigen. Die Unterkunftsmöglichkeiten sind durch Vorkommandos rechtzeitig zu erkunden.

7. Nachtmärsche sind wegen der erschwerten Überwachung der Kgf. und dadurch bedingter erhöhter Fluchtgefahr nach Möglichkeit zu unterlassen. Sind sie aber nicht zu vermeiden, so ist für vorschriftsmässige Beleuchtung der Marschkolonnen Sorge zu tragen.

- 3 -

- 3 -

8. Aus Gründen des Luftschutzes, der Übersichtlichkeit und um Marschstockungen weitgehend auszuschalten, sind die Marschgruppen nicht über 200 Mann stark zu machen. Es empfiehlt sich, durch pendelnde Radfahrer die Verbindung unter den Marschblocks aufrecht zu erhalten. Luftspäher sind auf jeden Fall einzuteilen.

9. Wird Gepäck von mehreren Arb-Kdos. gemeinsam gefahren, so muss es für jedes Arb.Kdo. zusammengestellt und genau bezeichnet werden, um eine reibungslose Ausgabe (auch bei Dunkelheit) am Zielort zu gewährleisten.

10. Während des Marsches sind einzelne Pausen einzulegen und zwar

a) nach der ersten halben Stunde eine von 5 Minuten (zum Austreten und Ordnen der Fussbekleidung)

b) je nach 2 Std. eine von 15 Minuten.

Dabei melden die Führer der Arb.Kdos. dem Führer der Marschgruppe die Vollzähligkeit der Wachmannschaften und Kgf. Die Marschpausen dürfen wegen Fluchtgefahr nicht an oder in Ortschaften erfolgen. Das Austreten ist nur nach einer Seite zu gestatten. Nach drei Marschtagen ist ein Ruhetag einzulegen.

11. Eine Aufsplitterung der ländlichen Arb.Kdos. kann aus Gründen der Abwehr nur soweit erfolgen, als militärische Wachmänner oder zuverlässige Hilfswachmänner eingeteilt werden können. Infolgedessen ist mit dem Ortsbauernführer ein möglichst geschlossener Abmarsch zu vereinbaren. Kdo. Führer und Wachmannschaften sind während der Marschbewegung für die Sicherheit und Disziplin der Kgf. verantwortlich, müssen aber auf den Zwischenaufenthalten sich die Mitwirkung des begleitenden Ortsbauernführers oder Bürgermeisters wegen Unterkunft und Verpflegung sichern.

12. Der Genuss von Alkohol ist während des Marsches verboten. Ebenso ist darauf zu achten, dass in Scheunen, Sägewerken od. ähnl. nicht geraucht wird.

13. Das Überschreiten von Flüssen ist nur auf festen Brücken - selbst auf Kosten eines Umwegs - vorzusehen. Das Übersetzen einer grösseren Anzahl von Kgf. auf Wagenfähren geht sehr langsam und ist Luftangriffen zu stark ausgesetzt.

14. Auf dem Marsch ist zu beachten, dass die Marschkolonnen nicht gekreuzt werden, da sonst erhöhte Fluchtgefahr besteht. Bei Gegenverkehr (auch mot.) marschieren die Wachmänner zweckmässig an der äusseren Strassenseite.

15. Nach Erreichen des Auffangraumes hat die Übergabe der Kgf. stets gegen Bescheinigung zu erfolgen.

gez. Unterschrift

Für die Richtigkeit :

Loren

Hptm.u.Ordz.-Offz.

Übersetzung

Hauptquartier 2. Panzerdivision
Büro des Leitenden Offiziers der Militärregierung

Vertraulich

A.P.O. 252,
6. April 1945

Thema: Sonderbericht über das STALAG 326 VI/K

an: A.C. von S., G-5, Neunte US Armee, A.P.O. 339

Lage:

Dieses frühere Kriegsgefangenenlager liegt in A650640.

Aufnahmefähigkeit:

Am 2. April 1945 befanden sich annähernd 9000 alliierte Ex-Gefangene im Lager, von denen weniger als 1000 nichtslawischer Herkunft waren; wobei allerdings die letztere Zahl 250 Polen einschließt.
Es hieß, daß zu Zeiten voller Besetzung das Stalag 326 VI/K mehr als 40000 Insassen aufwies. Als Hauptquartier eines „Kriegsgefangenenkommandos" unterstanden dieser Einrichtung jedoch schätzungsweise 160000 Kriegsgefangene.
Es wurde auch berichtet, daß einige Tage vor Ankunft der Truppen dieser Division ca 60000 alliierte Kriegsgefangene aus dem oben genannten Lager sowie dem ihm unterstehenden Gebiet fortgebracht wurden. Wie verlautet, wurden diese Evakuierungen in 3 Phasen durchgeführt, und der Zielort war allgemein die Richtung Munster.

Bedingungen:

Wie die Einrichtungen aussahen, läßt sich nicht genau sagen, weil sie am 2. April 1945 zerstört worden waren, als die Insassen versuchten, heranrückenden alliierten Truppen entgegenzugehen.
Den Berichten ehemaliger Kriegsgefangener zufolge waren die Lebensbedingungen sehr schlecht. Die Rationen waren sehr knapp, besonders für die Russen. Das zeigten deutlich Aussehen und Handlungsweise der befreiten Gefangenen sowie der Zustand von einigen, die Patienten im Lagerhospital gewesen waren. Es wurde ferner berichtet, daß von schätzungsweise 15000 Russen, die in der Umgebung des Stalag 326 VI/K beerdigt lagen, ca 75% an Unterernährung gestorben waren.

– 1 –

Anlage 34 Quelle: NA, Dwight D. Eisenhower Library, Abilene/Kansas Bx 56 Hqs. – 2nd Armored Div.

Viele Geschichten über grausame und unmenschliche Behandlung wurden von den Ex-Kriegsgefangenen berichtet; darunter die von Leuten, die anscheinend gezwungen worden waren, von irgendeinem unbekannten Ort zu diesem Lager zu marschieren. Während dieses mehr als 15 Tage dauernden Marsches erhielten sie keine Verpflegung und waren darauf angewiesen, unterwegs etwas zu erbetteln.

Medizinischer Lagebericht:

Medizinische Einrichtungen und Personal waren und sind vorhanden, letzteres besteht vornehmlich aus Russen. Genaue Einzelheiten hat man vom qualifizierten medizinischen Personal erhalten und an die zuständigen Behörden weitergeliefert. Die folgende Teilinformation könnte dabei von allgemeinem Interesse sein:
2500 Kranke und Verwundete
1300 Mann in den Lazaretten
100 Russen mit positiver Tuberkulose
100 Russen mit Verdacht auf Tuberkulose
Weniger als 20 Fälle mit Geschlechtskrankheiten etc.
Keine Fälle mit ansteckenden Krankheiten

Versorgungseinrichtungen:

Alle Einheiten hatten elektrisches Licht und es gab auch ein elektrisch betriebenes Wasserversorgungsnetz; am 2. April jedoch war der Strom ausgefallen, und Wasser gab es nur aus Handpumpen in den Küchen.
Eine Schmalspureisenbahn war vorhanden und war auch noch funktionstüchtig. Weiterhin gab es einige Gespannfahrzeuge und Pferde.

Vorräte:

Angesichts der Plünderungen durch halbverhungerte Ex-Kriegsgefangene war es unmöglich, genau anzugeben, welche Vorräte am 2. April noch vorhanden waren.
Das medizinische Personal berichtete von Mangel an Verbandszeug, an gewissen anderen medizinischen Artikeln, an Seife und auch von Mangel an besonderen Nahrungsmitteln für die Patienten.

– 2 –

Verwaltung:

Die einzige gesicherte Information über die früheren deutschen Behörden war die, daß das Lager einem Oberst Berens unterstand.
Die Unterzeichnenden ernannten die folgenden russischen Offiziere als vorläufige Vorgesetzte für die slawischen Ex-Gefangenen, Polen ausgenommen.

Oberst Stepan Tivanovich Kurynin
Major Vladimir Alexevich Hramow, Chef der Chirurgie
Major Victor Fedorovich Hopersky, Pionierkorps
Hauptmann Ivan Kuraxin
Stabsarzt Vladimir Semenovich Silchenko
Stabsarzt Semen Mihailovich Katashvili
Leutnant Sergey Vachtin
Pionier Yuri Kirilovich Koslov
Pionier Lev Konstantinovich Krupenin, CWS (Dolmetscher)

– 3 –

Anhang

Chronologischer Überblick

1940

31. 07.	Hitler verkündet den Entschluß, die Sowjetunion anzugreifen
18. 12.	Führerweisung Nr. 21: Vorbereitung eines Angriffs auf die Sowjetunion (Fall Barbarossa)

1941

30. 03.	Ausführungen Hitlers vor führenden Generälen der Wehrmacht über den politischen Charakter des geplanten Feldzuges gegen die Sowjetunion
Ende März	Beginn der Planungen für das Stalag 326 (VI K)
06. 04.	Angriff auf Jugoslawien und Griechenland
10. 04.	Versetzung führender Lageroffiziere von Stalag VI C Bathorn zum Frontstalag 326
21. 04.	Aufstellungsverfügung für das Frontstalag 326
27. 04.	Statt der Verwendung als Frontstalag wird der Aufbau eines Stammlagers für 50000 Gefangene in der Senne befohlen. Ab Mai Einzäunung des Lagergeländes
13. 05.	Kriegsgerichtsbarkeitserlaß: Kein Verfolgungszwang bei Kriegsverbrechen von Wehrmachtsangehörigen
04. 06.	Richtlinien für das Verhalten der Truppe in Rußland (Der sowjet. Soldat ist ideologischer Todfeind)
05. 06.	Auf Befehl des OKW wird in der Senne als 2. Lager das Stalag 328 aufgestellt. Es arbeitet jedoch nie dort.
06. 06.	Kommissarbefehl: rücksichtslose Vernichtung der Kommissare als Träger der bolschewistischen Weltanschauung
16. 06.	Befehl des OKW betr. Kriegsgefangenenwesen im Fall Barbarossa: (keine Behandlung der Kgf. entsprechend der GK, keine Registrierung, keine Meldung an die WASt). Abgeändert am 26. 06. (Erfassung im Reich, Erkennungsmarken) und am 02. 07. (Meldung an die WASt). Erwähnung der Stalags 326 und 328 in der Senne mit einer Kapazität von je 50000 Kgf.
22. 06.	Beginn des Angriffs auf die Sowjetunion
10. 07.	Eintreffen der ersten zwei Russentransporte in der Senne. Bis 30. 07. kommen insgesamt 13 Transporte an.

17. 07.	Einsatzbefehl Nr. 8: Aussonderung und Vernichtung verdächtiger Kgf. Am 21. 07. mit Einsatzbefehl Nr. 9 auch auf das Reichsgebiet ausgedehnt. Beginn der Aussonderungen im Stalag 326 ab August 1941. Abtransport der Ausgesonderten nach Buchenwald.
Juli	Auf Befehl Hitlers kein Arbeitseinsatz sowjet. Kgf. im Reich. Trotzdem ab Anfang August Einsatz von 120000 Kgf.
Anf. Aug.	Befehl zur Verkleinerung des Stalag 326 (VI K) auf 4000 Mann. Abzug einer großen Zahl Gefangener in die Emslandlager.
Anf. Sept.	Einrichtung eines besonderen Friedhofes für die verstorbenen sowjet. Kgf.
08. 09.	Grundlegender Erlaß des OKW über die Behandlung der sowjet. Kgf.: „Der Bolschewismus ist der Todfeind des nat.soz. Deutschlands." Die Aussonderungen werden von der Wehrmacht akazeptiert.
Ab Okt.	Beginn des Massensterbens sowjet. Kgf. auf Grund unzureichender Ernährung, katastrophaler Unterbringung und Transportbedingungen sowie von Fleckfieber (bis Frühjahr 1942)
01. 10.	Befehl zur Aufstellung des BAB 106 in Staumühle
08. 10.	Senkung der ohnehin unzureichenden Rationen für die Gefangenen. Arbeitsunfähige erhalten den niedrigsten Satz.
31. 10.	Hitler befiehlt den Arbeitseinsatz der sowjet. Kgf. im Reich
Ende Okt.	Einrichtung des Seuchenlazaretts Staumühle
Mitte Dez.	Fleckfieberfälle in der Senne. Das Lager bleibt bis März 1942 unter Quarantäne
Ende 1941	Ausbau des Stalag 326 (VI K) weitgehend beendet. Entlausungsanlage in Betrieb

1942

16. 01.	Befehl des OKW, alle sowjet. Kgf. zu kennzeichnen (Aufhebung am 17. 02.; erneuter Befehl am 20. 07., dessen Aufhebung am 03. 08. 1942)
20. 04.	GBA Sauckel legt ein umfassendes Programm u. a. für den Arbeitseinsatz sowjet. Kgf. vor
Sommer	Beginn der Transporte ins Ruhrgebiet zum Arbeitseinsatz im Bergbau und in der Schwerindustrie
01. 09.	Das Stalag 326 (VI K) erhält Ostwestfalen-Lippe als eigenen Arbeitseinsatzbezirk
September	Umfangreiche Transporte sowjet. Kgf. ins Ruhrgebiet

04. 11.	Auf Drängen der RVK wird das Stalag 326 (VI K) zentrales Aufnahmelager für den Bergbau im WK VI, von dort kommen die Kgf. zum Aufpäppeln ins Stalag VI A, von dort zu den Zechen
November	Die Sterblichkeit unter den Kgf. liegt zeitweise bei 140 pro Tag

1943

02. 02.	Kapitulation der 6. Armee in Stalingrad
18. 03.	Goebbels proklamiert den totalen Krieg
Sommer	Sowjet. Kgf. werden zu Tausenden dem Stalag 326 (VI K) zugeleitet, um dann in den Bergbau zu kommen.
07. 07.	Anlaufen der Bergbauaktionen „Hauer“ und „Steiger“ zur Gewinnung von Arbeitskräften unter den sowjet. Kgf.
26. 08.	Das OKW befiehlt zur Steigerung der Arbeitsleistung eine bessere Behandlung der sowjet. Kgf.
Herbst	Programm der Widerstandsorganisation BSW
12. 10.	Lt. RVK soll das Lager Senne auch als Bergbau-Ausleselager für italienische Militärinternierte in Frage kommen.

1944

März	Versuch einer Bestimmung der Totenzahl im Lager Senne (um 40000)
26. 07.	Gleichsetzung der Rationen sowjet. und nichtsowjet. Kgf.
27. 07.	Besuch einer Ärztekommission des IKRK im Westlager des Stalag 326
09. 08.	Antrag des Stalag 326 (VI K) auf eine Entwässerungsanlage, da es bisher nur über Sickergruben verfügt. Antrag auf Vergrößerung der Arrestanstalt.
15. 08.	Ankunft des ersten Kgf.-Transports aus einem aufgelösten Lager im Osten
17. 08.	Das OKW fordert eine enge Zusammenarbeit der Stalags mit den Parteidienststellen. NS-Führungsoffiziere sollen in die Lager kommen.
13. 09.	Das OKW befiehlt die Evakuierung aller Kgf. westlich des Rheins.
25. 09.	Befehl zur Aufstellung des Volkssturms
01. 10.	Himmler übernimmt als BdE das Kriegsgefangenenwesen
23. 10.	Aus der Wehrmacht ausgeschlossene Legionäre (sowjet.) sollen im Stalag Senne zu einem Sonderkommando zusammengefaßt werden.

1945

Januar	Entlassung vieler Kgf. in ein ziviles Arbeitsverhältnis
25. 01.	Antrag auf Verlegung von 2 Baracken vom Stalag 326 (VI K) zum Altenbekener Viadukt für 350 Russen. Befehl, die Kriegsgefangenen verschiedener Nationalitäten im Lager durch Stacheldraht voneinander zu trennen.
ab Januar	Ständige Rücktransporte von Kriegsgefangenen aus dem Osten und Westen des Reiches ins Reichsinnere. Viele Transporte laufen durch das Stalag 326 (VI K) (bis Ende März).
31. 03.	Letzter Arbeitstag in den Arbeitskommandos des Stalag; Rückmarsch vieler Gefangener in das Lager.
01. 04.	Stellungswechsel des Kommandeurs der Kgf. im Wehrkreis VI von Soest nach Forellkrug/Stalag 326 (VI K). Ebenso verlegt das Stabsbüro für aus dem Ruhrkessel entkommene Soldaten dorthin.
02. 04.	Abmarsch des Stabsbüros gegen 5.00. Einnahme des Lagers und Befreiung der Insassen durch die 2. Division der 9. US-Armee gegen 15.00. Beginn der Plünderungen in der Umgebung des Lagers.
02. 05.	Einweihung des Denkmals auf dem Friedhof.
15. 05.	Das ehemalige Stalag 326 (VI K) wird Lager für deutsche Kriegsgefangene.
28. 07.	Auflösung des (russ.) Lagers. Letzter Transport in Richtung Sowjetunion.

Bibliographie

zum sowjetischen Ehrenfriedhof Stukenbrock-Senne und zum Stalag 326 (VI K) – einschließlich der zugänglichen nicht veröffentlichten Arbeiten – von 1962–1990 in zeitlicher Folge (Bis auf wenige Ausnahmen konnte die Flut von tagespolitischen Meldungen und Stellungnahmen in den drei Lokal-Zeitungen – Die Glocke/Neue Westfälische/Westfalen-Blatt – nicht aufgenommen werden.)

1962

1 UK: Mittragen an der Last der Vergangenheit. In: Unsere Kirche – Evangelisches Sonntagsblatt für Westfalen, Nr. 47 vom 25. 11. – Hinweis auf einen Aufruf des Präses Wilm, die Opfer aus der NS-Zeit nicht zu vergessen. „In Westfalen gibt es solche Grabstätten…auch in Stukenbrock, wo allein 65000 verhungerte Russen liegen…“. –

1963

2 Beine, Wilhelm: Stellungnahme zum Artikel: Mittragen an der Last der Vergangenheit. (Unveröffentlichtes Manuskript, 15 Seiten, StA DT D1 Bd. 1 Nr. 7118).
– B. war 1942–45 Zivildienststellenleiter im Stalag 326 (VI K); seine Angaben: Registrierte Russen seit dem 25. 3. 1942: rund 2 Millionen, nach seiner Erinnerung: „1988000 Gefangene“. Tote: 36800, genauer „um 36670“, d. h. weniger als 2%. –

1964

3 Leppin, Karlheinz: Sorget, daß Frieden bleibt. Sowjetischer Ehrenfriedhof in Stukenbrock am 23. September 1964 eingeweiht. In: Kriegsgräberfürsorge, Nr. 11 vom November 1964.
– Bericht über die Einweihung durch den Innenminister des Landes NRW W. Weyer für die „50000 bis 65000“ Kriegstoten. „Niemand kennt die genaue Zahl.“

1967

4 —: Gedenkfeier für russische Gefangene. In: Neue Westfälische, Nr. 206 vom 6. 9.
– Bericht über die erste vom Arbeitskreis Blumen für Stukenbrock organisierte Gedenkfeier zum „Antikriegstag“. –

1968

5 —: 20 Jahre Sozialwerk Stukenbrock – Eine Stätte sozialer Verantwortung. In: „Der Wegweiser“, Nr. 2/1968. S. 22–36.
– Nur wenige Zeilen über die Kriegszeit und das Stalag 326. –

1970

6 Kuschnik, Hubert: „Wir kennen Stukenbrock…“ In: Unsere Zeit, Nr. 205 vom 5. 9.
– Berichte ehemaliger Kriegsgefangener des Stalag 326 bei einem Treffen in Moskau am 15. 8. 1970. –

1973

7 Suffert, Otto: Verhältnisse im ehemaligen Stalag Stukenbrock. Unveröffentlichter Bericht für den Regierungspräsidenten in Detmold. November 1973. (StA DT D 72 Nachlaß Suffert)
– S. war vom Sommer 1943–März 1945 als Hauptmann im Stalag 326; danach wurden 1944 insgesamt rund 40000 im „Lagerbereich“ gestorbene Kriegsgefangene ermittelt. –

1974

8 „Historikus“: Die versteinerte Lüge von Stukenbrock. – Die Totenzahl wurde glatt verdoppelt. Ein Beispiel von vielen. In: Deutsche Wochenzeitung, Nr. 16 vom 19. 4., S. 7.
– Neofaschistische Versuche zur Verharmlosung. –

1975

9 Bangen, Anton: Das Stammlager 326. Transskription des Tonbandprotokolls eines Vortrages in der Landespolizeischule „Erich Klausener".
– A. B. wirkte als katholischer Geistlicher von 1932–1976 an der Rektoratskirche St. Achatius in Stukenbrock-Senne. –

10 Arbeitskreis Blumen für Stukenbrock, Hg.: Protokoll Stukenbrock. Porta Westfalica. Vgl. (12/34).

1980

11 Grabenströer, Michael: Vergangenheit. In: Die Glocke, Nr. 265 vom 14. 11.
– Kommentar zur ausführlichen Berichterstattung über den Beschluß des Gemeinderates, den Ortsheimatpfleger Rudolf Gürtler mit der Erarbeitung einer Dokumentation zum Stalag 326 zu beauftragen. –

1981

12 Arbeitskreis Blumen für Stukenbrock, Hg.: Protokoll Stukenbrock. Porta Westfalica. 2. Aufl. Vgl. (10/34).

13 Albertz, Heinrich: Blumen für Stukenbrock. Biographisches, Stuttgart.
– S. 10 f. Erinnerung an seine Rede in Stukenbrock zum „Antikriegstag" 1980. –

14 Janßen, Karl-Heinz: Die Vergessenen von Stukenbrock. In: Die Zeit, Nr 47 vom 13. 11., Zeitmagazin S. 34–38.

1982

15 Gerhard, Dirk: Denkmal Stukenbrock-Senne. In: Druck und Papier, 120. Jgg., Nr. 18 vom 6.9.

16 Gerhard, Dirk: Massensterben „durch Arbeit" – Sowjetische Kriegsgefangene im Sennesand vergraben und vergessen. In: Vorwärts, Nr. 46 vom 11. 11.

1983

17 Distelmeier, Heinrich: Versöhnung über den Gräbern – Blumen für Stukenbrock. In: Detlev Garbe, Hg.: Die vergessenen KZs? Gedenkstätten für die Opfer des NS-Terrors in der Bundesrepublik. Bornheim-Merten. S. 145–152, 224. (Lamuv Taschenbuch 26.)

18 Berger, Dirk: Das Kriegsgefangenenlager Stalag 326 in der Senne. – Beitrag zum Schülerwettbewerb Deutsche Geschichte um den Preis des Bundespräsidenten: Alltag im Nationalsozialismus. Die Kriegsjahre in Deutschland. (Unveröffentlichtes Manuskript. 17 Seiten.)

19 Siedenhans, Michael: Das Kriegsgefangenen-Mannschafts-Stammlager 326 (VI K) in Stukenbrock-Senne.
– Beitrag zum Schülerwettbewerb Deutsche Geschichte... (Unveröffentlichtes Manuskript. 79 Seiten.) –

20 Arbeitskreis Blumen für Stukenbrock: Aufruf zur Mahn- und Gedenkveranstaltung am 3. September 1983. In: Unsere Zeit, Nr. 109 vom 11./12. 5.
– Aufruf zum gemeinsamen Kampf gegen „Faschismus" und „Antikommunismus" sowie gegen die Stationierung von Mittelstreckenraketen. –

21 —: Für Herbst eine Dokumentation über Stalag Stukenbrock geplant. – NS-Geschichte den Bürgern näher bringen. Zwei Schüler recherchierten. In: Neue Westfälische, Nr. 133 vom 11. 6.
– Bericht über Nachforschungen von Schülern und Schülerinnen des Gymnasiums Brackwede über das „Strafgefangenenlager Stalag in Stukenbrock-Senne" sowie das Dokumentations-Vorhaben der Gemeinde Schloß Holte-Stukenbrock. –

22 —: Mahn- und Gedenkveranstaltung des „Arbeitskreises Blumen für Stukenbrock". In: Innere Sicherheit, Nr. 68 vom 12. 8.
– Besorgnis des Verfassungsschutzes über den Einfluß der DKP im Arbeitskreis. –

23 —: Arbeit über „Stalag 326" – Beachtenswerte Leistung. In: Westfalen-Blatt, Nr. 226 vom 29. 9.
– Umfangreicher Bericht über die Arbeit von Michael Siedenhans als Preisträger im Geschichtswettbewerb. Vgl. (19/36). –

24 Schier, Ferdy: Massensterben russischer Kriegsgefangener auf dem Bahnhof Hövelhof 1942/43. In: Hövelhofer Rundschau, Nr. 9, September.

1984

25 Siedenhans, Michael: Stalag 326 in Stukenbrock. In: Wolfgang Emer / Uwe Horst / Helga Schuler-Jung, Hg.: Provinz unterm Hakenkreuz. Diktatur und Widerstand in Ostwestfalen-Lippe. Bielefeld. S. 205–226.

26 —: Blumen für Stukenbrock. Kleine Anfrage von 24 nordrhein-westfälischen SPD-Landtagsabgeordneten. In: Landtag NRW, Drucksache 9/3209 vom 23. 2.
– Anfrage zum Bericht in der „Inneren Sicherheit". – Vgl. (22). –

27 Innenminister NRW: Blumen für Stukenbrock. Antwort des Innenministers vom 26. 3. namens der Landesregierung. In: Landtag NRW, Drucksache 9/3228 vom 26. 3.

28 Kandel, Norbert: Geschichte, die keiner kennen soll. In: Konkret, Nr. 4, April. S. 46–49.
– Millionenfacher Tod sowjetischer Kriegsgefangener in Deutschland; insbesondere in Stukenbrock; Forderung nach einem Hinweisschild „Sowjetischer Soldatenfriedhof" statt „Kriegsgräberstätte" oder „noch genauer, KZ-Gedenkstätte". –

29 Eichmann, Bernd: Das Stalag von Stukenbrock. In: Das Parlament, Nr. 22 vom 2. 6.

30 Tscherjakow, Juri: Blumen für Stukenbrock. In: Sowjetunion heute. Oktober.

31 Schier, Ferdy: Damals vor 40 Jahren in Hövelhof. In: Hövelhofer Rundschau, Nr. 12, Dezember. Vgl. (24).

1985

32 —: Rekrut zu fünf Tagen Arrest verurteilt, weil er in Uniform auftrat. In: Frankfurter Rundschau. Nr. 47 vom 25. 2.
– Verurteilung wegen der Teilnahme am „Antikriegstag" 1984 in Uniform; Gedenkfeier auf dem Ehrenfriedhof als „politische Veranstaltung" gewertet. –

33 Siedenhans, Michael: Das Kriegsgefangenenlager in Stukenbrock-Senne (Stalag 326 VI K) von 1941–1945. In: Rudolf Gürtler, Hg.: Mitte der Senne. Schloß Holte-Stukenbrock. Ein Heimatbuch. Gütersloh. S. 189–192.

34 Arbeitskreis Blumen für Stukenbrock, Hg.: Protokoll Stukenbrock. Dritte veränderte Auflage. Porta Westfalica. Vgl. (10/12).

35 Michalewsky, Nikolai von: Das Dritte Reich. Zum Beispiel Stukenbrock – Schicksale russischer Kriegsgefangener. (Ungedrucktes Manuskript des WDR; 16 Seiten).
– Gesendet am Mo., dem 23. 9. 1985 von 11.05–11.30 und von 15.05–15.30 in der Sendereihe: Lebendige Vergangenheit des WDR 3. –

36 —: Zwangsarbeiter und Kriegsgefangene im „Dritten Reich". Zeitung zur Wanderausstellung der Körberstiftung. Hamburg. Dort S. 2 Nachdruck des Artikels im Westfalenblatt vom 29. 9. 1983. Vgl. (23).

1986

37 Siedenhans, Michael: „Stalag 326 (VI K)". Kriegsgefangenenlager in Stukenbrock-Senne. In: Heimatjahrbuch 1985 des Kreises Gütersloh. Gütersloh. S. 162–165.

38 Brüggemann, Detlef: Die Behandlung sowjetischer Kriegsgefangener im Zweiten Weltkrieg am Beispiel des Stalag 326. (Ungedrucktes Manuskript der schriftlichen Hausarbeit für das Lehramt S I. Bielefeld. 126 Seiten.)

39 —: Versöhnung ist eine Überlebensfrage geworden. In: Evangelischer Pressedienst (epd) vom 23. 6.
– Bericht über eine Gedenkstunde der Landeskirchen von Westfalen und Lippe mit Kranzniederlegung auf dem sowjetischen Ehrenfriedhof am 22. 6. Danach war das Stalag ein „Straflager". –

40 Otto, Reinhard: Das Kriegsgefangenenlager Stalag 326 (VI K) Senne-Forellkrug. In: Joachim Meynert / Arno Klönne, Hg.: Verdrängte Geschichte. Verfolgung und Vernichtung in Ostwestfalen 1933–1945. Bielefeld. S. 201–219.

41 —: SPD-Bezirk fordert Dokumentationshalle. Gestern abend Infoveranstaltung mit Schwier. In: Neue Westfälische, Nr. 207 vom 6. 9.
– Bericht über eine SPD-Veranstaltung am sowjetischen Ehrenfriedhof; Hinweis auf den Beschluß des Gemeinderates zur Erstellung einer Dokumentation aus dem Jahre 1980, der leider „in Vergessenheit geraten" sei. –

42 —: Ärzte gedachten Opfer des Faschismus. In: Neues Deutschland, Nr. 267 vom 17. 11.
– Bericht des DDR-Organs über eine „Friedenskundgebung" der Organisation „Internationale Ärzte für die Verhinderung des Nuklearkriegs" auf dem sowjetischen Ehrenfriedhof. –

43 Hüser, Karl: Das Geheimnis der Versöhnung heißt Erinnerung. Ungedrucktes Typoskript des Vortrages vom 7. 3. zur Eröffnung der Wanderausstellung der Körberstiftung: Zwangsarbeiter und Kriegsgefangene im „Dritten Reich“ im Rathaus Schloß Holte-Stukenbrock.

44 Bittihn, Sybille: „Das Geheimnis der Versöhnung heißt Erinnerung“. In: Chronik zum zehnjährigen Bestehen der Realschule Schloß Holte-Stukenbrock, S. 22.
– Bericht über eine Projektwoche zum Thema: „Das Kriegsgefangenen-Mannschaftsstammlager (Stalag) 326 in Stukenbrock-Senne“. –

45 —: Der Russenpatt. In: Sennekurier, Nr. 9, S. 10. – Beschreibung des Marschweges vom Bahnhof Hövelhof zum Stalag. –

46 Linsen, Albrecht: Ein Friedhof in Deutschland. Über einen Besuch in Stukenbrock. In: Süddeutsche Zeitung, Nr. 265 vom 14. 11.

1988

47 Arbeitskreis Blumen für Stukenbrock, Hg.: Das Lager 326. Augenzeugenberichte, Fotos, Dokumente, Bad Oeynhausen.

48 Pieper, Volker / Siedenhans, Michael: die Vergessenen von Stukenbrock. Die Geschichte des Lagers in Stukenbrock-Senne von 1941 bis zur Gegenwart. Bielefeld.

49 Stukenbrock. ppa: Mahnung von Stukenbrock: „Den Frieden gewinnen.“ In: Unsere Zeit, Nr. 205 vom 5. 9.
– Bericht über die Mahn- und Gedenkveranstaltung zum „Antikriegstag“ 1988. In seiner Ansprache regte Pastor H. Albertz an: „Wenn Michael Gorbatschow in die Bundesrepublik komme, müsse Bundeskanzler Helmut Kohl mit ihm die Toten von Stukenbrock ehren, um den ‚Skandal von Bitburg‘ aus der Welt zu schaffen“. –

1989

50 Büsse, Carsten / Flüter, Karl Martin: Immer Ärger mit den Russen. Eine fast verdrängte Vergangenheit. Hövelhof und das Stalag 326. In: Paderborner, Nr. 1 vom 15. 3., S. 34–38, 48.

51 Dreismeier, Ewald: Im Zeichen der Aussöhnung. Raissa Gorbatschowa in Stukenbrock-Senne. In: Der Dom, Kirchenblatt des Erzbistums Paderborn, Nr. 26 vom 25. 6., S. 13.
– Gedanken zum Besuch vom 13. 6. (Hier als Beispiel für eine Fülle weiterer regionaler und überregionaler Presseberichte.) –

52 Kohne, Helga: Sowjetische Kriegsgefangene in Herford eingesetzt. In: Texte zur Ausstellung: Zwangsarbeit im Raum Herford 1939–1945. S. 2.
– Ausstellung des Geschichtsarbeitskreises von „Arbeit und Leben“ des DGB und der Volkshochschule im Kreise Herford vom 1. Sept.–29. Sept. 1989 im Gebäude der Volkshochschule Herford. –
53 Grönert, Lutz, Hg.: Dokumentation eines Bürgerantrages in Hövelhof zur Errichtung eines Gedenksteines für russische Kriegsgefangene des Stalag 326. Hövelhof. Als Manuskript gedruckt.

1990

54 Schockenhoff, Volker: Schätzen oder „Errechnen“? Replik auf einen untauglichen Versuch zur Errechnung der Totenzahlen des Kriegsgefangenenlagers Stukenbrock. In: Lippische Mitteilungen aus Geschichte und Landeskunde, Bd. 59, S. 289–302. Vgl. (40).
55 Hüser, Karl: Das Stalag 326 (VI K) Stukenbrock-Senne 1941–1945. Sowjetische Kriegsgefangene in der Senne als Opfer des nationalsozialistischen Rassenkrieges. Ein Zwischenbericht. In: Hubert Frankemölle, Hg.: Opfer und Täter. Zum nationalsozialistischen und antijüdischen Alltag in Ostwestfalen-Lippe. Bielefeld. S. 165–174.
56 Gürtler, Rudolf, Hg.: UdSSR-Gedenk- und Ehrenfriedhof Senne. Als Manuskript gedruckt. Schloß Holte-Stukenbrock.
– 88 DIN A-Blätter mit unkommentierten Zeitungsausschnitten aus den drei Lokalzeitungen: Die Glocke / Neue Westfälische / Westfalen-Blatt. Die umfangreiche Auswahl ist inhaltlich sehr aufschlußreich, aber ohne nachvollziehbare Struktur und leider sowohl ohne Quellen- als auch Zeitangaben. –

1991

57 Grönert, Lutz: 50 Jahre danach. Erinnerungen an das Kriegsgefangenenlager Stalag 326. Als Manuskript gedruckt und herausgegeben vom Arbeitskreis Versöhnung durch Erinnerung e. V. 4794 Hövelhof.

Abschließend sei auf drei Dokumentarfilme hingewiesen:

Blumen für Stukenbrock.
Dokumentarfilm von Dirk Gerhard, 1979.
16 mm / 28 Min. / Farbe / Lichtton.
Landeszentrale für politische Bildung, Düsseldorf. –

Blumen für Stukenbrock.
Dokumentarfilm von Georg Cholny, UdSSR.
16 mm, 10 Min. / Farbe / Lichtton.
Arbeitskreis Blumen für Stukenbrock. –

Stalag 326
Dokumentarfilm von K. Frost und K. Schulz.
8 mm / ca. 15 Min. / Farbe.
Film- und Fotogemeinschaft e. V. Lippe. –

Erläuterungen zu den Karten im Einband

Hinweise zur Karte „Lager für sowjetische Kriegsgefangene im Sommer 1941“ im vorderen Einband

1. Zu Grunde liegende Quellen
– für die Wehrkreisgrenzen die Wehrkreiskarte des OKW/Kgf. vom Dezember 1943 BA/MA RH 12-23/v.5 K 1 (abgedruckt bei Kosthorst/Walter a. a. O. Teil D = Bd. 3 S. 3320 (Dok. D/ 1.03))
– für die bestehenden Stalags mit dem Stand 30. 4. 1941 das Lagerverzeichnis der WASt von diesem Tag. BA/MA RW 48/v.12 Bl. 129–131
– für die Lager für sowjetische Kriegsgefangene (vgl. dazu auch die Übersicht über die Lager in den einzelnen Wehrkreisen Kap. I, 2 S. 22 f.)
a) das Schreiben des OKW betr. Meldung der russ. Kr. Gef. an die WASt vom 23. 7. 1941; der Verteiler dürfte die bestehenden „Russenlager“ aufführen;
b) Der Organisationsbefehl Nr. 40 des OKW/Kgf. vom 14. 8. 1941 ZSt LB Ordn. 187 Bild Nr. 364–368 und das gleichzeitige Lagerverzeichnis der WASt BA/MA RW 48/v. 12 Bl. 161–163
c) für die Aussonderungen in den verschiedenen Lagern das Lagerverzeichnis zum Einsatzbefehl Nr. 9 (s. Anm. 57 Kap. II, 3) und die Anlage zu den „Richtlinien für die in die Stalags und Dulags abzustellenden Kommandos“ vom 27. 8. 1941 (Stand 21. 8. 1941).
Das Lager Fischborn-Turosel konnte nicht lokalisiert werden. Die Bezeichnung des Stalag 331 Heydekrug ist unterschiedlich.
Stand der Karte ist demnach der 21. 8. 1941.
2. Bereits vor diesem Datum sind Verschiebungen von sowjetischen Kriegsgefangenen in andere, eigentlich nicht für sie vorgesehene Lager vorgenommen worden, z. B. vom Stalag 326 (VI K) ins Emsland, wo die ersten Sowjets wohl Anfang August eintrafen (s. Kap. V,2). Für die anderen Wehrkreise ist ähnliches anzunehmen (Vgl. IMT Bd. XXXVIII S. 419 f. (178-R), wonach sich im WK VII München am 12. 9. bereits etwa 5000 Rotarmisten aufhielten). Da derartiges jedoch nur in Einzelfällen nachweisbar ist, beschränken wir uns auf die kartographische Wiedergabe der in den offiziellen Verzeichnissen aufgeführten Lager
3. Es fällt auf, daß einige Wehrkreise z. T. sogar trotz vorhandener größerer Truppenübungsplätze nicht für die Aufnahme sowjetischer Kriegsgefangener vorgesehen waren (Wehrkreis V, VII, IX, XII, XVII; die Lager im WK XIII werden nur in der Anlage zu den Richtlinien vom 21. 8. genannt). Über die Ursachen kann man nur mutmaßen.

4. Einige Lager sind direkt bei oder in der Nähe bestehender Lager eingerichtet worden, z. B. Stalag II B Hammerstein und Stalag 313 Hammerstein, wobei man sich wegen der abgelegenen Lage offenbar bestehende Infrastrukturen zu Nutze machen wollte.
5. Für die Hektik und fehlende Übersicht der Führung sei als Beispiel noch Stalag IV B Mühlberg genannt. Es erscheint nicht als „Russenlager“ in den Verzeichnissen des OKW, wohl aber in der Anlage vom 21. 8. des Chefs der Sipo und des SD. Von dort sind Anfang September (spätestens) Gefangene in den WK VII München verlegt worden. Dort nahm man an, daß alle von der Sipo überprüft worden waren. Erst ein Fernschreiben aus Dresden stellte am 25. 9. klar, daß „infolge Fehlens aller organisatorischen Voraussetzungen“ im Stalag 304 Zeithain die Gefangenen unüberprüft nach Mühlberg kamen, um von dort aus zur Arbeit eingesetzt zu werden. IMT Bd. XXXVIII S. 422 (178-R)

(Entwurf der Karte: P. G. Benkelberg, Lemgo)

Hinweise zur Karte „Truppenübungsplatz Senne“ im hinteren Einband

1. Zu Grunde liegt die topographische Karte TK 1 : 25000
– Blatt 4118 Senne, Ausgabe 1947, hg. 1899; letzte Berichtigung 1941
– Blatt 4117 Verl, Ausgabe 1950, hg. 1897; letzte Nachträge 1938
Stand der eigenen Eintragungen etwa Ende 1942
2. Der genaue Standort des BAB 106 in Staumühle konnte nicht lokalisiert werden, so daß die Eintragung nur grundsätzlich den Standort bezeichnet. Die Kennzeichnung des Kriegsgefangenenlazaretts erfolgte lediglich auf eine, zudem unsichere Augenzeugenaussage hin, sie ist insofern mit Vorbehalt zu sehen.

Die Karte wurde für den Druck verkleinert.

Die Eintragungen in die Karte besorgte P. G. Benkelberg, Lemgo.

Verzeichnis der Anlagen

Verzeichnis der Tabellen

Abkürzungen

A	Archiv
a. a. O.	am angegebenen Ort
Abt.	Abteilung
AC	Aachen
Affid., Aff.	Affidavit (Eidesstattliche Erklärung)
AfSG	Archiv für Sozialgeschichte
AHA	Allgemeines Heeresamt
Anm.	Anmerkung
AO	Abwehroffizier
Art.	Artikel
Aufl.	Auflage
Ausl/Abw	Amt Ausland/Abwehr im OKW
AWA	Allgemeines Wehrmachtsamt im OKW
BA	Bundesarchiv Koblenz
BA/MA	Bundesarchiv/Militärarchiv Freiburg i. Br.
BA/ZNS	Bundesarchiv/Zentralnachweisstelle Aachen
BAB	Kriegsgefangenen – Bau – und Arbeitsbataillon
Batl., Btl	Bataillon
Bd.	Band
BdE	Befehlshaber des Ersatzheeres
bes.	besonders
BI	Bielefeld
BO	Bochum
BSW	(russisch) Brüderliche Zusammenarbeit der Kriegsgefangenen
bzw.	beziehungsweise
ChefHRü	Chef der Heeresrüstung
Chef Sipo u SD	Chef der Sicherheitspolizei und des SD
DGB	Deutscher Gewerkschaftsbund
DKP	Deutsche Kommunistische Partei
Dok.	Dokument
Dulag	Kriegsgefangenen-Durchgangslager
Ebd.	Ebenda
einschl.	einschließlich
Ers.	Ersatz

GBA	Generalbevollmächtigter für den Arbeitseinsatz
geh.	geheim
Gestapo	Geheime Staatspolizei
G. u. G.	Geschichte und Gesellschaft
H	Hannover
H.Dv.	Heeres-Druckvorschrift (auch Dienstvorschrift)
Heilag	Heimkehrerlager
HF	Herford
Hg.	Herausgeber
HH	Hansestadt Hamburg
Hiwam	Hilfswachmann
Hiwi	Hilfswilliger, Kgf. der sich zu freiwilliger Mitarbeit verpflichtete
HSSPF	Höherer SS- und Polizeiführer
HStA	Hauptstaatsarchiv
IfZ	Institut für Zeitgeschichte, München
IKRK	Internationale Kommission vom Roten Kreuz
Ilag	Internierungslager
IMI/Imi	Italienischer Militärinternierter
IMT	Internationales Militärtribunal, Nürnberg
IRK	Internationales Rotes Kreuz
ITS (ISD)	International Tracing Service, Internationaler Suchdienst, Arolsen
Jg.	Jahrgang
KA	Kreisarchiv
KAH	Kommunalarchiv Herford
Kdr.	Kommandeur
Kdt.	Kommandant
Kgf./Kr.Gef.	Kriegsgefangener
KL/KZ	Konzentrationslager
Kp.	Kompanie
Kripo	Kriminalpolizei
KStN	Kriegsstärkenachweisung
KTB	Kriegstagebuch
LB	Ludwigsburg
Ldschtz	Landesschütze(n)
LG	Landgericht
LR	Landrat, Landratsamt

MadR	Meldungen aus dem Reich
MGM	Militärgeschichtliche Mitteilungen
MS	Münster
Ms.	Manuskript
MStGB	Militärstrafgesetzbuch
N	Nürnberg
NA	National Archive(s)
N.D.	Nürnberger Dokument
NS	Nationalsozialist(isch)
NSDAP	Nationalsozialistische Deutsche Arbeiterpartei
NW	Neue Westfälische
OB	Oberbefehlshaber
Oflag	Kriegsgefangenen-Offizierslager
OKH	Oberkommando des Heeres
OKW	Oberkommando der Wehrmacht
OS	Osnabrück
OT	Organisation Todt
PB	Paderborn
Politruk	Politischer Offizier einer sowjetischen Truppeneinheit
RAD	Reichsarbeitsdienst
RAM	Reichsarbeitsministerium
REM	Reichsernährungsministerium
RFSS	Reichsführer SS
RGBl.	Reichsgesetzblatt
RP	Regierungspräsident
RSHA	Reichssicherheitshauptamt
RüIn	Rüstungsinspektion
RVK	Reichsvereinigung Kohle
S.	Seite (je nach Zusammenhang auch) Siehe
s.	siehe
SD	Sicherheitsdienst der SS
Sipo	Sicherheitspolizei
sog.	sogenannt
sowj.	sowjetisch
SS	Schutzstaffel der NSDAP
StA	Staatsarchiv
Stalag	Kriegsgefangenen-Mannschaftsstammlager
Stapo	Staatspolizei
StdtA	Stadtarchiv

u. a.	und anderes/unter anderem
UStuf	Untersturmführer
usw.	und so weiter
UZ	Unsere Zeitung
VB	Völkischer Beobachter
Vf.	Verfasser
vgl.	vergleiche
VHS	Volkshochschule
Wam	Wachmann
WASt	Wehrmachtauskunftstelle
WBfH	Wehrmachtsbefehlshaber
WD	Wiedenbrück
WDR	Westdeutscher Rundfunk
WFSt	Wehrmachtführungsstab im OKW
WK	Wehrkreis
WPr.	Wehrmachtspropaganda
WV	Westfälisches Volksblatt
ZSt	Zentrale Stelle der Landesjustizverwaltungen…, Ludwigsburg
z. T.	zum Teil
z. Zt.	zur Zeit

Quellen und Literatur

A Ungedruckte Quellen
aus folgenden Archiven und Registraturen:

National Archives, Washington D.C. (NA) Modern Military Field Branch / Military Archives Division, US War Crimes Office RG 153, 100–466 Bx 1380.

National Archives, Dwight D. Eisenhower Library. Abilene/Kansas Bx 56 Hqs – 2nd Armored Div.

Auswärtiges Amt, Bonn – Politisches Archiv (AAA)
Bericht des IKRK über den Besuch des Stalag 326 (VI K) vom 27. 7. 1944. (ohne Signatur)

Arolsen, Internationaler Suchdienst (ITS)
Ordner Nr. 494.

Bundesarchiv Koblenz (BA)
R 10 VIII 52, 54
R 14 / 213
R 16 / 162
R 22 Nr. 755
R 41 / 167–173
R 58 / 176, 272
RD 19 / 3

Bundesarchiv / Militärarchiv, Freiburg (BA/MA)
AHA – Kartei betr. Kgf.-Lager
H 20 / 565
N 25 / 25
RH 49 / 21, 29, 66, 111–116
RH 53 – 6 / 30, 64–68, 112
RH 53 – 7 / v. 724, v. 789
RH 53 – 17 / 184
RHD 11
RW 4 / v. 578
RW 6 / v. 276, v. 450–453
RW 19 / 168, 2109
RW 20 – 6 / 3–8, 12, 15f., 21f.
RW 41 / 13
RW 48 / v. 12

Bundesarchiv / Zentralnachweisstelle, Aachen (BA/ZNS)
Ordner S 22
Gerichtsakte gegen W. B.
Personalunterlagen über zahlreiche Personen

Institut für Zeitgeschichte, München (IfZ)
DA 34.12
NI 5245 / 5248
NO 255, 5522, 5648

Zentrale Stelle der Landesjustizverwaltungen, Ludwigsburg (ZSt LB)
Ordner 187
Ordner 325

Hauptstaatsarchiv Düsseldorf (HStA D)
NW 13 / 65
RB 53
RW 36 / 26, 43
RW 37 / 51
RW 58
Reg. AC 23492

Hauptstaatsarchiv Hannover (HStA H)
Hann. 122a Nr. 7061
Nds. 120 Lbg Acc. 46 / 79 Nr. 19
Nds. 721 Lbg Acc. 63 / 87 Nr. 1/6

Staatsarchiv Bückeburg
L 4 Nr. 12593
L 102 b Nr. 2248

Staatsarchiv Detmold (StA DT)
D1 Bd. 1 Nr. 7008 (Beine)
D1 Bd. 10 Nr. 121
D1 Dez. 24 Nr. 225
D2C DT Nr. 113
D4B DT Nr. 140
D21A BI Nr. 1701, 2136, 2170, 2176, 2210
D21B DT Nr. 199f.; Zugang 1/80 – 4 Js 584 / 63 – Nr. 105
D21C PB Nr. 25, 24 / 74 Nr. 159
D72 Nachlaß Suffert
D100 DT Nr. 1471
L80 IC XX 72 Nr. 32
L80 IIC A Tit. I, Abt. 3, Nr. 17 Bde. 1 und 2

L113 Nr. 778, 950, 964, 1072
M1 ID Nr. 452
M1 IN Nr. 51
M1 IP Nr. 1096, 1659
M1 IR Nr. 14
M2 Warburg Amt Warburg Nr. 1624
M18 Nr. 14–19, 20 Bd. II, 21 Bd. I

Staatsarchiv Münster (StA MS)
Kreis Meschede, LR 2111
Staatsanwaltschaft MS Nr. 494–506

Staatsarchiv Nürnberg (StA N)
NIK 12172
NO 1239
NOKW 2125
PS 1171
USSR – 422 (1)

Staatsarchiv Osnabrück (StA OS)
Rep. 420 – 201 – 16B / 65 Nr. 97, 107, 153
Rep. 630 Asch. Nr. 422

Archiv des Landschaftsverbandes Westfalen-Lippe, Münster
Bildsammlung

Archiv der Gedenkstätte Bergen-Belsen
Verschiedene Augenzeugenberichte zu den Verhältnissen in den Heidelagern

Landgericht Köln (LG K)
Verfahren 54.0 (Entsch.) 209 / 65
Verfahren 56.0 (Entsch.) 1 / 69

Kreisarchiv Gütersloh (KA GT), Rheda-Wiedenbrück
DT Nr. 22
WD D 23
LR WD 45 / 9 / I, II

Kommunalarchiv Herford (KAH)
Stadt HF I – V

Stadtarchiv Bad Lippspringe
E 283

Stadtarchiv Bochum (StdtA BO)
Nr. 127/42

Stadtarchiv Bielefeld (StdtA BI)
Amt Heepen Nr. 106

Stadtarchiv Blomberg
Blomberg IV 210-01/0
Blomberg IV 606-00/5

Stadtarchiv Oerlinghausen
Nr. 129

Stadtarchiv Paderborn (StdtA PB)
G 2495, 2580, 2653, 2695f.

Stadtarchiv Soest
D 1990

Gemeindearchiv Verl
E 36, E 67

Amtsgericht Delbrück – Grundbuchamt
Hövelhof Bd. III–VI

Kreisverwaltung Paderborn
Standesamts-Zweitbücher 1941–1945

Standesamt Hövelhof
Sterbebücher 1941–1945

Standesamt Schloß Holte-Stukenbrock
Sterbebücher der Gemeinde Stukenbrock 1941–1945

Bangen, Anton: Das Stammlager 326 – Transkription des Tonbandprotokolls eines Vortrages in der Landespolizeischule Erich Klausener. Stukenbrock-Senne 1975.

Broie, Abbé F., Conditions de vie des Prisonniers de Guerre du 326 Stalag VI K de ‚Forellkrug' près de HOEVELHOF, Amicale Nationale des Stalags VI, Paris o. J.

Michalewsky, Nikolai von: Zum Beispiel Stukenbrock. Schicksale russischer Kriegsgefangener. Ms. des WDR zur Schulfunksendung im WDR 3 vom 23. 09. 1985. 11.05–11.30 und 15.05–15.30 Uhr.

B Gedruckte Quellen

Abkommen, betreffend die Gesetze und Gebräuche des Landkrieges. (= Haager Landkriegsordnung)
a) vom 20. Juli 1899. In: RGBl. 1901, S. 422–454.
b) vom 18. Oktober 1907. In: RGBl. 1910, S. 107–151.

Abkommen über die Behandlung der Kriegsgefangenen vom 27. Juli 1929. (= Genfer Abkommen)
In: RGBl. 1934, Teil II. S. 227ff.

Heinze, Bruno: Industrieller Einsatz sowjetischer Kriegsgefangener. In: Südosten, Jg. 21, S. 217–218 (Erlasse, Vorschriften) – Gesetzliche Vorschriften für Kgf. außer Sowjets, ebd. S. 142f.

Justiz und NS-Verbrechen – Sammlung deutscher Strafurteile wegen nationalsozialistischer Tötungsverfahren. 1945–1966. Hier: Bd. 10. Amsterdam 1973.

Der Prozeß gegen die Hauptkriegsverbrecher vor dem Internationalen Militärgerichtshof. Nürnberg, 14. Oktober 1945–1. Oktober 1946. 42 Bde., Nürnberg 1947–1949 (zitiert: IMT)

Die Wehrmacht, herausgegeben vom OKW, 5. Jahrgang, 1941.

C Literatur

Albertz, Heinrich: Blumen für Stukenbrock. Biographisches. Stuttgart 1981.
Anders, Günther: Die Toten. Rede über die drei Weltkriege. Köln 1965.

Baumann, Hinrich: Information über die Kriegsgräberstätte Oerbke. Oerbke 1990 (als Ms. gedruckt).
Beer, Werner: Die Unterbringung der Kriegsgefangenen nach dem Genfer Abkommen vom 27. Juli 1929. Jur. Diss. Würzburg 1933.

Berber, Friedrich: Lehrbuch des Völkerrechts. Zweiter Band: Kriegsrecht. 2München 1969.

Berger, Dirk: Das Kriegsgefangenenlager Stalag 326 in der Senne. (Beitrag zum Geschichtswettbewerb 1982/83; unveröffentlichtes Ms.).

Betz, Hermann D.: Das OKW und seine Haltung zum Landkriegsvölkerrecht im zweiten Weltkrieg. Jur. Diss. Würzburg 1970.

Billstein, Aurel: Fremdarbeiter in unserer Stadt 1939–1945. Kriegsgefangene und deportierte „fremdvölkische Arbeitskräfte" am Beispiel Krefelds. Frankfurt 1980.

Bittihn, Sybille: „Das Geheimnis der Versöhnung heißt Erinnerung". In: Chronik zum zehnjährigen Bestehen der Realschule Schloß Holte-Stukenbrock. 1987, S. 22.

Böhme, Kurt W.: Absicht oder Notstand? (Beiheft „Zur Geschichte der Kriegsgefangenen") als Ms. gedruckt vom Suchdienst des DRK. o. O. (Bonn) 1963.

Boelcke, Willi A., Hg.: Wollt ihr den totalen Krieg? Die geheimen Goebbels-Konferenzen 1939–1943. München (dtv) 1969.

Boog, Horst/Förster, Jürgen u. a.: Der Angriff auf die Sowjetunion. Stuttgart 1983. (= Das Deutsche Reich und der Zweite Weltkrieg, Bd. 4).

Bräutigam, Otto: So hat es sich zugetragen. Ein Lächeln als Soldat und Diplomat. Würzburg 1968.

Brodski, Josef A.: Die Teilnahme der sowjetischen Patrioten an der antifaschistischen Widerstandsbewegung in Süddeutschland 1943–1945. In: Der deutsche Imperialismus und der Zweite Weltkrieg. Heft 3. Berlin/Ost 1960. S. 67–100.

Derselbe: Die Lebenden kämpfen. Die illegale Organisation: Brüderliche Zusammenarbeit der Kriegsgefangenen (BSW). Berlin/Ost 1968.

Derselbe: Im Kampf gegen den Faschismus. Sowjetische Widerstandskämpfer in Deutschland 1941–1945. Berlin/Ost 1975.

Derselbe: Timor und andere. Sowjetische Zwangsarbeiter im Widerstand und ihr Schicksal nach der Befreiung. In: U. Herbert, Hg.: Europa und der Reichseinsatz. Essen 1991. S. 251–269.

Broszat, Martin: Resistenz und Widerstand. Eine Zwischenbilanz des Forschungsprojekts. In: M. Broszat, E. Fröhlich, A. Grossmann, Hg.: Bayern in der NS-Zeit. Bd. IV. München, Wien 1981. S. 691–711.

Brüggemann, Detlef: Die Behandlung sowjetischer Kriegsgefangener im Zweiten Weltkrieg am Beispiel des Stalag 326. (unveröffentlichte Staatsarbeit, Bielefeld 1986).

Buchenwald, Mahn- und Gedenkstätte, Hg.: Buchenwald. Dokumente und Berichte. Berlin/Ost 1983.

Buchenwald – ein Konzentrationslager. Bericht ehemaliger KZ-Häftlinge. Frankfurt a. M. 1986.
Bullock, Allan: Hitler. Eine Studie über Tyrannei. Vollständig bearbeitete Neuauflage. Düsseldorf 1972.

Calließ, Jörg, Hg.: Die Verbrechen des Krieges erinnern. = Loccumer Protokolle 53/89; Tagung der Evangelischen Akademie Loccum vom 29. September–1. Oktober 1989. Loccum 1990.

Datner, Szymon: Crimes against POWs. Responsibility of the Wehrmacht. Warschau 1964.
Deutschland im Zweiten Weltkrieg, von einem Autorenkollektiv unter der Leitung von Wolfgang Schumann und Gerhart Hass. 5 Bde. Köln 1974–1984.
Diestelmeier, Heinrich: Versöhnung über den Gräbern – Blumen für Stukenbrock. In: Detlef Garbe, Hg.: Die vergessenen KZ's? Gedenkstätten für die Opfer des NS-Terrors in der Bundesrepublik. Bornheim-Merten 1983. S. 145–152
Domarus, Max: Hitler-Reden und Proklamationen 1932–1945. 3 Bde., Wiesbaden 1973.
Dreismeier, Ewald: Im Zeichen der Aussöhnung. Raissa Gorbatschowa in Stukenbrock-Senne. In: Der Dom Nr. 26 vom 25. 6. 1989. S. 13.

Eicholtz, Dietrich: Die „Krautaktion" – Ruhrindustrie, Ernährungswirtschaft und Zwangsarbeit 1944. In: U. Herbert, Hg.: Europa und der Reichseinsatz. Essen 1991. S. 270–294.
Eichmann, Bernd: Das Stalag von Stukenbrock. In: Das Parlament Nr. 22 vom 2. 6. 1984.

Förster, Jürgen: Das Unternehmen „Barbarossa" als Eroberungs- und Vernichtungskrieg. In: H. Boog u. a. Das Deutsche Reich und der Zweite Weltkrieg. Bd. 4. S. 413–447.
Derselbe: Die Sicherung des „Lebensraumes". Ebd. S. 1030–1078.
Forwick, Helmuth: Zur Behandlung alliierter Kriegsgefangener im Zweiten Weltkrieg. In: MGM, 2, 1967, S. 119–134.
Frei, Norbert/Kling, Hermann, Hg.: Der nationalsozialistische Krieg. Frankfurt a. M./New York 1990.

Gerhard, Dirk: Denkmal Stukenbrock-Senne. In: Druck und Papier, Jg. 120, Nr. 18 vom 6. 9. 1982.
Derselbe: Massensterben „durch Arbeit" – Sowjetische Kriegsgefangene im Sennesand vergraben und vergessen. In: Vorwärts Nr. 46 vom 11. 11. 1982.

Gerke, Günter: Bielefeld, so wie es war 2. Düsseldorf [2]1978.
Göbel, Walter: Dem Ruhrkessel entkommen ... In: Schlänger Bote Nr. 83. August 1985, S. 6.
Greiner, Helmut: Die Oberste Wehrmachtsführung 1939–1945. Wiesbaden 1951.
Grönert, Lutz: Der Russenpatt. In: Sennekurier 9/1987. S. 10.
Derselbe, Hg.: Das Geheimnis der Versöhnung heißt Erinnerung. Dokumentation eines Bürgerantrages in Hövelhof zur Errichtung eines Gedenksteines für russische Kriegsgefangene des „Stalag 326". Als Ms. gedruckt. Hövelhof 1989.
Gürtler, Rudolf: Mitten in der Senne – Schloß Holte-Stukenbrock. Ein Heimatbuch. Gütersloh 1985.
Derselbe, Hg.: UdSSR Gedenk- und Ehrenfriedhof Senne. – Zeitungsausschnitte – Schloß Holte-Stukenbrock 1990.

Haase, Norbert/Oleschinski, Brigitte: Spuren des Unrechts. Eine Initiative zur Aufarbeitung der Militär- und Strafjustiz am historischen Ort der Wehrmachtsgefängnisse in Torgau und ihre stalinistischen Nachfolgeorganisationen. In: Aktion Sühnezeichen Friedensdienste e. V. Hg.: Gedenkstättenrundbrief Nr. 43. Juli 1991. S. 5–11.
Hemer – Bürgerinitiative für Frieden und Abrüstung. Hg.: STALAG VI A HEMER. Kriegsgefangenenlager 1939–1945. Iserlohn o. J. (1982).
Herbert, Ulrich: Fremdarbeiter. Politik und Praxis des „Ausländer-Einsatzes" in der Kriegswirtschaft des Dritten Reiches. Berlin/Bonn 1985.
Derselbe: Geschichte der Ausländerbeschäftigung 1880–1980. Saisonarbeiter, Zwangsarbeiter, Gastarbeiter. Berlin/Bonn 1986.
Derselbe: Kommentar zu: Wolfgang Benz: Die Ausbeutung „fremdvölkischer" Arbeitskraft. In: Frei/Kling, Hg.: Der nationalsozialistische Krieg. 1990. S. 272–275.
Derselbe, Hg.: Europa und der „Reichseinsatz". Ausländische Zivilarbeiter, Kriegsgefangene und KZ-Häftlinge in Deutschland 1938–1945. Essen 1991.
Derselbe: Arbeit und Vernichtung. Ökonomisches Interesse und Primat der „Weltanschauung" im Nationalsozialismus. In: Europa und der „Reichseinsatz". S. 384–426.
Hillgruber, Andreas: Hitlers Strategie, Politik und Kriegsführung 1940–1941. Frankfurt 1965.
Hoch, Gerhard/Schwarz, Rolf, Hg.: Verschleppt zur Sklavenarbeit. Kriegsgefangene und Zwangsarbeiter in Schleswig-Holstein. Alveslohe und Nützen 1985.
Huber, Ernst Rudolf: Deutsche Verfassungsgeschichte seit 1789. Bd. 6: Die Weimarer Reichsverfassung. Stuttgart u. a. 1981.

Hüser, Karl: Das Geheimnis der Versöhnung heißt Erinnerung. (Ms. des Vortrages vom 7. 3. 1987 im Rathaus Schloß Holte-Stukenbrock).

Derselbe: Das Stalag 326 (VI K) Stukenbrock-Senne 1941–1945. Sowjetische Kriegsgefangene in der Senne als Opfer des Nationalsozialistischen Rassekrieges – Ein Zwischenbericht. In: Hubert Frankemöller, Hg.: Opfer und Täter. Zum nationalsozialistischen und antijüdischen Alltag in Ostwestfalen-Lippe. Bielefeld 1990. S. 165–174.

Derselbe/Stambolis, Barbara: Unter dem Hakenkreuz: Im Gleichschritt, marsch! 1935–1945. Paderborn ²1991. (= Paderborn – Geschichte in Bildern – Dokumenten – Zeugnissen. Heft 3).

Jacobsen, Hans-Adolf: Kommissarbefehl und Massenexekution sowjetischer Kriegsgefangener. In: Autonomie des SS-Staates. Bd. 2. München (dtv) 1967. S. 135–232.

Jacobsen, Hans Adolf/Dollinger, Hans, Hg.: Der Zweite Weltkrieg in Bildern und Dokumenten. 3 Bde. München 1963.

Janßen, Karl-Heinz: die Vergessenen von Stukenbrock. In: Die Zeit Nr. 47 vom 13. 11. 1981. Zeitmagazin S. 34–38.

Jaspers, Karl: Wohin treibt die Bundesrepublik? München 1966.

Kamiński, Andrzej J.: Konzentrationslager 1896 – heute. Eine Analyse. Stuttgart 1982.

Kandel, Norbert: Geschichte, die keiner kennen soll. Tod sowjetischer Kriegsgefangener in Deutschland. In: Konkret Nr. 4, 1984. S. 46–49.

Keilig, Wolf: Das deutsche Heer 1939–1945. Gliederung – Ersatz – Stellenbesetzung. Bad Nauheim 1956–1970.

Kjung, N. F./Talmant, K. R.: Aus der Geschichte der Widerstandsbewegung sowjetischer Menschen in den Lager Hitlerdeutschlands (1941–1945). In: Sowjetwissenschaft. Gesellschaftswissenschaftliche Beiträge. 1960. Heft 1. S. 64–83.

Klee, Ernst/Dreßen, Willi, Hg.: „Gott mit uns“ – Der deutsche Vernichtungskrieg im Osten 1939–1945. Frankfurt a. M.: 1989.

Kleeis, Friedrich: Arbeitsrecht und Arbeitsschutz der Kriegsgefangenen, in: Westdeutsche Wirtschaftszeitung, 19, 1941, S. 578–580.

Klönne, Arno: Die deutsche Rußland- und Besatzungspolitik 1941–1945. In: Stimmen der Zeit. Bd. 158. April 1956 – Heft 7. S. 45–58.

Klüver, Max: Präventivschlag 1941. Zur Vorgeschichte des Rußlandfeldzuges. Leoni am Starnberger See ²1989.

Koch, Werner: Sollen wir K. weiter beobachten? Stuttgart 1982.

Kogon, Eugen: Der SS-Staat. Das System der deutschen Konzentrationslager. München ⁸1977.

Kohl, Paul: „Ich wundere mich, daß ich noch lebe." Sowjetische Augenzeugen berichten. Gütersloh 1990.

Kohne, Helga: Als Kind im Stalag. Interview vom 29. 3. 1988 in Odessa. In: Pieper/Siedenhans: Die Vergessenen von Stukenbrock. S. 66–69.

Dieselbe: Lohnsituation der Kriegsgefangenen. In: Das Lager 326. S. 167 f.

Dieselbe: Sowjetische Kriegsgefangene in Herford eingesetzt. In: Texte zur Ausstellung: Zwangsarbeit im Raum Herford 1939–1945 vom 1.–29. September 1988 in Herford. S. 2–5.

Kosthorst, Erich/Walter, Bernd: Konzentrations- und Strafgefangenenlager im Dritten Reich – Beispiel Emsland (Zusatzteil: Kriegsgefangene). Dokumentation und Analyse zum Verhältnis NS-Regime und Justiz. 3 Bde. Düsseldorf 1983.

Dieselben: Konzentrations- und Gefangenenlager im Emsland 1939–1945. (Kurzfassung) Düsseldorf 1985.

Krausnick, Helmut/Wilhelm, Hans-Heinrich: Die Truppe des Weltanschauungskrieges. Die Einsatzgruppen der Sicherheitspolizei und des SD 1938–1942. Stuttgart 1981.

Kroener, Bernhard R.: Die personellen Ressourcen des Dritten Reiches im Spannungsfeld zwischen Wehrmacht, Bürokratie und Kriegswirtschaft 1939–1942. In: Das Deutsche Reich und der Zweite Weltkrieg Bd. 5. Stuttgart 1988. S. 693–1001.

Küppers, Hans/Bannier, Rudolf: Einsatzbedingungen der Ostarbeiter sowie der sowjetrussischen Kriegsgefangenen. Berlin 1942.

Kuschnik, Hubert: „Wir kennen Stukenbrock ..." In: Unsere Zeit Nr. 205 vom 5. 9. 1970.

Landtag Nordrhein-Westfalen: „Blumen für Stukenbrock". Drucksachen 9/3209 und 9/3228 vom 23. 2. und 26. 3. 1984.

Linsen, Albrecht: Ein Friedhof in Deutschland. Über einen Besuch in Stukenbock. In: Süddeutsche Zeitung Nr. 265 vom 14. 11. 1987.

Lüdecke, Kurt G. W.: „I knew Hitler". London 1938.

Malanowski, Wolfgang: „Rücken an Rücken oder Brust an Brust?" – Über Victor Suworows Thesen zum deutsch-sowjetischen Krieg 1941. In: Der Spiegel, Nr. 10. 1989. S. 148–164.

Maschke, Erich u. a., Hg.: Zur Geschichte der deutschen Kriegsgefangenen des Zweiten Weltkrieges. 16 Bde. Bielefeld/München 1962–1975.

Matiello, Gianfranco/Vogt, Wolfgang: Deutsche Kriegsgefangenen- und Internierungseinrichtungen 1939–1945. Handbuch und Katalog, Lagergeschichte und Lagerstempel. 2 Bde. Koblenz 1986/87.

Mayer, Arno J.: Der Krieg als Kreuzzug. Das Deutsche Reich, Hitlers Wehrmacht und die „Endlösung“. Reinbek b. Hamburg 1989. (Originalausgabe New York 1988).
Meynert, Joachim/Klönne, Arno, Hg.: Verdrängte Geschichte. Verfolgung und Vernichtung in Ostwestfalen 1933–1945. Bielefeld 1986.
Michalka, Wolfgang, Hg.: Der Zweite Weltkrieg. Analysen, Grundzüge, Forschungsbilanz. München/Zürich ^{2}1990.
Militärgeschichtliches Forschungsamt, Hg.: Das Deutsche Reich und der Zweite Weltkrieg. Bde. 4/5/6. Stuttgart 1983/1988/1990.
Müller, Rolf Dieter: Das Scheitern der wirtschaftlichen „Blitzkriegstrategie“. In: Das Deutsche Reich und der Zweite Weltkrieg. Bd. 4. S. 937–1029.
Derselbe: Der andere Holocaust. Der Krieg gegen die Sowjetunion … In: Die Zeit Nr. 27 vom 1. 7. 1988. = Themen der Zeit. S. 33 f.
Müller-König, Rohtraut: Geschichte der Gemeinde Augustdorf 1775–1975. Augustdorf 1975.
Mues, Willi: Der große Kessel. Eine Dokumentation über das Ende des Zweiten Weltkrieges zwischen Lippe und Ruhr/Sieg und Lenne. Erwitte/Lippstadt 1984.

Niedersächsische Landeszentrale für politische Bildung – Gedenkstätte Bergen-Belsen, Hg.: Sowjetische Kriegsgefangene 1941–1945. Leiden und Sterben in den Lagern Bergen-Belsen, Fallingbostel, Oerbke, Wietzendorf. Ausstellungskatalog. Hannover 1991.
Niemeyer, Helmut: Brot und Spielzeug. In: Westfalen-Spiegel. Heft 7/1982. S. 30 f.

Odenthal, Matthias: Die Entwicklung des Arbeitseinsatzes in Rheinland und Westfalen unter besonderer Berücksichtigung der Ausländer und Kriegsgefangenen 1938–1943. Essen 1944.
Otto, Reinhard: Das Kriegsgefangenenlager Stalag 326 (VI K) Senne-Forellkrug. In: Verdrängte Geschichte. Verfolgung und Vernichtung in Ostwestfalen 1933–1945. Hg. von J. Meynert und A. Klönne. Bielefeld 1986. S. 201–219.

Paul, Wolfgang, Wer war Göring? Biographie. Esslingen 1983.
Peukert, Detlev/Reulecke, Jürgen, Hg.: Die Reihen fast geschlossen. Beiträge zur Geschichte des Alltags unterm Nationalsozialismus. Wuppertal 1981.
Peukert, Detlev: „Resistenz und Widerstand“ – Rezension zu Martin Broszat. In: AfSG XXIV, 1984. S. 661–666.
Pfahlmann, Hans: Fremdarbeiter und Kriegsgefangene in der deutschen Kriegswirtschaft 1939–1945. Darmstadt 1968.

Pieper, Volker/Siedenhans, Michael: Die Vergessenen von Stukenbrock. Die Geschichte des Lagers in Stukenbrock-Senne von 1941 bis zur Gegenwart. Bielefeld 1988.

Pietrow, Bianca: Deutschland im Juni 1941 – ein Opfer sowjetischer Aggression? Zur Kontroverse über die Präventivkriegsthese. In: G. u. G. 14. Jg. 1988. S. 116–135.

Riedel, Matthias: Eisen und Kohle für das Dritte Reich – Paul Pleigers Stellung in der NS-Wirtschaft. Göttingen/Frankfurt/Zürich 1973.

Röhs, Karl W.: Zur Geschichte der Kriegsgräber seit 1870/71. In: Das Gartenamt. 35, 1986. S. 372–377.

Roschmann, Hans: Gutachten zur Behandlung und zu den Verlusten sowjetischer Kriegsgefangener in deutscher Hand von 1941–1945 und zur Bewertung der Beweiskraft des sogenannten „Document NOKW 2125“. Ingolstadt 1982.

Scheidl, Franz: Die Kriegsgefangenschaft von den ältesten Zeiten bis zur Gegenwart. Eine völkerrechtliche Monographie. Berlin 1943.

Schenck, Ernst Günter: Das menschliche Elend. Eine Pathographie der Kriegs-, Hunger- und politischen Katastrophen Europas. Herford 1965.

Schier, Ferdy: Massentransporte russischer Kriegsgefangener auf dem Bahnhof Hövelhof 1942/43. In: Hövelhofer Rundschau. 9, September 1983.

Derselbe: Damals vor 40 Jahren in Hövelhof. In: Hövelhofer Rundschau. 12, Dezember 1984.

Schockenhoff, Volker: Schätzen oder „Errechnen“? Replik auf einen untauglichen Versuch zur Errechnung der Totenzahlen des Kriegsgefangenenlagers Stukenbrock. In: Lippische Mitteilungen. 59. Bd. 1990. S. 289–302.

Schreiber, Gerhard: Die italienischen Militärinternierten im deutschen Machtbereich von 1943–1945. – Verraten – Verachtet – Vergessen. München 1990.

Derselbe: Militärsklaven im „Dritten Reich“. Zum Schicksal der entwaffneten italienischen Soldaten nach dem 8. September 1943. In: W. Michalka, Hg.: Der Zweite Weltkrieg. S. 761–771.

Schütz, Waldemar, Hg.: Chronologie. Deutsche Geschichte im 20. Jahrhundert geprägt durch den Ersten Weltkrieg – Nationalsozialismus – Zweiten Weltkrieg. Rosenheim 1990.

Derselbe, Hg.: Lexikon. Deutsche Geschichte im 20. Jahrhundert … Rosenheim 1990.

Schulenburg, Johann: Sowjetische Kriegsgefangene in Deutschland 1941–1945. Zur Geschichte und Historiographie. (Unveröffentlichte Magisterarbeit Hamburg 1987).

Schwarz, Gudrun: Die nationalsozialistischen Lager. Frankfurt/New York 1990.

Schwarz, Rolf: Das Stammlager X A. In: G. Hoch, R. Schwarz, Hg.: Verschleppt zur Sklavenarbeit. Alveslohe 1985. S. 29–58.

Seeber, Eva: Zur Rolle der Monopole bei der Ausbeutung der ausländischen Zwangsarbeiter im Zweiten Weltkrieg. In: Der deutsche Imperialismus und der zweite Weltkrieg. Heft 3, Berlin/Ost 1962. S. 7–52.

Seidler, Franz W.: „Deutscher Volkssturm" – Das letzte Aufgebot 1944/45. München/Berlin 1989.

Shirer, William L.: Aufstieg und Fall des Dritten Reiches. Köln/Berlin 1961.

Siedenhans, Michael: Das Kriegsgefangenen- Mannschaftsstammlager 326 (VI K) in Stukenbrock-Senne. – Beitrag zum Schülerwettbewerb Deutsche Geschichte… (Unveröffentlichtes Manuskript. 79 Seiten. 1983.).

Derselbe: Stalag 326 in Stukenbrock. In: W. Emer/U. Horst/H. Schuler-Jung, Hg.: Provinz unterm Hakenkreuz. Diktatur und Widerstand in Ostwestfalen-Lippe. Bielefeld 1984. S. 205–226.

Derselbe: Das Kriegsgefangenenlager in Stukenbrock-Senne. (Stalag 326 VI K) von 1941–1945. In: R. Gürtler: Mitten in der Senne – Schloß Holte-Stukenbrock. Gütersloh 1985. S. 189–192.

Derselbe: „Stalag 326 (VI K)" Kriegsgefangenenlager in Stukenbrock-Senne. In: Heimatjahrbuch des Kreises Gütersloh 1985. Gütersloh 1986. S. 162–165.

Siegler, Fritz Frhr. von, Hg.: Die Höheren Dienststellen der Deutschen Wehrmacht 1933–1945. München 1953.

Stiewe, Johannes, Hg.: Stukenbrock – Geschichte eines Sennedorfes. Paderborn 1953.

Streim, Alfred: Die Behandlung der sowjetischen Kriegsgefangenen im „Fall Barbarossa". Heidelberg/Karlsruhe 1981.

Streit, Christian: Keine Kameraden – Die Wehrmacht und die sowjetischen Kriegsgefangenen 1941–1945. [3]Bonn 1991. ([1]Stuttgart 1978).

Derselbe: Sowjetische Kriegsgefangene in deutscher Hand. In: G. Hoch/R. Schwarz, Hg.: Verschleppt zur Sklavenarbeit. Alveslohe 1985. S. 69–76.

Derselbe: Der Krieg Deutschlands gegen die Sowjetunion 1941/45. – Vortrag vom 4. 5. 1985 – In: E. Kaiser, Hg.: Brücken der Verständigung. Gütersloh 1987. S. 13–31.

Derselbe: Keine Kameraden. Das Schicksal der sowjetischen Kriegsgefangenen in deutscher Hand. In: J. Calließ, Hg.: die Verbrechen des Krieges erinnern. Loccum 1990. S. 54–65.

Derselbe: Sowjetische Kriegsgefangene – Massendeportationen – Zwangsarbeiter. In: W. Michalka, Hg.: Der Zweite Weltkrieg. S. 747–760.

Stukenbrock, Die versteinerte Lüge von. In: Deutsche Wochen-Zeitung Nr. 16 vom 19. 4. 1974. S. 7.

Stukenbrock, Arbeitskreis Blumen für, Hg.: Protokoll Stukenbrock. Porta Westfalica [3]1985. ([1]1975).

Derselbe, Hg.: Das Lager 326 – Augenzeugenberichte, Fotos, Dokumente. Bad Oeyenhausen 1988.

Suhr, Elke: Die Emslandlager. Bremen 1985.

Suworow, Viktor: „Der Eisbrecher. Hitler in Stalins Kalkül." Stuttgart 1989.

Teichmann, Ludwig: Die Landschaft des Truppenübungsplatzes Senne in unserer Gemeinde. In: R. Gürtler: Mitten in der Senne. Gütersloh 1985. S. 186–188.

Thomas, Georg: Geschichte der deutschen Wehr- und Rüstungswirtschaft (1918–1943/45) hg. von Wolfgang Birkenfeld. Boppard 1966.

Tscherjakow, Juri: Blumen für Stukenbrock. In: Sowjetunion heute. Oktober 1984.

Uhlig, Heinrich: Der verbrecherische Befehl. In: Vollmacht des Gewissens. Hg. Europäische Publikation e. V., Bd. 2. Frankfurt 1965. S. 289–347.

Umbreit, Hans: Auf dem Weg zur Kontinentalherrschaft. In: Das Deutsche Reich und der Zweite Weltkrieg. Bd. 5, Stuttgart 1988. S. 1–345.

Warlimont, Walter: Im Hauptquartier der Wehrmacht 1939-1945. Frankfurt a. M. 1962.

Weidner, Marcus: Nur Gräber als Spuren. Das Leben und Sterben von Kriegsgefangenen und „Fremdarbeitern" in Münster während der Kriegszeit 1939-1945. Münster 1984.

Wette, Wolfram: Erobern, zerstören, auslöschen. Die verdrängte Last von 1941. In: Die Zeit Extra Nr. 48 vom 20. 11. 1987. S. 49.

Derselbe: Verteidigungslügen – Warum die Mär vom deutschen Präventivkrieg neu belebt wird. In: Die Zeit Nr. 28 vom 8. 7. 1988. S. 16.

Derselbe: Sowjetische Erinnerungen an den deutschen Vernichtungskrieg. In: P. Kohl: „Ich wundere mich, daß ich noch lebe". Gütersloh 1990, S. 295-315.

Wilhelm, Hans Heinrich: Die Einsatzgruppe A der Sicherheitspolizei und des SD 1941/42. Eine exemplarische Studie. In: Krausnick/Wilhelm: Die Truppe des Weltanschauungskrieges. Teil II. Stuttgart 1981.

Witten, Ulrich von: Kriegsgefangenschaft und Kriegsverbrechen. Jur. Diss. Bonn 1957.

Zentner, Christian/Bedürftig, Friedemann, Hg.: Das große Lexikon des Dritten Reiches. München 1985.

Bildnachweis

Archiv des Landschaftsverbandes Westfalen-Lippe: Bildsammlung
Seite 27, 44, 45, 50, 51, 53, 70, 71, 73, 82, 83, 86, 88, 89, 90, 110, 128, 129.

National Archives Washington, Nr. 111-SC-203089 und 205716
Seite 178, 179.

University of Keele, Dep. of Geography, Air Photo Library
No. 16829 / US 7 GR / 1471, 5015 und 5017
Seite 32, 77.

Bundesarchiv/Militärarchiv Freiburg BA/MA RH 53-6/63
Seite 186.

Regierung Detmold, Kampfmittelräumdienst
Seite 33.

Archiv der Gedenkstätte Bergen Belsen Nr. 4617 und 4638
Seite 43, 185.

Gemeinde Schloß Holte-Stukenbrock
Seite 69, 70, 72, 84, 91, 92, 93.

Otto, Lemgo
Seite 52 unten, 78, 79, 183.

Prüssner, Herford
Seite 1.

Schwieters, Bielefeld
Seite 10, 52 oben, 67, 74, 85, 86 rechts, 94, 95, 97.

Strehle, Lemgo
Seite 42.

Im Besitz der Autoren
Seite 30, 118.

Im Besitz von Prälat Kühmhoff, Stukenbrock-Senne
Seite 26.